KB253652

짝 찾기가 문제로다

淸觀 金元熙 監修
南無 全厚樹
栢季 韓瑢澤　共著

明文堂

머 리 말

1. 과학이 인생의 전부를 해결해 주는가?

답 : 미국 항공우주국(NASA)의 제트추진 연구소장 에드워드 스톤 소
장(64)은 말했다. 2000년 1월에.
"화성에서 잠자고 달나라로 소풍가는 우주관광을 하게 되는 날이
올 것이다."

그러나 나는 말한다.
"그건 그것이고, 인간의 운명은 여전히 불가해한 신비의 베일을 벗
지 못할 것이다."라고.

2. 자연 과학을 무시해도 좋다는 말인가?

답 : 천만의 말씀. 상식과 합리주의, 또는 자연 과학을 무시해서는 안
된다.
상식과 합리주의, 또는 자연 과학으로 도저히 해결할 수 없는 경우
에 한하여 이런 책을 보는 것이 정상이다.
사람이 살다보면 상식과 합리주의, 과학적인 사고 방식만으로는 도
저히 해결할 수 없는 일들이 좀 많은가?

3. 이 책의 특징은 무엇인가?

답 : 간단하면서도 자세하고 아주 알기 쉽다는 점이라 하겠다. 사전처럼

찾아볼 수 있으니까.

4. 이 책을 효과적으로 읽는 방법은 무엇인가?

답 : 앞에서부터 차례대로 읽어도 좋고, 가운데서부터 읽어도 좋고, 뒷부분에서부터 읽어도 좋다.

반드시 통독해야 할 부분은 2, 4편이다.

5편은 사전처럼 자기 것만, 또는 상대방 것을 볼 때에만 그 해당 페이지를 읽으면 된다.

따라서 이 책은 당신의 시간을 많이 빼앗는 일이 별로 없을 것이다.

5. 시간은 그 얼마나 중요한가?

답 : "천하에 범사(凡事)가 기한이 있고 모든 목적이 이룰 때가 있나니, 날 때가 있고 죽을 때가 있으며, 심을 때가 있고 심은 것을 뽑을 때가 있으며, 죽일 때가 있고 치료시킬 때가 있으며, 헐 때가 있고 세울 때가 있으며, 울 때가 있고 웃을 때가 있으며, 슬퍼할 때가 있고 춤출 때가 있으며, 돌을 던져 버릴 때가 있고 돌을 거둘 때가 있으며, 안을 때가 있고 안는 일을 멀리 할 때가 있으며, 찾을 때가 있고 잃을 때가 있으며, 지킬 때가 있고 버릴 때가 있으며, 찢을 때가 있고 꿰맬 때가 있으며, 잠잠할 때가 있고 말할 때가 있으며, 사랑할 때가 있고 미워할 때가 있으며, 전쟁할 때가 있고 평화로울 때가 있느니라."

이상은 《구약성경》 〈전도서〉에 나오는 유명한 시간론이다.

이 글을 보면 히브리 민족의 신은 '여호와(야훼)'라고만 부를 것이 아니라 '시간신(時間神)'이라고도 불러야 마땅하다고 본다. 시간의 위대성을 이토록 명쾌하고 단호하게 표현한 말이 또 어디 있는지 모르겠다.

사람은 모두들 자유롭다고 착각하지만, 차분히 따져 보면 세 가지 틀 (울타리) 안에서는 결코 자유롭지 못하다. 그 세 가지 틀이란 바로,

자기가 태어난 시간,

자기가 태어난 공간,

자기에게 유전인자를 물려 준 두 인간(부모)과 주변 인간들

이것들이 아닐까?

사주론은 시간론이고, 풍수 이론은 공간론이며, 관상 이론은 인간론(유전인자론)이라고 알아두는 것이 좋겠다. 그리고 이 세 가지 운명철학은 원천적으로 통계를 근거로 이루어진, '생활 지혜', 또는 '경험과학'이지, 결코 미신론에 속하는 것이 아니라는 점도 알아야만 과부족이 없는 현대인이라고 볼 수 있겠다.

따라서 어떤 종교를 믿든 안 믿든, 사주·관상·풍수의 이론을 미신이라며 덮어놓고 깔보거나 무시하는 어리석음을 저지르지 않기를 바란다.

물론 지나치게 의존할 때는 미신이 되어 버린다. 이것은 종교인 중에도 맹신자가 있는 것과 비슷한 현상이므로 자계(自戒)할 필요가 있다고 본다.

다수의 상담 사례와 특이한 이론 부분을 제공하여 주신 복인당 주인 어른 백계(栢季) 아형(雅兄), 눈코 뜰 새 없이 다망한 가운데 일람표 부분을 중점적으로 감수해 주신 청관(淸觀) 동학(同學), 불황기임에도 불구하고 이 책 출간을 기꺼이 단행하여 주신 명문당 김동구 사장님께 깊은 감사를 드리는 바이다.

辛巳년 夏至 절후에

나무 전후수

차 례 ·····················

··· 이 론 편 ···

1. 기초 중의 기초 이야기

2. 네 기둥, 여덟 글자를 찾는 법

3. 각자의 바탕 알아보기

4. 간단하면서도 중요한 궁합 보기 원칙

인간 관계에서 서로 좋은 작용을 하는 간(干)과 지(支)

인간 관계에서 나쁜 작용을 하는 두 지(支)의 관계

··· 활 용 편 ···

5. 60가지 인간끼리의 궁합

··· 부 록 편 ···

부 록 : 최소한도로 알고 있어야 할 일람표들

이 론 편

1. 기초 중의 기초 이야기

인간 분류 ★

1. 인간 분류는?

인간을 태어난 시간 값 단위로 분류하는 기준은 다음과 같이 생각해 볼 수 있다.

생년·생월·생일·생시, 이렇게 네 기둥이다. 이것을 60간지(干支)로 복합하여 계산하면 엄청나게 많다.

그러나 이 책에서는 생일 천간(天干)과 지지(地支)의 조합인 60갑자와 생월 지지 12가지만 사용했다. 그러니까 720가지가 된다. 5편을 보면 알 수 있을 것이다.

그러니까 이 책은 아주 간단한 당사주책 종류보다는 자세하지만, 본격적으로 보는 사주팔자(四柱八字 : 네 기둥 여덟 글자) 책에 비하면 아주 간단하다.

그러나, 골치 아픈 일이 매일 너무나 많이 생기는 현대인들이 전문가가 될 것도 아니기에 간단히 자기 운명과 가까운 주변 사람과의 관계를 알아보려 할 경우, 이 책은 비교적 상세한 책이라 볼 수 있다.

음양론(陰陽論) ★

2. 암컷(0)과 수컷(1)의 짝짓기 유형

어떤 방에서 함께 잠을 자는 남녀의 짝짓기 유형을 다음과 같이 분류해 볼 수 있다.

가. 10 : 한 수컷과 한 암컷

나. 100 : 한 수컷과 두 암컷

다. 101 : 두 수컷과 한 암컷

라. 1001 : 두 수컷과 두 암컷

101010 이상은 생략한다. 현실성이 비교적 적기 때문이다.

조건을 하나 붙인다. 위의 짝짓기 중에서 '가'는 일부일처제 유형이니까 별 문제가 없은즉 기간을 정할 필요가 없다. 그러나 '나~다'는 기간을 정하기로 하자. 여름이나 겨울 휴가철의 어느 별장에서의 일시적인 혼숙을 말하는 것이 아니라 한 달 이상의 장기간에 걸친 동거라는 조건을 붙인다. 이럴 경우, 독자는 이 중에서 어느 것을 바라는가?

하루 이틀이라면 몰라도 나는 넷 다 싫다. '가'조차도 요즈음은 싫다. 혼자 살고 싶다. 혼자 살아야 할 팔자인지 아닌지를 내가 왜 총각 시절에 사주 전문가를 찾아 상담하지 않았는지 참으로 후회된다. 사주철학이 결코 개똥철학도 아니고, 미신도 아니며 생활 철학, 또는 통계 과학임을 날이 갈수록 더 인정하게 된다.

한자 문화권에서 개발한 탁월한 신비학인 사주추명학(四柱推命學)을 무시하지 않기를 바란다. 서양 점성술에 비할 바 아니다.

컴퓨터의 밑바탕 중에서도 가장 맡바탕이 되는 두 개의 기호, 즉 1과 0을 동양의 신비 철학에서는 예로부터 '음양(陰陽 : 그늘과 햇볕, 암컷과 수컷, 움푹 패인 것과 불쑥 솟은 것 등등의 암호)'이라고 일컬어 왔다는 것도 상식으로 알아 두자.

천간(天干)**과 간합**(干合) **이야기 ★**

3. 동성 연애를 할 가능성이 높은 사람

다음은 고속 버스에 안내양이 있을 때에 우연히 알게 된 어떤 두 안내양의 사주팔자(네 기둥, 여덟 글자)들이다.

<table>
<tr><td>A양의 사주 : 丙午년</td><td>B양의 사주 : 丙午년</td></tr>
<tr><td>乙未월</td><td>庚寅월</td></tr>
<tr><td>庚午일</td><td>乙巳일</td></tr>
<tr><td>辛巳시</td><td>辛巳시</td></tr>
</table>

두 사람의 네 기둥(柱) 중에서 생월과 생일 글자를 주목하기 바란다.

생월 윗글자는 A양은 乙, B양은 庚인데, 묘하게도 생일 윗글자는 이와 반대여서 A양은 庚, B양은 乙이다. 아주 보기 드문 조합(組合 : 짝꿍)이다. 두 처녀는 서로가 추명학에서 아주 중요시하는 간합에 해당된다.

그래서 이 두 여자는 어느 시점부터인가 동성연애를 할 가능성이 아주 높다.

우선 기초 원리 쪽부터 공부해 보자.

오행 철학에서는 하늘(天氣 : 하늘의 기운)을 상징하는 글자 열 자를 천간(天干)이라 하고, 땅(地質 : 땅의 바탕)을 암시하는 글자 열두 글자를 지지(地支)라 한다. 사주추명학(四柱推命學)은 이 천간과 지지의 스물두 글자를 기호, 즉 암호로 하여 성립된 통계학이다. 이 스물두 글자를 다섯 속성(屬性), 즉 오행(五行)으로 분류하면 다음과 같다.

간지＼오행	목(木)	화(火)	토(土)	금(金)	수(水)
천 간	갑, 을 (甲, 乙)	병, 정 (丙, 丁)	무, 기 (戊, 己)	경, 신 (庚, 辛)	임, 계 (壬, 癸)
지 지	인, 묘 (寅, 卯)	사, 오 (巳, 午)	진, 술, 축, 미 (辰, 戌, 丑, 未)	신, 유 (申, 酉)	해, 자 (亥, 子)

간단히 설명하면, 이렇다. 천간(天干)의 갑(甲)과 을(乙) 등은 지지(地支)의 인(寅)과 묘(卯) 등과 더불어 나무(木) 기운을 상징한다는 점에서는 오행이 같지만 천간인 갑과 을은 하늘(비물질계, 정신계)을, 지지인 인과 묘는 땅(물질계, 지상의 모든 현실)을 상징한다는 점에선 구분된다는 이야기다.

이 천간 열 글자와 지지 열두 글자가 조합하여 60간지 '흔한 말로 六甲'을 이루는데, '갑자, 을축, …… 임술, 계해' 등이 바로 그것이다.

그런데, 두 사람의 같은 기둥의 천간끼리 다음과 같은 짝을 이루면, 남녀간의 궁합을 볼 때 찰떡 궁합으로 보게 된다. 왜냐 하면, 빨아들이는 인력(引力) 관계를 이루어 서로 엉겨붙는다고 보기 때문이다.

갑(甲)과 기(己), 을(乙)과 경(庚), 병(丙)과 신(辛), 정(丁)과 임(壬), 무(戊)와 계(癸)가 바로 그것이다. 전문 용어로는 간합(干合)이라 한다.

두 사람의 생일 첫 글자끼리 위와 같은 관계가 되면 두 사람은 정신적으로 통하는 바가 많아서 부부 싸움이 별로 없이 평생을 해로한다고 보는 것이다.

그런데 이것이 만일 남자와 여자 상호간의 대비가 아니고, 남자끼리, 또는 여자끼리일 때는 동성 연애를 할 위험률이 높다고 보아야 한다.

위의 두 처녀는 같은 방에서 자면서 어디 가나 같이 다니는 때가 무척 많은 짝이다. 그러므로 서로를 너무나 좋아하는 나머지 동성 연애를 했을 가능성이 아주 높다. 확인할 길은 없었지만 90% 정도의 높은 확률이다. 이렇게 단언하는 이유는 위의 두 여자는 생일끼리만 아니라 생월 끼리도 기묘하게 간합이라는 점이다. 몇 만 명에 한 쌍쯤 나타날 극히 드문 경우이므로 확률이 높다고 보지 않을 수 없는 경우이다.

오늘 여기서 알아두어야 할 점 중에서 가장 중요한 핵심은, 천간은 하늘을 상징하고, 정신적인 것에 대한 암시성이 강하며, 지지는 땅을 상징하며 물질적인 요소를 상징한다는 점이다.

그리고 두 남녀의 사랑이나 결혼에서만 좋은 것이 아니라 직장 동료 사이에서도 간합끼리는 의기투합하는 경우가 단연 많다. 참으로 신비스러운 묘리(妙理)라 아니 할 수 없다. 제아무리 지독한 종교인일지라도, 혹은 자연 과학자일지라도 이 원리에서 예외가 되기는 극히 어렵다는 것을 감히 밝혀 두는 바이다.

음양＼간지	천 간	지 지
양	甲 丙 戊 庚 壬	寅 巳 辰 戌 申 亥
음	乙 丁 己 辛 癸	卯 午 丑 未 酉 子

천간과 지지에도 음양(陰陽 : 강약 또는 암놈, 숫놈)이 위의 표와 같이 있다는 것도 기초 지식으로 알아둘 필요가 있다.

간합이란 결국 천간끼리 음양 배합이 잘 된 것을 가리키는 용어이다. 다시 말하면, 두 천간끼리 부부처럼 하나는 음이고 하나는 양이되, 자기보다 다섯 번째 뒤인 것끼리가 배합이 잘 맞는다고 보아주는 것이다. 즉 갑(甲)에서 기(己)는 다섯 번째의 천간이며, 을(乙)에서 경(庚) 역시 다섯번째 뒤의 천간이 된다. 손가락으로 아래의 열 개의 천간을 짚으면서 세어 보면 알 수 있을 것이다.

갑-을-병-정-무-기-경-신-임-계

1　2　3　4　5　6　7　8　9　10

즉 甲(1)+5하면 6인 己가 되고, 乙(2)+5하면 7인 庚이 된다는 이야기다. 그러나 다음과 같이 무조건 외두는 쪽이 편리하다.

'갑기토(甲己土), 을경금(乙庚金), 병신수(丙辛水), 정임목(丁壬木), 무계화(戊癸火)'

라고. '그런데 갑기(甲己) 다음에 토(土)가 붙고, 을경(乙庚) 다음에 금(金)이란 글자가 붙으니, 이건 또 뭐냐? 왜 이리 복잡하냐?'라며 머리가 아프다고 할지도 모르겠다. 사주추명학은 워낙 낮은 지능으로는 공부하지 못하게 마련이다.

그러나 이것 역시 기초 지식이니까 알아둘 필요가 있다.

음양오행 철학에서는 변화의 묘리를 굉장히 중요시하는데, 천간의 본질이 변질할 수도 있다고 보아, 그것을 간합의 특성으로 파악하는 것이다. 즉 갑(甲)은 원래는 목(木)인데 기(己)와 합침으로써, 두 화학 물질이 융해시에 화학적인 반응으로 변질하듯이 갑목(甲木)이 토로 변하게 된다는 이야기다. 그래서 갑기토(甲己土)라고 하는 것이다. 나머지 간합도 다 이런 이치에서 원래 木인 을이 金으로도 된다고 보는 것이다. 머리가 좀 복잡해지겠지만 두 번 내지 세 번쯤 읽다 보면 이해가 갈 것이다.

어쨌든 궁합을 볼 때, 두 남녀의 사주에서 이 간합에 해당되는 글자가 서로 같은 기둥에 있으면 이 두 짝꿍은 약 60점 안팎의 점수를 확보하고 들어가는 셈이라고 믿어도 좋다. 그런데 이 간합이 어느 기둥이냐에 따라 확률상의 차이가 있다.

태어난 해를 나타내는 두 글자를 연주(年柱)라 하고, 태어난 달의 두 글자를 월주(月柱), 날을 일주(日柱), 시간대를 시주(時柱)라 하는데, 두 남녀의 일주끼리 간합인 것을 가장 좋게 보고, 그 다음이 월주끼리, 세 번째로 중요시하는 것이 연주이며, 마지막이 시주라는 것도 참고로 알아두는 것이 좋다.

천간의 음양과 오행에 대해서는 다음과 같이 암기해 둘 필요가 있다.

천 간	甲	乙	丙	丁	戊	己	庚	辛	壬	癸
음(소리)	갑	을	병	정	무	기	경	신	임	계
음 양	○	●	○	●	○	●	○	●	○	●
오 행	木		火		土		金		水	

* 범례 : ○＝양, ●＝음
* 천간의 '신(辛)'과 지지의 '신(申)'은 소리가 같아서 한글 표기로는 같지만 한자로는 구별됨을 주의할 것.
* 연간(年干) : 생년 첫글자, 연지(年支) : 생년 두 번째 글자
  월간(月干) : 생월 첫글자, 월지(月支) : 생월 두 번째 글자
  일간(日干) : 생일 첫글자, 일지(日支) : 생일 두 번째 글자
  시간(時干) : 생시 첫글자, 시지(時支) : 생시 두 번째 글자

지지(地支)**와 삼합**(三合) **이야기** ★

4. 헤어지기 어려운 부부

땅을 상징하는 것이 지지(地支)이므로, 부부관계에서 정신면을 제외한 모든 현실적이고 물질적이고 실리적인 요소, 즉 지상(地上)적인 요소는

두 사람의 지지 관계 속에 함축되어 있다.

지지의 음양과 오행에 대해서는 다음과 같이 암기해 둘 필요가 있다.

지지	子	丑	寅	卯	辰	巳	午	未	申	酉	戌	亥
음 (소리)	자	축	인	묘	진	사	오	미	신	유	술	해
음양 (A형)	●	●	○	●	○	○	●	●	○	●	○	○
음양 (B형)	○					●	○					●
노출된 오행	水	土	木		土	火		土	金		土	水
숨겨진 오행		金	火		水	金		木	水		火	木

* 학파에 따라서는 지지의 사(巳)와 해(亥)는 음이고, 자(子)와 오(午)는 양이라고 보는 경우도 있음. B형이 이에 해당됨. 이 책에서는 A형을 따름.

따라서 정신적으로 아무리 통하는 바가 많아서 금실이 좋은 부부라도 현실 여건이 맞지 않아 헤어질 수도 있는가 하면, 아무리 지지고 볶고 하는 부부라도 현실적인 여건이 둘을 헤어지지 못하게 만들 수도 있게 되는 것이다.

이런 것은 지지를 보면 알 수 있다.

'삼합(三合)'은 좋은 관계의 연인이나 부부관계 판단에, '삼형(三刑)'은 나쁜 관계의 연인이나 부부관계 판단에 적용되는 간단한 단식(單式) 판단 이론인데 제법 적중률이 높으므로 여기 소개해 본다.

이 자리에서는 삼합만 이야기 해 본다.

이 삼합은 지지의 세 글자끼리가 서로 얼씨구절씨구 죽이 맞는다는 시각에서 정립된 이론이다. 그것들은 다음과 같다.

해묘미(亥卯未)는 목국(木局)을 이룬다.

인오술(寅午戌)은 화국(火局)을 이룬다.

사유축(巳酉丑)은 금국(金局)을 이룬다.

신자진(申子辰)은 수국(水局)을 이룬다.

제일 위의 것으로 예를 들어본다.

어떤 두 사람의 일지끼리 만일 해묘(亥卯)이거나 묘미(卯未)이면 이들은 평생 하는 일마다 죽이 잘 맞아서 일이 잘 되고 현실 생활에 만족할 확률이 높으며, 좀처럼 헤어질 일이 생기지 않는다는 점이다.

좀더 설명한다면 이렇다.

해(亥)는 원래 물[水]이지만, 기운 센 나무인 묘(卯)를 만나서 나무[木]가 되고, 미(未) 또한 본디는 흙[土]이지만 기운 센 나무인 묘(卯)를 만나서 나무로 변질되어 셋이 '나무 세상'을 이룬다. 이런 이론이 바로 '삼합(삼합)'이라는 것이다. 이 삼합인 사람끼리는 손발이 아주 잘 맞고 한 번 맺은 인연을 끊기가 어렵게 되는 확률이 높다고 보면 된다.

따라서 부부 궁합에서 중요시해야 한다.

그러나 가운데에 있는 글자를 제외한 두 글자, 예를 해묘미에서 든다면 해와 미가 만나는 것은 약간 약한 삼합으로 본다는 것도 참고로 알아두기를 바란다.

60갑자 ★

5. 하늘과 땅이 만나서

천간은 하늘을, 지지는 땅을 상징한다는 것, 그리고 이 천간 10개와 지지 12개가 모여서 천지 만물을 상징하는 60갑자가 된다는 것은, 《주역(周易)》에서 8괘가 조화를 이루어 64괘를 이룬다는 것과 마찬가지 이론이다. 이 64괘나 60갑자(간지)는 결국 만물을 상징한다는 것으로 인정해 주어야만 이야기가 된다.

60갑자를 표로 완성하면 다음과 같다.

60갑자(10천간, 12지지 조합)

旬	甲일	乙일	丙일	丁일	戊일	己일	庚일	辛일	壬일	癸일
甲子	1 甲子	2 乙丑	3 丙寅	4 丁卯	5 戊辰	6 己巳	7 庚午	8 辛未	9 壬申	10 癸酉
甲戌	11 甲戌	12 乙亥	13 丙子	14 丁丑	15 戊寅	16 己卯	17 庚辰	18 辛巳	19 壬午	20 癸未
甲申	21 甲申	22 乙酉	23 丙戌	24 丁亥	25 戊子	26 己丑	27 庚寅	28 辛卯	29 壬辰	30 癸巳
甲午	31 甲午	32 乙未	33 丙申	34 丁酉	35 戊戌	36 己亥	37 庚子	38 辛丑	39 壬寅	40 癸卯
甲辰	41 甲辰	42 乙巳	43 丙午	44 丁未	45 戊申	46 己酉	47 庚戌	48 辛亥	49 壬子	50 癸丑
甲寅	51 甲寅	52 乙卯	53 丙辰	54 丁巳	55 戊午	56 己未	57 庚申	58 辛酉	59 壬戌	60 癸亥

오행 이야기(1) ★

6. 암에 걸리기 쉬운 사람

어떤 재벌 회사의 총수인 아무개님이 지금 미국의 어느 병원에서 진찰을 받고 있다 한다. 신문을 보니 미국의 어떤 암센터의 의사는 "폐암인 것으로 추정하다."고 말했다 한다.

사주추명학에서는 네 기둥(四柱)의 여덟 글자(八字) 중에서 토(土)가 많거나 기신(忌神 : 전문 용어이므로 여기서는 설명 생략)인 사람 중에서 암 환자가 생기는 비율이 높다고 본다.

오행(五行) 중 토행(土行), 즉 토기(土氣)가 왕성한 사람의 체질은 암이나 기타 만성병 환자가 되는 확률이 다른 사람에 비하여 높다는 이야기다.

토기의 천간(天干)은 무(戊)와 기(己)이고, 지지(地支)는 진(辰), 술

(戌), 축(丑), 미(未)이다.

그러면 다른 오행은 어떤가.

약술하면 다음과 같다.

목(木)과 금(金)이 많거나 기신인 사람은 교통사고나 그밖의 사고로 죽을 확률이 높고, 수(水)와 화(火)가 많거나 기신인 사람은 (암이라든가 난치병이 아닌) 기타 질병으로 죽을 확률이 높다고 본다.

누구든 이 세 그룹 중 하나에 속할 것이므로 너무 신경을 곤두세울 필요는 없겠다. 하나의 상식으로 알아두고 마음의 준비만 늘 해두면 될 것이다. 오행 이야기를 하면 구닥다리 미신으로만 알고 질색인 사람이 있는데, 불교 철학에서의 사대(四大 : 地, 水, 火, 風)가 만물 분류상의 기본 원소이듯이 이 오행도 유교 철학이 응집해 놓은 이 세상 만물 구성의 기본 요소이다. 즉 소박한 자연 분류 요소(핵심)인 셈이다.

이렇게 간단히 알면 된다.

▲ **수화**(水火) : 물과 불 없이는 이 세상 모든 물질이 변화할 수 없다. 따라서 수화는 만물을 변질시키는 기(氣)를 지녔다고 본다. 기체와 액체.

▲ **목금**(木金) : 이 세상의 구체물을 이루는 중요 물질, 즉 질(質)이다. 고대인의 생활 기준으로 보면 과히 틀리는 말이 아니다. 집을 지을 때 가장 많이 쓰이는 것도 나무와 쇠붙이이니까. 고체.

▲ **토**(土) : '수 화 목 금'을 내포한다(지구가 바로 이런 경우). 그러나 '수 화 목 금'만은 아닌 고유의 고체이기도 하다.

오행 이야기(2) ★

7. 폐암에 걸리기 쉬운 사람

오늘 신문 기사 제목은 요란하다. 위협적이다.

"지금 연기 뿜는 당신도 '폐암'이 노리는 사람

년 1회 X레이로 조기 발견,

토마토 시금치 예방 효과,

대부분 늦게 발견… 폐암 사망률 높아,

10명 중 6명 말기에 알아,

머잖아 국내 암 발생 1위”

사주에 금기(金氣)와 화기(火氣)가 너무 많은 사람 중에서 호흡기 질환에 걸리는 사람이 많다.

금기는 경, 신, 신, 유(庚辛申酉)인데, 사(巳)와 축(丑)에도 조금 섞여 있고, 화기(火氣)는 병, 정, 사, 오(丙丁巳午)인데, 인(寅)과 술(戌)에도 조금 섞여 있다.

네 기둥(四柱)의 여덟 글자(八字) 중에 다섯 글자 이상이 위의 글자일 경우에는 다른 사람에 비하여 호흡기 질환에 걸릴 확률이 높다.

넷째 발가락이 비정상이면 더욱 확률이 높아진다.

오행 이야기(3) ★

8. 평생 건강하게 살 가능성이 높은 사람

내가 연구 조사해 본 결과로는 사주추명학은 건강 관련 사항이 가장 잘 맞고, 그 다음이 연애와 결혼 관련 사항이다. 경제운은 확률이 비교적 낮다고 본다. 이 방면의 대가인 청관 선생에게 확인했던바, 같은 의견이었다.

어떤 사람이 가장 건강하게 평생을 살 가능성이 높은가를 알아보는 데에는 여러 가지 방법이 있고, 그 방법마다 수준이 달라서 초보자가 알아들을 수 있는 것이 있는가 하면, 몇 년 공부한 사람도 얼른 이해하기 어려운, 고등 수학 같은 것도 있다.

여기서는 아주 초보적인 것만 이야기해 본다.

네 기둥 여덟 글자에 오행이 골고루 들어있는 사주는 평균치를 암시하므로, 바로 이런 사람이 건강한 몸으로 장수할 것으로 보는 것이 가장 간단하게 보는 방법이다.

예를 2000년에 출생한 두 아이로 들어보면 다음과 같다.

양력 2월 22일 오후 2시에 태어난 아이 (가)와 6월 25일 새벽 3시에 태어난 아이 (나)의 사주는 다음과 같다.

가. 경진(庚辰)년   나. 경진(庚辰)년

    무인(戊寅)월   임오(壬午)월

    경술(庚戌)일   갑인(甲寅)일

    계미(癸未)시   을축(乙丑)시

(가) 아이의 오행 구성은 다음과 같다.

    목(木)……인(寅)

    화(火)……없음

    토(土)……진(辰), 무(戊), 술(戌), 미(未)

    금(金)……경(庚)

    수(水)……계(癸)

(나) 아이의 오행 구성은 다음과 같다.

    목(木)……갑(甲), 인(寅), 을(乙)

    화(火)……오(午)

    토(土)……진(辰), 축(丑)

    금(金)……경(庚)

    수(水)……임(壬)

(가) 아이는 화가 없고, 토는 너무 많다. 이런 것을 편고(偏枯 : 너무 어느 한쪽으로 기울어짐)하다고 한다.

(나) 아이는 오행이 골고루 있다. 이런 것을 주류무체(周流無滯 : 빙빙 순환이 잘됨)라고 한다.

(나) 아이가 평생 대체로 건강할 것으로 본다. 이런 사람은 그 대신 크게 성공하는 대단한 인물이 되는 경우가 드물다. 보통 사람, 표준적인 인물이니까.

2. 네 기둥, 여덟 글자를 찾는 법

생년 간지 ★

1. 사주에서의 새해는 음력 1월 1일이 아니다

입춘이 되는 날부터 새해다

이런 종류의 책을 한두 권이라도 읽어본 사람은 잘 알겠지만, 그렇지 못한 사람들을 위해 설명한다.

새해는 세 가지가 있는 셈이다. 양력 1월 1일과 음력 1월 1일, 그리고 사주추명학에서 통용되는 입춘(立春)날이다.

그런데 입춘 날은 음력 쪽보다 양력 쪽이 훨씬 더 규칙적으로 돌아온다. 대개 양력 2월 4일 아니면 5일이다.

　＊ 어떤 책력에는 1913년에는 2월 6일, 1917년에도 2월 6일, 1983년에는 2월 7일로 되어 있지만 이것은 오기로 보는 것이 타당함.

그러므로, 어떤 사람의 태어난 해, 즉 띠(간지)가 무엇인가는 입춘 전 날이냐, 그 다음 날이냐에 따라서 하루 상관으로 달라진다. 즉 해의 경계선은 '입춘이 시작되는 시각'이라는 이야기다.

같은 입춘 날이라도 입춘이 시작되는 시각부터가 새해이다

2001년을 예로 들어 알아보자.

금년 입춘은 만세력 출판사에 따라 다음과 같이 조금씩 다르다.

　　명문당판·········2월 4일 오전 2시 34분
　　동양서적판········2월 4일 오전 3시 11분
　　가림출판사판·····2월 4일 寅初(03 : 30～04 : 30)

'인초(寅初)'의 '초'라는 것은 인시(寅時 : 오전 3시 반부터 5시 반 사이)를 둘로 나눌 경우, 앞쪽 시간, 즉 '3시 반부터 4시 반 사이'라는 뜻이다. 인정(寅正)은 4시 반부터 5시 반 사이가 되고──

여러 출판사 만세력이 이렇게 조금씩 다를 경우가 흔한데, 이럴 경우 이 시간대 근처에서 태어난 사람의 생년은 어떻게 정해야 할까? 제일 늦은 시간대를 기준으로 그 앞에 태어난 아이는 모조리 그 전 해를 생년으로 잡는 것이 좋다.

이것은 지장간(地藏干) 영향력의 강약을 구분하는 용어인 여기(餘氣), 중기(中氣), 정기(正氣) 이론 중에서 정기의 영향력이 더 강력한 것으로 본다는 이론을 근거로 한 필자 나름의 사견적(私見的)인 방법이다.

　　* 어려운 이야기로 들리겠지만 더 이상 쉽고 자세한 설명은 이 자리에서는 생략함.

입춘 날 태어난 아이들 사주는 전문가에게 뽑아 달라고 부탁하는 것이 안전하다.

아마추어를 위해 아주 간단히 알기 쉽게 말하면, 이렇다.

오전 3시 11분에 태어난 아이, 오전 3시 30분에 태어난 아이, 오전 2시 34분에 태어난 아이는 모두 제일 늦은 시간인 3시 30분에 태어난 아이와 같이 다루라는 이야기다.

바꾸어 말하면, 3시 30분 이전에 태어난 아이는 작년(2000년) 간지인 경진(庚辰)년생이 되는 것이고, 3시 31분 이후에 태어난 아이부터는 신사(辛巳)년생으로 생년 기둥을 뽑으라는 이야기다.

다시 요점을 정리하면 이렇다.

△ 2001년 양력 2월 4일 오전 3시 30분 이전에 태어난 아이는 경진년생

△ 2001년 양력 2월 4일 오전 3시 31분 이후에 태어난 아이는 신사년생.

이렇게 엄밀히 따진 것 같아도 문제는 약간 남아 있다. 정오(正午 : 낮 12시)라는 개념은 태양이 그 지방 정남방에 올 때인데, 이 좁은 반도에서 시차를 세분하면 번거롭기만 해서 편의상 낮 12시 30분을 정오로 간주한

것이 위의 계산법이다. 따라서 강릉에서 태어난 2월 4일 3시 30분 생과 서해안 어느 섬에서 태어난 2월 4일 3시 30분 생은 다르게 판단해야 한다. 이 정도는 전문가 수준에서 판단할 문제다.

그러므로 양력 2월 4일생과 2월 5일생은 사주를 뽑을 때, 입춘 시각에 근접한 시각에 태어났으면 전문가에게 태어난 해의 기둥(년 간지)을 알아보는 것이 안전하다.

최종 정리를 한다면, 이렇게 말할 수 있다.
△ 금년 입춘 전날인 2월 3일 이전과 작년 입춘 다음 날 이후 사이에 태어난 모든 아이는 분명한 경진(庚辰)년 생이고,
△ 금년 2월 5일 이후와 명년 입춘 전날에 태어난 모든 아이들은 분명한 신사(辛巳)년 생이다.
△ 입춘날에 태어난 아이 사주는 엉뚱한 사주를 보게 되는 수가 많다.

생월 간지 ★
2. 생월 경계선은 24절후 중 12절기의 절입일이다

2001년 양력 2월 6일생과 3월 4일생을 예로 든다면

2001년 2월 6일 생이 태어난 해는 입춘 절입일(節入日)을 벗어난 후의 날이니까 분명한 신사(辛巳)년 생이 되는데, 태어난 달은 어떤 달일까? 또, 3월 4일생은?

2001년 입춘 절입(節入) 날짜는 앞에서 말한 대로 2월 4일이다. 이 날부터 매월 약 한 달만에 돌아오는 24절후의 절입일부터가 새 달의 경계선이 된다.

24절후(節侯)는 다음과 같다. 날짜 표시가 있는, 왼쪽(홀수 번호) 것들이 달이 바뀌기 시작하는 기준이 되는 절입일들인데, 이 날부터 약 반 달 가량이 절기(節氣) 기간이고, 날짜 표시가 없는 오른쪽(짝수 번호) 것은

중기(中氣) 기간이다. 중기는 양력 매달 하순부터 다음 달 절입일 전까지의 기간에 해당된다. 이 '절기, 중기' 두 기간을 합쳐서 '절기'라고도, '절후'라고도 일컫는다.

'절입일'이란 것은 계절이 시작되는, '매듭, 마디, 경계선이 되는 날'이라고 알아두는 것이 좋다.

사계	절 기	중 기
봄	1. 입춘 : 2월 4, 5일 ~ * 새해 시작*	2. 우수
	3. 경칩 : 3월 5, 6일 ~	4. 춘분
	5. 청명 : 4월 4, 5일 ~	6. 곡우
여름	7. 입하 : 5월 5, 6일 ~	8. 소만
	9. 망종 : 6월 5, 6일 ~	10. 하지
	11. 소서 : 7월 7, 8일 ~	12. 대서
가을	13. 입추 : 8월 7, 8일 ~	14. 처서
	15. 백로 : 9월 7, 8, 9일 ~	16. 추분
	17. 한로 : 10월 8, 9일 ~	18. 상강
겨울	19. 입동 : 11월 7, 8일 ~	20. 소설
	21. 대설 : 12월 7, 8일 ~	22. 동지
	23. 소한 : 다음 해 1월 5, 6일	24. 대한

* 모두 양력 날짜임.

매월 초순 중의 어느 날에 절기가 바뀌는 것을 알 수 있다. 그러니까 양력으로 자기나 자기가 알아보려는 사람의 생일이 양력 초순경이면 절입일이 아닌지, 신중을 기할 필요가 있겠다.

어떤 달 양력 초순 후반기에 태어난 사람은 그 다음 달 초순 전반기에 태어난 사람과 같은 달로 간주된다

위의 표로 보아 2월 6일생이나 3월 4일생은 한 그룹, 즉 같은 달에 소속된다는 것을 알 수 있다. 3월 5, 6일부터 새 달이니까 —.

그러면 60갑자, 즉 간지로는 어떻게 될까? 1년마다 한 번씩 나오는 책력을 보든가 여러 해 것이 실린 만세력을 보든가 해야 한다.

그러나 생월을 나타내는 두 글자 중 아래 글자, 즉 월지(月支)는 규칙적으로 돌아오므로 책력을 보지 않고도 알 수 있다. 다음과 같다.

양력 2월 : 인(寅)월　　3월 : 묘(卯)월　　4월 : 진(辰)월……봄

　　 5월 : 사(巳)월　　6월 : 오(午)월　　7월 : 미(未)월……여름

　　 8월 : 신(申)월　　9월 : 유(酉)월　　10월 : 술(戌)월……가을

　　11월 : 해(亥)월　　12월 : 자(子)월　　다음해 1월 : 축(丑)월…겨울

이렇게 된다.

따라서 위의 두 아이는 인월(寅月) 생임을 알 수 있다.

생월 간지를 간단히 아는 법

그런데 이 생월을 나타내는 위 글자, 즉 월간(月干)까지 책력이나 만세력을 안 보고 알 수는 없을까? 알 수 있다.

다음과 같은 암기용 일람표를 이용하면 된다.

　'갑기(甲己)지년 병인(丙寅)두(頭)

　을경(乙庚)지년 무인(戊寅)두

　병신(丙辛)지면 경인(庚寅)두

　정임(丁壬)지년 임인(壬寅)두

　무계(戊癸)지년 갑인(甲寅)두'

'병신지년(丙辛之年) 경인두(庚寅頭)'라는 말은 '병(丙) 신(辛)년에는 양력 2월(음력 1월)이 경인(庚寅)월로부터 시작된다.'는 뜻이다. 모든 인(寅)월이 음력으로는 대개 1월이다.

2001년은 신사(辛巳)년이므로 위의 두 아이는 경인(庚寅)월 생이다.

이제 두 기둥, 네 글자들이 확정됐다. 두 아이는 양력 생월이 서로 달라도 월간지(月干支)는 같다. 같은 절기 기간 중에 태어났으니까 — .

신사(辛巳)년

경인(庚寅)월

* 생월 경계선이 되는 절입일에 태어난 사람은 절입 시각까지 보아야 함은 생년 간지를 뽑을 때와 같음.

생일 간지 ★

3. 생일 경계선은 밤 11시 30분경이다

2001년 양력 2월 6일생과 3월 4일생을 예로 든다면,

2월 6일에 태어난 아이로 간주되는 것은 그 전날 밤 11시 30분부터 그 날 밤 11시 30분 사이이다. 다시 말하면 밤 11시 30분경부터가 새 날이 시작되는 시각이라는 말이다.

즉 2월 5일 밤 11시 30분 이후부터 2월 6일 밤 11시 30분 사이에 태어난 아이라야 이 날 간지인 경자(庚子)일생이 된다.

3월 4일생은 어찌 될까?

같은 이치다.

3월 3일 밤 11시 30분 경부터 4일 밤 11시 30분 사이에 태어난 아이들만 병인(丙寅)일생이다.

정확하게 30분인지 조금 전인지, 조금 후인지를 산모나 가족들의 기억이 정확하지 않고 애매할 때는 어떻게 보아야 할까?

해, 달 때와 같다. 정기(正氣)의 기운이 많은 쪽인, 즉 지나간 시간 쪽(앞쪽) 간지를 따라야 한다.

밤 11시 30분 전후에 태어난 사람만 조심하면 실수가 없다

예를 위의 두 아이로 들면 이렇다.

2월 5일 밤 11시 30분쯤에 태어났는데, 그 시간이 정확한지 어쩐지 애매하고, 다만 그 언저리라는 것만 알 경우는, 지나간 시간 쪽인 2월 5일생으로 치고, 생일을 기해(己亥)일로 봐야 한다. 30분이라는 시각이 정확하더라도 이쪽을 택하는 것이 안전하다.

2월 5일 밤 11시 40분이나 45분에 태어난 것이 확실하면 2월 6일생으로 간주, 경자(庚子)일생으로 치면 된다.

3월 4일생도 그 전날인 3월 3일 밤 11시 30분 이후부터 4일 밤 11시 30분 사이가 4일생이니까,

3월 3일 밤 11시 30분 이전에 태어났으면, 3월 3일생, 즉 을축일생이 되고,

3월 3일 밤 11시 31분 이후, 3월 4일 밤 11시 30분 이전에 태어났으면, 3월 4일생, 즉 병인일생이 되며,

3월 4일 밤 11시 31분 이후에 태어났으면, 3월 5일생, 즉 정묘일생이 된다.

두 아이의 생년월일은 다음과 같다.

해의 경계선인 입춘 날을 벗어나고, 달의 경계선인 절입일도 벗어난 경우이니까,

　2001년 2월 6일생은

　　신사(辛巳)년 경인(庚寅)월 경자(庚子)일,

　2001년 3월 4일생은

　　신사(辛巳)년 경인(庚寅)월 병인(丙寅)일이다.

생시 간지 ★

4. 하루 시간은 12시간으로 분류된다

사주추명학에서의 시간은 24시간이 아니고 12시간이다. 월지(月支)의

하루 시간을 12시간으로 분류한 표

시간 ＼ 日干	甲, 己일	乙, 庚일	丙, 辛일	丁, 壬일	戊, 癸일
전날밤 23:30분경~	갑자 (甲子)	병자 (丙子)	무자 (戊子)	경자 (庚子)	임자 (壬子)
01 : 30~	을축 (乙丑)	정축 (丁丑)	기축 (己丑)	신축 (辛丑)	계축 (癸丑)
03 : 30~	병인 (丙寅)	무인 (戊寅)	경인 (庚寅)	임인 (壬寅)	갑인 (甲寅)
05 : 30~	정묘 (丁卯)	기묘 (己卯)	신묘 (辛卯)	계묘 (癸卯)	을묘 (乙卯)
07 : 30~	무진 (戊辰)	경진 (庚辰)	임진 (壬辰)	갑진 (甲辰)	병진 (丙辰)
09 : 30~	기사 (己巳)	신사 (辛巳)	계사 (癸巳)	을사 (乙巳)	정사 (丁巳)
11 : 30~	경오 (庚午)	임오 (壬午)	갑오 (甲午)	병오 (丙午)	무오 (戊午)
13 : 30~	신미 (辛未)	계미 (癸未)	을미 (乙未)	정미 (丁未)	기미 (己未)
15 : 30~	임신 (壬申)	갑신 (甲申)	병신 (丙申)	무신 (戊申)	경신 (庚申)
17 : 30~	계유 (癸酉)	을유 (乙酉)	정유 (丁酉)	기유 (己酉)	신유 (辛酉)
19 : 30~	갑술 (甲戌)	병술 (丙戌)	무술 (戊戌)	경술 (庚戌)	임술 (壬戌)
21 : 30~	을해 (乙亥)	정해 (丁亥)	기해 (己亥)	신해 (辛亥)	계해 (癸亥)

순환이 해의 연간(年干)에 따라 규칙적으로 12글자의 지지(地支)가 순환하는 것처럼 시지의 순환도 날의 일간(日干)에 따라 규칙적으로 12글자의 지지가 순환한다.

그러니까 해와 날짜끼리, 달과 시간대끼리 비슷한 점이 많다고 알고 있는 것이 좋다.

가령, 위의 2월 6일생이 만일 아침 9시 정각에 태어났다면 시간지(時干支)는 어찌 될까?

경자(庚子)일생이니까 경(庚) 자가 있는 칸에서 9시 칸을 찾아보면 된다. 오전 9시는 7 : 30분부터 9 : 30분 사이에 해당되므로 경진(庚辰)시 생이다.

만일, 오전 9시 30분 근처라면 어찌 보아야 할까? 같은 경진(庚辰)시에 태어난 것으로 보아야 한다. 9시 31분을 정확히 지났다면? 그 때는 신사(辛巳)시에 태어난 것으로 보아야 한다.

3월 4일생도 9시 정각에 태어났다면?

병인(丙寅)일 생이니까 병(丙) 자가 있는 칸에서 찾아보아야 한다.

임진(壬辰)시 생임을 알 수 있다.

두 아이의 사주를 나열해 보면 다음과 같다.

(1) 2001년 2월 6일 09시생은　　(2) 2001년 3월 4일 09시생은
　　신사(辛巳)년　　　　　　　　　　신사(辛巳)년
　　경인(庚寅)월　　　　　　　　　　경인(庚寅)월
　　경자(庚子)일　　　　　　　　　　병인(丙寅)일
　　경진(庚辰)시　　　　　　　　　　임진(壬辰)시

이제 사주(四柱 : 네 기둥), 팔자(八字 : 여덟 글자)가 완성되었다.

쉽게 설명하려고 했지만, 일부 독자들에게는 어려울는지 몰라서 부탁드린다.

"생월, 생일 두 기둥, 네 글자만이라도 정확하게 뽑아 두라."고.

대한민국 독립 기념일, 1948년 8월 15일을 세 기둥, 여섯 글자로 뽑으면 어떻게 될까? 만세력을 각자 찾아보시라.

　무자(戊子)년

　경신(庚申)월

　임신(壬申)일로 나올 것이다.

이것들은 망설일 필요가 전혀 없다. 왜 그런가?

8월이 입춘과 거리가 멀리 떨어진 달이니 분명히 무자(戊子)년이고, 15일은 매달 초순에 있게 마련인 절입일로부터 멀리 떨어진 날이기 때문에 달도 분명히 경신(庚申)월이며, 독립선포 시간대는 밤 11시 30분 근처의 시간이 아닌 낮 시간대이므로 이 역시 분명히 임신(壬申)일이 된다.

3. 각자의 바탕 알아보기

변통성 ★

1. 숙명과 운명

토끼는 닭처럼 움직일 수 없다. 쥐가 말처럼 달릴 수 없다. 숙명이다.
보리씨를 여름에 뿌려서는 안 된다. 볍씨를 겨울에 뿌려서도 안 된다.
이것은 인간의 운명과 비슷한 점이다.

사주추명학은 비과학적인 요소로 이루어졌지만, 인생 만사를 반영하는
이론이란 점에서는 아주 합리적인 바탕을 지니고 있다. 환경 논리와 힘의
논리가 밑바탕에 깔려 있기 때문이다.

네 기둥 여덟 글자를 각각 독립적으로 볼 때에는 물론 그 특성이 있지
만, 한 글자가 가까이에 있는 일곱 글자와의 '상호 관계'에서 그 본질에
변화가 생긴다. 힘의 영향력, 즉 역학(力學) 관계에 의한 변질이 생긴다는
이야기다.

이것을 기호화한 것을 '변통성(變通性)'이라 하며, 또 '육신(六神)'이라
고도 부른다.

본격적인 책이라면 굉장히 복잡한 이론이 소개되어야겠지만 아마추어를
위한 책이므로 아주 간단하게 설명하기로 한다.

네 기둥 여덟 글자에 대한 명칭 정도는 훑어보고 넘어가야겠다.

연주(年柱) …… 신 사(辛 巳)년
월주(月柱) …… 경 인(庚 **寅**)월
일주(日柱) …… 경 자(**庚** 子)일
시주(時柱) …… 경 진(庚 辰)시

각 기둥의 첫 글자를 모두 합쳐서 '천간(天干)'이라 하고, 해의 천간은
연간(年干), 달의 천간은 월간(月干), 날의 천간은 일간(日干), 시간의 천
간은 시간(時干)이라 한다.

같은 이치로 네 기둥의 글자들은 지지(地支)라 일컫고, 해의 지지는 연

지(年支), 달의 지지는 월지(月支), 날의 지지는 일지(日支), 시간의 지지는 시지(時支)가 된다.

이 여덟 글자 중에서 가장 중요한 것은 월지(月支)와 일간(日干)이다.
　* 위의 굵은 글자

비유하자면 이렇다.
　월지는 농사 지을 땅, 일간은 씨앗,
　월지는 바다, 일간은 배라고 볼 수 있다.

이 방면의 전문가들은 일간과 월지만을 보고도 그 사람의 운명을 대강 알아맞춘다. 이 두 글자가 이루는 관계를 나타내는 용어가 '변통성, 12운성, 용신' 등이다.

우선 변통성부터 알아보자.

일간 기준으로 다른 천간이나 지지를 대조해 보게 되는데, 이 책에서는 천간만 다루어 본다.

이 통변성은 일간과 다른 천간 지지와의 관계를 기호화한 것이라고 보면 된다.

제일 위 가로줄의 첫 글자인 갑(甲)자 밑을 보자.

갑에게 갑은 비견이 되고, 을은 겁재가 되며, 병은 식신이 됨을 알 수 있다.

그러니까, 열 개의 천간과 다른 열 개의 천간끼리 이루는 관계가 100가지나 되는 셈이다.

이 관계 기호는 일간과 음양이 같으냐, 다르냐, 또 상생 관계냐, 상극 관계냐에 따라 판가름난다.

아주 간단히 정리해 보면 이렇다.
① 나(일간)와 음양이 같고, 오행도 같으면 저쪽은 比肩……
　(예 : 甲＝甲)

천간에 의한 통변성(通變星)

생일간＼통변성	甲	乙	丙	丁	戊	己	庚	辛	壬	癸
비견(比肩)	甲	乙	丙	丁	戊	己	庚	辛	壬	癸
겁재(劫財)	乙	甲	丁	丙	己	戊	辛	庚	癸	壬
식신(食神)	丙	丁	戊	己	庚	辛	壬	癸	甲	乙
상관(傷官)	丁	丙	己	戊	辛	庚	癸	壬	乙	甲
편재(偏財)	戊	己	庚	辛	壬	癸	甲	乙	丙	丁
정재(正財)	己	戊	辛	庚	癸	壬	乙	甲	丁	丙
편관(偏官)	庚	辛	壬	癸	甲	乙	丙	丁	戊	己
정관(正官)	辛	庚	癸	壬	乙	甲	丁	丙	己	戊
편인(偏印)	壬	癸	甲	乙	丙	丁	戊	己	庚	辛
인수(印綬)	癸	壬	乙	甲	丁	丙	己	戊	辛	庚

＊ 변통성(變通性)이라고도 일컬음.

② 나와 음양이 다르고, 오행만 같으면 저 쪽은 劫財……(예 : 甲≒乙)

③ 나와 음양이 같고, 내 쪽에서 저쪽에 기운을 도와주는 상생(相生) 관계이면 저쪽은 食神……(예 : 乙 ○→丁)

　＊ 길성(吉星)으로 침.

④ 나와 음양이 다르고, 내 쪽에서 저쪽에 기운을 도와주는 상생(相生) 관계이면 저쪽은 傷官……(예 : 을(乙) ○→丙)

⑤ 나와 음양이 같고, 내 쪽에서 저쪽을 치는 상극(相剋) 관계이면 저 쪽은 偏財……(예 : 丙×→庚)

⑥ 나와 음양이 다르고, 내 쪽에서 저쪽을 치는 상극(相剋) 관계이면 저쪽은 正財……(예 : 丙×→辛)

　＊ 길성(吉星)으로 침.

⑦ 나와 음양이 같고, 저쪽에서 내 쪽을 치는 상극(相剋) 관계이면 저 쪽은 偏官……(예 : 丁←×癸)

   * 편관은 때로는 '칠살(七殺)'이라고 부르며, 아주 흉성(凶星)으로 간주함.

⑧ 나와 음양이 다르고, 저쪽에서 내 쪽을 치는 상극(相剋) 관계이면 저 쪽은 正官……(예 : 丁←×壬)

   * 길성(吉星)으로 침.

⑨ 나와 음양이 같고, 저쪽에서 내 쪽을 도와주는 상생(相生) 관계이면 저쪽은 偏印……(예 : 戊 ←○丙)

⑩ 나와 음양이 다르고, 저쪽에서 내 쪽을 도와주는 상생(相生) 관계이 면 저쪽은 印綬……(예 : 戊 ←○丁)

   * 길성(吉星)으로 침.

   * '길성(吉星)으로 침'이란 표시가 없는 것들은 흉성(凶星)이거나 복합적인 것 들임 .

이 책의 알맹이인 5편을 읽기 위해서는 위 이론을 다 알 필요는 없지만, 일단 한 번쯤은 읽어 두어야만 다음 말을 이해할 수 있겠기에 간단히 설명했다.

다음 몇 가지만 참고로 알아두기 바란다. 나머지는 5편에 간단히 일일이 설명했으므로 — .

◎ 남자는 자기 사주에 正官이 하나, 正財가 하나만 있는 것이 가장 좋고, 여자는 자기 사주에 정관이 하나 반드시 있어야 좋은 운이 보장된다.

◎ 남자는 劫財가 없는 것이 좋고, 여자는 傷官이 없는 것이 좋다.

계절이나 씨앗의 종류는 '숙명'이라고 알아두자.

계절에 따라 어떤 씨앗을 어떻게 뿌려야만 하는가 정도는 어느 정도 제한되어 있으므로 이런 경우를 '운명'이라고 알아두자.

따라서 사주추명학은 과학이나 지혜, 노력 등을 전혀 무시하는 이론이라고 볼 수는 없다.

땅 속에는 하늘 기운이 스며들어 있다고 보아 이를 지장간이라 일컫는다. 엄밀하게 따지면 복잡하므로 대체로 통하는 정도만 정리해 본다. 이것으로도 통변성을 뽑을 수 있다.

이 책에서 자주 이야기한, 남녀 관계를 알아보는 데에 중요한 正官, 偏官, 正財, 偏財, 劫財, 傷官에 해당되는 지지만 표로 만들어 본다.

지지에 의한 통변성(通變星)〈略式〉

통변성 \ 생일간	甲	乙	丙	丁	戊	己	庚	辛	壬	癸
겁재(劫財)	卯	寅	午	巳	丑未	辰戌	酉	申	子	亥
상관(傷官)	午	巳	丑未	辰戌	酉	申	子	亥	卯	寅
편재(偏財)	辰戌	丑未	申	酉	亥	子	寅	卯	巳	午
정재(正財)	丑未	辰戌	酉	申	子	亥	卯	寅	午	巳
편관(偏官)	申	酉	亥	子	寅	卯	巳	午	辰戌	丑未
정관(正官)	酉	申	子	亥	卯	寅	午	巳	丑未	辰戌

앞의 천간에 의한 통변성을 이해한 사람은 이것도 쉽사리 이해할 수 있을 것이다. 완전히 같은 이치다.

甲일생 여자 사주의 지지 쪽에 午가 있다면 그것을 상관으로 보면 된다는 이야기다. 마찬가지로 癸일생 남자 사주의 어느 기둥 지지 쪽에 巳가 있다면 그것을 正財로 보라는 이야기다.

재(財)와 관(官) ★

2. 좋은 아내를 만날 남자, 좋은 남편을 만날 여자

남자의 사주에서 아내를 상징하는 기호는 정재(正財) 편재(偏財)이다. 이 두 별[육신] 중에서 정재가 더 좋다. 그리고 이 둘은 시주(時柱)나 연주(年柱)보다 월주(月柱)나 일주(日柱)에 있는 것이 더 좋다.

어떤 남자의 월주와 일주가 다음과 같다고 치자.

생월 : 戊子월

생일 : 乙丑일……戊土는 정재가 되고, 丑土는 편재가 된다.

한 사주에 정재나 편재가 두 개까지 있는 것은 무방하지만 너무 많은 것, 즉 세 개나 네 개 있는 것은 재다신약(財多身弱)이라 하여 오히려 나쁘게 본다.(다른 항목에서 다시 설명함) 월간·월지·일지 이 셋 중에 하나가 있는 것이 좋다.

여자의 사주에서 남편을 상징하는 기호는 정관(正官) 편관(偏官)이다. 이 두 별[육신] 중에서 정관(正官)이 더 좋다. 그리고 이 둘은 시주(時柱)나 연주(年柱)보다 월주(月柱)나 일주(日柱)에 있는 것이 더 좋다.

어떤 여자의 월주와 일주가 다음과 같다고 치자.

생월 : 壬寅월

생일 : 丁巳일……壬水는 丁일생에게는 正官이 된다.

훌륭한 남자를 만날 가능성이 높은 것으로 본다. 물론 연주와 시주를 참작해야 하지만, 일단 기본 조건은 갖춘 셈이라는 뜻이다.

겁재(劫財) ★

3. 아내 복이 별로 없다고 보아야 할 남자〈5편에 ▼ 표시〉

앞의 변통성표를 보면 '겁재(劫財)'라는 것이 있다. 간단히 말하면, "아내와 재물을 망치는 흉조"를 나타내는 별[암시]이라고 알고 있으면 된다.

당연히 이 겹재는 사주에 나타나지 않을수록 좋다. 남녀 다 불리하지만, 특히 남자에게 불리하다. 아내에게 해로운 별이니까 ―.

다음과 같은 경우다.

　생월 : 庚寅월

　생일 : 辛亥일

이 남자의 生月支는 寅이라서 正財가 있는 셈, 그래서 좋다고 보아야 하는데, 庚金이 일간인 辛金보다 더 센 힘으로 이 아내를 빼앗아가는 형국, 그래서 이 남자는 처복이 좋을 뻔하다가 나빠질 위험률이 높다고 보는 것이다.

상관(傷官) ★

4. 미혼·이혼·사별할 확률이 높은 여자 〈5편에 ▲ 표시〉

여자 사주를 볼 때 제일 먼저 보는 것이 좋은 쪽으로 정관과 편관이 있느냐, 있다면 튼튼하냐는 것이고, 그 다음에 나쁜 쪽으로 상관이 있느냐, 있다면 억세냐, 약하냐를 살펴보는 것이다.

앞에 통변성표를 보면서 이 글을 읽기 바란다.

어떤 여자의 생월과 생일이 다음과 같다고 치자.

　庚子월

　癸巳일……월간(月干) 庚은 일간(日干) 癸한테 상관(傷官)이 된다.

남자가 총각 시절에는 돈도 잘 벌고 활동을 정상적으로 하다가 이 여자와 결혼한 후부터 일이 사사건건 꼬여서 잘 안 된다든가 부부싸움이 잦아 남자를 좌절시키는 등의 마이너스 현상을 일으키게 된다.

재다신약(財多身弱) ★

5. 여자에게 시달릴 확률이 높은 남자 〈5편에 ◆ 표시〉

중국 고전 《요재지이(聊齋志異)》를 보면 남녀관계가 많이 나온다. 이런 점에서 이 고전은 《아라비안 나이트》처럼 남녀관계 연구를 위한 좋은 독본이라고 볼 수도 있다.

이 세상 만물은 역학(力學) 관계에 의해 생멸(生滅)한다는 것쯤은 누구나 다 잘 알고 있을 것이다. 그러나 부부관계 역시 역학 관계, 즉 권력 쟁탈 관계라는 것을 알고 있는 미혼 남녀는 대체로 적은 것 같다. 그래서 이 《요재지이》에서 〈마개보(馬介甫)〉편을 소개해 본다. 이 이야기는 명문당 판에서 김광주씨가 〈전대미문의 공처가〉라고 적당히 개제하였다. 그 줄거리를 알맹이만 비교적 상세히 추려보면 다음과 같다.

1. 양만석이라는, 머리는 좋지만 공처가인 사나이가 있었다.
2. 그 아내 윤씨는 길들여지지 않은 말[馬]처럼 사나웠다. 자기 뜻에 거스르면 남편을 채찍으로 휘갈겨 주는 것을 자기의 임무로 생각했다.
3. 60세가 넘은 시아버지를 머슴처럼 대했다.
4. 만석의 동생 만종은 형수 눈치를 보면서 몰래 아버지에게 맛있는 음식을 공양했다.
5. 만석은 40세가 넘어서도 자식이 없어서 왕씨를 첩으로 맞이했으나 윤씨가 보는 앞에서 왕씨에게 말 한 마디조차 건네지 못했다.
6. 과거 시험을 보러 갔다가 마개보라는 사나이를 알게 되어 의형제를 맺어 형이 되었다.
7. 반 년만에 마개보가 머슴을 거느리고 양만석의 집을 방문한다. 헌 옷을 입은 만석의 아버지를 이 집의 머슴쯤으로 착각하게 된다. 마개보에 대한 윤씨의 식사 대접이 엉망이다.
8. 다음 날. 떠날 예정이던 마개보는 이 집에 여러 날 묵기로 작심한다.
9. 마개보는 양만석의 아버지에게 새옷을 사서 입힌다.

10. 시아버지가 마개보에 의해 어른 대접을 받는 것에 양만석의 아내 윤씨는 분개한다. 마개보는 못 들은 척한다.

11. 양만석의 첩 왕씨가 임신한 사실을 알게 되자 윤씨는 이 첩의 옷을 벗기고 모진 매질을 한 다음 밖에 있는 남편 만석을 불러 꿇어앉힌다. 그리고 그 머리에 여자들이 쓰는 두건을 씌운 다음 채찍으로 때린다. 이 처참한 모습을 의형제인 마개보가 보게 된다. 보다 못한 마개보가 윤씨에게 "집으로 들어가라."고 엄히 꾸짖는다.

12. 윤씨는 기가 꺾여 집으로 들어가서는, 분통이 터져 엉엉 운다.

13. 외간 남자의 말에 온순해진 윤씨를 보고 식구들은 놀란다.

14. 윤씨는 분풀이로 하인들을 때린다.

15. 윤씨는 임신한 왕씨를 자기 방에 불렀는데, 왕씨가 매맞은 상처가 심해 몸을 움직이지 못하여 못 왔을 뿐인데도 화풀이로 마구 때려 유산시킨다.

16. 윤씨의 침실에 사나이 몇 명이 들어선다. 윤씨의 가슴에 칼을 대고 죄를 확인 받는다. 그 때마다 가슴에 칼자국을 남긴다. 60군데나 ─.

17. 남편 양만석이 이 방에 나타나자 사나이들은 안개처럼 사라진다.(악처 윤씨는 잠깐이나마 허깨비를 본 것임) 윤씨는 발가벗긴 몸으로 포박을 당해 있었고 앞가슴에는 셀 수 없을 만큼 상처가 나 있었다.

18. 이 사실을 양만석은 마개보에게 알린다.

19. 윤씨는 그로부터 언어 행동이 온순해지고 악담을 쏟아 놓지 않았다.

20. 마개보는 자기가 술법을 쓴 것이라고 실토하고 이 집을 떠난다.

21. 양만석은 어느 날 아내 윤씨에게 마개보의 술수를 실토했다. 아내는 분노했다. 다시 욕설을 퍼붓기 시작했다.

22. 양만석은 겁이 나서 침대 밑으로 기어들어 갔다.

23. 밤 열두시가 되도록 침대 밑에서 나오지 않자 윤씨는 "내 용서를 받으려면 네 몸에도 칼자국을 몇십 군데 내야 해!"라고 말하고는 부엌에서 식칼을 들고 들어온다.

24. 양만석은 침대 밑에서 빠져나가 도망치고 아내 윤씨는 추적한다.

25. 아우 만종이는 형을 살리려고 형수의 앞길을 가로막는다.

26. 이 때 깨끗한 옷을 입은 시아버지가 들어오는 모습을 보자 윤씨는 옷

을 찢고 시아버지 따귀를 갈기고 수염을 뽑는다.

27. 만석의 아우 만종은 분노하여 돌을 주워 형수의 골통을 때린다. 여인은 쓰러진다.

28. 아우 만종은 "내가 죽는 한이 있어도 아버지와 형이 사실 수 있다면 여한이 없겠다." 이렇게 말하고는 우물 속에 몸을 던져 자살한다.

29. 기절했던 윤씨는 죽지 않고 살아났다.

30. 윤씨는 동서(만종의 아내)에게 먹을 것을 제대로 주지 않았다. 그래서 만종의 아내는 아들을 남겨 두고 재가했다.

31. 죽은 만종의 아들인 희아는 시도 때도 없이 채찍으로 큰어머니에게서 얻어맞고 찬밥이나 얻어먹어 반 년만에 뼈만 앙상하게 남았다.

32. 어느 날 마개보가 찾아왔다. 양노인이 전과 다름없는 넝마를 걸치고 있는 것과 희아가 쇠약해진 것을 보고 놀랐다.

33. 마개보는 의형제인 만석이를 힐책했다. 만석이는 울기만 했다. 윤씨는 남편이 마개보를 만나지 못하도록 애썼다.

34. 아내한테 얻어맞은 자국이 남아있는 만석의 얼굴을 보고 마개보는 "이래도 당신이 인간이라고 할 수 있습니까?"라며 추궁한다. 드디어 양만석은 흥분한다.

35. 마개보는 충동질한다. "당신이 저 여자를 죽이는 사고를 내더라도 내가 뒤를 봐줄 것이니 혹독한 맛을 보여주시오."라고 ――.

36. 양만석은 기운을 얻어 아내를 향해 돌진하려다가 아내를 보자마자 기가 꺾여 "마개보가 날더러 너를 내쫓으라고 하더라."고 실토했다. 그리고 아내가 칼이나 몽둥이를 찾는 눈치를 보이자 그 자리를 피한다.

37. 마개보는 양만석에게 '장부재생산(丈夫再生散)'이라는 가루약을 먹인다. 이 약을 먹자 만석의 가슴에는 걷잡을 수 없는 분노의 불길이 치솟는다. 마누라를 마구 두드려 팬다. 칼을 빼내어 마누라 허벅지에서 손바닥 크기의 살점을 한 점 떼어 방바닥에 내어 던진다. 비로소 그 지독하던 악처는 남편한테 매달리면서 싹싹 빈다. 만석은 들은 척도 않고 또 한 점의 살을 베어낸다. 집안 사람들이 모두 매달려 겨우 말린다. 마개보가 말려도 듣지 않는다.

38. 약 기운이 떨어진 다음 마개보는 양만석에게 간곡하게 충고한다. "형님이 중도에 쓰러져서는 안 됩니다. 남편의 위신을 세우는 것은 이번 기회에 단단히 기반을 닦아 놓아야 합니다. 대개 사람을 두려워한다는 것은 일조일석에 이루어지는 것이 아니라 오랜 시일을 두고 차례를 거듭했기 때문입니다. 여기서 또 다시 아내에게 끌려 들어가면 다시는 겉잡을 수 없이 됩니다."라고 — .

   * 원본 주해 : 아내를 두려워함은 천하에 흔히 있는 병이다. 〈異史氏 曰〉

39. 이런 말을 남기고 마개보는 이 한심한 집을 떠났다.

40. 아내는 한 달만에 자리에서 일어났다. 얼마 아니 되어 다시 도루묵이 되었다.

41. 며느리의 학대에 시달리다 못한 시아버지는 가출했다.

42. 1년이 지나 마개보가 또 찾아왔다. 집안 형편을 보고 분개하여 양만종의 아들 희아를 나귀에 태우고 이 집을 떠났다.

43. 마을 사람들은 만석을 사람으로 대접해 주지 않았다.

44. 4년이 지나 집에 불이 났고 이웃집까지 태웠다. 벌금을 물어야만 했다. 만석은 집 없고 먹을 것도 없는 거지 신세가 되었다.

45. 만석은 아내와 함께 남쪽의 하남 지방으로 갔다. 아내는 이혼을 요구해 왔고 푸줏간의 홀아비에게로 개가했다.

46. 만석은 여기 저기서 빌어먹다가 어떤 큰 집 앞에서 관복을 입은 사나이를 만났다. 땅에 엎드려 구원을 청했다. 그 젊은 사나이는 수년 전에 마개보가 나귀에 태워 간 조카 희아였다. 조카의 집에 들어가니 거기 아버지도 계셨다.

47. 마개보라는 사나이는 호선(狐仙 : 신선으로 변한 여우)이었다는 사실을 조카로부터 듣게 된다.

48. 과거 시험에 합격하여 출세한 양효렴(어린 시절의 희아)은 종으로 팔려 갔던 백모 왕씨(양만석의 첩)를 모셔왔다.

49. 1년이 지나 왕씨는 만석의 아들을 낳았다.

50. 푸줏간에 시집간 윤씨는 반 년이 못되어 도로 포악한 아내가 되었다. 남편은 분개하여 고기를 써는 칼로 그녀의 다리에 구멍을 뚫고 노끈을

꿰어서 들보에 매달은 다음, 수육을 등에 걸머지고 행상차 밖으로 나갔고 윤씨는 이웃 사람들이 구조해 주었다. 그 다음부터는 남편을 진심으로 두려워했다. 이번에는 윤씨가 남편으로부터 매를 맞는 날이 계속되었다. 이 때야 비로소 과거의 자기 행위를 반성하게 되었다.

51. 어느 날 양효렴의 아내와 양만석의 아내 왕씨, 즉 고부간이 함께 절에 다녀오다가 이 포악스럽던 여인 윤씨를 만나게 되었다. 왕씨는 윤씨를 모른 체 했고, 왕씨의 시종들은 윤씨로 하여금 왕씨에게 절을 하도록 시켰다. 왕씨는, "푸줏간 주인과 살면 고기는 얼마든지 먹을 수 있을 터인데 어째서 저렇듯 비쩍 말랐을꼬?"라고 말한다.

52. 윤씨는 집에 와서 목을 매고 자살을 시도했으나 목을 맨 밧줄이 약해서 자살 미수로 그쳤다.

위의 이야기에서 우리는 여러 가지 기름(교훈)을 짜낼 수 있다. 그래서 장황하게 인용했다. 그러나 나는 간단히 한 가지만 독자에게 묻고 싶다.

개인 문제는 그렇다 치고, 나라 문제도 비슷한 것이 아닐까?

이를 부정할 수 없다면, 또 다시 묻고 싶다.

한국 : 일본, 한국 : 미국, 남한 : 북한 관계는?

* 《주역》〈문언전〉에 보면, '신하가 임금을 시해하고, 자식이 아비를 죽임은 하루아침 저녁에 이루어진 사연이 아니다. 그 사연은 오랜 세월동안 쌓이고 쌓인 것이니라.(臣弑其君, 子弑其父, 非一朝一夕之故, 其所由來者漸矣)'라는 말이 있음.

부부관계는 사주 용어로 재(財 : 정재, 편재)와 관(官 : 정관, 편관)을 본다. 남자에게는 재가 아내를 상징하게 되고, 여자에게는 관이 남편을 상징한다.

재, 즉 정재(正財)와 편재(偏財)는 다음과 같이 정해진다.

- 목(木)일생인 갑(甲), 을(乙)일생에게는……무(戊), 기(己), 진(辰), 술(戌), 축(丑), 미(未)가 재에 해당되고,
- 화(火)일생인 병(丙), 정(丁)일생에게는……경(庚), 신(辛), 신(申), 유(酉)가,
- 토(土)일생인 무(戊), 기(己)일생에게는……임(壬), 계(癸), 해(亥), 자(子)가,
- 금(金)일생인 경(庚), 신(辛)일생에게는……갑(甲), 을(乙), 인(寅), 묘(卯)가,
- 수(水)일생인 임(壬), 계(癸)일생에게는……병(丙), 정(丁), 사(巳), 오(午)가 재에 해당된다.

이 재는 재물과 여자를 나타낸다는 점에서 많을수록 좋을 것 같지만, 너무 많은 것은 재(財)가 아니라 재(災 : 재난)로 친다.

따라서 한 남자의 사주에 재가 둘 정도 있는 것은 무방하지만, 셋 이상 많이 있으면 불길한 운명으로 본다. 부자로 살기는커녕 가난하게 살 확률이 높고, 또한 결혼하면 처시하이거나 공처가가 될 위험률이 높다고 본다. 물론 전혀 없어도 좋지 않다.

관(官)은 '관살(官煞)'이라고도 일컫는데, 여자의 사주에서 중요시한다. 이것까지 설명하면 너무 번잡할 것 같아서 남성 본위로 쓰는 이 책에서는 생략한다.

위의 《요재지이》의 사나이와 같은 운명인 남자는 그 사주에 재(財)가 네 개 이상일 가능성이 높다.

관살혼잡(官殺混雜) ★

6. 남자에게 시달릴 확률이 높은 여자〈5편에 ● 표시함〉

이번에는 남자 사주에서의 '재다신약(財多身弱)'의 반대이다.

 정관과 편관은 여자에게 남자를 상징하는 것이라 해서, 좋은 별로 친다. 그래서 일단 있어야 한다. 그러나 많다고 무조건 좋은 것은 아니다. 한 개나 두 개여야 하고, 그것도 월주와 일주에 몰려 있지 말아야 좋다.

 정관이나 편관이 뒤섞여서 너무 많이 있으면 오히려 불길하다. 남자가 많은 꼴이니까 말이다. 이런 것을 '관살혼잡'이라 하여 여자 사주에서 기피하는 바가 된다.

 다음과 같은 경우가 월주와 일주에 정관 편관이 몰려 있는 상태다.

　생월 : 壬子월

　생일 : 丁亥일……丁에게 壬은 正官, 子는 偏官, 亥는 正官이다.

 남자들이 나(일간)를 온통 둘러싸고 서있는 형국이다.

 불행한 남녀관계이거나 다병 단명할 것으로 해석하는 것이 원칙이다.

신왕(身旺), **신약**(身弱), **조후용신**(調候用神)　★

7. 농사와 기후와 환경

 농사는 씨앗만 있어서는 안 되고, 여러 가지 조건을 갖추어야 한다. 그 중에서 가장 중요한 것이 기후이다.

 씨앗에 따라서 너무 일찍 뿌려서는 안되는 것이 있는가 하면, 너무 늦게 뿌려도 안되는 것이 있다. 수확도 마찬가지다.

 즉, 때를 잘 타야만 한다. 그래야 농사가 잘된다.

 때를 맞추어 씨 뿌리고 김을 매어도 수확 계절에 태풍을 만나면 엉망이 된다. 가뭄을 타도 농사는 엉망이 된다.

 사주추명학에서는 인생도 이와 같다고 보아 신왕·신약·조후용신이란 용어를 창출해냈다.

 다음의 표를 보자.

 아주 간단하다.

 어떤 사람이 甲일생이라고 할 경우, 이 사람이 태어난 달이 봄(寅卯辰

월)이면 최강(最强)이 된다. 강한 기운을 타고났다고 보는 것이다.

또한 어떤 癸일생이 태어난 달이 여름(巳午未월)이면 최약(最弱)이 된다. 평생 비실비실 고단하게 살 위험성이 비교적 높다고 본다.

정확한 판독에 도움이 되기 위해 좀더 자세한 이야기는 부록편의 표 6. 〈신왕 신약〉 표에 딸린 설명에서 자세히 이야기했으므로 이것을 참고

신왕(身旺), **신약**(身弱)**표**

자기 생월 월지(月支)	자기 생일 일간(日干)		목 甲, 乙	화 丙, 丁	토 戊, 己	금 庚, 辛	수 壬, 癸
봄 (2월 4,5일~ 5월 4,5일)	입춘~ 경칩~ 청명~	寅월 卯월	最强 ☆	小强 ○	弱 ■	最弱 ▲	弱 ■
	곡우~	辰월	衰 ●	小强 ○	◎强	小强 ○	弱 ■
여 름 (5월 5,6일~ 8월 6,7일)	입하~ 망종~ 소서~	巳월 午월	弱 ■	最强 ☆	最强 ☆	弱 ■	最弱 ▲
	대서~	未월	弱 ■	衰 ●	最强 ☆	小强 ○	最弱 ▲
가 을 (8월 7,8일~ 11월 6,7일)	입추~ 백로~ 한로~	申월 酉월	最弱 ▲	弱 ■	弱 ■	最强 ☆	小强 ○
	상강~	戌월	最弱 ▲	弱 ■	◎强	小强 ○	小强 ○
겨 울 (11월 7,8일~ 다음해 2월 3,4일)	입동~ 대설~ 소한~	亥월 子월	小强 ○	最弱 ▲	最弱 ▲	弱 ■	最强 ☆
	대한~	丑월	小强 ○	最弱 ▲	◎强	小强 ○	衰 ●

하기 바라고, 위의 신왕·신약 이야기는 이 정도에서 멈추기로 한다. 그런데도 왜 이 표를 굳이 본문에서 일단 다루었는가?

그 목적은 두 가지가 있다.

첫째, 위의 표에서 신왕인 사람들, 즉 '최강, 강, 소강' 그룹의 사람들은 지혜와 노력으로 얼마든지 운명을 개척하여 숙명운을 벗어날 가능성이 높으므로 이 책에 설명된 여러 가지 불길한 이야기들을 무시해도 좋다는 것,

둘째로 신약인 사람들은 이 책에서 설명된 것들을 무시하지 말라는 것,

이 두 가지 부류의 인간을 구분해 주기 위해서다. 신약(身弱)이면서 일간이 丙, 丁, 壬, 癸인 사람은 특히 사주 운세의 나쁜 암시에서 벗어나기 어렵다는 것을 명심하기 바란다.

丙, 丁, 壬, 癸일생들은 가상이나 방위 기운의 영향을 많이 받는다는 것은 필자가 확인한 새로운 정리(定理)임을 감히 밝히는 바이다.

그러므로 자기 사주의 일간이 무엇이며, 태어난 달로 보아 신약인가 아닌가는 아무리 아마추어라도 반드시 파악해 두어야 한다.

모든 운명학 이론은 대개 나쁜 쪽 이론이 잘 맞으니까 말이다.

다음은 조후(調候) 용신에 대해서도 조금은 알아두어야 5편을 이해할 수 있다.

용신(用神)을, 전문 서적에서는 이렇게 정의한다.

체신(體神) =일간	주 (主)	기 (氣)	정신	뇌	무형	상상적	남편	사장
용신(用神) =기타 간지	종 (從)	질 (質)	육체	심장	유형	구체적	아내	노조 간부

전문가들은 용신을 병약(病藥), 억부(抑扶), 통관(通關), 조후(調候) 용신 등으로 분별하여 쓴다. 그러나 궁합 이론을 쉽게 쓰려는 이 책에서는 조후 용신만 알아도 크게 도움이 된다고 보아, 이것만 소개한다.

조후 용신이란, 간단히 말하여 어떤 곡식이 자라는 데에 어떤 기후가

알맞으냐를 논하는 것에 비유할 수 있다. 서늘한 기후에서 잘 되는 채소가 있고, 따뜻한 온도를 필요로 하는 채소가 있다.

이 기후, 즉 좋은 환경 조건이 무엇이냐를 알아 보는 것이 바로 조후용신이다. 《궁통보감》이란 두꺼운 책은 온통 이 이론으로 가득찬 명리학의 고전인데, 이것을 여기서 뼈대나마 추려서 설명할 수도 없다. 냄새 정도로 소개한다.

다음 표에서 보는 바와 같이 조후 용신이란, 나(日干)에게 어느 오행이

조후용신(調候用神)

생일	생월	寅	卯	辰	巳	午	未	申	酉	戌	亥	子	丑
甲	조후	丙	庚	庚	癸	癸	癸	庚	庚	庚	庚	丁	丁
甲	보좌	계	병,정무,기	정,임	정,경	정,경	정,경	정,임	정,병	갑,정임,계	정,병무	경	경,병
乙	조후	丙	丙	癸	癸	癸	癸	丙	癸	癸	丙	丙	丙
乙	보좌	계	계	병,무	×	경?	경,신	계,기	병,정	신	무	×	×
丙	조후	壬	壬	壬	壬	壬	壬	壬	壬	甲	甲	壬	壬
丙	보좌	경	기	갑	경,계	경	경	무	계	임	무,경임	무,기	갑
丁	조후	甲	庚	甲	甲	壬	甲	甲	甲	甲	甲	甲	甲
丁	보좌	경	갑	경	경	경,계	경,임	경,병무	경,병무	경,무	경	경	경
戊	조후	丙	丙	甲	甲	壬	癸	丙	丙	甲	甲	丙	丙
戊	보좌	갑,계	갑,계	병,계	병,계	갑,병	갑,병	갑,계	계	병,계	병	갑	갑
己	조후	丙	甲	丙	癸	癸	癸	丙	丙	甲	丙	丙	丙
己	보좌	갑,경	병,계	갑,계	병	병	병	계	계	병,계	갑,무	갑,무	갑,무
庚	조후	戊	丁	甲	壬	壬	丁	丁	丁	甲	丁	丁	丙
庚	보좌	갑,병정,임	갑,병경	정,임계	병,정무	계	갑	갑	갑,병	임	병	갑,병	갑,정

생일＼생월		寅	卯	辰	巳	午	未	申	酉	戌	亥	子	丑
辛	조후	己	壬	壬	壬	壬	壬	壬	壬	壬	壬	丙	丙
辛	보좌	경,임	갑	갑	갑,계	기,계	갑,경	갑,무	갑	갑	병	갑,무임	무,기임
壬	조후	庚	戊	甲	壬	癸	辛	戊	甲	甲	戊	戊	丙
壬	보좌	병,무	경신	경	경,신계	경,신	갑	정	경	병	병,경	병	甲,丁
癸	조후	辛	庚	丙	庚	庚	庚	丁	辛	辛	庚	丙	丙
癸	보좌	병	신	갑,신	신	신,임계	신,임계	×	병	갑,임계	무,정신	신	丁

좋으냐를 알아보는 것이다.

癸일생으로 예를 들어보자.

계일생의 출생월 열두 가지 중에서, 여름 달인 巳午未월 칸을 보면 모두 庚으로 되어 있다. 이 사람한테는 庚이 상징하는 모든 것이 좋다는 이야기가 된다. 庚은 계절로는 가을에 해당되고 방위로는 서쪽이 된다. 따라서 이 사람은 무슨 일이든지 가을에 시작하는 일이 다른 계절에 시작하는 일보다 능률과 효과가 많다고 보아야 하며, 살 곳으로는 일정 지역의 서부 지역이 좋다고 보아야 한다.

자기 사주에 이 庚자가 있으면 좋고, 남녀 궁합을 볼 때에는 상대방 남자나 여자에게 이 庚자가 있으면 좋다고 판단해야 한다.

5편의 60간지마다 일일이 표시되어 있으므로 더 이상의 설명은 생략한다.

12운성(十二運星) ★

8. 밀물과 썰물

어부가 바다에 나가서 고기를 잡는 일은 아무 때나 시도하는 것이 아니다. 특히 배를 띄우는 것은 반드시 때를 가려야 한다. 밀물과 썰물이 바로 그것이다. 세상 만사는 노력한다고 다 잘 되는 것이 아니다. 물론 노력하지 않는 것보다야 노력하는 쪽이 조금이라도 낫겠지만 말이다.

그러나 같은 노력을 들였더라도 소득은 달라질 때가 얼마든지 있다.

이 때를 보는 방법은 사주추명학에서의 복합 판단으로는 여러 가지 방법이 있지만, 가장 단순하고 확률도 비교적 높은 것이 십이운성(十二運星)이라는 것이다.

표를 보면 열두 가지 기호가 배치되어 있다. 이 중에서 좋은 것과 나쁜 것을 분류하면 다음과 같다.

십이운성(十二運星)

生日干 十二運星	甲	乙	丙	丁	戊	己	庚	辛	壬	癸
장생(長生)	亥	午	寅	酉	寅	酉	巳	子	申	卯
목욕(沐浴)	子	巳	卯	申	卯	申	午	亥	酉	寅
관대(冠帶)	丑	辰	辰	未	辰	未	未	戌	戌	丑
건록(建祿)	寅	卯	巳	午	巳	午	申	酉	亥	子
제왕(帝旺)	卯	寅	午	巳	午	巳	酉	申	子	亥
쇠(衰)	辰	丑	未	辰	未	辰	戌	未	丑	戌
병(病)	巳	子	申	卯	申	卯	亥	午	寅	酉
사(死)	午	亥	酉	寅	酉	寅	子	巳	卯	申
묘(墓)	未	戌	戌	丑	戌	丑	丑	辰	辰	未
절(絶)	申	酉	亥	子	亥	子	寅	卯	巳	午
태(胎)	酉	申	子	亥	子	亥	卯	寅	午	巳
양(養)	戌	未	丑	戌	丑	戌	辰	丑	未	辰

밀물 때……양 → 장생 → 목욕 → 관대 → 건록 → 제왕
     (養) (長生) (沐浴) (冠帶) (建祿) (帝旺)
     출발(상승 시작) → 성장·발달 → 전성기

썰물 때……쇠(衰)→병(病)→사(死)→묘(墓)→절(絶)→태(胎)
     하강 시작 → 쇠퇴 → 소멸 → 재출발

이 십이운성은 자기 자신의 운세 변화를 가늠해 보는 자료로 주로 쓰이고 궁합을 볼 때에는 별로 참작하지 않는다.

그러나 자기 사주의 일간(日干)에서 보아 상대방 사주의 일지(日支)가 養, 長生, 沐浴, 冠帶, 建祿, 帝旺에 해당되는 경우, 대개 부부 사이가 원만하다는 것을 발견할 수 있었다. 필자의 체험으로는 일지 중심의 확률이 약 60~70%는 되는 것으로 본다. 십이운성도 조후 용신처럼 일종의 환경 조건에 해당되기 때문이 아닐까 싶다.

4편의 판단 기준들을 최우선으로 본 다음, 참고하기 바란다.

지합(支合) ★

9. 노처녀, 노총각이 되기 쉬운 남녀 〈5편에 ♥ 표시〉

4편에서는 궁합 이론 중심으로, 여기서는 자기 사주만의 단독 판단 자료로 이 지합을 이야기해 본다.

다음과 같은 글자가 자기 사주 안에 짝을 이루면 이 남자나 여자는 노처녀 노총각이 되기 쉽다. 즉 그렇게 될 확률이 높다.

生 日 支 (생월지, 생시지)	丑	寅	卯	辰	巳	午
生月支, 生時支 (생일지)	子	亥	戌	酉	申	未

예컨대, 어떤 남자의 생일지(生日支)가 丑이라고 하자. 그런데 이 남자의 사주 중에 생월의 지지, 즉 월지(月支)가 子월이라면 이 남자는 노총각이 될 확률이 높다는 이야기다. 시지(時支)에 있어도 마찬가지이다.

자와 축이 바뀌어도 같다. 그래서 괄호 안에 쓴 것이다.

다시 말하면, 생일이 子일이고 생월이나 생시가 丑이라도 마찬가지라는 이야기다.

반드시 일지(日支)가 중심에 끼어야 한다.

일지＋시지, 아니면 일지＋월지라야 한다. 즉 연지(年支)는 무시한다.

충(沖) ★

10. 이혼 · 사별 · 복잡한 사연이 많기 쉬운 남녀
〈5편에 ♠ 표시〉

어떤 한 사람의 사주 생일지지와 생월지지, 아니면 생일지지와 생시지지가 서로 충이면, 그 사람은 결혼 후에 부부 싸움이 잦거나 조기 이혼, 또는 사별, 생이별 등의 고통을 겪을 위험률이 높다. 여기다가 배우자의 사주 지지와 대조해 보았을 때 배우자의 생월 · 생일 · 생시의 지지마저 자기 지지와 충이라면 더욱 확률이 높아진다. 〈4편 11장 참조〉

生 日 支 (생월지. 생시지)	子	丑	寅	卯	辰	巳
生月支, 生時支 (생일지)	午	未	申	酉	戌	亥

예를 들면, 어떤 사람의 생일이 子일이라면, 이 사람 생월지(生月支)나 생시지(生時支)에는 午가 없어야 좋다는 이야기다. 이별 수가 항상 잠재해 있다고 보아야 한다.

4. 간단하면서도 중요한
궁합 보기 원칙

□ 인간 관계에서 서로 좋은 작용을 하는 간(干)과 지(支)

간합 ★

1. 甲일생과 己일생을 예로 들어보면

1장의 '동성 연애를 할 가능성이 높은 사주' 항목에서는 간합을 썩 좋지 않은 쪽으로 이야기했지만, 그것은 동성일 경우였다.

이성간일 경우에는 아주 좋은 궁합으로 본다.

다시 한 번 간합(干合) 조합을 나열해 본다.

갑(甲)＋기(己)……이 둘은 합쳐서 토(土)로 변질하는 좋은 현상을 일으킨다.

을(乙)＋경(庚)……이 둘은 합쳐서 금(金)으로 변질하는 좋은 현상을 일으킨다.

병(丙)＋신(辛)……이 둘은 합쳐서 수(水)로 변질하는 좋은 현상을 일으킨다.

정(丁)＋임(壬)……이 둘은 합쳐서 목(木)으로 변질하는 좋은 현상을 일으킨다.

무(戊)＋계(癸)……이 둘은 합쳐서 화(火)로 변질하는 좋은 현상을 일으킨다.

어느 쪽이 남자이든 여자이든 무방하다고 보지만, 될 수 있으면 남자 쪽이 양간(陽干)인 배합이 더 좋다.

양간이라 함은 甲, 丙, 戊, 庚, 壬을 말한다.

* p. 16의 표를 참고할 것

그러니까 다음과 같은 짝꿍일 경우 아주 이상적인 연인이나 부부, 또는 상사와 부하 관계가 이루어질 수 있다.

관 계	土 짝꿍	金 짝꿍	水 짝꿍	木 짝꿍	火 짝꿍
남편. 상사	甲	庚	丙	壬	戊
아내. 부하	己	乙	辛	丁	癸

예를 든다면 이렇다.

어떤 남자의 생일 위 글자, 즉 일간(日干)이 甲이고, 그 배우자의 일간이 己라면 금실이 아주 좋은 부부가 될 수 있다는 이야기다. 다시 말하자면, 남자가 己일생이고 여자가 甲일생일 때보다 더 좋다는 뜻이다.

직장에서는 성별을 따질 것 없이 상사(위 사람)이면 남자로 치면 된다.

이 간합 궁합법은 반드시 생일 기준이어야 한다. 생월이나 생년은 무시하는 것을 원칙으로 한다.

기타 천간 궁합법(1) ★

2. 서로의 생일 천간이 정관(正官)과 정재(正財)가 되는 경우

정관이란 여자에게는 남편을 상징하고, 정재란 남자에게 아내를 상징한다. 표로 정리하면 다음과 같다.

正官＝남편. 상사의 생일간(生日干)	신(辛)	계(癸)	을(乙)	정(丁)	기(己)
正財＝아내. 부하의 생일간(生日干)	갑(甲)	병(丙)	무(戊)	경(庚)	임(壬)

이런 경우도 서로 궁합이 잘 맞는다.

그런데 이것 역시 남녀가 바뀌어도 무방하다. 그러나 위쪽이 남자 또는 상관인 것이 조금 낫다.

3. 서로의 생일 천간이 편관(偏官)과 편재(偏財)가 되는 경우

이 경우는 열 가지다.

편관 =남. 상사	甲	乙	丙	丁	戊	己	庚	辛	壬	癸
편재 =여. 부하	戊	己	庚	辛	壬	癸	甲	乙	丙	丁

예를 든다면 이렇다.

어떤 회사의 상사가 계일(癸日)생이라고 하자. 그런데 그 밑에서 일하는 직속 부하가 정일(丁日)생이라고 치면 이 두 사람의 관계는 '간합'일 경우나 '정관, 정재' 경우보다는 약하지만 괜찮은 편이라는 이야기다. 남녀 관계도 마찬가지이다.

4. 두 사람의 사주가 신약일 경우에는 비견(比肩) 관계가 좋다

p. 53에 있는 '신왕, 신약' 표를 보면 자기 생일간(生日干)과 생월지(生月支) 관계가 ■, ▲, ●로 표시된 사람은 다 신약(身弱) 사주에 해당된다. 사주의 핵심인 일간(주인공 상징)이 약하다는 이야기다.

이런 경우에는 같은 일간끼리 만나야 서로가 힘이 되어줄 수 있다. 즉 좋은 짝꿍이 된다. 표를 만들면 다음과 같다.

나. 너	甲	乙	丙	丁	戊	己	庚	辛	壬	癸
너. 나	甲	乙	丙	丁	戊	己	庚	辛	壬	癸

이런 관계를 비견(比肩)이라 한다.

서로 친구같이 의지하게 된다.

* 그러나 자기 사주, 여덟 글자 중에 비견이 여러 개 있는 것은 좋지 않음.

기타 천간 궁합법(4) ★

5. 상대방의 생일간이 나에게 식신(食神)이 될 때도 좋다

다음과 같은 경우를 말한다.

특히 물질적인 면에서 도움이 크다고 보아야 한다.

나	갑	을	병	정	무	기	경	신	임	계
상대방	병	정	무	기	경	신	임	계	갑	을

* p. 41의 '통변성' 표를 참고할 것.

기타 천간 궁합법(5) ★

6. 상대방의 생일간이 나에게 인수(印綬)가 될 때도 좋다

다음과 같은 경우를 말한다.

특히 정신적인 면에서 도움이 크다고 보아야 한다.

나	甲	乙	丙	丁	戊	己	庚	辛	壬	癸
상대방	癸	壬	乙	甲	丁	丙	己	戊	辛	庚

* p. 41의 '통변성' 표를 참고할 것.

삼합 ★

7. 소띠와 뱀띠, 닭띠를 예로 들어보면

우리 나라 속담 중에는 깊은 진리가 들어있는 말들이 얼마나 많은가.

오랜 세월동안 다듬어온 지혜라고 보면 틀림없다.

사주라는 것도 나는 동일선상에 놓고 보고 싶다. 사주추명학(四柱推命學)이라는 것은 원래는 중국에서 시작된 것이지만, 우리 나라에서도 오랜 세월동안 생활 철학으로 중요시되어 왔다. 자연 과학과는 거리가 멀지만, 일종의 통계 과학이라고 인정해주고 싶다. 그 이론의 정확성과 체계성은 자연 과학의 응용인 일기 예보 수준에 떨어지지 않기 때문이다.

뱀띠 중에는 머리가 좋고 경쟁심이 왕성한 사람이 많다. 나쁜 쪽으로 말하면 질투심이 강한 편이다. 생년·생월·생일에 뱀을 상징하는 사(巳)자가 있는 사람들이 이에 해당된다.

소띠 중에는 착해 빠진 사람이 많다. 그리고 남한테 오해를 받거나 손해를 보는 경우가 많다는 것도 특징이다. 또한 부모 덕이 없는 사람이 많다. 축(丑)자가 생년·생월·생일에 있는 사람이 이에 해당된다.

또한, 소띠·뱀띠·닭띠끼리는 서로 통하는 바가 있다는 것도 상식으로 알아두어 나쁠 것이 없다. 직장 동료끼리, 친구끼리도 잘 맞는다. 이렇게 셋씩 그룹을 이루어 서로 상부 상조하고 기(氣)가 통하는 것을 삼합(三合)이라고 일컫는다.

삼합은 다음과 같다.

신(申)+자(子)+진(辰)……원숭이·쥐·용띠 해에 태어난 사람들끼리는 기(氣)가 통한다.

인(寅)+오(午)+술(戌)……호랑이·말·개띠 해에 태어난 사람들끼리는 기(氣)가 통한다.

해(亥)+묘(卯)+미(未)……돼지·토끼·양띠 해에 태어난 사람들끼리는 기(氣)가 통한다.

사(巳)+유(酉)+축(丑)……뱀·닭·소띠 해에 태어난 사람들끼리는 기(氣)가 통한다.

연지(年支)보다 서로의 월지(月支)·일지(日支) 끼리의 대조를 중요시하는 것이 좋다.

예를 들어 어떤 두 사람의 생일 아래 글자, 즉 일지(日支)가 한 사람은 신(申)이고 또 한 사람은 자(子)이면 삼합에 해당된다.

또 어떤 두 사람의 생월이 한 사람은 인(寅)월이고 다른 한 사람은 오(午)월이면, 이 역시 삼합에 해당된다.

　* 5장 '60가지 인간끼리의 궁합'편에 자세히 설명되어 있음.

지합(支合) ★

8. 호랑이 달과 돼지 달에 태어난 사람끼리는 죽이 맞는다

직장에서 누구와 누구가 서로 유난히 친한가를 한 번 유심히 살펴보라. 놀랍게도 삼합 아니면 지합(支合) 관계를 이루는 사람들끼리인 경우가 실로 많다.

지합이란 다음과 같다.

　　자(子)＋축(丑)……쥐 달과 소 달끼리는 서로 기(氣)가 통한다.
　　인(寅)＋해(亥)……호랑이 달과 돼지 달끼리는 서로 기가 통한다.
　　묘(卯)＋술(戌)……토끼 달과 개 달끼리는 서로 기가 통한다.
　　유(酉)＋진(辰)……닭 달과 용띠 달끼리는 서로 기가 통한다.
　　사(巳)＋신(申)……뱀 달과 원숭이 달끼리는 서로 기가 통한다.
　　오(午)＋미(未)……말 달과 양 달끼리는 서로 기가 통한다.

자기 사주만 보아서 지합을 이루는 두 글자가 위와 같이 있으면 노처녀 노총각이 되는 경우가 적지 않다. 5편에서 ♥ 표시를 한 것이 이에 해당된다.

두 사람의 궁합을 볼 때에는 연지(年支)보다 서로의 월지(月支)나 일지(日支)끼리의 대조를 중요시하는 것이 좋다.

　* 사(巳)＋신(申), 이 관계만은 좋을 때도 있고 나쁠 때도 있음.

방합(方合) ★

9. 같은 계절의 기운을 타고난 사람끼리는 죽이 맞는다

12지를 시계 바늘이 돌아가는 방향으로 배열하면,
　해(亥), 자(子), 축(丑)이 11시, 12시, 1시가 되고,
　인(寅), 묘(卯), 진(辰)은 2, 3, 4시가 되고,
　사(巳), 오(午), 미(未)는 5, 6, 7시가 되며,
　신(申), 유(酉), 술(戌)은 8, .9. 10시에 해당된다.
이를 계절별, 방위별로 구분하면
　亥+子+丑은 겨울, 북방이 되고,
　寅+卯+辰은 봄, 동방이되며,
　巳+午+未는 여름, 남방이 되고,
　申+酉+戌은 가을, 서방이 된다.

이를 방합이라 한다.

이 방합은 세 가지가 다 모이면 강력한 힘을 좋은 쪽으로든 나쁜 쪽으로든 발휘하고, 두 지지끼리만 모여 있어도 강한 힘을 지니는 것으로 본다.

그런데 두 지지끼리 모여서 방합을 이룰 경우에는 가운데에 있는 자오묘유(子午卯酉)가 끼어있으면서 두 글자인 것이 효력이 강하다.

한 사람의 사주만을 놓고 그 사람을 볼 때에는 좋은 경우도 있고, 나쁜 경우도 있지만, 두 사람의 사주를 놓고 대조해 볼 때, 즉 궁합을 볼 때에는 좋은 것으로만 해석한다. 즉 강한 인력이 두 사람 사이에 작용하는 것으로 판단해도 좋다.

다음 두 사람은 1946년도에 여자 쪽에서 단신으로 38선을 넘어 서울에 있는 약혼자를 찾아가서 결혼한 케이스인데 위 이론에 부합된다.

[남　자]

1921.11.25(음10.26) 卯시생

　　辛酉년

　　己亥월

　　壬辰일

　　癸卯시

[여　자]

1931.1.21(음12.3) 새벽

　　庚午년

　　己丑월

　　丙子일

남자는 亥월, 여자는 丑월이니까 방합에 해당되고,

남자는 辰일, 여자는 子일이니까 삼합에 해당된다.

이 부부가 얼마나 다정한 원앙 부부인지는 친척간에는 물론이고 이사 가서 사는 곳의 동네 사람들마저 인정할 정도였다.

공망(空亡) ★

10. 공동 운명체인 사람들

사주 용어에 공망이란 것이 있다. 이것은 나쁜 쪽으로 주로 해석되는데, 좋은 쪽으로 해석할 경우도 있다.

공망 조견표는 다음과 같다.

먼저 공망을 찾는 방법을 설명한다.

자기 생일이 기준이 된다.

가령, 어떤 사람이 甲子일에 태어났다면 위 1번에서 오른 쪽 끝 칸을 본다. 10번인 癸酉일 오른쪽 칸에 戌, 亥라고 되어 있다. 이 戌, 亥가 甲子일에 태어난 사람에게는 공망이 된다. 물론 오른쪽으로 나열된 2~10번 모두가 같은 戌, 亥가 공망이 된다.

51번인 甲寅일에 태어난 사람은 공망이 子, 丑이 된다. 52번부터 오른쪽으로 나열된 60번까지가 모두 같은 그룹이니까 역시 공망은 子, 丑이 된다.

사주 중에 공망이 있으면, 그 공망에 해당되는 것에 대해 마이너스 작

공망(空亡) 조견표

旬	甲일	乙일	丙일	丁일	戊일	己일	庚일	辛일	壬일	癸일	해당空亡은 ↓
	다음 중 어느 생일이면 →										
甲子	1 甲子	2 乙丑	3 丙寅	4 丁卯	5 戊辰	6 己巳	7 庚午	8 辛未	9 壬申	10 癸酉	戌,亥
甲戌	11 甲戌	12 乙亥	13 丙子	14 丁丑	15 戊寅	16 己卯	17 庚辰	18 辛巳	19 壬午	20 癸未	申,酉
甲申	21 甲申	22 乙酉	23 丙戌	24 丁亥	25 戊子	26 己丑	27 庚寅	28 辛卯	29 壬辰	30 癸巳	午,未
甲午	31 甲午	32 乙未	33 丙申	34 丁酉	35 戊戌	36 己亥	37 庚子	38 辛丑	39 壬寅	40 癸卯	辰,巳
甲辰	41 甲辰	42 乙巳	43 丙午	44 丁未	45 戊申	46 己酉	47 庚戌	48 辛亥	49 壬子	50 癸丑	寅,卯
甲寅	51 甲寅	52 乙卯	53 丙辰	54 丁巳	55 戊午	56 己未	57 庚申	58 辛酉	59 壬戌	60 癸亥	子,丑

용을 한다고 해석한다. 즉 나쁜 쪽으로 해석하는 경우가 많다.

예를 들어, 어떤 사람이 甲辰일생이면, 그의 공망은 寅과 卯가 되는데, 그의 사주 다른 기둥의 아래 글자, 즉 지지(地支)에 寅이나 卯가 있다면, 이 글자가 공망에 해당되고, 그 글자가 상징하는 것에 부작용이 생긴다고 해석한다. 자세한 이론을 소개하려면 번잡해지기 때문에 단 한 가지만 소개한다.

만일 위 사람의 생년이나 생월이 이 공망에 해당되면, 이 사람은 고향이나 조국에서는 출세를 하지 못하고 외국에 나가야 성공할 것으로 본다. 또 시지(時支)가 이 공망에 해당되면, 이 사람은 자식을 길러도 자식 덕을 못 본다고 예언할 수 있다. 즉 자식이 제로화되는 것으로 해석하는 것이다.

그러나 이 책에서는 인간관계, 즉 대인관계 중심으로 이야기를 전개하니까 이 정도로 하고 나쁜 쪽은 무시하고 넘어가기로 한다.

10일씩 같은 공망에 해당되는 사람끼리를 '동순(同旬 : 같은 10일의 뜻) 공망'이라고 하는데, 이들 10명끼리는 생사 고락을 같이 하는 공동 운명체적인 인연이 있다고 본다. 따라서 연인이나 부부, 또는 직장 상사와 부하가 '동순공망'이면 서로 통하는 바가 많아서 관계가 원만해질 가능성이 높다고 판단한다.

그러나 나쁜 일도 같이 겪게 되므로 자동차 사고로 몰사하는 경우도 이들이라고 보아야 한다.

* p. 77부터 시작되는 '60가지 인간끼리의 궁합' 일람표에 10명씩 묶어서 설명되어 있는 것을 참고하기 바람.
* 이 공망 문제만 한 권의 책으로 다룬 사주추명학자들도 있음.
* 일지(日支)는 기준이 되는 기둥에 있는 글자이므로 공망이 될 수가 없음.

☐ 인간 관계에서 나쁜 작용을 하는 두 지(支)의 관계

충(冲) ★

11. 방해도 되고 자극과 충격도 되는 관계

사주를 체계적이면서 종합적으로 판단하는 것을 복식 판단이라 하고, 간지 위주, 또는 신살(神殺) 위주로 판단하는 것을 단식 판단법이라고 한다.

이 책은 아마추어용이므로 후자 중심의 설명이 전개된다. 그래서 180여 종의 신살은 거의 다 무시하고, 간(干)과 지(支) 본위의 아주 간단한 판단법만을 소개한다.

네 기둥 여덟 글자를 뽑아 놓고 제일 먼저 살펴보아야 하는 것이 어느 오행이 많고 적으며 힘이 세고 약한가를 살펴본다.

그 다음 기초적으로 참작하는 것에 '형(刑)·충(沖)·파(破)·해(害)'라는 것이 있다.

'될 수 있는 한 간단히 알기 쉽게 쓴다'는 것이 이 책의 기본 목표이므로, 이 책에서는 '파'와 '해'는 제외시킨다. 번잡스럽기만 하기 때문인 데다가 나의 경험으로 보아서 '형'과 '충'만큼 확률이 높지 않다는 점에서도 제외시켰다.

12지지를 시계 바늘 회전 방향으로 배열했을 때, 정 반대쪽에 있게 되는 지지들 끼리를 '충(沖)'이라고 한다. 자동차가 정면으로 부딪쳤을 때 쓰는 말, 즉 '충돌'의 충(衝)자와는 다른 뜻의 글자이지만, 비슷한 뜻으로 보면 된다.

따라서 사주 자체에 이 충이 나오는 것은 물론, 두 사람의 사주를 대조해가면서 궁합을 볼 때에나 이 충은 없는 쪽이 좋다. 자극과 반발·충격·방해·좌절·파괴·공허의 의미로 해석되기 때문이다.

자기 사주만 보아서 충이 나오면 배우자와의 생이별, 또는 과부·홀아비 운이 다른 사람에 비하여 높다. 5편에서 ♠ 표시를 한 것들이 이에 해당된다.

충 관계인 지지를 정리하면 다음과 같다.

子↔午　丑↔未　寅↔申　卯↔酉　辰↔戌　巳↔亥

가령 어떤 남자의 생월이나 생일이 자(子)이고 여자의 생월이나 생일이 오(午)이면 서로 충이 된다. 상호 파괴 작용이 일어나 인생 점수가 조금 깎일 확률이 높은 편이다.

그러나 아주 중요한 판단 조건은 안 된다. 왜냐 하면, 전문가 수준에서 볼 때는 이런 한두 가지는 수십 가지 참고 자료의 극히 일부에 지나지 않기 때문이다. 다른 좋은 조건을 갖추었으면 상쇄시켜 버리는 것이다.

그런데 이 충이 생월에나 생일에 있는데다가 두 사람 사주 끼리를 대조해 보면 형(刑)까지 겹친 경우가 가끔 있다. 이런 때의 충은 아주 **나쁘다**

고 보아야 한다.

예를 든다면, 어떤 남자의 생월이 午월인데 여자 쪽은 子월이면 충에 해당된다.

　* 한 사람의 사주 안에 있는 이 충(沖)은 공망(空亡)처럼 좋은 구실을 할 수도 있음.

형(刑) ★

12. 지독한 고통을 안겨주는 고약한 관계

형(刑)이란 것을 필자는 형·충·파·해 가운데 가장 나쁜 것으로 본다. 오로지 파괴와 고통만 따르는 것이라고 보아야 한다. 한 사람의 사주 안에 있는 것도 나쁘지만, 두 사람의 사주로 궁합을 볼 때 상대방에게 서로 이것이 있고, 게다가 두 사람의 생월이나 생일끼리 충(沖)까지 겹쳤다면 아주 나쁜 궁합이 된다.

형은 다음과 같이 크게 두 가지로 나눈다.
- 자형(自刑)

　辰↔辰　午↔午　酉↔酉　亥↔亥
- 삼형(三刑)

　寅↔巳↔申↔寅

　丑↔戌↔未↔丑

　子↔卯

예를 든다면, 어떤 남자의 생일 지지가 사(巳)인데 여자는 생일이 신(申)이라면 상호간에 상처를 주게 된다.

충(冲)과 형(刑)의 중복 ★

13. 가장 불행한 관계

평생 싸우다가 세월을 다 보내는 부부 중에는 생월끼리는 서로 충이 되고, 생일끼리는 서로 형이 되는 경우가 신기하게도 많다. 물론 생월끼리는 형이 되고, 생일끼리는 충이 되는 경우도 이에 해당되는데, 전자보다는 조금 그 정도가 약한 것으로 본다.

생년과 생시는 그 확률이 낮은 것으로 본다. 그러니까 속궁합이 중요한 것이다. 달과 날만 가지고 보는 궁합도 속궁합으로 친다.

아무튼 태어난 달끼리의 충이 되는 짝일 경우에는 사주의 다른 기둥에 서로 형이 되는 글자가 없는가를 확인할 필요가 있다.

이 책을 쓰게 된 가장 큰 동기는 이 페이지의 글 때문임을 밝히는 바이다.

기본 바탕, 즉 달과 날로 따져본 속궁합으로 볼 경우, 최악의 부부가 될 위험률이 높은 짝들을 예시해 보면 다음과 같다.

(1) 남자 午월 巳일
　　여자 子월 申일
　　―달끼리 충, 날끼리 형.

(2) 남자 丑월 戌일
　　여자 未월 未일
　　―달끼리 충, 날끼리 형.

(3) 남자 午월 巳일
　　여자 午월 亥일
　　―달끼리 형, 날끼리 충.

(4) 남자 丑월 戌일
　　여자 戌월 辰일
　　―달끼리 형, 날끼리 충.

그러나 이렇게 짝지어지는 부부는 그다지 많지 않으므로 너무 두려워할 필요는 없다.

　* 이 판단 방법은 남녀 불문하고 신약(身弱) 사주인데다가 丙, 丁, 壬, 癸일생일 경우에 한하여 잘 적중한다는 것도 독자 중의 일부 전문가들을 위해 밝혀 두는 바임.

5. 60가지 인간끼리의 궁합

갑자순(甲子旬) 인생

甲子　乙丑　丙寅　丁卯　戊辰
己巳　庚午　辛未　壬申　癸酉

위의 열흘 동안에 태어난 사람들끼리는 똑같이 술(戌)과
해(亥)가 공망이 되는, 동순공망(同旬空亡)의 인생들이다.

이들은 학교 친구나 직장 친구, 교제 대상의 이성, 또는
부부든 간에 서로 마음이 통하여 사이좋게 지낼 수 있는 운
명을 타고난 동질성 그룹이라 볼 수 있다. 중요시하여야 할
궁합 판단 기준이다.

단, 이들 열 명끼리의 조합에서 개인별 생일에 따라 한
명 내지 세 명 정도가 예외가 될 수 있다.

＊ 각자의 생일 해설란에 정리되어 있음.

1. 甲子일생

생월을 참작하여 판단한다면

【선천운 범례】 ◎ : 대길(大吉), ○ : 중길, △ : 소길, ? : 애매함

양력월 (생월지)	선천운(숙명) (선택 여지가 적은 기본적 운세)				후 천 운(개척) (연애·결혼 상대 선택(궁합)시 참고해야 할 사항)		참고
	건강운	경제운	출세운	애정운	상대방 일간(월간)에 있으면 좋은 천간	상대방 월지(일지)에 있으면 나쁜 지지	
2(寅)	?	○	남 ○	◎	己/己戊丙/丙	戌亥/申/巳申/卯/午	
			여 ?	?	己/辛庚丙/丙	戌亥/申/巳申/卯/午	
3(卯)	?	○	남 ○	◎	己/己戊丙/庚	戌亥/酉/子/卯/午	▼卯
			여 ?	?	己/辛庚丙/庚	戌亥/酉/子/卯/午	
4(辰)	?	?	남 ○	?	己/甲癸/庚	戌亥/戌/辰/卯/午	
			여 ◎	○	己/甲癸/庚	戌亥/戌/辰/卯/午	
5(巳)	△	◎	남 ◎	◎	己/甲癸/癸	戌亥/亥/寅申/卯/午	
			여 ○	◎	己/甲癸/癸	戌亥/亥/寅申/卯/午	
6(午)	?	○	남 ◎	◎	己/甲癸/癸	戌亥/子/午/卯/午	▲午
			여 ○	◎	己/甲癸/癸	戌亥/子/午/卯/午	
7(未)	△	?	남 ◎	△	己/甲癸/癸	戌亥/丑/丑戌/卯/午	
			여 ◎	○	己/甲癸/癸	戌亥/丑/丑戌/卯/午	
8(申)	◎	○	남 ?	△	己/甲癸/庚	戌亥/寅/寅巳/卯/午	
			여 △	○	己/甲癸/庚	戌亥/寅/寅巳/卯/午	
9(酉)	◎	○	남 ?	△	己/甲癸/庚	戌亥/卯/酉/卯/午	
			여 △	○	己/甲癸/庚	戌亥/卯/酉/卯/午	
10(戌)	?	?	남 ○	?	己/甲癸/庚	戌亥/辰/丑未/卯/午	
			여 ◎	○	己/甲癸/庚	戌亥/辰/丑未/卯/午	
11(亥)	○	○	남 ?	○	己/己戊丙/庚	戌亥/巳/亥/卯/午	
			여 ?	△	己/辛庚丙/庚	戌亥/巳/亥/卯/午	
12(子)	○	○	남 ?	○	己/己戊丙/丁	戌亥/午/卯/卯/午	
			여 △	△	己/辛庚丙/丁	戌亥/午/卯/卯/午	
다음해 1월(丑)	△	△	남 △	△	己/己戊丙/丁	戌亥/未/戌未/卯/午	
			여 ○	○	己/辛庚丙/丁	戌亥/未/戌未/卯/午	

이 날 태어난 사람의 선천운 특기 사항

* **건강운** : 대체로 건강한 편이지만 가끔 절제 없는 생활로 병을 얻기 쉽다.
* **부부운** : 남자는 호색 기질, 여자는 생이별이나 사별하기 쉽다.
* **남** : 자존심 강하고 매사에 성실하다. 새로운 일에 손대어 성공하는 수가 많다. 바람끼가 있는 편.
   ▼ 이 남자는 자기 사주에 乙이나 卯가 없을수록 좋다.
* **여** : 행동이 적극적이고, 팔방미인격이다. 남자에 못지 않은 수완가로서 성공. 성질이 급한 편이다.
   ▲ 이 여자는 자기 사주에 丁이나 午가 없을수록 좋다.
   * 일단 상호간에 동순공망 관계이면 친구, 직장 동료, 사업상의 동업자로는 열 명 다 좋다고 보아야 하지만, 부부 궁합을 볼 때에는 子일생에 한하여 상대방 생일지지, 즉 일지(日支)에 卯나 午가 없는 것이 좋음.
   * 그러므로 甲子일생은 동순공망 열 명 중에서 甲子, 乙丑, 丙寅, 戊辰, 己巳, 辛未, 壬申, 癸酉일생 등 8명만 좋게 보아야 함.
   * 특히 己巳일생과는 유난히도 사이가 좋을 가능성이 높음.

태어난 달에 따른 차이점

* **寅월생**……이 달에 태어난 갑자일생 중에서,
   ▽ 남자는 午월, 戌월의 己, 戊일에 태어난 여자가 가장 좋고, 申월의 卯일에 태어난 여자가 가장 나쁘다.
   △ 여자는 午월, 戌월의 辛, 庚일에 태어난 남자가 가장 좋고, 申월의 卯일에 태어난 남자가 가장 나쁘다.
* **卯월생**…이 달에 태어난 갑자일생 중에서,
   ▽ 남자는 亥월, 未월의 己, 戊일에 태어난 여자가 가장 좋고, 酉월의 卯일에 태어난 여자가 가장 나쁘다.
   △ 여자는 亥월, 未월의 辛, 庚일에 태어난 남자가 가장 좋고, 酉월의 卯일에 태어난 남자가 가장 나쁘다.
   ▼ 卯월 甲일생 남자는 어떤 여자를 만나서 살든, 아내와의 관계가 그다지 좋지 않을 수 있으므로 다른 사람에 비하여 침착, 절제, 겸손, 희생, 노력이 필요함.

* **辰월생**……이 달에 태어난 갑자일생 중에서,
  ▽ 남자는 申월, 子월에 태어난 데다가 甲, 癸일에 태어난 여자가 가장 좋고, 戌월의 卯일에 태어난 여자가 가장 나쁘다.
  △ 여자는 申월, 子월에 태어난 데다가 甲, 癸일에 태어난 남자가 가장 좋고, 戌월의 卯일에 태어난 남자가 가장 나쁘다.
* **巳월생**……이 달에 태어난 갑자일생 중에서,
  ▽ 남자는 酉월, 丑월에 태어난 데다가 甲, 癸일에 태어난 여자가 가장 좋고, 亥월의 卯일에 태어난 여자가 가장 나쁘다.
  △ 여자는 酉월, 丑월에 태어난 데다가 甲, 癸일에 태어난 남자가 가장 좋고, 亥월의 卯일에 태어난 남자가 가장 나쁘다.
* **午월생**…… 이 달에 태어난 갑자일생 중에서,
  ▽ 남자는 寅월, 戌월에 태어난 데다가 甲, 癸일에 태어난 여자가 가장 좋고, 子월의 卯일에 태어난 여자가 가장 나쁘다.
  △ 여자는 寅월, 戌월에 태어난 데다가 甲, 癸일에 태어난 남자가 가장 좋고, 子월의 卯일에 태어난 남자가 가장 나쁘다.
  ▲ 午월 甲일생 여자는 어떤 남자를 만나서 살든, 남편과의 관계가 그다지 좋지 않을 수 있으므로 다른 사람에 비하여 침착, 절제, 겸손, 희생, 노력이 필요함.
  ♠ 午월 甲子일생 남녀는 배우자와의 생이별, 과부, 홀아비 운이 다른 사람에 비하여 높은 편임.
* **未월생**……이 달에 태어난 갑자일생 중에서,
  ▽ 남자는 亥월, 卯월에 태어난 데다가 甲, 癸일에 태어난 여자가 가장 좋고, 丑월의 卯일에 태어난 여자가 가장 나쁘다.
  △ 여자는 亥월, 卯월에 태어난 데다가 甲, 癸일에 태어난 남자가 가장 좋고, 丑월의 卯일에 태어난 남자가 가장 나쁘다.
* **申월생**……이 달에 태어난 갑자일생 중에서,
  ▽ 남자는 子월, 辰월에 태어난 데다가 甲, 癸일에 태어난 여자가 가장 좋고, 寅월의 卯일에 태어난 여자가 가장 나쁘다.
  △ 여자는 子월, 辰월에 태어난 데다가 甲, 癸일에 태어난 남자가 가장 좋고, 寅월의 卯일에 태어난 남자가 가장 나쁘다.
* **酉월생**……이 달에 태어난 갑자일생 중에서,

▽ 남자는 巳월, 丑월에 태어난 데다가 甲, 癸일에 태어난 여자가 가장 좋고, 卯월의 卯일에 태어난 여자가 가장 나쁘다.

△ 여자는 巳월, 丑월에 태어난 데다가 甲, 癸일에 태어난 남자가 가장 좋고, 卯월의 卯일에 태어난 남자가 가장 나쁘다.

* **戌월생**……이 달에 태어난 갑자일생 중에서,

▽ 남자는 寅월, 午월에 태어난 데다가 甲, 癸일에 태어난 여자가 가장 좋고, 辰월의 卯일에 태어난 여자가 가장 나쁘다.

△ 여자는 巳월, 丑월에 태어난 데다가 甲, 癸일에 태어난 남자가 가장 좋고, 辰월의 卯일에 태어난 남자가 가장 나쁘다.

* **亥월생**……이 달에 태어난 갑자일생 중에서,

▽ 남자는 卯월, 未월의 己, 戊일에 태어난 여자가 가장 좋고, 巳월의 卯월에 태어난 여자가 가장 나쁘다.

△ 여자는 卯월, 未월의 辛, 庚일에 태어난 남자가 가장 좋고, 巳월의 卯일에 태어난 남자가 가장 나쁘다.

* **子월생**……이 달에 태어난 갑자일생 중에서,

▽ 남자는 申월, 辰월의 己, 戊일에 태어난 여자가 가장 좋고, 午월의 卯일에 태어난 여자가 가장 나쁘다.

△ 여자는 申월, 辰월의 辛, 庚일에 태어난 남자가 가장 좋고, 午월의 卯일에 태어난 남자가 가장 나쁘다.

* **丑월생**……이 달에 태어난 갑자일생 중에서,

▽ 남자는 巳월, 酉월의 己, 戊일에 태어난 여자가 가장 좋고, 未월의 卯일에 태어난 여자가 가장 나쁘다.

△ 여자는 巳월, 酉월의 辛, 庚일에 태어난 남자가 가장 좋고, 未월의 卯일에 태어난 남자가 가장 나쁘다.

♥ 丑월 甲子일생 남녀는 노처녀 노총각이 되는 경우가 적지 않음.

2. 乙丑일생

생월을 참작하여 판단한다면

【선천운 범례】　◎ : 대길(大吉),　○ : 중길,　△ : 소길,　? : 애매함

양력월 (생월지)	선천운(숙명) (선택 여지가 적은 기본적 운세)				후 천 운(개척) (연애·결혼 상대 선택(궁합)시 참고해야 할 사항)		참고
	건강운	경제운	출세운	애정운	상대방 일간(월간)에 있으면 좋은 천간	상대방 월지(일지)에 있으면 나쁜 지지	
2(寅)	?	?	남 ?	?	庚/戊己丁/丙	戌亥/申/巳申/戌未/未	▼寅
			여 ○	◎	庚/庚辛丁/丙	戌亥/申/巳申/戌未/未	
3(卯)	?	?	남 ?	?	庚/戊己丁/丙	戌亥/酉/子/戌未/未	
			여 ○	◎	庚/庚辛丁/丙	戌亥/酉/子/戌未/未	
4(辰)	○	△	남 ○	△	庚/乙壬/癸	戌亥/戌/辰/戌未/未	
			여 ?	△	庚/乙壬/癸	戌亥/戌/辰/戌未/未	
5(巳)	◎	?	남 ?	?	庚/乙壬/癸	戌亥/亥/寅申/戌未/未	▲巳
			여 △	○	庚/乙壬/癸	戌亥/亥/寅申/戌未/未	
6(午)	◎	?	남 ?	?	庚/乙壬/癸	戌亥/子/午/戌未/未	
			여 △	○	庚/乙壬/癸	戌亥/子/午/戌未/未	
7(未)	○	△	남 ○	△	庚/乙壬/癸	戌亥/丑/丑戌/戌未/未	
			여 ?	△	庚/乙壬/癸	戌亥/丑/丑戌/戌未/未	
8(申)	△	○	남 ◎	○	庚/乙壬/丙	戌亥/寅/寅巳/戌未/未	
			여 ◎	?	庚/乙壬/丙	戌亥/寅/寅巳/戌未/未	
9(酉)	△	○	남 ◎	○	庚/乙壬/癸	戌亥/卯/酉/戌未/未	
			여 ◎	?	庚/乙壬/癸	戌亥/卯/酉/戌未/未	
10(戌)	○	△	남 ○	△	庚/乙壬/癸	戌亥/辰/丑未/戌未/未	
			여 ?	△	庚/乙壬/癸	戌亥/辰/丑未/戌未/未	
11(亥)	○	◎	남 △	◎	庚/戊己丁/丙	戌亥/巳/亥/戌未/未	
			여 ○	△	庚/庚辛丁/丙	戌亥/巳/亥/戌未/未	
12(子)	○	◎	남 △	◎	庚/戊己丁/丙	戌亥/午/卯/戌未/未	
			여 ○	△	庚/庚辛丁/丙	戌亥/午/卯/戌未/未	
다음해 1월(丑)	○	△	남 ○	△	庚/戊己丁/丙	戌亥/未/戌未/戌未/未	
			여 ?	△	庚/庚辛丁/丙	戌亥/未/戌未/戌未/未	

이 날 태어난 사람의 선천운 특기 사항

* **건강운** : 다병한 편. 유행성 질환에 잘 걸리고, 만성병에 걸리는 수가 있음.
* **부부운** : 남자는 공처가가 되는 경우가 많고, 여자는 방탕한 남편탓으로 고통받는 수가 있음.
* **남** : 싫어하고 좋아하는 것이 분명함. 남의 영향을 덜 받음. 폭군 기질이 다소 있음. 근면 성실.
  ▼ 이 남자는 자기 사주에 甲이나 寅이 없을수록 좋다.
* **여** : 조심스럽고 싹싹하지만 배짱도 있어 내조의 공이 클 주부형.
  ▲ 이 여자는 자기 사주에 丙이나 巳가 없을수록 좋다.
  * 일단 상호간에 동순공망 관계이면 친구, 직장 동료, 사업상의 동업자로는 열 명 다 좋다고 보아야 하지만, 부부 궁합을 볼 때에는 丑일생에 한하여 상대방 생일지지, 즉 일지(日支)에 未나 戌이 없는 것이 좋음.
  * 그러므로 乙丑일생은 동순공망 열 명 중에서 甲子, 乙丑, 丙寅, 丁卯, 戊辰, 己巳, 庚午, 壬申, 癸酉일생 등 9명만 좋게 보아야 함.
  * 특히 乙丑일생과는 유난히도 사이가 좋을 가능성이 높음.

태어난 달에 따른 차이점

* **寅월생**……이 달에 태어난 을축일생 중에서,
  ▽ 남자에게는 午, 戌월의 戊, 己일에 태어난 여자가 가장 좋고, 申월의 戊, 未일에 태어난 여자가 가장 나쁘다.
  △ 여자에게는 午, 戌월의 庚, 辛일에 태어난 남자가 가장 좋고, 申월의 戊, 未일에 태어난 남자가 가장 나쁘다.
  ▼ 寅월 乙일생 남자는 어떤 여자를 만나서 살든, 아내와의 관계가 그다지 좋지 않을 수 있다. 침착, 절제, 겸손, 희생, 노력이 필요함.
* **卯월생**……이 달에 태어난 을축일생 중에서,
  ▽ 남자에게는 亥, 未월의 戊, 己일에 태어난 여자가 가장 좋고, 酉월의 戊, 未일에 태어난 여자가 가장 나쁘다.
  △ 여자에게는 亥, 未월의 庚, 辛일에 태어난 남자가 가장 좋고, 酉월의 戊, 未일에 태어난 남자가 가장 나쁘다.
* **辰월생**……이 달에 태어난 을축일생 중에서,

▽ 남자에게는 申, 子월이 乙, 壬일에 태어난 여자가 가장 좋고, 戌월의 戌, 未일에 태어난 여자가 가장 나쁘다.

◆ 이 남자 사주의 다른 기둥에 戌, 己, 辰, 戌, 丑, 未 중에서 아무 글자나 하나,혹은 둘 이상 있으면 여자한테 시달릴 숙명으로 본다.

△ 여자에게는 申, 子월의 乙, 壬일에 태어난 남자가 가장 좋고, 戌월의 戌, 未일에 태어난 남자가 가장 나쁘다.

* **巳월생**……이 달에 태어난 을축일생 중에서,

▽ 남자에게는 酉, 丑월의 乙, 壬일에 태어난 여자가 가장 좋고, 亥월의 戌, 未일에 태어난 여자가 가장 나쁘다.

△ 여자에게는 酉, 丑월의 乙, 壬일에 태어난 남자가 가장 좋고, 亥월의 戌, 未일에 태어난 남자가 가장 나쁘다.

▲ 巳월 乙일생 여자는 어떤 남자를 만나서 살든, 남편과의 관계가 그다지 좋지 않을 수 있다. 침착, 절제, 겸손, 희생, 노력이 필요함.

* **午월생**…… 이 달에 태어난 을축일생 중에서,

▽ 남자에게는 寅, 戌월의 乙, 壬일에 태어난 여자가 가장 좋고, 子월의 戌, 未일에 태어난 여자가 가장 나쁘다.

△ 여자에게는 寅, 戌월의 乙, 壬일에 태어난 남자가 가장 좋고, 子월의가 戌, 未일에 태어난 남자가 가장 나쁘다.

* **未월생**……이 달에 태어난 을축일생 중에서,

▽ 남자에게는 亥, 卯월의 乙, 壬일에 태어난 여자가 가장 좋고, 丑월의 戌, 未일에 태어난 여자가 가장 나쁘다.

◆ 이 남자 사주의 다른 기둥에 戌, 己, 辰, 戌, 丑, 未 중에서 아무 글자나 하나, 혹은 둘 이상 있으면 여자한테 시달릴 숙명으로 본다.

△ 여자에게는 亥, 卯월의 乙, 壬일에 태어난 남자가 가장 좋고, 丑월의 戌, 未일에 태어난 남자가 가장 나쁘다.

♠ 未월 乙丑일생 남녀는 배우자와의 생이별, 과부 홀아비 운이 다른 사람에 비하여 높음.

* **申월생**……이 달에 태어난 을축일생 중에서,

▽ 남자에게는 子, 辰월의 乙, 壬일에 태어난 여자가 가장 좋고, 寅월의 戌, 未일에 태어난 여자가 가장 나쁘다.

△ 여자에게는 子, 辰월의 乙, 壬일에 태어난 남자가 가장 좋고, 寅월의

戌, 未일에 태어난 남자가 가장 나쁘다.

* **酉월생**……이 달에 태어난 을축일생 중에서,

▽ 남자에게는 巳, 丑월의 乙, 壬일에 태어난 여자가 가장 좋고, 卯월의 戌, 未일에 태어난 여자가 가장 나쁘다.

△ 여자에게는 巳, 丑월의 乙, 壬일에 태어난 남자가 가장 좋고, 卯월의 戌, 未일에 태어난 남자가 가장 나쁘다.

* **戌월생**……이 달에 태어난 을축일생 중에서,

▽ 남자에게는 寅, 午월의 乙, 壬일에 태어난 여자가 가장 좋고, 辰월의 戌, 未일에 태어난 여자가 가장 나쁘다.

◆ 이 남자 사주의 다른 기둥에 戊, 己, 辰, 戌, 丑, 未 중에서 아무 글자나 하나, 혹은 둘 이상 있으면 여자한테 시달릴 숙명으로 본다.

△ 여자에게는 巳, 丑월의 乙, 壬일에 태어난 남자가 가장 좋고, 辰월의 戌, 未일에 태어난 남자가 가장 나쁘다.

* **亥월생**……이 달에 태어난 을축일생 중에서,

▽ 남자에게는 卯, 未월의 戊, 己일에 태어난 여자가 가장 좋고, 巳월의 戌, 未일에 태어난 여자가 가장 나쁘다.

△ 여자에게는 卯, 未월의 庚, 辛일에 태어난 남자가 가장 좋고, 巳월의 戌, 未일에 태어난 남자가 가장 나쁘다.

* **子월생**……이 달에 태어난 을축일생 중에서,

▽ 남자에게는 申, 辰월의 戊, 己일에 태어난 여자가 가장 좋고, 午월의 戌, 未일에 태어난 여자가 가장 나쁘다.

△ 여자에게는 申, 辰월의 庚, 辛일에 태어난 남자가 가장 좋고, 午월의 戌, 未일에 태어난 남자가 가장 나쁘다.

♥ 子월 乙丑일생 남녀는 노처녀 노총각이 되는 경우가 다른 사람에 비하여 많음.

* **丑월생**……이 달에 태어난 을축일생 중에서,

▽ 남자에게는 巳, 酉월의 戊, 己일에 태어난 여자가 가장 좋고, 未월의 戌, 未일에 태어난 여자가 가장 나쁘다.

◆ 이 남자 사주의 다른 기둥에 戊, 己, 辰, 戌, 丑, 未 중에서 아무 글자나 하나, 혹은 둘 이상 있으면 여자한테 시달릴 숙명으로 본다.

△ 여자에게는 巳, 酉월의 庚, 辛일에 태어난 남자가 가장 좋다.

3. 丙寅일생

생월을 참작하여 판단한다면

【선천운 범례】 ◎ : 대길(大吉),　○ : 중길,　△ : 소길,　? : 애매함

양력월 (생월지)	선천운(숙명) (선택 여지가 적은 기본적 운세)				후천 운(개척) (연애 · 결혼 상대 선택(궁합)시 참고해야 할 사항)		참고
	건강운	경제운	출세운	애정운	상대방 일간(월간)에 있으면 좋은 천간	상대방 월지(일지)에 있으면 나쁜 지지	
2(寅)	○	?	남 △	?	辛/辛庚戊/壬	戌亥/申/巳申/巳申/申	
			여 ?	?	辛/癸壬戊/壬	戌亥/申/巳申/巳申/申	
3(卯)	○	?	남 △	?	辛/辛庚戊/壬	戌亥/酉/子/巳申/申	
			여 ?	?	辛/癸壬戊/壬	戌亥/酉/子/巳申/申	
4(辰)	△	○	남 ○	○	辛/辛庚戊/壬	戌亥/戌/辰/巳申/申	
			여 ○	○	辛/癸壬戊/壬	戌亥/戌/辰/巳申/申	
5(巳)	?	○	남 △	◎	辛/辛庚戊/壬	戌亥/亥/寅申/巳申/申	
			여 △	?	辛/癸壬戊/壬	戌亥/亥/寅申/巳申/申	
6(午)	?	○	남 △	◎	辛/辛庚戊/壬	戌亥/子/午/巳申/申	▼午
			여 △	?	辛/癸壬戊/壬	戌亥/子/午/巳申/申	
7(未)	△	○	남 ○	○	辛/丙乙/壬	戌亥/丑/丑戌/巳申/申	▲未
			여 ○	○	辛/丙乙/壬	戌亥/丑/丑戌/巳申/申	
8(申)	?	?	남 ◎	?	辛/丙乙/壬	戌亥/寅/寅巳/巳申/申	
			여 ◎	◎	辛/丙乙/壬	戌亥/寅/寅巳/巳申/申	
9(酉)	?	?	남 ◎	?	辛/丙乙/壬	戌亥/卯/酉/巳申/申	
			여 ◎	◎	辛/丙乙/壬	戌亥/卯/酉/巳申/申	
10(戌)	△	○	남 ○	○	辛/丙乙/甲	戌亥/辰/丑未/巳申/申	
			여 ○	○	辛/丙乙/甲	戌亥/辰/丑未/巳申/申	
11(亥)	◎	△	남 ?	△	辛/丙乙/甲	戌亥/巳/亥/巳申/申	
			여 △	○	辛/丙乙/甲	戌亥/巳/亥/巳申/申	
12(子)	◎	△	남 ?	△	辛/丙乙/壬	戌亥/午/卯/巳申/申	
			여 △	○	辛/丙乙/壬	戌亥/午/卯/巳申/申	
다음해 1월(丑)	△	○	남 ○	○	辛/丙乙/壬	戌亥/未/戌未/巳申/申	▲丑
			여 ○	○	辛/丙乙/壬	戌亥/未/戌未/巳申/申	

이 날 태어난 사람의 선천운 특기 사항

* **건강운** : 건강하고 무병한 체질.(巳나 申이 있으면 예외)
* **부부운** : 부부운도 대체로 좋은 편.(丙, 丁, 巳, 申이 많으면 이별수)
* **남** : 주변 사람으로부터 호감을 사는 형. 머리가 좋고 정열적이며 야심가이다. 예술적 감각 비범.
  * ▼ 이 남자는 자기 사주에 丁이나 午가 없을수록 좋다.
* **여** : 사람을 잘 다루며 명랑하고 너그러운 성품. 모든 일을 거침없이 해 내는 살림꾼이자 직업여성.
  * ▲ 이 여자는 자기 사주에 己나 丑未가 없을수록 좋다.
  * * 일단 상호간에 동순공망 관계이면 친구, 직장 동료, 사업상의 동업자로는 열 명 다 좋다고 보아야 하지만, 부부 궁합을 볼 때에는 寅일생에 한하여 상대방 생일지지, 즉 일지(日支)에 申이나 巳가 없는 것이 좋음.
  * * 그러므로 丙寅일생은 동순공망 열 명 중에서 甲子, 乙丑, 丙寅, 丁卯, 戊辰, 庚午, 辛未, 癸酉일생 등 8명만 좋게 보아야 함.
  * * 특히 辛未일생과는 유난히도 사이가 좋을 가능성이 높음.

태어난 달에 따른 차이점

* **寅월생**……이 달에 태어난 병인일생 중에서,
  * ▽ 남자는 午월, 戌월에 태어난 데다가 辛, 庚일에 태어난 여자가 가장 좋고, 申월에 태어난 데다가 巳, 申일에 태어난 여자가 가장 나쁘다.
  * △ 여자는 午월, 戌월에 태어난 데다가 癸, 壬일에 태어난 남자가 가장 좋고, 申월에 태어난 데다가 巳, 申일에 태어난 남자가 가장 나쁘다.
* **卯월생**……이 달에 태어난 병인일생 중에서,
  * ▽ 남자는 亥월, 未월에 태어난 데다가 辛, 庚일에 태어난 여자가 가장 좋고, 酉월에 태어난 데다가 巳, 申일에 태어난 여자가 가장 나쁘다.
  * △ 여자는 亥월, 未월에 태어난 데다가 癸, 壬일에 태어난 남자가 가장 좋고, 酉월에 태어난 데다가 巳, 申일에 태어난 남자가 가장 나쁘다.
* **辰월생**……이 달에 태어난 병인일생 중에서,
  * ▽ 남자는 申월, 子월에 태어난 데다가 辛, 庚일에 태어난 여자가 가장 좋고, 戌월에 태어난 데다가 巳, 申일에 태어난 여자가 가장 나쁘다.

△ 여자는 申월, 子월에 태어난 데다가 癸, 壬일에 태어난 남자가 가장 좋
  고, 戌월에 태어난 데다가 巳, 申일에 태어난 남자가 가장 나쁘다.
* **巳월생**……이 달에 태어난 병인일생 중에서,
  ▽ 남자는 酉월, 丑월에 태어난 데다가 辛, 庚일에 태어난 여자가 가장 좋
  고, 亥월에 태어난 데다가 巳, 申일에 태어난 여자가 가장 나쁘다.
  △ 여자는 酉월, 丑월에 태어난 데다가 癸, 壬일에 태어난 남자가 가장 좋
  고, 亥월에 태어난 데다가 巳, 申일에 태어난 남자가 가장 나쁘다.
* **午월생**…… 이 달에 태어난 병인일생 중에서,
  ▽ 남자는 寅월, 戌월에 태어난 데다가 辛, 庚일에 태어난 여자가 가장 좋
  고, 子월에 태어난 데다가 巳, 申일에 태어난 여자가 가장 나쁘다.
  △ 여자는 寅월, 戌월에 태어난 데다가 癸, 壬일에 태어난 남자가 가장 좋
  고, 子월에 태어난 데다가 巳, 申일에 태어난 남자가 가장 나쁘다.
  ▼ 午월 丙일생 남자는 어떤 여자를 만나서 살든, 아내와의 관계가 그다지
  좋지 않을 수 있으므로 다른 사람에 비하여 침착, 절제, 겸손, 희생, 노
  력이 필요함.
* **未월생**……이 달에 태어난 병인일생 중에서,
  ▽ 남자는 亥월, 卯월의 丙, 乙일에 태어난 여자가 가장 좋고, 丑월의 巳,
  申일에 태어난 여자가 가장 나쁘다.
  △ 여자는 亥월, 卯월의 丙, 乙일에 태어난 남자가 가장 좋고, 丑월의 巳,
  申일에 태어난 남자가 가장 나쁘다.
  ▲ 未월 丙일생 여자는 어떤 남자를 만나서 살든, 남편과의 관계가 그다지
  좋지 않을 수 있으므로 다른 사람에 비하여 침착, 절제, 겸손, 희생, 노
  력이 필요함.
* **申월생**……이 달에 태어난 병인일생 중에서,
  ▽ 남자는 子월, 辰월의 丙, 乙일에 태어난 여자가 가장 좋고, 寅월의 巳,
  申일에 태어난 여자가 가장 나쁘다.
  △ 여자는 子월, 辰월의 丙, 乙일에 태어난 남자가 가장 좋고, 寅월의 巳,
  申일에 태어난 남자가 가장 나쁘다.
  ♠ 申월 丙寅일생 남녀는 배우자와의 생이별, 과부 홀아비 운이 다른 사람
  에 비하여 높음.
* **酉월생**……이 달에 태어난 병인일생 중에서,

▽ 남자는 巳월, 丑월의 丙, 乙일에 태어난 여자가 가장 좋고, 卯월의 巳, 申일에 태어난 여자가 가장 나쁘다.

△ 여자는 巳월, 丑월의 丙, 乙일에 태어난 남자가 가장 좋고, 卯월의 巳, 申일에 태어난 남자가 가장 나쁘다.

* **戌월생**……이 달에 태어난 병인일생 중에서,

▽ 남자는 寅월, 午월의 丙, 乙일에 태어난 여자가 가장 좋고, 辰월의 巳, 申일에 태어난 여자가 가장 나쁘다.

△ 여자는 巳월, 丑월의 丙, 乙일에 태어난 남자가 가장 좋고, 辰월의 巳, 申일에 태어난 남자가 가장 나쁘다.

* **亥월생**……이 달에 태어난 병인일생 중에서,

▽ 남자는 卯월, 未월의 丙, 乙일에 태어난 여자가 가장 좋고, 巳월의 巳, 申일에 태어난 여자가 가장 나쁘다.

△ 여자는 卯월, 未월의 丙, 乙일에 태어난 남자가 가장 좋고, 巳월의 巳, 申일에 태어난 남자가 가장 나쁘다.

♥ 亥월 丙寅일생 남녀는 노처녀 노총각이 되는 경우가 적지 않음.

* **子월생**……이 달에 태어난 병인일생 중에서,

▽ 남자는 申월, 辰월의 丙, 乙일에 태어난 여자가 가장 좋고, 午월의 巳, 申일에 태어난 여자가 가장 나쁘다.

△ 여자는 申월, 辰월의 丙, 乙일에 태어난 남자가 가장 좋고, 午월의 巳, 申일에 태어난 남자가 가장 나쁘다.

* **丑월생**……이 달에 태어난 병인일생 중에서,

▽ 남자는 巳월, 酉월의 丙, 乙일에 태어난 여자가 가장 좋고, 未월의 巳, 申일에 태어난 여자가 가장 나쁘다.

△ 여자는 巳월, 酉월의 丙, 乙일에 태어난 남자가 가장 좋고, 未월의 巳, 申일에 태어난 남자가 가장 나쁘다.

▲ 丑월 丙일생 여자는 어떤 남자를 만나서 살든, 남편과의 관계가 그다지 좋지 않을 수 있으므로 다른 사람에 비하여 침착, 절제, 겸손, 희생, 노력이 필요함.

4. 丁卯일생

생월을 참작하여 판단한다면

【선천운 범례】 ◎ : 대길(大吉), ○ : 중길, △ : 소길, ? : 애매함

양력월 (생월지)	선천운(숙명) (선택 여지가 적은 기본적 운세)				후 천 운(개척) (연애·결혼 상대 선택(궁합)시 참고해야 할 사항)		참 고
	건강운	경제운	출세운	애정운	상대방 일간(월간)에 있으면 좋은 천간	상대방 월지(일지)에 있으면 나쁜 지지	
2(寅)	○	△	남 △	?	壬/庚辛己/甲	戊亥/申/巳申/子/酉	
			여 ?	?	壬/壬癸己/甲	戊亥/申/巳申/子/酉	
3(卯)	○	△	남 △	?	壬/庚辛己/庚	戊亥/酉/子/子/酉	
			여 ?	?	壬/壬癸己/庚	戊亥/酉/子/子/酉	
4(辰)	△	○	남 ○	○	壬/庚辛己/甲	戊亥/戌/辰/子/酉	▲辰
			여 ○	○	壬/壬癸己/甲	戊亥/戌/辰/子/酉	
5(巳)	?	◎	남 △	◎	壬/庚辛己/甲	戊亥/亥/寅申/子/酉	▼巳
			여 △	?	壬/壬癸己/甲	戊亥/亥/寅申/子/酉	
6(午)	?	◎	남 △	◎	壬/庚辛己/壬	戊亥/子/午/子/酉	
			여 △	?	壬/壬癸己/壬	戊亥/子/午/子/酉	
7(未)	△	○	남 ○	○	壬/丁甲/甲	戊亥/丑/丑戌/子/酉	
			여 ○	○	壬/丁甲/甲	戊亥/丑/丑戌/子/酉	
8(申)	?	?	남 ◎	?	壬/丁甲/甲	戊亥/寅/寅巳/子/酉	
			여 ◎	◎	壬/丁甲/甲	戊亥/寅/寅巳/子/酉	
9(酉)	?	?	남 ◎	?	壬/丁甲/甲	戊亥/卯/酉/子/酉	
			여 ◎	◎	壬/丁甲/甲	戊亥/卯/酉/子/酉	
10(戌)	△	○	남 ○	○	壬/丁甲/甲	戊亥/辰/丑未/子/酉	▲戌
			여 ○	○	壬/丁甲/甲	戊亥/辰/丑未/子/酉	
11(亥)	◎	?	남 ?	?	壬/丁甲/甲	戊亥/巳/亥/子/酉	
			여 △	?	壬/丁甲/甲	戊亥/巳/亥/子/酉	
12(子)	◎	?	남 ?	?	壬/丁甲/甲	戊亥/午/卯/子/酉	
			여 △	?	壬/丁甲/甲	戊亥/午/卯/子/酉	
다음해 1월(丑)	△	○	남 ○	○	壬/丁甲/甲	戊亥/未/戌未/子/酉	
			여 ○	○	壬/丁甲/甲	戊亥/未/戌未/子/酉	

이 날 태어난 사람의 선천운 특기 사항

* **건강운** : 소화기관이 약함. 불면증, 노이로제 우려 있고, 시력도 약한 편.
* **부부운** : 불평 불만이 많고 배우자를 신뢰하지 못하는 편. 그러나 이혼이나 사별은 드문 편.
* **남** : 날카로운 직감력과 왕성한 경쟁의욕에 놀기를 좋아하고 다정하여, 개성적인 직업으로 성공.
  ▼ 이 남자는 자기 사주에 丙이나 巳가 없을수록 좋다.
* **여** : 성질이 급하고 신경질적이며, 소심하고 마음을 잘 드러내지 않음. 그러나 직업여성으로는 적격.
  ▲ 이 여자는 자기 사주에 戊나 辰戌이 없을수록 좋다.
  * 일단 상호간에 동순공망 관계이면 친구, 직장 동료, 사업상의 동업자로는 열 명 다 좋다고 보아야 하지만, 부부 궁합을 볼 때에는 卯일생에 한하여 상대방 생일지지, 즉 일지(日支)에 酉나 子가 없는 것이 좋음.
  * 그러므로 丁卯일생은 동순공망 열 명 중에서 乙丑, 丙寅, 丁卯, 戊辰, 己巳, 庚午, 辛未, 壬申일생 등 8명만 좋게 보아야 함.
  * 특히 壬申일생과는 유난히도 사이가 좋을 가능성이 높음.

태어난 달에 따른 차이점

* **寅월생**……이 달에 태어난 정묘일생 중에서,
  ▽ 남자는 午월, 戌월의 庚, 辛일에 태어난 여자가 가장 좋고, 申월의 子일에 태어난 여자가 가장 나쁘다.
  △ 여자는 午월, 戌월의 壬, 癸일에 태어난 남자가 가장 좋고, 申월의 子일에 태어난 남자가 가장 나쁘다.
* **卯월생**……이 달에 태어난 정묘일생 중에서,
  ▽ 남자는 亥월, 未월의 庚, 辛일에 태어난 여자가 가장 좋고, 酉월의 子일에 태어난 여자가 가장 나쁘다.
  △ 여자는 亥월, 未월의 壬, 癸일에 태어난 남자가 가장 좋고, 酉월의 子일에 태어난 남자가 가장 나쁘다.
* **辰월생**……이 달에 태어난 정묘일생 중에서,
  ▽ 남자는 申월, 子월의 庚, 辛일에 태어난 여자가 가장 좋고, 戌월의 子일

에 태어난 여자가 가장 나쁘다.

△ 여자는 申월, 子월의 壬, 癸일에 태어난 남자가 가장 좋고, 戌월의 子일에 태어난 남자가 가장 나쁘다.

▲ 辰월 丁일생 여자는 어떤 남자를 만나서 살든, 남편과의 관계가 그다지 좋지 않을 수 있으므로 다른 사람에 비하여 침착, 절제, 겸손, 희생, 노력이 필요함.

* **巳월생**······이 달에 태어난 정묘일생 중에서,

▽ 남자는 酉월, 丑월의 庚, 辛일에 태어난 여자가 가장 좋고, 亥월의 子일에 태어난 여자가 가장 나쁘다.

△ 여자는 酉월, 丑월의 壬, 癸일에 태어난 남자가 가장 좋고, 亥월의 子일에 태어난 남자가 가장 나쁘다.

▼ 巳월 丁일생 남자는 어떤 여자를 만나서 살든, 아내와의 관계가 그다지 좋지 않을 수 있으므로 다른 사람에 비하여 침착, 절제, 겸손, 희생, 노력이 필요함.

* **午월생**······ 이 달에 태어난 정묘일생 중에서,

▽ 남자는 寅월, 戌월의 庚, 辛일에 태어난 여자가 가장 좋고, 子월의 子일에 태어난 여자가 가장 나쁘다.

△ 여자는 寅월, 戌월의 壬, 癸일에 태어난 남자가 가장 좋고, 子월의 子일에 태어난 남자가 가장 나쁘다.

* **未월생**······이 달에 태어난 정묘일생 중에서,

▽ 남자는 亥월, 卯월의 丁, 甲일에 태어난 여자가 가장 좋고, 丑월의 子일에 태어난 여자가 가장 나쁘다.

△ 여자는 亥월, 卯월의 丁, 甲일에 태어난 남자가 가장 좋고, 丑월의 子일에 태어난 남자가 가장 나쁘다.

* **申월생**······이 달에 태어난 정묘일생 중에서,

▽ 남자는 子월, 辰월의 丁, 甲일에 태어난 여자가 가장 좋고, 寅월의 子일에 태어난 여자가 가장 나쁘다.

△ 여자는 子월, 辰월의 丁, 甲일에 태어난 남자가 가장 좋고, 寅월의 子일에 태어난 남자가 가장 나쁘다.

* **酉월생**······이 달에 태어난 정묘일생 중에서,

▽ 남자는 巳월, 丑월의 丁, 甲일에 태어난 여자가 가장 좋고, 卯월의 子일

에 태어난 여자가 가장 나쁘다.

△ 여자는 巳월, 丑월의 丁, 甲일에 태어난 남자가 가장 좋고, 卯월의 子일
에 태어난 남자가 가장 나쁘다.

♠ 酉월 丁卯일생 남녀는 배우자와의 생이별, 과부 홀아비 운이 다른 사람
에 비하여 높음.

* **戌월생**……이 달에 태어난 정묘일생 중에서,

▽ 남자는 寅월, 午월의 丁, 甲일에 태어난 여자가 가장 좋고, 辰월의 子일
에 태어난 여자가 가장 나쁘다.

△ 여자는 巳월, 丑월의 丁, 甲일에 태어난 남자가 가장 좋고, 辰월의 子일
에 태어난 남자가 가장 나쁘다.

♥ 戌월 丁卯일생 남녀는 노총각이 되는 경우가 적지 않음.

▲ 戌월 丁일생 여자는 어떤 남자를 만나서 살든, 남편과의 관계가 그다지
좋지 않을 수 있으므로 다른 사람에 비하여 침착, 절제, 겸손, 희생, 노
력이 필요함.

* **亥월생**……이 달에 태어난 정묘일생 중에서,

▽ 남자는 卯월, 未월의 丁, 甲일에 태어난 여자가 가장 좋고, 巳월의 子일
에 태어난 여자가 가장 나쁘다.

△ 여자는 卯월, 未월의 丁, 甲일에 태어난 남자가 가장 좋고, 巳월의 子일
에 태어난 남자가 가장 나쁘다.

* **子월생**……이 달에 태어난 정묘일생 중에서,

▽ 남자는 申월, 辰월의 丁, 甲일에 태어난 여자가 가장 좋고, 午월의 子일
에 태어난 여자가 가장 나쁘다.

△ 여자는 申월, 辰월의 丁, 甲일에 태어난 남자가 가장 좋고, 午월의 子일
에 태어난 남자가 가장 나쁘다.

* **丑월생**……이 달에 태어난 정묘일생 중에서,

▽ 남자는 巳월, 酉월의 丁, 甲일에 태어난 여자가 가장 좋고, 未월의 子일
에 태어난 여자가 가장 나쁘다.

△ 여자는 巳월, 酉월의 丁, 甲일에 태어난 남자가 가장 좋고, 未월의 子일
에 태어난 남자가 가장 나쁘다.

5. 戊辰일생

생월을 참작하여 판단한다면

【선천운 범례】 ◎ : 대길(大吉),　○ : 중길,　△ : 소길,　? : 애매함

양력월 (생월지)	선천운(숙명) (선택 여지가 적은 기본적 운세)				후 천 운(개척) (연애·결혼 상대 선택(궁합)시 참고해야 할 사항)		참고
	건강운	경제운	출세운	애정운	상대방 일간(월간)에 있으면 좋은 천간	상대방 월지(일지)에 있으면 나쁜 지지	
2(寅)	?	?	남 ◎	?	癸/戊丁/丙	戊亥/申/巳申/辰/戊	
			여 ◎	◎	癸/戊丁/丙	戊亥/申/巳申/辰/戊	
3(卯)	?	?	남 ◎	?	癸/戊丁/丙	戊亥/酉/子/辰/戊	
			여 ◎	◎	癸/戊丁/丙	戊亥/酉/子/辰/戊	
4(辰)	○	△	남 ○	△	癸/癸壬庚/甲	戊亥/戊/辰/辰/戊	
			여 ?	△	癸/乙甲庚/甲	戊亥/戊/辰/辰/戊	
5(巳)	◎	○	남 △	?	癸/癸壬庚/甲	戊亥/亥/寅申/辰/戊	
			여 ?	△	癸/乙甲庚/甲	戊亥/亥/寅申/辰/戊	
6(午)	◎	○	남 △	?	癸/癸壬庚/壬	戊亥/子/午/辰/戊	
			여 ?	△	癸/乙甲庚/壬	戊亥/子/午/辰/戊	
7(未)	○	?	남 △	?	癸/癸壬庚/癸	戊亥/丑/丑戊/辰/戊	▼未
			여 ?	△	癸/乙甲庚/癸	戊亥/丑/丑戊/辰/戊	
8(申)	?	○	남 ?	○	癸/戊丁/丙	戊亥/寅/寅巳/辰/戊	
			여 △	?	癸/戊丁/丙	戊亥/寅/寅巳/辰/戊	
9(酉)	?	○	남 ?	○	癸/戊丁/丙	戊亥/卯/酉/辰/戊	▲酉
			여 △	?	癸/戊丁/丙	戊亥/卯/酉/辰/戊	
10(戊)	△	?	남 ?	?	癸/癸壬庚/甲	戊亥/辰/丑未/辰/戊	
			여 ?	△	癸/乙甲庚/甲	戊亥/辰/丑未/辰/戊	
11(亥)	?	?	남 ○	◎	癸/戊丁/甲	戊亥/巳/亥/辰/戊	
			여 ○		癸/戊丁/甲	戊亥/巳/亥/辰/戊	
12(子)	○	◎	남 ○	◎	癸/戊丁/丙	戊亥/午/卯/辰/戊	
			여 ○		癸/戊丁/丙	戊亥/午/卯/辰/戊	
다음해 1월(丑)	○	?	남 ?	△	癸/癸壬庚/丙	戊亥/未/戊未/辰/戊	▼丑
			여 ?	△	癸/乙甲庚/丙	戊亥/未/戊未/辰/戊	

이 날 태어난 사람의 선천운 특기 사항

* **건강운** : 일생중 한두 번 큰 수술을 받는 수가 있음. 소화기계통이 약할 수는 있으나 대체로 건강.
* **부부운** : 남녀 간에 생이별이나 상부, 상처하는 수가 있음.
* **남** : 팔방미인형. 성질이 급하고, 자기 본위임. 독선적이고 화를 잘 내지만, 꾸준히 노력하는 성실형.

  ▼ 이 남자는 자기 사주에 己나 丑未가 없을수록 좋다.
* **여** : 누구에게나 좋은 인상을 줌. 따뜻한 성품이면서도 신념과 배짱은 두둑함. 모든 일을 잘해냄.

  ▲ 이 여자는 자기 사주에 辛이나 酉가 없을수록 좋다.
  * 일단 상호간에 동순공망 관계이면 친구, 직장 동료, 사업상의 동업자로는 열 명 다 좋다고 보아야 하지만, 부부 궁합을 볼 때에는 辰일생에 한하여 상대방 생일지지, 즉 일지(日支)에 戌이나 辰이 없는 것이 좋음.
  * 그러므로 戊辰일생은 동순공망 열 명 중에서 甲子, 乙丑, 丙寅, 丁卯, 己巳, 庚午, 辛未, 壬申, 癸酉일생 등 9명만 좋게 보아야 함.
  * 특히 癸酉일생과는 유난히도 사이가 좋을 가능성이 높음.

태어난 달에 따른 차이점

* **寅월생**……이 달에 태어난 무진일생 중에서,
  ▽ 남자는 午월, 戌월의 戊, 丁일에 태어난 여자가 가장 좋고, 申월의 辰일에 태어난 여자가 가장 나쁘다.
  △ 여자는 午월, 戌월의 戊, 丁일에 태어난 남자가 가장 좋고, 申월의 辰일에 태어난 남자가 가장 나쁘다.
* **卯월생**……이 달에 태어난 무진일생 중에서,
  ▽ 남자는 亥월, 未월의 戊, 丁일에 태어난 여자가 가장 좋고, 酉월의 辰일에 태어난 여자가 가장 나쁘다.
  △ 여자는 亥월, 未월의 戊, 丁일에 태어난 남자가 가장 좋고, 酉월의 辰일에 태어난 남자가 가장 나쁘다.
* **辰월생**……이 달에 태어난 무진일생 중에서,
  ▽ 남자는 申월, 子월의 癸, 壬일에 태어난 여자가 가장 좋고, 戌월의 辰일

에 태어난 여자가 가장 나쁘다.

△ 여자는 申월, 子월의 乙, 甲일에 태어난 남자가 가장 좋고, 戌월의 辰일
에 태어난 남자가 가장 나쁘다.

* **巳월생**……이 달에 태어난 무진일생 중에서,

▽ 남자는 酉월, 丑월의 癸, 壬일에 태어난 여자가 가장 좋고, 亥월의 辰일
에 태어난 여자가 가장 나쁘다.

△ 여자는 酉월, 丑월의 乙, 甲일에 태어난 남자가 가장 좋고, 亥월의 辰일
에 태어난 남자가 가장 나쁘다.

* **午월생**…… 이 달에 태어난 무진일생 중에서,

▽ 남자는 寅월, 戌월의 癸, 壬일에 태어난 여자가 가장 좋고, 子월의 辰일
에 태어난 여자가 가장 나쁘다.

△ 여자는 寅월, 戌월의 乙, 甲일에 태어난 남자가 가장 좋고, 子월의 辰일
에 태어난 남자가 가장 나쁘다.

* **未월생**……이 달에 태어난 무진일생 중에서,

▽ 남자는 亥월, 卯월의 癸, 壬일에 태어난 여자가 가장 좋고, 丑월의 辰일
에 태어난 여자가 가장 나쁘다.

△ 여자는 亥월, 卯월의 乙, 甲일에 태어난 남자가 가장 좋고, 丑월의 辰일
에 태어난 남자가 가장 나쁘다.

▼ 未월 戌일생 남자는 어떤 여자를 만나서 살든, 아내와의 관계가 그다지
좋지 않을 수 있으므로 다른 사람에 비하여 침착, 절제, 겸손, 희생, 노
력이 필요함.

* **申월생**……이 달에 태어난 무진일생 중에서,

▽ 남자는 子월, 辰월의 戊, 丁일에 태어난 여자가 가장 좋고, 寅월의 辰일
에 태어난 여자가 가장 나쁘다.

△ 여자는 子월, 辰월의 戊, 丁일에 태어난 남자가 가장 좋고, 寅월의 辰일
에 태어난 남자가 가장 나쁘다.

* **酉월생**……이 달에 태어난 무진일생 중에서,

▽ 남자는 巳월, 丑월의 戊, 丁일에 태어난 여자가 가장 좋고, 卯월의 辰일
에 태어난 여자가 가장 나쁘다.

△ 여자는 巳월, 丑월의 戊, 丁일에 태어난 남자가 가장 좋고, 卯월의 辰일
에 태어난 남자가 가장 나쁘다.

♥ 酉월 戊辰일생 남녀는 노처녀 노총각이 되는 경우가 적지 않음.

▲ 酉월 戊일생 여자는 어떤 남자를 만나서 살든, 남편과의 관계가 그다지 좋지 않을 수 있으므로 다른 사람에 비하여 침착, 절제, 겸손, 희생, 노력이 필요함.

* **戌월생**······이 달에 태어난 무진일생 중에서,

▽ 남자는 寅월, 午월의 癸, 甲일에 태어난 여자가 가장 좋고, 辰월의 辰일에 태어난 여자가 가장 나쁘다.

△ 여자는 巳월, 丑월의 乙, 甲일에 태어난 남자가 가장 좋고, 辰월의 辰일에 태어난 남자가 가장 나쁘다.

♠ 戌월 戊辰일생 남녀는 배우자와의 생이별, 과부 홀아비 운이 다른 사람에 비하여 높음.

* **亥월생**······이 달에 태어난 무진일생 중에서,

▽ 남자는 卯월, 未월의 戊, 丁일에 태어난 여자가 가장 좋고, 巳월의 辰일에 태어난 여자가 가장 나쁘다.

△ 여자는 卯월, 未월의 戊, 丁일에 태어난 남자가 가장 좋고, 巳월의 辰일에 태어난 남자가 가장 나쁘다.

* **子월생**······이 달에 태어난 무진일생 중에서,

▽ 남자는 申월, 辰월의 戊, 丁일에 태어난 여자가 가장 좋고, 午월의 辰일에 태어난 여자가 가장 나쁘다.

△ 여자는 申월, 辰월의 戊, 丁일에 태어난 남자가 가장 좋고, 午월의 辰일에 태어난 남자가 가장 나쁘다.

* **丑월생**······이 달에 태어난 무진일생 중에서,

▽ 남자는 巳월, 酉월의 癸, 壬일에 태어난 여자가 가장 좋고, 未월의 辰일에 태어난 여자가 가장 나쁘다.

△ 여자는 巳월, 酉월의 乙, 甲일에 태어난 남자가 가장 좋고, 未월의 辰일에 태어난 남자가 가장 나쁘다.

▼ 丑월 戊일생 남자는 어떤 여자를 만나서 살든, 아내와의 관계가 그다지 좋지 않을 수 있으므로 다른 사람에 비하여 침착, 절제, 겸손, 희생, 노력이 필요함.

6. 己巳일생

생월을 참작하여 판단한다면

【선천운 범례】 ◎ : 대길(大吉),   ○ : 중길,   △ : 소길,   ? : 애매함

양력월 (생월지)	선천운(숙명) (선택 여지가 적은 기본적 운세)				후천 운(개척) (연애·결혼 상대 선택(궁합)시 참고해야 할 사항)		참고
	건강운	경제운	출세운	애정운	상대방 일간(월간)에 있으면 좋은 천간	상대방 월지(일지)에 있으면 나쁜 지지	
2(寅)	◎	?	남 △	?	甲/己丙/丙	戌亥/申/巳申/寅申/亥	
			여 ○	?	甲/己丙/丙	戌亥/申/巳申/寅申/亥	
3(卯)	◎	?	남 △	?	甲/己丙/甲	戌亥/酉/子/寅申/亥	
			여 ○	?	甲/己丙/甲	戌亥/酉/子/寅申/亥	
4(辰)	△	△	남 ○	○	甲/壬癸辛/丙	戌亥/戌/辰/寅申/亥	▼辰
			여 △	△	甲/甲乙辛/丙	戌亥/戌/辰/寅申/亥	
5(巳)	○	△	남 ?	?	甲/壬癸辛/癸	戌亥/亥/寅申/寅申/亥	
			여 ?	?	甲/甲乙辛/癸	戌亥/亥/寅申/寅申/亥	
6(午)	○	△	남 ?	?	甲/壬癸辛/癸	戌亥/子/午/寅申/亥	
			여 ?	?	甲/甲乙辛/癸	戌亥/子/午/寅申/亥	
7(未)	○	○	남 ?	○	甲/壬癸辛/癸	戌亥/丑/丑戌/寅申/亥	
			여 ?	△	甲/甲乙辛/癸	戌亥/丑/丑戌/寅申/亥	
8(申)	?	◎	남 ○	◎	甲/己丙/丙	戌亥/寅/寅巳/寅申/亥	▲申
			여 ○	○	甲/己丙/丙	戌亥/寅/寅巳/寅申/亥	
9(酉)	?	◎	남 ○	◎	甲/己丙/丙	戌亥/卯/酉/寅申/亥	
			여 ○	○	甲/己丙/丙	戌亥/卯/酉/寅申/亥	
10(戌)	?	○	남 ?	○	甲/壬癸辛/甲	戌亥/辰/丑未/寅申/亥	▼戌
			여 ?	?	甲/甲乙辛/甲	戌亥/辰/丑未/寅申/亥	
11(亥)	?	?	남 ◎	?	甲/己丙/丙	戌亥/巳/亥/寅申/亥	
			여 ◎	◎	甲/己丙/丙	戌亥/巳/亥/寅申/亥	
12(子)	?	?	남 ◎	?	甲/己丙/丙	戌亥/午/卯/寅申/亥	
			여 ◎	◎	甲/己丙/丙	戌亥/午/卯/寅申/亥	
다음해 1월(丑)	△	○	남 ○	○	甲/壬癸辛/丙	戌亥/未/戌未/寅申/亥	
			여 ○	○	甲/甲乙辛/丙	戌亥/未/戌未/寅申/亥	

이 날 태어난 사람의 선천운 특기 사항

* **건강** : 소화기 계통이 약한 편.(壬, 癸, 亥, 子가 있으면 무병 장수함)
* **부부운** : 남녀 불문하고 대체로 부부금슬이 좋아 모범 가정을 이루고 살게
될 가능성이 높음.
* **남** : 감수성은 예민하고, 개성은 약한 편이어서 결단력이 부족. 한 가지 재
주에는 도통하는 낙천가.
  ▼ 이 남자는 자기 사주에 戊나 辰戌이 없을수록 좋다.
* **여** : 건강하고 명랑하며 활기에 넘침. 자기 목표를 관철하려고 부지런한 전
형적인 직업여성.
  ▲ 이 여자는 자기 사주에 庚이나 申이 없을수록 좋다.
  * 일단 상호간에 동순공망 관계이면 친구, 직장 동료, 사업상의 동업자로는
    열 명 다 좋다고 보아야 하지만, 부부 궁합을 볼 때에는 巳일생에 한하여
    상대방 생일지지, 즉 일지(日支)에 亥나 寅, 申 등이 없는 것이 좋음.
  * 그러므로 己巳일생은 동순공망 열 명 중에서 甲子, 乙丑, 丁卯, 戊辰,
    己巳, 庚午, 辛未, 癸酉일생 등 8명만 좋게 보아야 함.
  * 특히 甲子일생과는 유난히도 사이가 좋을 가능성이 높음.

태어난 달에 따른 차이점

* **寅월생**……이 달에 태어난 기사일생 중에서,
  ▽ 남자는 午월, 戌월의 己, 丙일에 태어난 여자가 가장 좋고, 申월의 寅,
    申일에 태어난 여자가 가장 나쁘다.
  △ 여자는 午월, 戌월의 己, 丙일에 태어난 남자가 가장 좋고, 申월의 寅,
    申일에 태어난 남자가 가장 나쁘다.
* **卯월생**……이 달에 태어난 기사일생 중에서,
  ▽ 남자는 亥월, 未월의 己, 丙일에 태어난 여자가 가장 좋고, 酉월의 寅,
    申일에 태어난 여자가 가장 나쁘다.
  △ 여자는 亥월, 未월의 己, 丙일에 태어난 남자가 가장 좋고, 酉월의 寅,
    申일에 태어난 남자가 가장 나쁘다.
* **辰월생**……이 달에 태어난 기사일생 중에서,
  ▽ 남자는 申월, 子월의 壬, 癸일에 태어난 여자가 가장 좋고, 戌월의 寅,

申일에 태어난 여자가 가장 나쁘다.

△ 여자는 申월, 子월의 甲, 乙일에 태어난 남자가 가장 좋고, 戌월의 寅, 申일에 태어난 남자가 가장 나쁘다.

▼ 辰월 己일생 남자는 어떤 여자를 만나서 살든, 아내와의 관계가 그다지 좋지 않을 수 있으므로 다른 사람에 비하여 침착, 절제, 겸손, 희생, 노력이 필요함.

* **巳월생**……이 달에 태어난 기사일생 중에서,

▽ 남자는 酉월, 丑월의 壬, 癸일에 태어난 여자가 가장 좋고, 亥월의 寅, 申일에 태어난 여자가 가장 나쁘다.

△ 여자는 酉월, 丑월의 甲, 乙일에 태어난 남자가 가장 좋고, 亥월의 寅, 申일에 태어난 남자가 가장 나쁘다.

* **수월생**…… 이 달에 태어난 기사일생 중에서,

▽ 남자는 寅월, 戌월의 壬, 癸일에 태어난 여자가 가장 좋고, 子월의 寅, 申일에 태어난 여자가 가장 나쁘다.

△ 여자는 寅월, 戌월의 甲, 乙일에 태어난 남자가 가장 좋고, 子월의 寅, 申일에 태어난 남자가 가장 나쁘다.

* **未월생**……이 달에 태어난 기사일생 중에서,

▽ 남자는 亥월, 卯월의 壬, 癸일에 태어난 여자가 가장 좋고, 丑월의 寅, 申일에 태어난 여자가 가장 나쁘다.

△ 여자는 亥월, 卯월의 甲, 乙일에 태어난 남자가 가장 좋고, 丑월의 寅, 申일에 태어난 남자가 가장 나쁘다.

* **申월생**……이 달에 태어난 기사일생 중에서,

▽ 남자는 子월, 辰월의 己, 丙일에 태어난 여자가 가장 좋고, 寅월의 寅, 申일에 태어난 여자가 가장 나쁘다.

△ 여자는 子월, 辰월의 己, 丙일에 태어난 남자가 가장 좋고, 寅월의 寅, 申일에 태어난 남자가 가장 나쁘다.

♥ 申월 己巳일생 남녀는 노처녀 노총각이 되는 경우가 적지 않음.

▲ 申월 己巳일생 여자는 어떤 남자를 만나서 살든, 남편과의 관계가 그다지 좋지 않을 수 있으므로 다른 사람에 비하여 침착, 절제, 겸손, 희생, 노력이 필요함.

* **酉월생**……이 달에 태어난 기사일생 중에서,

▽ 남자는 巳월, 丑월의 己, 丙일에 태어난 여자가 가장 좋고, 卯월의 寅, 申일에 태어난 여자가 가장 나쁘다.

△ 여자는 巳월, 丑월의 己, 丙일에 태어난 남자가 가장 좋고, 卯월의 寅, 申일에 태어난 남자가 가장 나쁘다.

* **戌월생**······이 달에 태어난 기사일생 중에서,

▽ 남자는 寅월, 午월의 壬, 癸일에 태어난 여자가 가장 좋고, 辰월의 寅, 申일에 태어난 여자가 가장 나쁘다.

△ 여자는 巳월, 丑월의 甲, 乙일에 태어난 남자가 가장 좋고, 辰월의 寅, 申일에 태어난 남자가 가장 나쁘다.

▼ 戌월 己일생 남자는 어떤 여자를 만나서 살든, 아내와의 관계가 그다지 좋지 않을 수 있으므로 다른 사람에 비하여 침착, 절제, 겸손, 희생, 노력이 필요함.

* **亥월생**······이 달에 태어난 기사일생 중에서,

▽ 남자는 卯월, 未월의 己, 丙일에 태어난 여자가 가장 좋고, 巳월의 寅, 申일에 태어난 여자가 가장 나쁘다.

△ 여자는 卯월, 未월의 己, 丙일에 태어난 남자가 가장 좋고, 巳월의 寅, 申일에 태어난 남자가 가장 나쁘다.

♠ 亥월 己巳일생 남녀는 배우자와의 생이별, 과부 홀아비 운이 다른 사람에 비하여 높음.

* **子월생**······이 달에 태어난 기사일생 중에서,

▽ 남자는 申월, 辰월의 己, 丙일에 태어난 여자가 가장 좋고, 午월의 寅, 申일에 태어난 여자가 가장 나쁘다.

△ 여자는 申월, 辰월의 己, 丙일에 태어난 남자가 가장 좋고, 午월의 寅, 申일에 태어난 남자가 가장 나쁘다.

* **丑월생**······이 달에 태어난 기사일생 중에서,

▽ 남자는 巳월, 酉월의 壬, 癸일에 태어난 여자가 가장 좋고, 未월의 寅, 申일에 태어난 여자가 가장 나쁘다.

△ 여자는 巳월, 酉월의 甲, 乙일에 태어난 남자가 가장 좋고, 未월의 寅, 申일에 태어난 남자가 가장 나쁘다.

7. 庚午일생

생월을 참작하여 판단한다면

【선천운 범례】 ◎ : 대길(大吉),　○ : 중길,　△ : 소길,　? : 애매함

양력월 (생월지)	선천운(숙명) (선택 여지가 적은 기본적 운세)				후 천 운(개척) (연애·결혼 상대 선택(궁합)시 참고해야 할 사항)		참고
	건강운	경제운	출세운	애정운	상대방 일간(월간)에 있으면 좋은 천간	상대방 월지(일지)에 있으면 나쁜 지지	
2(寅)	◎	?	남 ○	?	乙/庚己/戊	戌亥/申/巳申/午/子	
			여 ?	○	乙/庚己/戊	戌亥/申/巳申/午/子	
3(卯)	◎	?	남 ○	?	乙/庚己/丁	戌亥/酉/子/午/子	
			여 ?	○	乙/庚己/丁	戌亥/酉/子/午/子	
4(辰)	△	○	남 ?	○	乙/乙甲壬/甲	戌亥/戌/辰/午/子	
			여 △	△	乙/丁丙壬/甲	戌亥/戌/辰/午/子	
5(巳)	○	?	남 ◎	?	乙/庚己/壬	戌亥/亥/寅申/午/子	●
			여 ◎	◎	乙/庚己/壬	戌亥/亥/寅申/午/子	
6(午)	○	?	남 ◎	?	乙/庚己/壬	戌亥/子/午/午/子	●
			여 ◎	◎	乙/庚己/壬	戌亥/子/午/午/子	
7(未)	○	○	남 ◎	○	乙/乙甲壬/丁	戌亥/丑/丑戌/午/子	
			여 ○	○	乙/丁丙壬/丁	戌亥/丑/丑戌/午/子	
8(申)	△	◎	남 △	◎	乙/乙甲壬/丁	戌亥/寅/寅巳/午/子	
			여 ?	?	乙/丁丙壬/丁	戌亥/寅/寅巳/午/子	
9(酉)	△	◎	남 △	◎	乙/乙甲壬/丁	戌亥/卯/酉/午/子	▼酉
			여 ?	?	乙/丁丙壬/丁	戌亥/卯/酉/午/子	
10(戌)	△	○	남 ?	○	乙/乙甲壬/甲	戌亥/辰/丑未/午/子	
			여 △	△	乙/丁丙壬/甲	戌亥/辰/丑未/午/子	
11(亥)	?	?	남 ?	?	乙/庚己/丁	戌亥/巳/亥/午/子	
			여 ?	?	乙/庚己/丁	戌亥/巳/亥/午/子	
12(子)	?	?	남 ?	?	乙/庚己/丁	戌亥/午/卯/午/子	▲子
			여 ?	?	乙/庚己/丁	戌亥/午/卯/午/子	
다음해 1월(丑)	?	○	남 △	○	乙/乙甲壬/丙	戌亥/未/戌未/午/子	
			여 △	△	乙/丁丙壬/丙	戌亥/未/戌未/午/子	

이 날 태어난 사람의 선천운 특기 사항

* **건강운** : 호흡기관이 약한 편. 대장 질환이나 맹장염에 걸리는 수가 있음. (丑, 戌이 있으면 건강)
* **부부운** : 남자는 외도를 하거나 아내를 바꾸는 수가 있음. 여자는 남편을 잘 만나는 확률이 높음.
* **남** : 독창성과 분석력이 있고 승부기질이 강함. 꾸준히 노력하는 성실파라서 만년이 행복함.
  ▼ 이 남자는 자기 사주에 辛이나 酉가 없을수록 좋다.
* **여** : 싹싹하고 눈치 빨라 어디서나 호감을 사며, 예리한 감각과 실리적인 행동으로 매사에 성공.
  ▲ 이 여자는 자기 사주에 癸나 子가 없을수록 좋다.
  * 일단 상호간에 동순공망 관계이면 친구, 직장 동료, 사업상의 동업자로는 열 명 다 좋다고 보아야 하지만, 부부 궁합을 볼 때에는 午일생에 한하여 상대방 생일지지, 즉 일지(日支)에 子나 午가 없는 것이 좋음.
  * 그러므로 庚午일생은 동순공망 열 명 중에서 乙丑, 丙寅, 丁卯, 戊辰, 己巳, 辛未, 壬申, 癸酉일생 등 8명만 좋게 보아야 함.
  * 특히 乙丑일생과는 유난히도 사이가 좋을 가능성이 높음.

태어난 달에 따른 차이점

* **寅월생**……이 달에 태어난 경오일생 중에서,
  ▽ 남자는 午월, 戌월의 庚, 己일에 태어난 여자가 가장 좋고, 申월의 午일에 태어난 여자가 가장 나쁘다.
  △ 여자는 午월, 戌월의 庚, 己일에 태어난 남자가 가장 좋고, 申월의 午일에 태어난 남자가 가장 나쁘다.
* **卯월생**……이 달에 태어난 경오일생 중에서,
  ▽ 남자는 亥월, 未월의 庚,己일에 태어난 여자가 가장 좋고, 酉월의 午일에 태어난 여자가 가장 나쁘다.
  △ 여자는 亥월, 未월의 庚, 己일에 태어난 남자가 가장 좋고, 酉월의 午일에 태어난 남자가 가장 나쁘다.
* **辰월생**……이 달에 태어난 경오일생 중에서,

▽ 남자는 申월, 子월의 乙, 甲일에 태어난 여자가 가장 좋고, 戌월의 누일
에 태어난 여자가 가장 나쁘다.
△ 여자는 申월, 子월의 丁, 丙일에 태어난 남자가 가장 좋고, 戌월의 누일
에 태어난 남자가 가장 나쁘다.
* **巳월생**……이 달에 태어난 경오일생 중에서,
▽ 남자는 酉월, 丑월의 庚, 己일에 태어난 여자가 가장 좋고, 亥월의 누일
에 태어난 여자가 가장 나쁘다.
△ 여자는 酉월, 丑월의 庚, 己일에 태어난 남자가 가장 좋고, 亥월의 누일
에 태어난 남자가 가장 나쁘다.
* **午월생**…… 이 달에 태어난 경오일생 중에서,
▽ 남자는 寅월, 戌월의 庚, 己일에 태어난 여자가 가장 좋고, 子월의 누일
에 태어난 여자가 가장 나쁘다.
△ 여자는 寅월, 戌월의 庚, 己일에 태어난 남자가 가장 좋고, 子월의 누일
에 태어난 남자가 가장 나쁘다.
* **未월생**……이 달에 태어난 경오일생 중에서,
▽ 남자는 亥월, 卯월의 乙, 甲일에 태어난 여자가 가장 좋고, 丑월의 누일
에 태어난 여자가 가장 나쁘다.
△ 여자는 亥월, 卯월의 丁, 丙일에 태어난 남자가 가장 좋고, 丑월의 누일
에 태어난 남자가 가장 나쁘다.
♥ 未월 庚午일생 남녀는 노처녀 노총각이 되는 경우가 적지 않음.
* **申월생**……이 달에 태어난 경오일생 중에서,
▽ 남자는 子월, 辰월의 乙, 甲일에 태어난 여자가 가장 좋고, 寅월의 누일
에 태어난 여자가 가장 나쁘다.
△ 여자는 子월, 辰월의 丁, 丙일에 태어난 남자가 가장 좋고, 寅월의 누일
에 태어난 남자가 가장 나쁘다.
* **酉월생**……이 달에 태어난 경오일생 중에서,
▽ 남자는 巳월, 丑월의 乙, 甲일에 태어난 여자가 가장 좋고, 卯월의 누일
에 태어난 여자가 가장 나쁘다.
△ 여자는 巳월, 丑월의 丁, 丙일에 태어난 남자가 가장 좋고, 卯월의 누일
에 태어난 남자가 가장 나쁘다.
▼ 酉월 庚일생 남자는 어떤 여자를 만나서 살든, 아내와의 관계가 그다지

좋지 않을 수 있으므로 다른 사람에 비하여 침착, 절제, 겸손, 희생, 노력이 필요함.

* **戌월생**……이 달에 태어난 경오일생 중에서,
▽ 남자는 寅월, 午월의 乙, 甲일에 태어난 여자가 가장 좋고, 辰월의 午일에 태어난 여자가 가장 나쁘다.
△ 여자는 巳월, 丑월의 丁, 丙일에 태어난 남자가 가장 좋고, 辰월의 午일에 태어난 남자가 가장 나쁘다.

* **亥월생**……이 달에 태어난 경오일생 중에서,
▽ 남자는 卯월, 未월의 庚, 己일에 태어난 여자가 가장 좋고, 巳월의 午일에 태어난 여자가 가장 나쁘다.
△ 여자는 卯월, 未월의 庚, 己일에 태어난 남자가 가장 좋고, 巳월의 午일에 태어난 남자가 가장 나쁘다.

* **子월생**……이 달에 태어난 경오일생 중에서,
▽ 남자는 申월, 辰월의 庚, 己일에 태어난 여자가 가장 좋고, 午월의 午일에 태어난 여자가 가장 나쁘다.
△ 여자는 申월, 辰월의 庚, 己일에 태어난 남자가 가장 좋고, 午월의 午일에 태어난 남자가 가장 나쁘다.

♠ 子월 庚午일생 남녀는 배우자와의 생이별, 과부 홀아비 운이 다른 사람에 비하여 높음.

♠ 子월 庚일생 여자는 어떤 남자를 만나서 살든, 남편과의 관계가 그다지 좋지 않을 수 있으므로 다른 사람에 비하여 침착, 절제, 겸손, 희생, 노력이 필요함.

* **丑월생**……이 달에 태어난 경오일생 중에서,
▽ 남자는 巳월, 酉월의 乙, 甲일에 태어난 여자가 가장 좋고, 未월의 午일에 태어난 여자가 가장 나쁘다.
△ 여자는 巳월, 酉월의 丁, 丙일에 태어난 남자가 가장 좋고, 未월의 午일에 태어난 남자가 가장 나쁘다.

8. 辛未일생

생월을 참작하여 판단한다면

【선천운 범례】 ◎ : 대길(大吉),　○ : 중길,　△ : 소길,　? : 애매함

양력월 (생월지)	선천운(숙명) (선택 여지가 적은 기본적 운세)				후 천 운(개척) (연애·결혼 상대 선택(궁합)시 참고해야 할 사항)		참고
	건강운	경제운	출세운	애정운	상대방 일간(월간)에 있으면 좋은 천간	상대방 월지(일지)에 있으면 나쁜 지지	
2(寅)	○	?	남 ○	?	丙/辛戊/己	戌亥/申/巳申/丑戌/丑	
			여 ◎	○	丙/辛戊/己	戌亥/申/巳申/丑戌/丑	
3(卯)	△	?	남 ○	?	丙/辛戊/壬	戌亥/酉/子/丑戌/丑	
			여 ◎	○	丙/辛戊/壬	戌亥/酉/子/丑戌/丑	
4(辰)	○	△	남 △	△	丙/甲乙癸/壬	戌亥/戌/辰/丑戌/丑	
			여 △	△	丙/丙丁癸/壬	戌亥/戌/辰/丑戌/丑	
5(巳)	◎	?	남 ◎	?	丙/辛戊/壬	戌亥/亥/寅申/丑戌/丑	
			여 ○	?	丙/辛戊/壬	戌亥/亥/寅申/丑戌/丑	
6(午)	◎	?	남 ◎	?	丙/辛戊/壬	戌亥/子/午/丑戌/丑	
			여 ◎	?	丙/辛戊/壬	戌亥/子/午/丑戌/丑	
7(未)	○	?	남 ○	△	丙/甲乙癸/壬	戌亥/丑/丑戌/丑戌/丑	
			여 ○	△	丙/丙丁癸/壬	戌亥/丑/丑戌/丑戌/丑	
8(申)	?	○	남 △	○	丙/甲乙癸/壬	戌亥/寅/寅巳/丑戌/丑	▼申
			여 ?	○	丙/丙丁癸/壬	戌亥/寅/寅巳/丑戌/丑	
9(酉)	?	○	남 △	○	丙/甲乙癸/壬	戌亥/卯/酉/丑戌/丑	
			여 ?	○	丙/丙丁癸/壬	戌亥/卯/酉/丑戌/丑	
10(戌)	○	△	남 △	△	丙/甲乙癸/壬	戌亥/辰/丑未/丑戌/丑	
			여 △	△	丙/丙丁癸/壬	戌亥/辰/丑未/丑戌/丑	
11(亥)	△	◎	남 ?	◎	丙/辛戊/壬	戌亥/巳/亥/丑戌/丑	▲亥
			여 ?	◎	丙/辛戊/壬	戌亥/巳/亥/丑戌/丑	
12(子)	?	◎	남 ?	◎	丙/辛戊/丙	戌亥/午/卯/丑戌/丑	
			여 ?	◎	丙/辛戊/丙	戌亥/午/卯/丑戌/丑	
다음해 1월(丑)	?	○	남 ?	?	丙/甲乙癸/丙	戌亥/未/戌未/丑戌/丑	
			여 ?	?	丙/丙丁癸/丙	戌亥/未/戌未/丑戌/丑	

이 날 태어난 사람의 선천운 특기 사항

* **건강운** : 壬, 癸, 亥, 子가 있으면 무병장수한다. 병정사해가 많으면 다병하기 쉬운데 특히 호흡기병을 주의해야.(丑, 戌이 있으면 부상당하거나 수술)
* **부부운** : 보통.
* **남** : 융통성 없고 고지식함. 꼼꼼하게 수행해야 할 직업이 좋음. 남을 위해 헛고생하는 수가 있음.
  ▼ 이 남자는 자기 사주에 庚이나 申이 없을수록 좋다.
* **여** : 온화하고 조심스런 성격. 시야나 사고방식이 좁은 편이어서 직업여성으로는 성공이 어려움.
  ▲ 이 여자는 자기 사주에 壬이나 亥가 없을수록 좋다.
  * 일단 상호간에 동순공망 관계이면 친구, 직장 동료, 사업상의 동업자로는 열 명 다 좋다고 보아야 하지만, 부부 궁합을 볼 때에는 未일생에 한하여 상대방 생일지지, 즉 일지(日支)에 丑이나 戌이 없는 것이 좋음.
  * 그러므로 辛未일생은 동순공망 열 명 중에서 甲子, 丙寅, 丁卯, 戊辰, 己巳, 庚午, 辛未, 壬申, 癸酉일생 등 9명만 좋게 보아야 함.
  * 특히 丙寅일생과는 유난히도 사이가 좋을 가능성이 높음.

태어난 달에 따른 차이점

* **寅월생**……이 달에 태어난 신미일생 중에서
  ▽ 남자는 午월, 戌월의 辛, 戊일에 태어난 여자가 가장 좋고, 申월의 丑, 戌일에 태어난 여자가 가장 나쁘다.
  △ 여자는 午월, 戌월의 辛, 戊일에 태어난 남자가 가장 좋고, 申월의 丑, 戌일에 태어난 남자가 가장 나쁘다.
* **卯월생**……이 달에 태어난 신미일생 중에서,
  ▽ 남자는 亥월, 未월의 辛, 戊일에 태어난 여자가 가장 좋고, 酉월의 丑, 戌일에 태어난 여자가 가장 나쁘다.
  △ 여자는 亥월, 未월의 辛, 戊일에 태어난 남자가 가장 좋고, 酉월의 丑, 戌일에 태어난 남자가 가장 나쁘다.
* **辰월생**……이 달에 태어난 신미일생 중에서,
  ▽ 남자는 申월, 子월의 甲, 乙일에 태어난 여자가 가장 좋고, 戌월의 丑,

戌일에 태어난 여자가 가장 나쁘다.

△ 여자는 申월, 子월의 丙, 丁일에 태어난 남자가 가장 좋고, 戌월의 丑, 戌일에 태어난 남자가 가장 나쁘다.

* **巳월생**……이 달에 태어난 신미일생 중에서,

▽ 남자는 酉월, 丑월의 辛, 戌일에 태어난 여자가 가장 좋고, 亥월의 丑, 戌일에 태어난 여자가 가장 나쁘다.

△ 여자는 酉월, 丑월의 辛, 戌일에 태어난 남자가 가장 좋고, 亥월의 丑, 戌일에 태어난 남자가 가장 나쁘다.

* **午월생**…… 이 달에 태어난 신미일생 중에서,

▽ 남자는 寅월, 戌월의 辛, 戌일에 태어난 여자가 가장 좋고, 子월의 丑, 戌일에 태어난 여자가 가장 나쁘다.

△ 여자는 寅월, 戌월의 辛, 戌일에 태어난 남자가 가장 좋고, 子월의 丑, 戌일에 태어난 남자가 가장 나쁘다.

♥ 午월 辛未일생 남녀는 노처녀 노총각이 되는 경우가 적지 않음.

* **未월생**……이 달에 태어난 신미일생 중에서,

▽ 남자는 亥월, 卯월의 甲, 乙일에 태어난 여자가 가장 좋고, 丑월의 丑, 戌일에 태어난 여자가 가장 나쁘다.

△ 여자는 亥월, 卯월의 丙, 丁일에 태어난 남자가 가장 좋고, 丑월의 丑, 戌일에 태어난 남자가 가장 나쁘다.

* **申월생**……이 달에 태어난 신미일생 중에서,

▽ 남자는 子월, 辰월의 甲, 乙일에 태어난 여자가 가장 좋고, 寅월의 丑, 戌일에 태어난 여자가 가장 나쁘다.

△ 여자는 子월, 辰월의 丙, 丁일에 태어난 남자가 가장 좋고, 寅월의 丑, 戌일에 태어난 남자가 가장 나쁘다.

▼ 申월 辛일생 남자는 어떤 여자를 만나서 살든, 아내와의 관계가 그다지 좋지 않을 수 있으므로 다른 사람에 비하여 침착, 절제, 겸손, 희생, 노력이 필요함.

* **酉월생**……이 달에 태어난 신미일생 중에서,

▽ 남자는 巳월, 丑월의 甲, 乙일에 태어난 여자가 가장 좋고, 卯월의 丑, 戌일에 태어난 여자가 가장 나쁘다.

△ 여자는 巳월, 丑월의 丙, 丁일에 태어난 남자가 가장 좋고, 卯월의 丑,

戌일에 태어난 남자가 가장 나쁘다.

* **戌월생**……이 달에 태어난 신미일생 중에서,

▽ 남자는 寅월, 午월의 甲, 乙일에 태어난 여자가 가장 좋고, 辰월의 丑, 戌일에 태어난 여자가 가장 나쁘다.

△ 여자는 巳월, 丑월의 丙, 丁일에 태어난 남자가 가장 좋고, 辰월의 丑, 戌일에 태어난 남자가 가장 나쁘다.

* **亥월생**……이 달에 태어난 신미일생 중에서,

▽ 남자는 卯월, 未월의 辛, 戊일에 태어난 여자가 가장 좋고, 巳월의 丑, 戌일에 태어난 여자가 가장 나쁘다.

△ 여자는 卯월, 未월의 辛, 戊일에 태어난 남자가 가장 좋고, 巳월의 丑, 戌일에 태어난 남자가 가장 나쁘다.

▲ 亥월 辛일생 여자는 어떤 남자를 만나서 살든, 남편과의 관계가 그다지 좋지 않을 수 있으므로 다른 사람에 비하여 침착, 절제, 겸손, 희생, 노력이 필요함.

* **子월생**……이 달에 태어난 신미일생 중에서,

▽ 남자는 申월, 辰월의 辛, 戊일에 태어난 여자가 가장 좋고, 午월의 丑, 戌일에 태어난 여자가 가장 나쁘다.

△ 여자는 申월, 辰월의 辛, 戊일에 태어난 남자가 가장 좋고, 午월의 丑, 戌일에 태어난 남자가 가장 나쁘다.

* **丑월생**……이 달에 태어난 신미일생 중에서,

▽ 남자는 巳월, 酉월의 甲, 乙일에 태어난 여자가 가장 좋고, 未월의 丑, 戌일에 태어난 여자가 가장 나쁘다.

△ 여자는 巳월, 酉월의 丙, 丁일에 태어난 남자가 가장 좋고, 未월의 丑, 戌일에 태어난 남자가 가장 나쁘다.

♠ 丑월 辛未일생 남녀는 배우자와의 생이별, 과부 홀아비 운이 다른 사람에 비하여 높음.

9. 壬申일생

생월을 참작하여 판단한다면

【선천운 범례】 ◎ : 대길(大吉),　 ○ : 중길,　 △ : 소길,　 ? : 애매함

양력월 (생월지)	선천운(숙명) (선택 여지가 적은 기본적 운세)				후 천 운(개척) (연애·결혼 상대 선택(궁합)시 참고해야 할 사항)		참고
	건강운	경제운	출세운	애정운	상대방 일간(월간)에 있으면 좋은 천간	상대방 월지(일지)에 있으면 나쁜 지지	
2(寅)	?	○	남 △	◎	丁/壬辛/庚	戌亥/申/巳申/寅巳/寅	
			여 ?	?	丁/壬辛/庚	戌亥/申/巳申/寅巳/寅	
3(卯)	?	○	남 △	◎	丁/壬辛/戊	戌亥/酉/子/寅巳/寅	▲卯
			여 ?	?	丁/壬辛/戊	戌亥/酉/子/寅巳/寅	
4(辰)	◎	△	남 ◎	△	丁/壬辛/甲	戌亥/戌/辰/寅巳/寅	
			여 ○	◎	丁/壬辛/甲	戌亥/戌/辰/寅巳/寅	
5(巳)	?	◎	남 ◎	◎	丁/壬辛/壬	戌亥/亥/寅申/寅巳/寅	
			여 ◎	○	丁/壬辛/壬	戌亥/亥/寅申/寅巳/寅	
6(午)	?	◎	남 ◎	◎	丁/壬辛/癸	戌亥/子/午/寅巳/寅	
			여 ◎	○	丁/壬辛/癸	戌亥/子/午/寅巳/寅	
7(未)	◎	○	남 ◎	○	丁/壬辛/辛	戌亥/丑/丑戌/寅巳/寅	
			여 ○	◎	丁/壬辛/辛	戌亥/丑/丑戌/寅巳/寅	
8(申)	○	?	남 △	?	丁/丁丙甲/戊	戌亥/寅/寅巳/寅巳/寅	
			여 ?	?	丁/己戊甲/戊	戌亥/寅/寅巳/寅巳/寅	
9(酉)	○	?	남 △	?	丁/丁丙甲/甲	戌亥/卯/酉/寅巳/寅	
			여 ?	?	丁/己戊甲/甲	戌亥/卯/酉/寅巳/寅	
10(戌)	◎	?	남 ◎	△	丁/丁丙甲/甲	戌亥/辰/丑未/寅巳/寅	
			여 ◎	◎	丁/己戊甲/甲	戌亥/辰/丑未/寅巳/寅	
11(亥)	?	△	남 ?	?	丁/丁丙甲/戊	戌亥/巳/亥/寅巳/寅	
			여 △	△	丁/己戊甲/戊	戌亥/巳/亥/寅巳/寅	
12(子)	?	△	남 ?	?	丁/丁丙甲/戊	戌亥/午/卯/寅巳/寅	▼子
			여 △	△	丁/己戊甲/戊	戌亥/午/卯/寅巳/寅	
다음해 1월(丑)	△	△	남 ○	?	丁/壬辛/丙	戌亥/未/戌未/寅巳/寅	
			여 ○	○	丁/壬辛/丙	戌亥/未/戌未/寅巳/寅	

이 날 태어난 사람의 선천운 특기 사항

* **건강운** : 위장이 약한 편이지만 대체로 건강.(丙, 丁, 巳, 午가 많으면 위장병 조심)
* **부부운** : 부부운이 아주 좋아 백년 해로하는 경우가 많음.
* **남** : 창의력이 뛰어나서 학문과 기술 연마에 성공. 사물의 한계를 분간 못하여 실패하는 수 있음.
    ▼ 이 남자는 자기 사주에 癸나 子가 없을수록 좋다.
* **여** : 주변에 즐거운 분위기를 잘 조성하지만, 교만하고 어른께 불복할 때가 있음. 직업여성 형.
    ▲ 이 여자는 자기 사주에 乙이나 卯가 없을수록 좋다.
    * 일단 상호간에 동순공망 관계이면 친구, 직장 동료, 사업상의 동업자로는 열 명 다 좋다고 보아야 하지만, 부부 궁합을 볼 때에는 申일생에 한하여 상대방 생일지지, 즉 일지(日支)에 寅이나 巳가 없는 것이 좋음.
    * 그러므로 壬申일생은 동순공망 열 명 중에서 甲子, 乙丑, 丁卯, 戊辰, 庚午, 辛未, 壬申, 癸酉일생 등 8명만 좋게 보아야 함.
    * 특히 丁卯일생과는 유난히도 사이가 좋을 가능성이 높음..

태어난 달에 따른 차이점

* **寅월생**……이 달에 태어난 임신일생 중에서
    ▽ 남자는 午월, 戌월의 壬, 辛일에 태어난 여자가 가장 좋고, 申월의 寅, 巳일에 태어난 여자가 가장 나쁘다.
    △ 여자는 午월, 戌월의 壬, 辛일에 태어난 남자가 가장 좋고, 申월의 寅, 巳일에 태어난 남자가 가장 나쁘다.
    ♠ 寅월 壬申일생 남녀는 배우자와의 생이별, 과부 홀아비 운이 다른 사람에 비하여 높음.
* **卯월생**……이 달에 태어난 임신일생 중에서,
    ▽ 남자는 亥월, 未월의 壬, 辛일에 태어난 여자가 가장 좋고, 酉월의 寅, 巳일에 태어난 여자가 가장 나쁘다.
    △ 여자는 亥월, 未월의 壬, 辛일에 태어난 남자가 가장 좋고, 酉월의 寅, 巳일에 태어난 남자가 가장 나쁘다.

▲ 卯월 壬일생 여자는 어떤 남자를 만나서 살든, 남편과의 관계가 그다지 좋지 않을 수 있으므로 다른 사람에 비하여 침착, 절제, 겸손, 희생, 노력이 필요함.

* 辰월생……이 달에 태어난 임신일생 중에서,

▽ 남자는 申월, 子월의 壬, 辛일에 태어난 여자가 가장 좋고, 戌월의 寅, 巳일에 태어난 여자가 가장 나쁘다.

△ 여자는 申월, 子월의 壬, 辛일에 태어난 남자가 가장 좋고, 戌월의 寅, 巳일에 태어난 남자가 가장 나쁘다.

* 巳월생……이 달에 태어난 임신일생 중에서,

▽ 남자는 酉월, 丑월의 壬, 辛일에 태어난 여자가 가장 좋고, 亥월의 寅, 巳일에 태어난 여자가 가장 나쁘다.

△ 여자는 酉월, 丑월의 壬, 辛일에 태어난 남자가 가장 좋고, 亥월의 寅, 巳일에 태어난 남자가 가장 나쁘다.

♥ 巳월 壬申일생 남녀는 노처녀 노총각이 되는 경우가 적지 않음.

* 午월생…… 이 달에 태어난 임신일생 중에서,

▽ 남자는 寅월, 戌월의 壬, 辛일에 태어난 여자가 가장 좋고, 子월의 寅, 巳일에 태어난 여자가 가장 나쁘다.

△ 여자는 寅월, 戌월의 壬, 辛일에 태어난 남자가 가장 좋고, 子월의 寅, 巳일에 태어난 남자가 가장 나쁘다.

* 未월생……이 달에 태어난 임신일생 중에서,

▽ 남자는 亥월, 卯월의 壬, 辛일에 태어난 여자가 가장 좋고, 丑월의 寅, 巳일에 태어난 여자가 가장 나쁘다.

△ 여자는 亥월, 卯월의 壬, 辛일에 태어난 남자가 가장 좋고, 丑월의 寅, 巳일에 태어난 남자가 가장 나쁘다.

* 申월생……이 달에 태어난 임신일생 중에서,

▽ 남자는 子월, 辰월의 丁, 丙일에 태어난 여자가 가장 좋고, 寅월의 寅, 巳일에 태어난 여자가 가장 나쁘다.

△ 여자는 子월, 辰월의 己, 戊일에 태어난 남자가 가장 좋고, 寅월의 寅, 巳일에 태어난 남자가 가장 나쁘다.

* 酉월생……이 달에 태어난 임신일생 중에서,

▽ 남자는 巳월, 丑월의 丁, 丙일에 태어난 여자가 가장 좋고, 卯월의 寅,

巳일에 태어난 여자가 가장 나쁘다.

△ 여자는 巳월, 丑월의 己, 戊일에 태어난 남자가 가장 좋고, 卯월의 寅, 巳일에 태어난 남자가 가장 나쁘다.

* **戌월생**······이 달에 태어난 임신일생 중에서,

▽ 남자는 寅월, 午월의 丁, 丙일에 태어난 여자가 가장 좋고, 辰월의 寅, 巳일에 태어난 여자가 가장 나쁘다.

△ 여자는 巳월, 丑월의 己, 戊일에 태어난 남자가 가장 좋고, 辰월의 寅, 巳일에 태어난 남자가 가장 나쁘다.

* **亥월생**······이 달에 태어난 임신일생 중에서,

▽ 남자는 卯월, 未월의 丁, 丙일에 태어난 여자가 가장 좋고, 巳월의 寅, 巳일에 태어난 여자가 가장 나쁘다.

△ 여자는 卯월, 未월의 己, 戊일에 태어난 남자가 가장 좋고, 巳월의 寅, 巳일에 태어난 남자가 가장 나쁘다.

* **子월생**······이 달에 태어난 임신일생 중에서,

▽ 남자는 申월, 辰월의 丁, 丙일에 태어난 여자가 가장 좋고, 午월의 寅, 巳일에 태어난 여자가 가장 나쁘다.

△ 여자는 申월, 辰월의 己, 戊일에 태어난 남자가 가장 좋고, 午월의 寅, 巳일에 태어난 남자가 가장 나쁘다.

▼ 子월 壬일생 남자는 어떤 여자를 만나서 살든, 아내와의 관계가 그다지 좋지 않을 수 있으므로 다른 사람에 비하여 침착, 절제, 겸손, 희생, 노력이 필요함.

* **丑월생**······이 달에 태어난 임신일생 중에서,

▽ 남자는 巳월, 酉월의 壬, 辛일에 태어난 여자가 가장 좋고, 未월의 寅, 巳일에 태어난 여자가 가장 나쁘다.

△ 여자는 巳월, 酉월의 壬, 辛일에 태어난 남자가 가장 좋고, 未월의 寅, 巳일에 태어난 남자가 가장 나쁘다.

10. 癸酉일생

생월을 참작하여 판단한다면

【선천운 범례】 ◎ : 대길(大吉), ○ : 중길, △ : 소길, ? : 애매함

양력월 (생월지)	선천운(숙명) (선택 여지가 적은 기본적 운세)				후천운(개척) (연애·결혼 상대 선택(궁합)시 참고해야 할 사항)		참고
	건강운	경제운	출세운	애정운	상대방 일간(월간)에 있으면 좋은 천간	상대방 월지(일지)에 있으면 나쁜 지지	
2(寅)	?	○	남 ?	○	戊/癸庚/辛	戌亥/申/巳申/酉/卯	▲寅
			여 ?	○	戊/癸庚/辛	戌亥/申/巳申/酉/卯	
3(卯)	?	○	남 ?	○	戊/癸庚/庚	戌亥/酉/子/酉/卯	
			여 ?	○	戊/癸庚/庚	戌亥/酉/子/酉/卯	
4(辰)	◎	◎	남 ○	△	戊/癸庚/丙	戌亥/戌/辰/酉/卯	
			여 ○	◎	戊/癸庚/丙	戌亥/戌/辰/酉/卯	
5(巳)	△	○	남 ◎	◎	戊/癸庚/庚	戌亥/亥/寅申/酉/卯	
			여 ◎	◎	戊/癸庚/庚	戌亥/亥/寅申/酉/卯	
6(午)	?	?	남 ◎	◎	戊/癸庚/庚	戌亥/子/午/酉/卯	
			여 ◎	○	戊/癸庚/庚	戌亥/子/午/酉/卯	
7(未)	○	○	남 ○	◎	戊/癸庚/庚	戌亥/丑/丑戌/酉/卯	
			여 ◎	◎	戊/癸庚/庚	戌亥/丑/丑戌/酉/卯	
8(申)	○	?	남 △	?	戊/丙丁乙/丁	戌亥/寅/寅巳/酉/卯	
			여 ?	?	戊/戊己乙/丁	戌亥/寅/寅巳/酉/卯	
9(酉)	△	?	남 △	?	戊/丙丁乙/辛	戌亥/卯/酉/酉/卯	
			여 ?	?	戊/戊己乙/辛	戌亥/卯/酉/酉/卯	
10(戌)	◎	△	남 ◎	△	戊/丙丁乙/辛	戌亥/辰/丑未/酉/卯	
			여 ◎	◎	戊/戊己乙/辛	戌亥/辰/丑未/酉/卯	
11(亥)	?	◎	남 V	?	戊/丙丁乙/庚	戌亥/巳/亥/酉/卯	▼亥
			여 △	△	戊/戊己乙/庚	戌亥/巳/亥/酉/卯	
12(子)	?	◎	남 V	?	戊/丙丁乙/丙	戌亥/午/卯/酉/卯	
			여 △	?	戊/戊己乙/丙	戌亥/午/卯/酉/卯	
다음해 1월(丑)	◎	△	남 ○	△	戊/癸庚/丙	戌亥/未/戌未/酉/卯	
			여 ○	○	戊/癸庚/丙	戌亥/未/戌未/酉/卯	

이 날 태어난 사람의 선천운 특기 사항

* **건강운** : 그다지 건강치 못한 체질. 위장병과 신장병에 요주의. 丙, 丁, 巳, 午가 년월시 세 기둥 중에 하나도 없는 여자는 불임증인 경우도 있음.

* **부부운** : 배우자를 미워하는 운명. 풍파가 잦은 가정을 갖게 되는 수가 많음.

* **남** : 단순한 성격이지만, 인간 관계에서 고통이 많은 편. 고집이 센 편이고, 남을 위해 헌신함.

　▼ 이 남자는 자기 사주에 壬이나 亥가 없을수록 좋다.

* **여** : 대담하고 사리가 분명함. 자기 속을 잘 털어놓지 않고, 이해 득실에 민감함.

　▲ 이 여자는 자기 사주에 甲이나 寅이 없을수록 좋다.

　* 일단 상호간에 동순공망 관계이면 친구, 직장 동료, 사업상의 동업자로는 열 명 다 좋다고 보아야 하지만, 부부 궁합을 볼 때에는 酉일생에 한하여 상대방 생일지지, 즉 일지(日支)에 卯나 酉가 없는 것이 좋음.

　* 그러므로 癸酉일생은 동순공망 열 명 중에서 甲子, 乙丑, 丙寅, 戊辰, 己巳, 庚午, 辛未, 壬申일생 등 8명만 좋게 보아야 함.

　* 특히 戊辰일생과는 유난히도 사이가 좋을 가능성이 높음.

태어난 달에 따른 차이점

* **寅월생**……이 달에 태어난 계유일생 중에서
　▽ 남자는 午월, 戌월의 癸, 庚일에 태어난 여자가 가장 좋고, 申월의 酉일에 태어난 여자가 가장 나쁘다.
　△ 여자는 午월, 戌월의 癸, 庚일에 태어난 남자가 가장 좋고, 申월의 酉일에 태어난 남자가 가장 나쁘다.
　▲ 寅월 癸일생 여자는 어떤 남자를 만나서 살든, 남편과의 관계가 그다지 좋지 않을 수 있으므로 다른 사람에 비하여 침착, 절제, 겸손, 희생, 노력이 필요함.

* **卯월생**……이 달에 태어난 계유일생 중에서,
　▽ 남자는 亥월, 未월의 癸, 庚일에 태어난 여자가 가장 좋고, 酉월의 酉일에 태어난 여자가 가장 나쁘다.
　△ 여자는 亥월, 未월의 癸, 庚일에 태어난 남자가 가장 좋고, 酉월의 酉일

에 태어난 남자가 가장 나쁘다.

♠ 卯월 癸酉일생 남녀는 배우자와의 생이별, 과부 홀아비 운이 다른 사람에 비하여 높음.

* 辰월생……이 달에 태어난 계유일생 중에서,

▽ 남자는 申월, 子월의 癸, 庚일에 태어난 여자가 가장 좋고, 戌월의 酉일에 태어난 여자가 가장 나쁘다.

△ 여자는 申월, 子월의 癸, 庚일에 태어난 남자가 가장 좋고, 戌월의 酉일에 태어난 남자가 가장 나쁘다.

♥ 辰월 癸酉일생 남녀는 노처녀 노총각이 되는 경우가 적지 않음.

* 巳월생……이 달에 태어난 계유일생 중에서,

▽ 남자는 酉월, 丑월의 癸, 庚일에 태어난 여자가 가장 좋고, 亥월의 酉일에 태어난 여자가 가장 나쁘다.

△ 여자는 酉월, 丑월의 癸, 庚일에 태어난 남자가 가장 좋고, 亥월의 酉일에 태어난 남자가 가장 나쁘다.

* 午월생…… 이 달에 태어난 계유일생 중에서,

▽ 남자는 寅월, 戌월의 癸, 庚일에 태어난 여자가 가장 좋고, 子월의 酉일에 태어난 여자가 가장 나쁘다.

△ 여자는 寅월, 戌월의 癸, 庚일에 태어난 남자가 가장 좋고, 子월의 酉일에 태어난 남자가 가장 나쁘다.

* 未월생……이 달에 태어난 계유일생 중에서,

▽ 남자는 亥월, 卯월의 癸, 庚일에 태어난 여자가 가장 좋고, 丑월의 酉일에 태어난 여자가 가장 나쁘다.

△ 여자는 亥월, 卯월의 癸, 庚일에 태어난 남자가 가장 좋고, 丑월의 酉일에 태어난 남자가 가장 나쁘다.

* 申월생……이 달에 태어난 계유일생 중에서,

▽ 남자는 子월, 辰월의 丙, 丁일에 태어난 여자가 가장 좋고, 寅월의 酉일에 태어난 여자가 가장 나쁘다.

△ 여자는 子월, 辰월의 戊, 己일에 태어난 남자가 가장 좋고, 寅월의 酉일에 태어난 남자가 가장 나쁘다.

* 酉월생……이 달에 태어난 계유일생 중에서,

▽ 남자는 巳월, 丑월의 丙, 丁일에 태어난 여자가 가장 좋고, 卯월의 酉일

에 태어난 여자가 가장 나쁘다.

△ 여자는 巳월, 丑월의 戊, 己일에 태어난 남자가 가장 좋고, 卯월의 酉일
에 태어난 남자가 가장 나쁘다.

* **戊월생**······이 달에 태어난 계유일생 중에서,

▽ 남자는 寅월, 午월의 丙, 丁일에 태어난 여자가 가장 좋고, 辰월의 酉일
에 태어난 여자가 가장 나쁘다.

△ 여자는 巳월, 丑월의 戊, 己일에 태어난 남자가 가장 좋고, 辰월의 酉일
에 태어난 남자가 가장 나쁘다.

* **亥월생**······이 달에 태어난 계유일생 중에서,

▽ 남자는 卯월, 未월의 丙, 丁일에 태어난 여자가 가장 좋고, 巳월의 酉일
에 태어난 여자가 가장 나쁘다.

△ 여자는 卯월, 未월의 戊, 己일에 태어난 남자가 가장 좋고, 巳월의 酉일
에 태어난 남자가 가장 나쁘다.

▼ 亥월 癸일생 남자는 어떤 여자를 만나서 살든, 아내와의 관계가 그다지
좋지 않을 수 있으므로 다른 사람에 비하여 침착, 절제, 겸손, 희생, 노
력이 필요함.

* **子월생**······이 달에 태어난 계유일생 중에서,

▽ 남자는 申월, 辰월의 丙, 丁일에 태어난 여자가 가장 좋고, 午월의 酉일
에 태어난 여자가 가장 나쁘다.

△ 여자는 申월, 辰월의 戊, 己일에 태어난 남자가 가장 좋고, 午월의 酉일
에 태어난 남자가 가장 나쁘다.

* **丑월생**······이 달에 태어난 계유일생 중에서,

▽ 남자는 巳월, 酉월의 癸, 庚일에 태어난 여자가 가장 좋고, 未월의 酉일
에 태어난 여자가 가장 나쁘다.

△ 여자는 巳월, 酉월의 癸, 庚일에 태어난 남자가 가장 좋고, 未월의 酉일
에 태어난 남자가 가장 나쁘다.

갑술순(甲戌旬) 인생

甲戌　乙亥　丙子　丁丑　戊寅
己卯　庚辰　辛巳　壬午　癸未

위의 열흘 동안에 태어난 사람들끼리는 똑같이 신(申), 유(酉)가 공망이 되는, 동순공망(同旬空亡)의 인생들이다.

이들은 학교 친구나 직장 친구, 교제 대상의 이성, 또는 부부든 간에 서로 마음이 통하여 사이좋게 지낼 수 있는 운명을 타고난 동질성 그룹이라 볼 수 있다. 중요시하여야 할 궁합 판단 기준이다.

단, 이들 열 명끼리의 조합에서 개인별 생일에 따라 한 명 내지 세 명 정도가 예외가 될 수 있다.

＊ 각자의 생일 해설란에 정리되어 있음.

11. 甲戌일생

생월을 참작하여 판단한다면

【선천운 범례】 ◎ : 대길(大吉),   ○ : 중길,   △ : 소길,   ? : 애매함

양력월 (생월지)	선천운(숙명) (선택 여지가 적은 기본적 운세)				후 천 운(개척) (연애·결혼 상대 선택(궁합)시 참고해야 할 사항)		참고
	건강운	경제운	출세운	애정운	상대방 일간(월간)에 있으면 좋은 천간	상대방 월지(일지)에 있으면 나쁜 지지	
2(寅)	?	△	남 ◎	△	己/己戊丙/丙	申酉/申/巳申/丑未/辰	
			여 ◎	◎	己/辛庚丙/丙	申酉/申/巳申/丑未/辰	
3(卯)	?	?	남 ◎	△	己/己戊丙/庚	申酉/酉/子/丑未/辰	▼卯
			여 ◎	◎	己/辛庚丙/庚	申酉/酉/子/丑未/辰	
4(辰)	?	?	남 ?	?	己/甲癸/庚	申酉/戌/辰/丑未/辰	
			여 ?	?	己/甲癸/庚	申酉/戌/辰/丑未/辰	
5(巳)	◎	?	남 △	?	己/甲癸/癸	申酉/亥/寅申/丑未/辰	
			여 ○	△	己/甲癸/癸	申酉/亥/寅申/丑未/辰	
6(午)	◎	?	남 △	?	己/甲癸/癸	申酉/子/午/丑未/辰	▲午
			여 ○	△	己/甲癸/癸	申酉/子/午/丑未/辰	
7(未)	○	○	남 ○	?	己/甲癸/癸	申酉/丑/丑戌/丑未/辰	
			여 ○	△	己/甲癸/癸	申酉/丑/丑戌/丑未/辰	
8(申)	?	○	남 ?	◎	己/甲癸/庚	申酉/寅/寅巳/丑未/辰	
			여 ?	?	己/甲癸/庚	申酉/寅/寅巳/丑未/辰	
9(酉)	△	○	남 ?	○	己/甲癸/庚	申酉/卯/酉/丑未/辰	
			여 ?	?	己/甲癸/庚	申酉/卯/酉/丑未/辰	
10(戌)	○	△	남 △	?	己/甲癸/庚	申酉/辰/丑未/丑未/辰	
			여 △	?	己/甲癸/庚	申酉/辰/丑未/丑未/辰	
11(亥)	△	◎	남 ◎	◎	己/己戊丙/庚	申酉/巳/亥/丑未/辰	
			여 ○	◎	己/辛庚丙/庚	申酉/巳/亥/丑未/辰	
12(子)	△	◎	남 ○	◎	己/己戊丙/丁	申酉/午/卯/丑未/辰	
			여 ○	○	己/辛庚丙/丁	申酉/午/卯/丑未/辰	
다음해 1월(丑)	△	○	남 △	△	己/己戊丙/丁	申酉/未/戌未/丑未/辰	
			여 △	△	己/辛庚丙/丁	申酉/未/戌未/丑未/辰	

이 날 태어난 사람의 선천운 특기 사항

* **건강운** : 甲, 乙월생이거나 寅, 卯월생은 무병 장수하지만, 庚, 辛, 戊, 己나 申, 酉, 丑, 未가 많으면 건강치 못함.
* **부부운** : 남자는 처 덕을 보는 수가 많다. 여자는 庚, 辛, 申, 酉가 월주에 있으면 좋다. 丁巳월생은 나쁨.
* **남** : 너무 정직하여 헛고생을 할 때가 있음. 근면하고 노력을 아끼지 않음. 보수적이라 융통성 부족.

  ▼ 이 남자는 자기 사주에 乙이나 卯가 없을수록 좋다.
* **여** : 억세어 보이지만 얌전한 살림꾼. 예의범절에 까다로운 전통적인 가정주부형으로 현모양처.

  ▲ 이 여자는 자기 사주에 丁이나 午가 없을수록 좋다.

  * 부부 궁합을 볼 때에는 戊일생에 한하여 상대방 생일지지, 즉 일지(日支)에 辰이나 丑, 未가 없는 것이 좋음.
  * 그러므로 甲戌일생은 동순공망 열 명 중에서 甲戌, 乙亥, 丙子, 戊寅, 己卯, 辛巳, 壬午일생 등 7명만 좋게 보아야 함.
  * 특히 己卯일생과는 유난히도 사이가 좋을 가능성이 높음.

태어난 달에 따른 차이점

* **寅월생**······이 달에 태어난 갑술일생 중에서,
  ▽ 남자는 午월, 戌월의 己, 戊일에 태어난 여자가 가장 좋고, 申월의 丑, 未일에 태어난 여자가 가장 나쁘다.
  △ 여자는 午월, 戌월의 辛, 庚일에 태어난 남자가 가장 좋고, 申월의 丑, 未일에 태어난 남자가 가장 나쁘다.
* **卯월생**······이 달에 태어난 갑술일생 중에서,
  ▽ 남자는 亥월, 未월의 己, 戊일에 태어난 여자가 가장 좋고, 酉월의 丑, 未일에 태어난 여자가 가장 나쁘다.
  △ 여자는 亥월, 未월의 辛, 庚일에 태어난 남자가 가장 좋고, 酉월의 丑, 未일에 태어난 남자가 가장 나쁘다.
  ♥ 卯월 甲戌일생 남녀는 노처녀 노총각이 되는 경우가 적지 않음.
  ▼ 卯월 甲일생 남자는 어떤 여자를 만나서 살든, 아내와의 관계가 그다지

좋지 않을 수 있다. 침착, 절제, 겸손, 희생, 노력이 필요함.

＊ 辰월생……이 달에 태어난 갑술일생 중에서,

▽ 남자는 申월, 子월의 甲, 癸일에 태어난 여자가 가장 좋고, 戌월의 丑, 未일에 태어난 여자가 가장 나쁘다.

◆ 이 남자 사주의 다른 기둥에 戊, 己, 辰, 戌, 丑, 未 중에서 아무 글자나 하나, 혹은 둘 이상 있으면 여자한테 시달릴 숙명으로 본다.

△ 여자는 申월, 子월의 甲, 癸일에 태어난 남자가 가장 좋고, 戌월의 丑, 未일에 태어난 남자가 가장 나쁘다.

♠ 辰월 甲戌일생 남녀는 배우자와의 생이별, 과부 홀아비 운이 다른 사람에 비하여 높음.

＊ 巳월생……이 달에 태어난 갑술일생 중에서,

▽ 남자는 酉월, 丑월의 甲, 癸일에 태어난 여자가 가장 좋고, 亥월의 丑, 未일에 태어난 여자가 가장 나쁘다.

△ 여자는 酉월, 丑월의 甲, 癸일에 태어난 남자가 가장 좋고, 亥월의 丑, 未일에 태어난 남자가 가장 나쁘다.

＊ 午월생…… 이 달에 태어난 갑술일생 중에서,

▽ 남자는 寅월, 戌월의 甲, 癸일에 태어난 여자가 가장 좋고, 子월의 丑, 未일에 태어난 여자가 가장 나쁘다.

△ 여자는 寅월, 戌월의 甲, 癸일에 태어난 남자가 가장 좋고, 子월의 丑, 未일에 태어난 남자가 가장 나쁘다.

▲ 午월 甲일생 여자는 어떤 남자를 만나서 살든, 남편과의 관계가 그다지 좋지 않을 수 있다. 침착, 절제, 겸손, 희생, 노력이 필요함.

＊ 未월생……이 달에 태어난 갑술일생 중에서,

▽ 남자는 亥월, 卯월의 甲, 癸일에 태어난 여자가 가장 좋고, 丑월의 丑, 未일에 태어난 여자가 가장 나쁘다.

◆ 이 남자 사주의 다른 기둥에 戊, 己, 辰, 戌, 丑, 未 중에서 아무 글자나 하나, 혹은 둘 이상 있으면 여자한테 시달릴 숙명으로 본다.

△ 여자는 亥월, 卯월에 태어난 데다가 甲, 癸일에 태어난 남자가 가장 좋고, 丑월에 태어난 데다가 丑, 未일에 태어난 남자가 가장 나쁘다.

＊ 申월생……이 달에 태어난 갑술일생 중에서,

▽ 남자는 子월, 辰월의 甲, 癸일에 태어난 여자가 가장 좋고, 寅월의 丑,

未일에 태어난 여자가 가장 나쁘다.

△ 여자는 子월, 辰월의 甲, 癸일에 태어난 남자가 가장 좋고, 寅월의 丑, 未일에 태어난 남자가 가장 나쁘다.

* **酉월생**……이 달에 태어난 갑술일생 중에서,

▽ 남자는 巳월, 丑월의 甲, 癸일에 태어난 여자가 가장 좋고, 卯월의 丑, 未일에 태어난 여자가 가장 나쁘다.

△ 여자는 巳월, 丑월의 甲, 癸일에 태어난 남자가 가장 좋고, 卯월의 丑, 未일에 태어난 남자가 가장 나쁘다.

* **戌월생**……이 달에 태어난 갑술일생 중에서,

▽ 남자는 寅월, 午월의 甲, 癸일에 태어난 여자가 가장 좋고, 辰월의 丑, 未일에 태어난 여자가 가장 나쁘다.

◆ 이 남자 사주의 다른 기둥에 戊, 己, 辰, 戌, 丑, 未 중에서 아무 글자나 하나, 혹은 둘 이상 있으면 여자한테 시달릴 숙명으로 본다.

△ 여자는 巳월, 丑월의 甲, 癸일에 태어난 남자가 가장 좋고, 辰월의 丑, 未일에 태어난 남자가 가장 나쁘다.

* **亥월생**……이 달에 태어난 갑술일생 중에서,

▽ 남자는 卯월, 未월의 己, 戊일에 태어난 여자가 가장 좋고, 巳월의 丑, 未일에 태어난 여자가 가장 나쁘다.

△ 여자는 卯월, 未월의 辛, 庚일에 태어난 남자가 가장 좋고, 巳월의 丑, 未일에 태어난 남자가 가장 나쁘다.

* **子월생**……이 달에 태어난 갑술일생 중에서,

▽ 남자는 申월, 辰월의 己, 戊일에 태어난 여자가 가장 좋고, 午월의 丑, 未일에 태어난 여자가 가장 나쁘다.

△ 여자는 申월, 辰월의 辛, 庚일에 태어난 남자가 가장 좋고, 午월의 丑, 未일에 태어난 남자가 가장 나쁘다.

* **丑월생**……이 달에 태어난 갑술일생 중에서,

▽ 남자는 巳월, 酉월의 己, 戊일에 태어난 여자가 가장 좋고, 未월의 丑, 未일에 태어난 여자가 가장 나쁘다.

◆ 이 남자 사주의 다른 기둥에 戊, 己, 辰, 戌, 丑, 未 중에서 아무 글자나 하나, 혹은 둘 이상 있으면 여자한테 시달릴 숙명으로 본다.

△ 여자는 巳월, 酉월의 辛, 庚일에 태어난 남자가 가장 좋다.

12. 乙亥일생

생월을 참작하여 판단한다면

【선천운 범례】 ◎ : 대길(大吉),　○ : 중길,　△ : 소길,　? : 애매함

양력월 (생월지)	선천운(숙명) (선택 여지가 적은 기본적 운세)				후 천 운(개척) (연애 · 결혼 상대 선택(궁합)시 참고해야 할 사항)		참 고
	건강운	경제운	출세운	애정운	상대방 일간(월간)에 있으면 좋은 천간	상대방 월지(일지)에 있으면 나쁜 지지	
2(寅)	?	○	남 △	○	庚/戊己丁/丙	申酉/申/巳申/亥/巳	▼寅
			여 ?	?	庚/庚辛丁/丙	申酉/申/巳申/亥/巳	
3(卯)	?	○	남 △	○	庚/戊己丁/丙	申酉/酉/子/亥/巳	
			여 ?	?	庚/庚辛丁/丙	申酉/酉/子/亥/巳	
4(辰)	△	△	남 ◎	?	庚/乙壬/癸	申酉/戌/辰/亥/巳	
			여 ◎	◎	庚/乙壬/癸	申酉/戌/辰/亥/巳	
5(巳)	?	◎	남 ○	○	庚/乙壬/癸	申酉/亥/寅申/亥/巳	▲巳
			여 ○	○	庚/乙壬/癸	申酉/亥/寅申/亥/巳	
6(午)	?	◎	남 ○	○	庚/乙壬/癸	申酉/子/午/亥/巳	
			여 ◎	○	庚/乙壬/癸	申酉/子/午/亥/巳	
7(未)	?	◎	남 ◎	◎	庚/乙壬/癸	申酉/丑/丑戌/亥/巳	
			여 ◎	◎	庚/乙壬/癸	申酉/丑/丑戌/亥/巳	
8(申)	◎	△	남 ?	△	庚/乙壬/丙	申酉/寅/寅巳/亥/巳	
			여 ?	△	庚/乙壬/丙	申酉/寅/寅巳/亥/巳	
9(酉)	◎	△	남 ?	△	庚/乙壬/癸	申酉/卯/酉/亥/巳	
			여 ?	△	庚/乙壬/癸	申酉/卯/酉/亥/巳	
10(戌)	?	?	남 ◎	?	庚/乙壬/癸	申酉/辰/丑未/亥/巳	
			여 ◎	◎	庚/乙壬/癸	申酉/辰/丑未/亥/巳	
11(亥)	○	?	남 ?	?	庚/戊己丁/丙	申酉/巳/亥/亥/巳	
			여 ?	?	庚/庚辛丁/丙	申酉/巳/亥/亥/巳	
12(子)	○	?	남 △	?	庚/戊己丁/丙	申酉/午/卯/亥/巳	
			여 ?	?	庚/庚辛丁/丙	申酉/午/卯/亥/巳	
다음해 1월(丑)	△	△	남 ○	△	庚/戊己丁/丙	申酉/未/戌未/亥/巳	
			여 ○	?	庚/庚辛丁/丙	申酉/未/戌未/亥/巳	

이 날 태어난 사람의 선천운 특기 사항

* **건강운** : 무병장수하는 사람이 많다. 丙, 丁, 巳, 午가 있으면 확률이 높다. 丙, 丁, 巳, 午가 없으면 잔병이 많다.
* **부부운** : 남자는 애처가이고, 여자는 현모양처인 경우가 많다.
* **남** : 별난 고집을 잘 부리며 정의감이 강하다. 정직하고 인정이 많으나, 체념을 잘하는 것이 흠.
  ▼ 이 남자는 자기 사주에 甲이나 寅이 없을수록 좋다.
* **여** : 겉치레가 없는 산뜻한 성격. 매사를 빈틈없이 처리하고, 절개가 대단한 여장부형 인생을 보냄.
  ▲ 이 여자는 자기 사주에 丙이나 巳가 없을수록 좋다.
  * 일단 상호간에 동순공망 관계이면 친구, 직장 동료, 사업상의 동업자로는 열 명 다 좋다고 보아야 하지만, 부부 궁합을 볼 때에는 亥일생에 한하여 상대방 생일지지, 즉 일지(日支)에 巳나 亥가 없는 것이 좋음.
  * 그러므로 乙亥일생은 동순공망 열 명 중에서 甲戌, 丙子, 丁丑, 戊寅, 己卯, 庚辰, 壬午, 癸未일생 등 8명만 좋게 보아야 함.
  * 특히 庚辰일생과는 유난히도 사이가 좋을 가능성이 높음.

태어난 달에 따른 차이점

* **寅월생**……이 달에 태어난 을해일생 중에서,
  ▽ 남자에게는 午, 戌월의 戊, 己일에 태어난 여자가 가장 좋고, 申월의 亥일에 태어난 여자가 가장 나쁘다.
  △ 여자에게는 午, 戌월의 庚, 辛일에 태어난 남자가 가장 좋고, 申월의 亥일에 태어난 남자가 가장 나쁘다.
  ▼ 寅월 乙일생 남자는 어떤 여자를 만나서 살든, 아내와의 관계가 그다지 좋지 않을 수 있으므로 다른 사람에 비하여 침착, 절제, 겸손, 희생, 노력이 필요함.
  ♥ 寅월 乙亥일생 남녀는 노처녀 노총각이 되는 경우가 적지 않음.
* **卯월생**……이 달에 태어난 을해일생 중에서,
  ▽ 남자에게는 亥, 未월의 戊, 己일에 태어난 여자가 가장 좋고, 酉월의 亥일에 태어난 여자가 가장 나쁘다.

△ 여자에게는 亥, 未월의 庚, 辛일에 태어난 남자가 가장 좋고, 酉월의 亥일에 태어난 남자가 가장 나쁘다.

* **辰월생**······이 달에 태어난 을해일생 중에서,

▽ 남자에게는 申, 子월이 乙, 壬일에 태어난 여자가 가장 좋고, 戌월의 亥일에 태어난 여자가 가장 나쁘다.

△ 여자에게는 申, 子월의 乙, 壬일에 태어난 남자가 가장 좋고, 戌월의 亥일에 태어난 남자가 가장 나쁘다.

* **巳월생**······이 달에 태어난 을해일생 중에서,

▽ 남자에게는 酉, 丑월의 乙, 壬일에 태어난 여자가 가장 좋고, 亥월의 亥일에 태어난 여자가 가장 나쁘다.

△ 여자에게는 酉, 丑월의 乙, 壬일에 태어난 남자가 가장 좋고, 亥월의 亥일에 태어난 남자가 가장 나쁘다.

▲ 巳월 乙일생 여자는 어떤 남자를 만나서 살든, 남편과의 관계가 그다지 좋지 않을 수 있으므로 다른 사람에 비하여 침착, 절제, 겸손, 희생, 노력이 필요함.

♠ 巳월 乙亥일생 남녀는 배우자와의 생이별, 과부 홀아비 운이 다른 사람에 비하여 높음.

* **午월생**······ 이 달에 태어난 을해일생 중에서,

▽ 남자에게는 寅, 戌월의 乙, 壬일에 태어난 여자가 가장 좋고, 子월의 亥일에 태어난 여자가 가장 나쁘다.

△ 여자에게는 寅, 戌월의 乙, 壬일에 태어난 남자가 가장 좋고, 子월의가 亥일에 태어난 남자가 가장 나쁘다.

▲ 午월생 여자는 어떤 남자를 만나서 살든, 남편과의 관계가 그다지 좋지 않을 수 있으므로 다른 사람에 비하여 침착, 절제, 겸손, 희생, 노력이 필요함.

* **未월생**······이 달에 태어난 을해일생 중에서,

▽ 남자에게는 亥, 卯월의 乙, 壬일에 태어난 여자가 가장 좋고, 丑월의 亥일에 태어난 여자가 가장 나쁘다.

△ 여자에게는 亥, 卯월의 乙, 壬일에 태어난 남자가 가장 좋고, 丑월의 亥일에 태어난 남자가 가장 나쁘다.

* **申월생**······이 달에 태어난 을해일생 중에서,

▽ 남자에게는 子, 辰월의 乙, 壬일에 태어난 여자가 가장 좋고, 寅월의 亥
일에 태어난 여자가 가장 나쁘다.

△ 여자에게는 子, 辰월의 乙, 壬일에 태어난 남자가 가장 좋고, 寅월의 亥
일에 태어난 남자가 가장 나쁘다.

* **酉월생**……이 달에 태어난 을해일생 중에서,

▽ 남자에게는 巳, 丑월의 乙, 壬일에 태어난 여자가 가장 좋고, 卯월의 亥
일에 태어난 여자가 가장 나쁘다.

△ 여자에게는 巳, 丑월의 乙, 壬일에 태어난 남자가 가장 좋고, 卯월의 亥
일에 태어난 남자가 가장 나쁘다.

* **戌월생**……이 달에 태어난 을해일생 중에서,

▽ 남자에게는 寅, 午월의 乙, 壬일에 태어난 여자가 가장 좋고, 辰월의 亥
일에 태어난 여자가 가장 나쁘다.

△ 여자에게는 巳, 丑월의 乙, 壬일에 태어난 남자가 가장 좋고, 辰월의 亥
일에 태어난 남자가 가장 나쁘다.

* **亥월생**……이 달에 태어난 을해일생 중에서,

▽ 남자에게는 卯, 未월의 戊, 己일에 태어난 여자가 가장 좋고, 巳월의 亥
일에 태어난 여자가 가장 나쁘다.

△ 여자에게는 卯, 未월의 庚, 辛일에 태어난 남자가 가장 좋고, 巳월의 亥
일에 태어난 남자가 가장 나쁘다.

* **子월생**……이 달에 태어난 을해일생 중에서,

▽ 남자에게는 申, 辰월의 戊, 己일에 태어난 여자가 가장 좋고, 午월의 亥
일에 태어난 여자가 가장 나쁘다.

△ 여자에게는 申, 辰월의 庚, 辛일에 태어난 남자가 가장 좋고, 午월의 亥
일에 태어난 남자가 가장 나쁘다.

* **丑월생**……이 달에 태어난 을해일생 중에서,

▽ 남자에게는 巳, 酉월의 戊, 己일에 태어난 여자가 가장 좋고, 未월의 亥
일에 태어난 여자가 가장 나쁘다.

△ 여자에게는 巳, 酉월의 庚, 辛일에 태어난 남자가 가장 좋고, 未월의 亥
일에 태어난 남자가 가장 나쁘다.

13. 丙子일생

생월을 참작하여 판단한다면

【선천운 범례】 ◎ : 대길(大吉), ○ : 중길, △ : 소길, ? : 애매함

양력월 (생월지)	선천운(숙명) (선택 여지가 적은 기본적 운세)				후 천 운(개척) (연애·결혼 상대 선택(궁합)시 참고해야 할 사항)		참고
	건강운	경제운	출세운	애정운	상대방 일간(월간)에 있으면 좋은 천간	상대방 월지(일지)에 있으면 나쁜 지지	
2(寅)	○	◎	남 ◎	?	辛/辛庚戊/壬	申酉/申/巳申/卯/午	
			여 ◎	△	辛/癸壬戊/壬	申酉/申/巳申/卯/午	
3(卯)	○	◎	남 ○	?	辛/辛庚戊/壬	申酉/酉/子/卯/午	
			여 ◎	△	辛/癸壬戊/壬	申酉/酉/子/卯/午	
4(辰)	?	?	남 △	○	辛/辛庚戊/壬	申酉/戌/辰/卯/午	
			여 △	◎	辛/癸壬戊/壬	申酉/戌/辰/卯/午	
5(巳)	◎	○	남 ○	?	辛/辛庚戊/壬	申酉/亥/寅申/卯/午	
			여 △	?	辛/癸壬戊/壬	申酉/亥/寅申/卯/午	
6(午)	◎	○	남 △	?	辛/辛庚戊/壬	申酉/子/午/卯/午	▼午
			여 ?	?	辛/癸壬戊/壬	申酉/子/午/卯/午	
7(未)	○	?	남 ?	○	辛/丙乙/壬	申酉/丑/丑戌/卯/午	▲未
			여 ?	△	辛/丙乙/壬	申酉/丑/丑戌/卯/午	
8(申)	?	◎	남 ○	◎	辛/丙乙/壬	申酉/寅/寅巳/卯/午	
			여 △	○	辛/丙乙/壬	申酉/寅/寅巳/卯/午	
9(酉)	?	◎	남 ○	◎	辛/丙乙/壬	申酉/卯/酉/卯/午	
			여 △	○	辛/丙乙/壬	申酉/卯/酉/卯/午	
10(戌)	○	○	남 ?	○	辛/丙乙/甲	申酉/辰/丑未/卯/午	
			여 ?	?	辛/丙乙/甲	申酉/辰/丑未/卯/午	
11(亥)	?	△	남 ◎	△	辛/丙乙/甲	申酉/巳/亥/卯/午	●
			여 ◎	◎	辛/丙乙/甲	申酉/巳/亥/卯/午	
12(子)	?	△	남 ◎	△	辛/丙乙/壬	申酉/午/卯/卯/午	●
			여 ◎	◎	辛/丙乙/壬	申酉/午/卯/卯/午	
다음해 1월(丑)	△	○	남 △	○	辛/丙乙/壬	申酉/未/戌未/卯/午	▲丑
			여 ?	○	辛/丙乙/壬	申酉/未/戌未/卯/午	

이 날 태어난 사람의 선천운 특기 사항

* **건강운** : 큰 병을 앓지는 않으나 사주의 다른 글자가 무엇이냐에 따라 심장이나 신장 계통 질환에 시달릴 수도 있다.
* **부부운** : 평탄한 가정을 이루는 경우가 많음. 월지나 시지가 卯,午이면 그렇지 못함.
* **남** : 기분파 기질이 강하고, 주변일에 대범함. 처세가 서툴러 손해 볼 때가 있음.
  ▼ 이 남자는 자기 사주에 丁이나 午가 없을수록 좋다.
* **여** : 개성이 강하고 독단적임. 자기 감정을 숨기지 않는 탓으로 친구도 많고 적도 많음.
  ▲ 이 여자는 자기 사주에 己나 丑未가 없을수록 좋다.
  * 일단 상호간에 동순공망 관계이면 친구, 직장 동료, 사업상의 동업자로는 열 명 다 좋다고 보아야 하지만, 부부 궁합을 볼 때에는 子일생에 한하여 상대방 생일지지, 즉 일지(日支)에 午나 卯가 없는 것이 좋음.
  * 그러므로 丙子일생은 동순공망 열 명 중에서 甲戌, 乙亥, 丙子, 丁丑, 戊寅, 庚辰, 辛巳, 癸未일생 등 8명만 좋게 보아야 함.
  * 특히 辛巳일생과는 유난히도 사이가 좋을 가능성이 높음.

태어난 달에 따른 차이점

* **寅월생**……이 달에 태어난 병자일생 중에서,
  ▽ 남자는 午월, 戌월의 辛, 庚일에 태어난 여자가 가장 좋고, 申월의 卯일에 태어난 여자가 가장 나쁘다.
  △ 여자는 午월, 戌월의 癸, 壬일에 태어난 남자가 가장 좋고, 申월의 卯일에 태어난 남자가 가장 나쁘다.
* **卯월생**……이 달에 태어난 병자일생 중에서,
  ▽ 남자는 亥월, 未월의 辛, 庚일에 태어난 여자가 가장 좋고, 酉월의 卯일에 태어난 여자가 가장 나쁘다.
  △ 여자는 亥월, 未월의 癸, 壬일에 태어난 남자가 가장 좋고, 酉월의 卯일에 태어난 남자가 가장 나쁘다.
* **辰월생**……이 달에 태어난 병자일생 중에서,

▽ 남자는 申월, 子월의 辛, 庚일에 태어난 여자가 가장 좋고, 戌월의 卯일
에 태어난 여자가 가장 나쁘다.

△ 여자는 申월, 子월의 癸, 壬일에 태어난 남자가 가장 좋고, 戌월의 卯일
에 태어난 남자가 가장 나쁘다.

* **巳월생**……이 달에 태어난 병자일생 중에서,

▽ 남자는 酉월, 丑월의 辛, 庚일에 태어난 여자가 가장 좋고, 亥월의 卯일
에 태어난 여자가 가장 나쁘다.

△ 여자는 酉월, 丑월의 癸, 壬일에 태어난 남자가 가장 좋고, 亥월의 卯일
에 태어난 남자가 가장 나쁘다.

* **午월생**…… 이 달에 태어난 병자일생 중에서,

▽ 남자는 寅월, 戌월의 辛, 庚일에 태어난 여자가 가장 좋고, 子월의 卯일
에 태어난 여자가 가장 나쁘다.

△ 여자는 寅월, 戌월의 癸, 壬일에 태어난 남자가 가장 좋고, 子월의 卯일
에 태어난 남자가 가장 나쁘다.

♠ 午월 丙子일생 남녀는 배우자와의 생이별, 과부 홀아비 운이 다른 사람
에 비하여 높음.

▼ 午월 丙일생 남자는 어떤 여자를 만나서 살든, 아내와의 관계가 그다지
좋지 않을 수 있으므로 다른 사람에 비하여 침착, 절제, 겸손, 희생, 노
력이 필요함.

* **未월생**……이 달에 태어난 병자일생 중에서,

▽ 남자는 亥월, 卯월의 丙, 乙일에 태어난 여자가 가장 좋고, 丑월의 卯일
에 태어난 여자가 가장 나쁘다.

△ 여자는 亥월, 卯월의 丙, 乙일에 태어난 남자가 가장 좋고, 丑월의 卯일
에 태어난 남자가 가장 나쁘다.

▲ 未월 丙일생 여자는 어떤 남자를 만나서 살든, 남편과의 관계가 그다지
좋지 않을 수 있다. 침착, 절제, 겸손, 희생, 노력이 필요함.

* **申월생**……이 달에 태어난 병자일생 중에서,

▽ 남자는 子월, 辰월의 丙, 乙일에 태어난 여자가 가장 좋고, 寅월의 卯일
에 태어난 여자가 가장 나쁘다.

△ 여자는 子월, 辰월의 丙, 乙일에 태어난 남자가 가장 좋고, 寅월의 卯일
에 태어난 남자가 가장 나쁘다.

　* 申월 병인일생 남녀는 배우자와의 생이별, 과부 홀아비 운이 다른 사람에 비하여 높음.

* **酉월생**……이 달에 태어난 병자일생 중에서,
　▽ 남자는 巳월, 丑월의 丙, 乙일에 태어난 여자가 가장 좋고, 卯월의 卯일에 태어난 여자가 가장 나쁘다.
　△ 여자는 巳월, 丑월의 丙, 乙일에 태어난 남자가 가장 좋고, 卯월의 卯일에 태어난 남자가 가장 나쁘다.

* **戌월생**……이 달에 태어난 병자일생 중에서,
　▽ 남자는 寅월, 午월의 丙, 乙일에 태어난 여자가 가장 좋고, 辰월의 卯일에 태어난 여자가 가장 나쁘다.
　△ 여자는 巳월, 丑월의 丙, 乙일에 태어난 남자가 가장 좋고, 辰월의 卯일에 태어난 남자가 가장 나쁘다.

* **亥월생**……이 달에 태어난 병자일생 중에서,
　▽ 남자는 卯월, 未월의 丙, 乙일에 태어난 여자가 가장 좋고, 巳월의 卯일에 태어난 여자가 가장 나쁘다.
　△ 여자는 卯월, 未월의 丙, 乙일에 태어난 남자가 가장 좋고, 巳월의 卯일에 태어난 남자가 가장 나쁘다.

　* 亥월 병인일생 남녀는 노처녀 노총각이 되는 경우가 적지 않음.

* **子월생**……이 달에 태어난 병자일생 중에서,
　▽ 남자는 申월, 辰월의 丙, 乙일에 태어난 여자가 가장 좋고, 午월의 卯일에 태어난 여자가 가장 나쁘다.
　△ 여자는 申월, 辰월의 丙, 乙일에 태어난 남자가 가장 좋고, 午월의 卯일에 태어난 남자가 가장 나쁘다.

* **丑월생**……이 달에 태어난 병자일생 중에서,
　▽ 남자는 巳월, 酉월의 丙, 乙일에 태어난 여자가 가장 좋고, 未월의 卯일에 태어난 여자가 가장 나쁘다.
　△ 여자는 巳월, 酉월의 丙, 乙일에 태어난 남자가 가장 좋고, 未월의 卯일에 태어난 남자가 가장 나쁘다.

♥ 丑월 丙子일생 남녀는 노처녀 노총각이 되는 경우가 적지 않음.

▲ 丑월 丙일생 여자는 어떤 남자를 만나서 살든, 남편과의 관계가 그다지 좋지 않을 수 있다. 침착, 절제, 겸손, 희생, 노력이 필요함.

14. 丁丑일생

생월을 참작하여 판단한다면

【선천운 범례】 ◎ : 대길(大吉),　○ : 중길,　△ : 소길,　? : 애매함

양력월 (생월지)	선천운(숙명) (선택 여지가 적은 기본적 운세)				후 천 운(개척) (연애·결혼 상대 선택(궁합)시 참고해야 할 사항)		참 고
	건강운	경제운	출세운	애정운	상대방 일간(월간)에 있으면 좋은 천간	상대방 월지(일지)에 있으면 나쁜 지지	
2(寅)	◎	?	남 ?	△	壬/庚辛己/甲	申酉/申/巳申/戌未/未	
			여 △	△	壬/壬癸己/甲	申酉/申/巳申/戌未/未	
3(卯)	◎	?	남 ?	△	壬/庚辛己/庚	申酉/酉/子/戌未/未	
			여 △	△	壬/壬癸己/庚	申酉/酉/子/戌未/未	
4(辰)	△	○	남 ?	○	壬/庚辛己/甲	申酉/戌/辰/戌未/未	▲辰
			여 ?	△	壬/壬癸己/甲	申酉/戌/辰/戌未/未	
5(巳)	○	△	남 △	△	壬/庚辛己/甲	申酉/亥/寅申/戌未/未	▼巳
			여 ○	?	壬/壬癸己/甲	申酉/亥/寅申/戌未/未	
6(午)	○	△	남 △	△	壬/庚辛己/壬	申酉/子/午/戌未/未	
			여 ○	?	壬/壬癸己/壬	申酉/子/午/戌未/未	
7(未)	?	○	남 ?	?	壬/丁甲/甲	申酉/丑/丑戌/戌未/未	
			여 ?	?	壬/丁甲/甲	申酉/丑/丑戌/戌未/未	
8(申)	?	◎	남 ○	◎	壬/丁甲/甲	申酉/寅/寅巳/戌未/未	
			여 ◎	○	壬/丁甲/甲	申酉/寅/寅巳/戌未/未	
9(酉)	?	◎	남 ○	◎	壬/丁甲/甲	申酉/卯/酉/戌未/未	
			여 ○	○	壬/丁甲/甲	申酉/卯/酉/戌未/未	
10(戌)	○	○	남 ?	○	壬/丁甲/甲	申酉/辰/丑未/戌未/未	▲戌
			여 ?	△	壬/丁甲/甲	申酉/辰/丑未/戌未/未	
11(亥)	△	?	남 ◎	?	壬/丁甲/甲	申酉/巳/亥/戌未/未	
			여 ◎	◎	壬/丁甲/甲	申酉/巳/亥/戌未/未	
12(子)	△	?	남 ◎	?	壬/丁甲/甲	申酉/午/卯/戌未/未	
			여 ◎	◎	壬/丁甲/甲	申酉/午/卯/戌未/未	
다음해 1월(丑)	?	△	남 △	?	壬/丁甲/甲	申酉/未/戌未/戌未/未	
			여 △	△	壬/丁甲/甲	申酉/未/戌未/戌未/未	

이 날 태어난 사람의 선천운 특기 사항

* **건강운** : 무병인 체질이 많다. 시력이 약하거나 월경통에 시달리는 수가 있으나 고질병은 아닌 경우가 많다.
* **부부운** : 남자는 현모양처를 만나는 경우가 많고, 여자는 고독한 생애를 보낼 우려가 있다.
* **남** : 성질이 별나며 고집이 세고, 사람들과 조화나 협조가 잘 되지 않음. 화를 내면 걷잡을 수 없음.

 ▼ 이 남자는 자기 사주에 丙이나 巳가 없을수록 좋다.

* **여** : 사근사근하지만 자부심은 대단. 처세가 서투른 편. 관찰력은 예민하고 지독한 근검 절약형.

 ▲ 이 여자는 자기 사주에 戊나 辰戌이 없을수록 좋다.

* 일단 상호간에 동순공망 관계이면 친구, 직장 동료, 사업상의 동업자로는 열 명 다 좋다고 보아야 하지만, 부부 궁합을 볼 때에는 丑일생에 한하여 상대방 생일지지, 즉 일지(日支)에 未나 戌이 없는 것이 좋음.
* 그러므로 丁丑일생은 동순공망 열 명 중에서 乙亥, 丙子, 丁丑, 戊寅, 己卯, 庚辰, 辛巳, 壬午일생 등 8명만 좋게 보아야 함.
* 특히 壬午일생과는 유난히도 사이가 좋을 가능성이 높음.

태어난 달에 따른 차이점

* **寅월생**……이 달에 태어난 정축일생 중에서,
 ▽ 남자는 午월, 戌월의 庚, 辛일에 태어난 여자가 가장 좋고, 申월의 戌, 未일에 태어난 여자가 가장 나쁘다.
 △ 여자는 午월, 戌월의 壬, 癸일에 태어난 남자가 가장 좋고, 申월의 戌, 未일에 태어난 남자가 가장 나쁘다.
* **卯월생**……이 달에 태어난 정축일생 중에서,
 ▽ 남자는 亥월, 未월의 庚, 辛일에 태어난 여자가 가장 좋고, 酉월의 戌, 未일에 태어난 여자가 가장 나쁘다.
 △ 여자는 亥월, 未월의 壬, 癸일에 태어난 남자가 가장 좋고, 酉월의 戌, 未일에 태어난 남자가 가장 나쁘다.
* **辰월생**……이 달에 태어난 정축일생 중에서,

▽ 남자는 申월, 子월의 庚, 辛일에 태어난 여자가 가장 좋고, 戌월의 戌, 未일에 태어난 여자가 가장 나쁘다.

△ 여자는 申월, 子월의 壬, 癸일에 태어난 남자가 가장 좋고, 戌월의 戌, 未일에 태어난 남자가 가장 나쁘다.

▲ 辰월 丁일생 여자는 어떤 남자를 만나서 살든, 남편과의 관계가 그다지 좋지 않을 수 있으므로 다른 사람에 비하여 침착, 절제, 겸손, 희생, 노력이 필요함.

* **巳월생**……이 달에 태어난 정축일생 중에서,

▽ 남자는 酉월, 丑월의 庚, 辛일에 태어난 여자가 가장 좋고, 亥월의 戌, 未일에 태어난 여자가 가장 나쁘다.

△ 여자는 酉월, 丑월의 壬, 癸일에 태어난 남자가 가장 좋고, 亥월의 戌, 未일에 태어난 남자가 가장 나쁘다.

▼ 巳월 丁일생 남자는 어떤 여자를 만나서 살든, 아내와의 관계가 그다지 좋지 않을 수 있으므로 다른 사람에 비하여 침착, 절제, 겸손, 희생, 노력이 필요함.

* **午월생**…… 이 달에 태어난 정축일생 중에서,

▽ 남자는 寅월, 戌월의 庚, 辛일에 태어난 여자가 가장 좋고, 子월의 戌, 未일에 태어난 여자가 가장 나쁘다.

△ 여자는 寅월, 戌월의 壬, 癸일에 태어난 남자가 가장 좋고, 子월의 戌, 未일에 태어난 남자가 가장 나쁘다.

* **未월생**……이 달에 태어난 정축일생 중에서,

▽ 남자는 亥월, 卯월의 丁, 甲일에 태어난 여자가 가장 좋고, 丑월의 戌, 未일에 태어난 여자가 가장 나쁘다.

△ 여자는 亥월, 卯월의 丁, 甲일에 태어난 남자가 가장 좋고, 丑월의 戌, 未일에 태어난 남자가 가장 나쁘다.

♠ 未월 丁丑일생 남녀는 배우자와의 생이별, 과부 홀아비 운이 다른 사람에 비하여 높음.

* **申월생**……이 달에 태어난 정축일생 중에서,

▽ 남자는 子월, 辰월의 丁, 甲일에 태어난 여자가 가장 좋고, 寅월의 戌, 未일에 태어난 여자가 가장 나쁘다.

△ 여자는 子월, 辰월의 丁, 甲일에 태어난 남자가 가장 좋고, 寅월의 戌,

未일에 태어난 남자가 가장 나쁘다.

* **酉월생**……이 달에 태어난 정축일생 중에서,

▽ 남자는 巳월, 丑월의 丁, 甲일에 태어난 여자가 가장 좋고, 卯월의 戌, 未일에 태어난 여자가 가장 나쁘다.

△ 여자는 巳월, 丑월의 丁, 甲일에 태어난 남자가 가장 좋고, 卯월의 戌, 未일에 태어난 남자가 가장 나쁘다.

* **戌월생**……이 달에 태어난 정축일생 중에서,

▽ 남자는 寅월, 午월의 丁, 甲일에 태어난 여자가 가장 좋고, 辰월의 戌, 未일에 태어난 여자가 가장 나쁘다.

△ 여자는 巳월, 丑월의 丁, 甲일에 태어난 남자가 가장 좋고, 辰월의 戌, 未일에 태어난 남자가 가장 나쁘다.

▲ 戌월 丁일생 여자는 어떤 남자를 만나서 살든, 남편과의 관계가 그다지 좋지 않을 수 있으므로 다른 사람에 비하여 침착, 절제, 겸손, 희생, 노력이 필요함.

* **亥월생**……이 달에 태어난 정축일생 중에서,

▽ 남자는 卯월, 未월의 丁, 甲일에 태어난 여자가 가장 좋고, 巳월의 戌, 未일에 태어난 여자가 가장 나쁘다.

△ 여자는 卯월, 未월의 丁, 甲일에 태어난 남자가 가장 좋고, 巳월의 戌, 未일에 태어난 남자가 가장 나쁘다.

* **子월생**……이 달에 태어난 정축일생 중에서,

▽ 남자는 申월, 辰월의 丁, 甲일에 태어난 여자가 가장 좋고, 午월의 戌, 未일에 태어난 여자가 가장 나쁘다.

△ 여자는 申월, 辰월의 丁, 甲일에 태어난 남자가 가장 좋고, 午월의 戌, 未일에 태어난 남자가 가장 나쁘다.

♥ 子월 丁丑일생 남녀는 노처녀 노총각이 되는 경우가 적지 않음.

* **丑월생**……이 달에 태어난 정축일생 중에서,

▽ 남자는 巳월, 酉월의 丁, 甲일에 태어난 여자가 가장 좋고, 未월의 戌, 未일에 태어난 여자가 가장 나쁘다.

△ 여자는 巳월, 酉월의 丁, 甲일에 태어난 남자가 가장 좋고, 未월의 戌, 未일에 태어난 남자가 가장 나쁘다.

15. 戊寅일생

생월을 참작하여 판단한다면

【선천운 범례】 ◎ : 대길(大吉),   ○ : 중길,   △ : 소길,   ? : 애매함

양력월 (생월지)	선천운(숙명) (선택 여지가 적은 기본적 운세)				후 천 운(개척) (연애·결혼 상대 선택(궁합)시 참고해야 할 사항)		참고
	건강운	경제운	출세운	애정운	상대방 일간(월간)에 있으면 좋은 천간	상대방 월지(일지)에 있으면 나쁜 지지	
2(寅)	?	△	남 ◎	?	癸/戊丁/丙	申酉/申/巳申/巳申/申	●
			여 ◎	?	癸/戊丁/丙	申酉/申/巳申/巳申/申	
3(卯)	?	△	남 ◎	?	癸/戊丁/丙	申酉/酉/子/巳申/申	●
			여 ◎	?	癸/戊丁/丙	申酉/酉/子/巳申/申	
4(辰)	○	○	남 ?	△	癸/癸壬庚/甲	申酉/戌/辰/巳申/申	
			여 ?	◎	癸/乙甲庚/甲	申酉/戌/辰/巳申/申	
5(巳)	◎	?	남 ○	?	癸/癸壬庚/甲	申酉/亥/寅申/巳申/申	
			여 ○	○	癸/乙甲庚/甲	申酉/亥/寅申/巳申/申	
6(午)	◎	?	남 ○	?	癸/癸壬庚/壬	申酉/子/午/巳申/申	
			여 ○	○	癸/乙甲庚/壬	申酉/子/午/巳申/申	
7(未)	○	?	남 △	?	癸/癸壬庚/癸	申酉/丑/丑戌/巳申/申	▼未
			여 ○	◎	癸/乙甲庚/癸	申酉/丑/丑戌/巳申/申	
8(申)	?	○	남 ?	○	癸/戊丁/丙	申酉/寅/寅巳/巳申/申	▲酉
			여 ?	?	癸/戊丁/丙	申酉/寅/寅巳/巳申/申	
9(酉)	?	○	남 ?	○	癸/戊丁/丙	申酉/卯/酉/巳申/申	
			여 ?	?	癸/戊丁/丙	申酉/卯/酉/巳申/申	
10(戌)	○	?	남 ?	△	癸/癸壬庚/甲	申酉/辰/丑未/巳申/申	
			여 ?	◎	癸/乙甲庚/甲	申酉/辰/丑未/巳申/申	
11(亥)	△	◎	남 ○	◎	癸/戊丁/甲	申酉/巳/亥/巳申/申	
			여 △	△	癸/戊丁/甲	申酉/巳/亥/巳申/申	
12(子)	△	◎	남 ○	◎	癸/戊丁/丙	申酉/午/卯/巳申/申	
			여 △	△	癸/戊丁/丙	申酉/午/卯/巳申/申	
다음해 1월(丑)	○	○	남 ?	◎	癸/癸壬庚/丙	申酉/未/戌未/巳申/申	▼丑
			여 △	○	癸/乙甲庚/丙	申酉/未/戌未/巳申/申	

이 날 태어난 사람의 선천운 특기 사항

* **건강운** : 위장과 신장이 약한 편. 사고로 부상을 당하거나 수술을 하는 사람도 많은 편.

* **부부운** : 원만치 못한 부부운을 지닌 사람이 많다. 巳,申이 월지나 시지에 있으면 이혼하는 수도 있다.

* **남** : 고집 세고, 방자한 구석이 있어 남과 잘 다툼. 무슨 일에나 능률주의여서 신경과민한 편임.

  ▼ 이 남자는 자기 사주에 己나 丑未가 없을수록 좋다.

* **여** : 눈치 빠르고 재빨라 요령좋게 활동함. 일을 서두르는 경향있음. 사교적인 직업여성으로 성공.

  ▲ 이 여자는 자기 사주에 辛이나 酉가 없을수록 좋다.

  * 일단 상호간에 동순공망 관계이면 친구, 직장 동료, 사업상의 동업자로는 열 명 다 좋다고 보아야 하지만, 부부 궁합을 볼 때에는 寅일생에 한하여 상대방 생일지지, 즉 일지(日支)에 申이나 巳가 없는 것이 좋음.

  * 그러므로 戊寅일생은 동순공망 열 명 중에서 甲戌, 乙亥, 丙子, 丁丑, 戊寅, 己卯, 庚辰, 壬午, 癸未일생 등 9명만 좋게 보아야 함.

  * 특히 癸未일생과는 유난히도 사이가 좋을 가능성이 높음.

태어난 달에 따른 차이점

* **寅월생**……이 달에 태어난 무인일생 중에서,

  ▽ 남자는 午월, 戌월의 戊, 丁일에 태어난 여자가 가장 좋고, 申월의 巳, 申일에 태어난 여자가 가장 나쁘다.

  △ 여자는 午월, 戌월의 戊, 丁일에 태어난 남자가 가장 좋고, 申월의 巳, 申일에 태어난 남자가 가장 나쁘다.

* **卯월생**……이 달에 태어난 무인일생 중에서,

  ▽ 남자는 亥월, 未월의 戊, 丁일에 태어난 여자가 가장 좋고, 酉월의 巳, 申일에 태어난 여자가 가장 나쁘다.

  △ 여자는 亥월, 未월의 戊, 丁일에 태어난 남자가 가장 좋고, 酉월의 巳, 申일에 태어난 남자가 가장 나쁘다.

* **辰월생**……이 달에 태어난 무인일생 중에서,

▽ 남자는 申월, 子월의 癸, 壬일에 태어난 여자가 가장 좋고, 戌월의 巳, 申일에 태어난 여자가 가장 나쁘다.

△ 여자는 申월, 子월의 乙, 甲일에 태어난 남자가 가장 좋고, 戌월의 巳, 申일에 태어난 남자가 가장 나쁘다.

* **巳월생**……이 달에 태어난 무인일생 중에서,

▽ 남자는 酉월, 丑월의 癸, 壬일에 태어난 여자가 가장 좋고, 亥월의 巳, 申일에 태어난 여자가 가장 나쁘다.

△ 여자는 酉월, 丑월의 乙, 甲일에 태어난 남자가 가장 좋고, 亥월의 巳, 申일에 태어난 남자가 가장 나쁘다.

* **午월생**…… 이 달에 태어난 무인일생 중에서,

▽ 남자는 寅월, 戌월의 癸, 壬일에 태어난 여자가 가장 좋고, 子월의 巳, 申일에 태어난 여자가 가장 나쁘다.

△ 여자는 寅월, 戌월의 乙, 甲일에 태어난 남자가 가장 좋고, 子월의 巳, 申일에 태어난 남자가 가장 나쁘다.

* **未월생**……이 달에 태어난 무인일생 중에서,

▽ 남자는 亥월, 卯월의 癸, 壬일에 태어난 여자가 가장 좋고, 丑월의 巳, 申일에 태어난 여자가 가장 나쁘다.

△ 여자는 亥월, 卯월의 乙, 甲일에 태어난 남자가 가장 좋고, 丑월의 巳, 申일에 태어난 남자가 가장 나쁘다.

▼ 未월 戊일생 남자는 어떤 여자를 만나서 살든, 아내와의 관계가 그다지 좋지 않을 수 있으므로 다른 사람에 비하여 침착, 절제, 겸손, 희생, 노력이 필요함.

* **申월생**……이 달에 태어난 무인일생 중에서,

▽ 남자는 子월, 辰월의 戊, 丁일에 태어난 여자가 가장 좋고, 寅월의 巳, 申일에 태어난 여자가 가장 나쁘다.

△ 여자는 子월, 辰월의 戊, 丁일에 태어난 남자가 가장 좋고, 寅월의 巳, 申일에 태어난 남자가 가장 나쁘다.

♠ 申월 戊寅일생 남녀는 배우자와의 생이별, 과부 홀아비 운이 다른 사람에 비하여 높음.

* **酉월생**……이 달에 태어난 무인일생 중에서,

▽ 남자는 巳월, 丑월의 戊, 丁일에 태어난 여자가 가장 좋고, 卯월의 巳,

申일에 태어난 여자가 가장 나쁘다.

△ 여자는 巳월, 丑월의 戊, 丁일에 태어난 남자가 가장 좋고, 卯월의 巳, 申일에 태어난 남자가 가장 나쁘다.

▲ 酉월 戊일생 여자는 어떤 남자를 만나서 살든, 남편과의 관계가 그다지 좋지 않을 수 있으므로 다른 사람에 비하여 침착, 절제, 겸손, 희생, 노력이 필요함.

* **戊월생**……이 달에 태어난 무인일생 중에서,

▽ 남자는 寅월, 午월의 癸, 壬일에 태어난 여자가 가장 좋고, 辰월의 巳, 申일에 태어난 여자가 가장 나쁘다.

△ 여자는 巳월, 丑월의 乙, 甲일에 태어난 남자가 가장 좋고, 辰월의 巳, 申일에 태어난 남자가 가장 나쁘다.

* **亥월생**……이 달에 태어난 무인일생 중에서,

▽ 남자는 卯월, 未월의 戊, 丁일에 태어난 여자가 가장 좋고, 巳월의 巳, 申일에 태어난 여자가 가장 나쁘다.

△ 여자는 卯월, 未월의 戊, 丁일에 태어난 남자가 가장 좋고, 巳월의 巳, 申일에 태어난 남자가 가장 나쁘다.

♥ 亥월 戊寅일생 남녀는 노처녀 노총각이 되는 경우가 적지 않음.

* **子월생**……이 달에 태어난 무인일생 중에서,

▽ 남자는 申월, 辰월의 戊, 丁일에 태어난 여자가 가장 좋고, 午월의 巳, 申일에 태어난 여자가 가장 나쁘다.

△ 여자는 申월, 辰월의 戊, 丁일에 태어난 남자가 가장 좋고, 午월의 巳, 申일에 태어난 남자가 가장 나쁘다.

* **丑월생**……이 달에 태어난 무인일생 중에서,

▽ 남자는 巳월, 酉월의 癸, 壬일에 태어난 여자가 가장 좋고, 未월의 巳, 申일에 태어난 여자가 가장 나쁘다.

△ 여자는 巳월, 酉월의 乙, 甲일에 태어난 남자가 가장 좋고, 未월의 巳, 申일에 태어난 남자가 가장 나쁘다.

▼ 丑월 戊일생 남자는 어떤 여자를 만나서 살든, 아내와의 관계가 그다지 좋지 않을 수 있으므로 다른 사람에 비하여 침착, 절제, 겸손, 희생, 노력이 필요함.

16. 己卯일생

생월을 참작하여 판단한다면

【선천운 범례】 ◎ : 대길(大吉), ○ : 중길, △ : 소길, ? : 애매함

양력월 (생월지)	선천운(숙명) (선택 여지가 적은 기본적 운세)				후천운(개척) (연애·결혼 상대 선택(궁합)시 참고해야 할 사항)		참고
	건강운	경제운	출세운	애정운	상대방 일간(월간)에 있으면 좋은 천간	상대방 월지(일지)에 있으면 나쁜 지지	
2(寅)	?	?	남 ◎	?	甲/己丙/丙	申酉/申/巳申/子/酉	●
			여 ◎	◎	甲/己丙/丙	申酉/申/巳申/子/酉	
3(卯)	?	?	남 ◎	?	甲/己丙/甲	申酉/酉/子/子/酉	●
			여 ◎	◎	甲/己丙/甲	申酉/酉/子/子/酉	
4(辰)	○	△	남 ?	△	甲/壬癸辛/丙	申酉/戌/辰/子/酉	▼辰
			여 ?	△	甲/甲乙辛/丙	申酉/戌/辰/子/酉	
5(巳)	◎	?	남 ○	?	甲/壬癸辛/癸	申酉/亥/寅申/子/酉	
			여 ○	?	甲/甲乙辛/癸	申酉/亥/寅申/子/酉	
6(午)	◎	?	남 ○	?	甲/壬癸辛/癸	申酉/子/午/子/酉	
			여 ○	?	甲/甲乙辛/癸	申酉/子/午/子/酉	
7(未)	○	△	남 ?	△	甲/壬癸辛/癸	申酉/丑/丑戌/子/酉	
			여 ?	△	甲/甲乙辛/癸	申酉/丑/丑戌/子/酉	
8(申)	?	○	남 ?	○	甲/己丙/丙	申酉/寅/寅巳/子/酉	▲申
			여 ?	?	甲/己丙/丙	申酉/寅/寅巳/子/酉	
9(酉)	?	○	남 ?	○	甲/己丙/丙	申酉/卯/酉/子/酉	
			여 ?	?	甲/己丙/丙	申酉/卯/酉/子/酉	
10(戌)	○	△	남 ○	△	甲/壬癸辛/甲	申酉/辰/丑未/子/酉	▼戌
			여 ○	△	甲/甲乙辛/甲	申酉/辰/丑未/子/酉	
11(亥)	△	◎	남 △	◎	甲/己丙/丙	申酉/巳/亥/子/酉	
			여 △	○	甲/己丙/丙	申酉/巳/亥/子/酉	
12(子)	△	◎	남 △	◎	甲/己丙/丙	申酉/午/卯/子/酉	
			여 △	○	甲/己丙/丙	申酉/午/卯/子/酉	
다음해 1월(丑)	○	△	남 ?	△	甲/壬癸辛/丙	申酉/未/戌未/子/酉	
			여 ?	?	甲/甲乙辛/丙	申酉/未/戌未/子/酉	

이 날 태어난 사람의 선천운 특기 사항

* **건강운** : 평소에는 장기간 건강하다가 어느날 갑작스레 병에 걸리거나 다치는 경우가 있음. 위장, 피부명, 타박상 등.

* **부부운** : 불행한 가정을 가질 우려가 높음. 남자는 의처증 환자가 되기 쉽고, 여자는 폭력이 심한 남자를 만날 우려가 있다.

* **남** : 계획성이 부족한 기분파. 금전문제로 고생할 위험률이 높다. 이성문제를 조심해야 함.

   ▼ 이 남자는 자기 사주에 戊나 辰戌이 없을수록 좋다.

* **여** : 부드러움이 모자라는 것이 흠. 세상일에 밝고, 금전감각이 뛰어나 직업여성으로 성공할 성격.

   ▲ 이 여자는 자기 사주에 庚이나 申이 없을수록 좋다.

   * 일단 상호간에 동순공망 관계이면 친구, 직장 동료, 사업상의 동업자로는 열 명 다 좋다고 보아야 하지만, 부부 궁합을 볼 때에는 卯일생에 한하여 상대방 생일지지, 즉 일지(日支)에 酉나 子가 없는 것이 좋음.

   * 그러므로 己卯일생은 동순공망 열 명 중에서 甲戌, 乙亥, 丁丑, 戊寅, 己卯, 庚辰, 辛巳, 壬午, 癸未일생 등 9명만 좋게 보아야 함.

   * 특히 甲戌일생과는 유난히도 사이가 좋을 가능성이 높음.

태어난 달에 따른 차이점

* **寅월생**……이 달에 태어난 기묘일생 중에서,
   ▽ 남자는 午월, 戌월의 己, 丙일에 태어난 여자가 가장 좋고, 申월의 子일에 태어난 여자가 가장 나쁘다.
   △ 여자는 午월, 戌월의 己, 丙일에 태어난 남자가 가장 좋고, 申월의 子일에 태어난 남자가 가장 나쁘다.

* **卯월생**……이 달에 태어난 기묘일생 중에서,
   ▽ 남자는 亥월, 未월의 己, 丙일에 태어난 여자가 가장 좋고, 酉월의 子일에 태어난 여자가 가장 나쁘다.
   △ 여자는 亥월, 未월의 己, 丙일에 태어난 남자가 가장 좋고, 酉월의 子일에 태어난 남자가 가장 나쁘다.

* **辰월생**……이 달에 태어난 기묘일생 중에서,

▽ 남자는 申월, 子월의 壬, 癸일에 태어난 여자가 가장 좋고, 戌월의 子일에 태어난 여자가 가장 나쁘다.

△ 여자는 申월, 子월의 甲, 乙일에 태어난 남자가 가장 좋고, 戌월의 子일에 태어난 남자가 가장 나쁘다.

▼ 辰월 己일생 남자는 어떤 여자를 만나서 살든, 아내와의 관계가 그다지 좋지 않을 수 있으므로 다른 사람에 비하여 침착, 절제, 겸손, 희생, 노력이 필요함.

* **巳월생**……이 달에 태어난 기묘일생 중에서,

▽ 남자는 酉월, 丑월의 壬, 癸일에 태어난 여자가 가장 좋고, 亥월의 子일에 태어난 여자가 가장 나쁘다.

△ 여자는 酉월, 丑월의 甲, 乙일에 태어난 남자가 가장 좋고, 亥월의 子일에 태어난 남자가 가장 나쁘다.

* **수월생**…… 이 달에 태어난 기묘일생 중에서,

▽ 남자는 寅월, 戌월의 壬, 癸일에 태어난 여자가 가장 좋고, 子월의 子일에 태어난 여자가 가장 나쁘다.

△ 여자는 寅월, 戌월의 甲, 乙일에 태어난 남자가 가장 좋고, 子월의 子일에 태어난 남자가 가장 나쁘다.

* **未월생**……이 달에 태어난 기묘일생 중에서,

▽ 남자는 亥월, 卯월의 壬, 癸일에 태어난 여자가 가장 좋고, 丑월의 子일에 태어난 여자가 가장 나쁘다.

△ 여자는 亥월, 卯월의 甲, 乙일에 태어난 남자가 가장 좋고, 丑월의 子일에 태어난 남자가 가장 나쁘다.

* **申월생**……이 달에 태어난 기묘일생 중에서,

▽ 남자는 子월, 辰월의 己, 丙일에 태어난 여자가 가장 좋고, 寅월의 子일에 태어난 여자가 가장 나쁘다.

△ 여자는 子월, 辰월의 己, 丙일에 태어난 남자가 가장 좋고, 寅월의 子일에 태어난 남자가 가장 나쁘다.

▲ 申월 己일생 여자는 어떤 남자를 만나서 살든, 남편과의 관계가 그다지 좋지 않을 수 있으므로 다른 사람에 비하여 침착, 절제, 겸손, 희생, 노력이 필요함.

* **酉월생**……이 달에 태어난 기묘일생 중에서,

▽ 남자는 巳월, 丑월의 己, 丙일에 태어난 여자가 가장 좋고, 卯월의 子일
에 태어난 여자가 가장 나쁘다.

△ 여자는 巳월, 丑월의 己, 丙일에 태어난 남자가 가장 좋고, 卯월의 子일
에 태어난 남자가 가장 나쁘다.

♠ 酉월 己卯일생 남녀는 배우자와의 생이별, 과부 홀아비 운이 다른 사람
에 비하여 높음.

* **戌월생**……이 달에 태어난 기묘일생 중에서,

▽ 남자는 寅월, 午월의 壬, 癸일에 태어난 여자가 가장 좋고, 辰월의 子일
에 태어난 여자가 가장 나쁘다.

△ 여자는 巳월, 丑월의 甲, 乙일에 태어난 남자가 가장 좋고, 辰월의 子일
에 태어난 남자가 가장 나쁘다.

♥ 戌월 己卯일생 남녀는 노처녀 노총각이 되는 경우가 적지 않음.

▼ 戌월 己일생 남자는 어떤 여자를 만나서 살든, 아내와의 관계가 그다지
좋지 않을 수 있으므로 다른 사람에 비하여 침착, 절제, 겸손, 희생, 노
력이 필요함.

* **亥월생**……이 달에 태어난 기묘일생 중에서,

▽ 남자는 卯월, 未월의 己, 丙일에 태어난 여자가 가장 좋고, 巳월의 子일
에 태어난 여자가 가장 나쁘다.

△ 여자는 卯월, 未월의 己, 丙일에 태어난 남자가 가장 좋고, 巳월의 子일
에 태어난 남자가 가장 나쁘다.

* **子월생**……이 달에 태어난 기묘일생 중에서,

▽ 남자는 申월, 辰월의 己, 丙일에 태어난 여자가 가장 좋고, 午월의 子일
에 태어난 여자가 가장 나쁘다.

△ 여자는 申월, 辰월의 己, 丙일에 태어난 남자가 가장 좋고, 午월의 子일
에 태어난 남자가 가장 나쁘다.

* **丑월생**……이 달에 태어난 기묘일생 중에서,

▽ 남자는 巳월, 酉월의 壬, 癸일에 태어난 여자가 가장 좋고, 未월의 子일
에 태어난 여자가 가장 나쁘다.

△ 여자는 巳월, 酉월의 甲, 乙일에 태어난 남자가 가장 좋고, 未월의 子일
에 태어난 남자가 가장 나쁘다.

17. 庚辰일생

생월을 참작하여 판단한다면

【선천운 범례】 ◎ : 대길(大吉), ○ : 중길, △ : 소길, ? : 애매함

양력월 (생월지)	선천운(숙명) (선택 여지가 적은 기본적 운세)				후 천 운(개척) (연애·결혼 상대 선택(궁합)시 참고해야 할 사항)		참고
	건강운	경제운	출세운	애정운	상대방 일간(월간)에 있으면 좋은 천간	상대방 월지(일지)에 있으면 나쁜 지지	
2(寅)	?	◎	남 ○	◎	乙/庚己/戊	申酉/申/巳申/辰/戌	
			여 ○	○	乙/庚己/戊	申酉/申/巳申/辰/戌	
3(卯)	?	◎	남 ○	◎	乙/庚己/丁	申酉/酉/子/辰/戌	
			여 ○	○	乙/庚己/丁	申酉/酉/子/辰/戌	
4(辰)	◎	△	남 ?	△	乙/乙甲壬/甲	申酉/戌/辰/辰/戌	
			여 ○	?	乙/丁丙壬/甲	申酉/戌/辰/辰/戌	
5(巳)	?	?	남 ◎	?	乙/庚己/壬	申酉/亥/寅申/辰/戌	
			여 ◎	◎	乙/庚己/壬	申酉/亥/寅申/辰/戌	
6(午)	?	?	남 ◎	?	乙/庚己/壬	申酉/子/午/辰/戌	
			여 ◎	◎	乙/庚己/壬	申酉/子/午/辰/戌	
7(未)	◎	△	남 ○	○	乙/乙甲壬/丁	申酉/丑/丑戌/辰/戌	
			여 ◎	○	乙/丁丙壬/丁	申酉/丑/丑戌/辰/戌	
8(申)	△	?	남 ?	?	乙/乙甲壬/丁	申酉/寅/寅巳/辰/戌	
			여 ?	?	乙/丁丙壬/丁	申酉/寅/寅巳/辰/戌	
9(酉)	△	?	남 ?	?	乙/乙甲壬/丁	申酉/卯/酉/辰/戌	▼酉
			여 ?	?	乙/丁丙壬/丁	申酉/卯/酉/辰/戌	
10(戌)	◎	○	남 △	○	乙/乙甲壬/甲	申酉/辰/丑未/辰/戌	
			여 △	△	乙/丁丙壬/甲	申酉/辰/丑未/辰/戌	
11(亥)	?	○	남 ?	○	乙/庚己/丁	申酉/巳/亥/辰/戌	
			여 ?	?	乙/庚己/丁	申酉/巳/亥/辰/戌	
12(子)	?	○	남 ?	○	乙/庚己/丁	申酉/午/卯/辰/戌	▲子
			여 ?	?	乙/庚己/丁	申酉/午/卯/辰/戌	
다음해 1월(丑)	○	△	남 △	?	乙/乙甲壬/丙	申酉/未/戌未/辰/戌	
			여 △	△	乙/丁丙壬/丙	申酉/未/戌未/辰/戌	

이 날 태어난 사람의 선천운 특기 사항

* **건강운** : 신경성 질환이나 위장병에 걸리는 수가 많다. 여성은 중년기 이후에 심한 우울증에 시달리는 수가 있다.
* **부부운** : 남자는 평균 이상의 가정을 가지게 되지만, 여자는 이혼이나 별거, 또는 청춘 과부인 경우가 많다.
* **남** : 성실해도 인간관계가 원만치 못하여 손해볼 때가 있음. 감정에 좌우될 필요없는 직업을 가져야.

  ▼ 이 남자는 자기 사주에 辛이나 酉가 없을수록 좋다.
* **여** : 사람 사귀기를 꺼리는 성격이라 고독한 편. 남의 말에 과민하므로 혼자서 하는 직업이 좋음.

  ▲ 이 여자는 자기 사주에 癸나 子가 없을수록 좋다.
  * 일단 상호간에 동순공망 관계이면 친구, 직장 동료, 사업상의 동업자로는 열 명 다 좋다고 보아야 하지만, 부부 궁합을 볼 때에는 辰일생에 한하여 상대방 생일지지, 즉 일지(日支)에 戌이나 辰이 없는 것이 좋음.
  * 그러므로 庚辰일생은 동순공망 열 명 중에서 乙亥, 丙子, 丁丑, 戊寅, 己卯, 辛巳, 壬午, 癸未일생 등 8명만 좋게 보아야 함.
  * 특히 乙亥일생과는 유난히도 사이가 좋을 가능성이 높음.

태어난 달에 따른 차이점

* **寅월생**……이 달에 태어난 경진일생 중에서,
  ▽ 남자는 午월, 戌월의 庚, 己일에 태어난 여자가 가장 좋고, 申월의 辰일에 태어난 여자가 가장 나쁘다.
  △ 여자는 午월, 戌월의 庚, 己일에 태어난 남자가 가장 좋고, 申월의 辰일에 태어난 남자가 가장 나쁘다.
* **卯월생**……이 달에 태어난 경진일생 중에서,
  ▽ 남자는 亥월, 未월의 庚, 己일에 태어난 여자가 가장 좋고, 酉월의 辰일에 태어난 여자가 가장 나쁘다.
  △ 여자는 亥월, 未월의 庚, 己일에 태어난 남자가 가장 좋고, 酉월의 辰일에 태어난 남자가 가장 나쁘다.
* **辰월생**……이 달에 태어난 경진일생 중에서,

▽ 남자는 申월, 子월의 乙, 甲일에 태어난 여자가 가장 좋고, 戌월의 辰일
  에 태어난 여자가 가장 나쁘다.

△ 여자는 申월, 子월의 丁, 丙일에 태어난 남자가 가장 좋고, 戌월의 辰일
  에 태어난 남자가 가장 나쁘다.

* **巳월생**……이 달에 태어난 경진일생 중에서,

▽ 남자는 酉월, 丑월의 庚, 己일에 태어난 여자가 가장 좋고, 亥월의 辰일
  에 태어난 여자가 가장 나쁘다.

△ 여자는 酉월, 丑월의 庚, 己일에 태어난 남자가 가장 좋고, 亥월의 辰일
  에 태어난 남자가 가장 나쁘다.

* **午월생**…… 이 달에 태어난 경진일생 중에서,

▽ 남자는 寅월, 戌월의 庚, 己일에 태어난 여자가 가장 좋고, 子월의 辰일
  에 태어난 여자가 가장 나쁘다.

△ 여자는 寅월, 戌월의 庚, 己일에 태어난 남자가 가장 좋고, 子월의 辰일
  에 태어난 남자가 가장 나쁘다.

* **未월생**……이 달에 태어난 경진일생 중에서,

▽ 남자는 亥월, 卯월의 乙, 甲일에 태어난 여자가 가장 좋고, 丑월의 辰일
  에 태어난 여자가 가장 나쁘다.

△ 여자는 亥월, 卯월의 丁, 丙일에 태어난 남자가 가장 좋고, 丑월의 辰일
  에 태어난 남자가 가장 나쁘다.

* **申월생**……이 달에 태어난 경진일생 중에서,

▽ 남자는 子월, 辰월의 乙, 甲일에 태어난 여자가 가장 좋고, 寅월의 辰일
  에 태어난 여자가 가장 나쁘다.

△ 여자는 子월, 辰월의 丁, 丙일에 태어난 남자가 가장 좋고, 寅월의 辰일
  에 태어난 남자가 가장 나쁘다.

* **酉월생**……이 달에 태어난 경진일생 중에서,

▽ 남자는 巳월, 丑월의 乙, 甲일에 태어난 여자가 가장 좋고, 卯월의 辰일
  에 태어난 여자가 가장 나쁘다.

△ 여자는 巳월, 丑월의 丁, 丙일에 태어난 남자가 가장 좋고, 卯월의 辰일
  에 태어난 남자가 가장 나쁘다.

♥ 酉월 庚辰일생 남녀는 노처녀 노총각이 되는 경우가 적지 않음.

▼ 酉월 庚일생 남자는 어떤 여자를 만나서 살든, 아내와의 관계가 그다지

　좋지 않을 수 있으므로 다른 사람에 비하여 침착, 절제, 겸손, 희생, 노력이 필요함.

* **戌월생**……이 달에 태어난 경진일생 중에서,

　▽ 남자는 寅월, 午월의 乙, 甲일에 태어난 여자가 가장 좋고, 辰월의 辰일에 태어난 여자가 가장 나쁘다.

　△ 여자는 巳월, 丑월의 丁, 丙일에 태어난 남자가 가장 좋고, 辰월의 辰일에 태어난 남자가 가장 나쁘다.

　♠ 戌월 庚辰일생 남녀는 배우자와의 생이별, 과부 홀아비 운이 다른 사람에 비하여 높음.

* **亥월생**……이 달에 태어난 경진일생 중에서,

　▽ 남자는 卯월, 未월의 庚, 己일에 태어난 여자가 가장 좋고, 巳월의 辰일에 태어난 여자가 가장 나쁘다.

　△ 여자는 卯월, 未월의 庚, 己일에 태어난 남자가 가장 좋고, 巳월의 辰일에 태어난 남자가 가장 나쁘다.

* **子월생**……이 달에 태어난 경진일생 중에서,

　▽ 남자는 申월, 辰월의 庚, 己일에 태어난 여자가 가장 좋고, 午월의 辰일에 태어난 여자가 가장 나쁘다.

　△ 여자는 申월, 辰월의 庚, 己일에 태어난 남자가 가장 좋고, 午월의 辰일에 태어난 남자가 가장 나쁘다.

　▲ 子월 庚일생 여자는 어떤 남자를 만나서 살든, 남편과의 관계가 그다지 좋지 않을 수 있으므로 다른 사람에 비하여 침착, 절제, 겸손, 희생, 노력이 필요함.

* **丑월생**……이 달에 태어난 경진일생 중에서,

　▽ 남자는 巳월, 酉월의 乙, 甲일에 태어난 여자가 가장 좋고, 未월의 辰일에 태어난 여자가 가장 나쁘다.

　△ 여자는 巳월, 酉월의 丁, 丙일에 태어난 남자가 가장 좋고, 未월의 辰일에 태어난 남자가 가장 나쁘다.

18. 辛巳일생

생월을 참작하여 판단한다면

【선천운 범례】 ◎ : 대길(大吉), ○ : 중길, △ : 소길, ? : 애매함

양력월 (생월지)	선천운(숙명) (선택 여지가 적은 기본적 운세)				후 천 운(개척) (연애·결혼 상대 선택(궁합)시 참고해야 할 사항)		참고
	건강운	경제운	출세운	애정운	상대방 일간(월간)에 있으면 좋은 천간	상대방 월지(일지)에 있으면 나쁜 지지	
2(寅)	?	◎	남 ?	○	丙/辛戊/己	申酉/申/巳申/寅申/亥	
			여 ?	△	丙/辛戊/己	申酉/申/巳申/寅申/亥	
3(卯)	?	◎	남 ?	○	丙/辛戊/壬	申酉/酉/子/寅申/亥	
			여 ?	△	丙/辛戊/壬	申酉/酉/子/寅申/亥	
4(辰)	◎	△	남 ○	△	丙/甲乙癸/壬	申酉/戌/辰/寅申/亥	
			여 ○	◎	丙/丙丁癸/壬	申酉/戌/辰/寅申/亥	
5(巳)	?	?	남 ◎	◎	丙/辛戊/壬	申酉/亥/寅申/寅申/亥	●
			여 ◎	○	丙/辛戊/壬	申酉/亥/寅申/寅申/亥	
6(午)	?	?	남 ◎	◎	丙/辛戊/壬	申酉/子/午/寅申/亥	●
			여 ◎	○	丙/辛戊/壬	申酉/子/午/寅申/亥	
7(未)	◎	△	남 ◎	△	丙/甲乙癸/壬	申酉/丑/丑戌/寅申/亥	
			여 ○	○	丙/丙丁癸/壬	申酉/丑/丑戌/寅申/亥	
8(申)	△	?	남 △	?	丙/甲乙癸/壬	申酉/寅/寅巳/寅申/亥	▼申
			여 △	?	丙/丙丁癸/壬	申酉/寅/寅巳/寅申/亥	
9(酉)	△	?	남 △	?	丙/甲乙癸/壬	申酉/卯/酉/寅申/亥	
			여 △	?	丙/丙丁癸/壬	申酉/卯/酉/寅申/亥	
10(戌)	◎	△	남 ○	△	丙/甲乙癸/壬	申酉/辰/丑未/寅申/亥	
			여 ○	◎	丙/丙丁癸/壬	申酉/辰/丑未/寅申/亥	
11(亥)	?	○	남 ?	?	丙/辛戊/壬	申酉/巳/亥/寅申/亥	▲亥
			여 ?	?	丙/辛戊/壬	申酉/巳/亥/寅申/亥	
12(子)	?	○	남 ?	?	丙/辛戊/丙	申酉/午/卯/寅申/亥	
			여 ?	?	丙/辛戊/丙	申酉/午/卯/寅申/亥	
다음해 1월(丑)	○	△	남 ○	△	丙/甲乙癸/丙	申酉/未/戌未/寅申/亥	
			여 ○	○	丙/丙丁癸/丙	申酉/未/戌未/寅申/亥	

이 날 태어난 사람의 선천운 특기 사항

* **건강운** : 대장이 나쁘거나 맹장, 치질에 걸리기 쉽다. 교통 사고를 당하는 수가 다른 날 태어난 사람보다 많다.(丙, 丁, 巳, 午가 많으면 뇌질환 요주의)

* **부부운** : 행복한 가정을 이루는 경우가 많다. 여자가 특히 그렇다.

* **남** : 좋은 인상을 주는가 하면 나쁜 인상도 주는 특이한 성격. 이해득실에 민감하고 독선적임.

  ▼ 이 남자는 자기 사주에 庚이나 申이 없을수록 좋다.

* **여** : 겉으로는 꾸밈이 없는 깔끔한 성품이지만, 독선적인 면이 있다. 남편을 다루는 솜씨 탁월.

  ▲ 이 여자는 자기 사주에 壬이나 亥가 없을수록 좋다.

  * 일단 상호간에 동순공망 관계이면 친구, 직장 동료, 사업상의 동업자로는 열 명 다 좋다고 보아야 하지만, 부부 궁합을 볼 때에는 巳일생에 한하여 상대방 생일지지, 즉 일지(日支)에 亥나 寅, 申이 없는 것이 좋음.

  * 그러므로 辛巳일생은 동순공망 열 명 중에서 甲戌, 丙子, 丁丑, 己卯, 庚辰, 辛巳, 壬午, 癸未일생 등 8명만 좋게 보아야 함.

  * 특히 丙子일생과는 유난히도 사이가 좋을 가능성이 높음.

태어난 달에 따른 차이점

* **寅월생**……이 달에 태어난 신사일생 중에서
  ▽ 남자는 午월, 戌월의 辛, 戊일에 태어난 여자가 가장 좋고, 申월의 寅, 申일에 태어난 여자가 가장 나쁘다.
  △ 여자는 午월, 戌월의 辛, 戊일에 태어난 남자가 가장 좋고, 申월의 寅, 申일에 태어난 남자가 가장 나쁘다.

* **卯월생**……이 달에 태어난 신사일생 중에서,
  ▽ 남자는 亥월, 未월의 辛, 戊일에 태어난 여자가 가장 좋고, 酉월의 寅, 申일에 태어난 여자가 가장 나쁘다.
  △ 여자는 亥월, 未월의 辛, 戊일에 태어난 남자가 가장 좋고, 酉월의 寅, 申일에 태어난 남자가 가장 나쁘다.

* **辰월생**……이 달에 태어난 신사일생 중에서,

▽ 남자는 申월, 子월의 甲, 乙일에 태어난 여자가 가장 좋고, 戌월의 寅, 申일에 태어난 여자가 가장 나쁘다.

△ 여자는 申월, 子월의 丙, 丁일에 태어난 남자가 가장 좋고, 戌월의 寅, 申일에 태어난 남자가 가장 나쁘다.

* **巳월생**……이 달에 태어난 신사일생 중에서,

▽ 남자는 酉월, 丑월의 辛, 戊일에 태어난 여자가 가장 좋고, 亥월의 寅, 申일에 태어난 여자가 가장 나쁘다.

△ 여자는 酉월, 丑월의 辛, 戊일에 태어난 남자가 가장 좋고, 亥월의 寅, 申일에 태어난 남자가 가장 나쁘다.

* **午월생**…… 이 달에 태어난 신사일생 중에서,

▽ 남자는 寅월, 戌월의 辛, 戊일에 태어난 여자가 가장 좋고, 子월의 寅, 申일에 태어난 여자가 가장 나쁘다.

△ 여자는 寅월, 戌월의 辛, 戊일에 태어난 남자가 가장 좋고, 子월의 寅, 申일에 태어난 남자가 가장 나쁘다.

* **未월생**……이 달에 태어난 신사일생 중에서,

▽ 남자는 亥월, 卯월의 甲, 乙일에 태어난 여자가 가장 좋고, 丑월의 寅, 申일에 태어난 여자가 가장 나쁘다.

△ 여자는 亥월, 卯월의 丙, 丁일에 태어난 남자가 가장 좋고, 丑월의 寅, 申일에 태어난 남자가 가장 나쁘다.

* **申월생**……이 달에 태어난 신사일생 중에서,

▽ 남자는 子월, 辰월의 甲, 乙일에 태어난 여자가 가장 좋고, 寅월의 寅, 申일에 태어난 여자가 가장 나쁘다.

△ 여자는 子월, 辰월의 丙, 丁일에 태어난 남자가 가장 좋고, 寅월의 寅, 申일에 태어난 남자가 가장 나쁘다.

♥ 申월 辛巳일생 남녀는 노처녀 노총각이 되는 경우가 적지 않음.

▼ 申월 辛일생 남자는 어떤 여자를 만나서 살든, 아내와의 관계가 그다지 좋지 않을 수 있으므로 다른 사람에 비하여 침착, 절제, 겸손, 희생, 노력이 필요함.

* **酉월생**……이 달에 태어난 신사일생 중에서,

▽ 남자는 巳월, 丑월의 甲, 乙일에 태어난 여자가 가장 좋고, 卯월의 寅, 申일에 태어난 여자가 가장 나쁘다.

△ 여자는 巳월, 丑월의 丙, 丁일에 태어난 남자가 가장 좋고, 卯월의 寅, 申일에 태어난 남자가 가장 나쁘다.

* **戌월생**……이 달에 태어난 신사일생 중에서,

▽ 남자는 寅월, 午월의 甲, 乙일에 태어난 여자가 가장 좋고, 辰월의 寅, 申일에 태어난 여자가 가장 나쁘다.

△ 여자는 巳월, 丑월의 丙, 丁일에 태어난 남자가 가장 좋고, 辰월의 寅, 申일에 태어난 남자가 가장 나쁘다.

* **亥월생**……이 달에 태어난 신사일생 중에서,

▽ 남자는 卯월, 未월의 辛, 戊일에 태어난 여자가 가장 좋고, 巳월의 寅, 申일에 태어난 여자가 가장 나쁘다.

△ 여자는 卯월, 未월의 辛, 戊일에 태어난 남자가 가장 좋고, 巳월의 寅, 申일에 태어난 남자가 가장 나쁘다.

♠ 亥월 辛巳일생 남녀는 배우자와의 생이별, 과부 홀아비 운이 다른 사람에 비하여 높음.

▲ 亥월 辛일생 여자는 어떤 남자를 만나서 살든, 남편과의 관계가 그다지 좋지 않을 수 있으므로 다른 사람에 비하여 침착, 절제, 겸손, 희생, 노력이 필요함.

* **子월생**……이 달에 태어난 신사일생 중에서,

▽ 남자는 申월, 辰월의 辛, 戊일에 태어난 여자가 가장 좋고, 午월의 寅, 申일에 태어난 여자가 가장 나쁘다.

△ 여자는 申월, 辰월의 辛, 戊일에 태어난 남자가 가장 좋고, 午월의 寅, 申일에 태어난 남자가 가장 나쁘다.

* **丑월생**……이 달에 태어난 신사일생 중에서,

▽ 남자는 巳월, 酉월의 甲, 乙일에 태어난 여자가 가장 좋고, 未월의 寅, 申일에 태어난 여자가 가장 나쁘다.

△ 여자는 巳월, 酉월의 丙, 丁일에 태어난 남자가 가장 좋고, 未월의 寅, 申일에 태어난 남자가 가장 나쁘다.

19. 壬午일생

생월을 참작하여 판단한다면

【선천운 범례】 ◎ : 대길(大吉),   ○ : 중길,   △ : 소길,   ? : 애매함

양력월 (생월지)	선천운(숙명) (선택 여지가 적은 기본적 운세)				후 천 운(개척) (연애·결혼 상대 선택(궁합)시 참고해야 할 사항)		참고
	건강운	경제운	출세운	애정운	상대방 일간(월간)에 있으면 좋은 천간	상대방 월지(일지)에 있으면 나쁜 지지	
2(寅)	?	○	남 ?	○	丁/壬辛/庚	申酉/申/巳申/午/子	
			여 ?	?	丁/壬辛/庚	申酉/申/巳申/午/子	
3(卯)	?	○	남 ?	○	丁/壬辛/戊	申酉/酉/子/午/子	▲卯
			여 ?	?	丁/壬辛/戊	申酉/酉/子/午/子	
4(辰)	?	△	남 ◎	△	丁/壬辛/甲	申酉/戌/辰/午/子	
			여 ◎	◎	丁/壬辛/甲	申酉/戌/辰/午/子	
5(巳)	△	◎	남 ○	◎	丁/壬辛/壬	申酉/亥/寅申/午/子	
			여 ○	○	丁/壬辛/壬	申酉/亥/寅申/午/子	
6(午)	△	◎	남 ○	◎	丁/壬辛/癸	申酉/子/午/午/子	
			여 ○	○	丁/壬辛/癸	申酉/子/午/午/子	
7(未)	?	△	남 ◎	○	丁/壬辛/辛	申酉/丑/丑戌/午/子	
			여 ◎	◎	丁/壬辛/辛	申酉/丑/丑戌/午/子	
8(申)	◎	?	남 △	?	丁/丁丙甲/戊	申酉/寅/寅巳/午/子	
			여 △	?	丁/己戊甲/戊	申酉/寅/寅巳/午/子	
9(酉)	◎	?	남 △	?	丁/丁丙甲/甲	申酉/卯/酉/午/子	
			여 △	?	丁/己戊甲/甲	申酉/卯/酉/午/子	
10(戌)	?	△	남 ◎	△	丁/丁丙甲/甲	申酉/辰/丑未/午/子	
			여 ◎	◎	丁/己戊甲/甲	申酉/辰/丑未/午/子	
11(亥)	○	?	남 ?	?	丁/丁丙甲/戊	申酉/巳/亥/午/子	
			여 ?	△	丁/己戊甲/戊	申酉/巳/亥/午/子	
12(子)	○	?	남 ?	?	丁/丁丙甲/戊	申酉/午/卯/午/子	▼子
			여 ?	△	丁/己戊甲/戊	申酉/午/卯/午/子	
다음해 1월(丑)	?	△	남 △	?	丁/壬辛/丙	申酉/未/戌未/午/子	
			여 △	△	丁/壬辛/丙	申酉/未/戌未/午/子	

이 날 태어난 사람의 선천운 특기 사항

* **건강운** : 신장이 약한 편이고, 시력이나 청력이 나쁜 사람이 비교적 많다. 관절 계통 질환에 걸리는 수도 많다.
* **부부운** : 남자는 바람기는 있으되 착한 아내를 만날 복이 있고, 여성은 훌륭한 남편을 만날 확률이 높다.
* **남** : 사교성과 임기응변은 서투르지만 상상력이 뛰어나 독특한 인생을 창의적으로 개척해 가는 형.

   ▼ 이 남자는 자기 사주에 癸나 子가 없을수록 좋다.

* **여** : 평범한 것은 못 참는 개성파.

   정에 약하여 남녀 관계를 그르칠 때가 있음. 직업여성으로 성공함.

   ▲ 이 여자는 자기 사주에 乙이나 卯가 없을수록 좋다.

   * 이 날 태어난 사람 중에는 말실수로 낭패를 당하거나 오해를 받는 일이 평생 중요한 고비에 몇 번 있는 경우가 있다.
   * 상대방 생일지지, 즉 일지(日支)에 子나 午가 없는 것이 좋음.
   * 그러므로 壬午일생은 동순공망 열 명 중에서 甲戌, 乙亥, 丁丑, 戊寅, 己卯, 庚辰, 辛巳, 癸未일생 등 8명만 좋게 보아야 함.

태어난 달에 따른 차이점

* **寅월생**······이 달에 태어난 임오일생 중에서
   ▽ 남자는 午월, 戌월의 壬, 辛일에 태어난 여자가 가장 좋고, 申월의 午일에 태어난 여자가 가장 나쁘다.
   △ 여자는 午월, 戌월의 壬, 辛일에 태어난 남자가 가장 좋고, 申월의 午일에 태어난 남자가 가장 나쁘다.
   * 寅월 임신일생 남녀는 배우자와의 생이별, 과부 홀아비 운이 다른 사람에 비하여 높음.
* **卯월생**······이 달에 태어난 임오일생 중에서,
   ▽ 남자는 亥월, 未월의 壬, 辛일에 태어난 여자가 가장 좋고, 酉월의 午일에 태어난 여자가 가장 나쁘다.
   △ 여자는 亥월, 未월의 壬, 辛일에 태어난 남자가 가장 좋고, 酉월의 午일에 태어난 남자가 가장 나쁘다.

▲ 卯월 壬일생 여자는 어떤 남자를 만나서 살든, 남편과의 관계가 그다지 좋지 않을 수 있다. 침착, 절제, 겸손, 희생, 노력이 필요함.

* 辰월생……이 달에 태어난 임오일생 중에서,

▽ 남자는 申월, 子월의 壬, 辛일에 태어난 여자가 가장 좋고, 戌월의 午일에 태어난 여자가 가장 나쁘다.

△ 여자는 申월, 子월의 壬, 辛일에 태어난 남자가 가장 좋고, 戌월의 午일에 태어난 남자가 가장 나쁘다.

* 巳월생……이 달에 태어난 임오일생 중에서,

▽ 남자는 酉월, 丑월의 壬, 辛일에 태어난 여자가 가장 좋고, 亥월의 午일에 태어난 여자가 가장 나쁘다.

◆ 이 남자 사주의 다른 기둥에 丙, 丁, 巳, 午 중에서 아무 글자나 하나, 혹은 둘 이상 있으면 여자한테 시달릴 숙명으로 본다.

△ 여자는 酉월, 丑월의 壬, 辛일에 태어난 남자가 가장 좋고, 亥월의 午일에 태어난 남자가 가장 나쁘다

* 巳월 임신일생 남녀는 노처녀 노총각이 되는 경우가 적지 않음.

* 午월생…… 이 달에 태어난 임오일생 중에서,

▽ 남자는 寅월, 戌월의 壬, 辛일에 태어난 여자가 가장 좋고, 子월의 午일에 태어난 여자가 가장 나쁘다.

◆ 이 남자 사주의 다른 기둥에 丙, 丁, 巳, 午 중에서 아무 글자나 하나, 혹은 둘 이상 있으면 여자한테 시달리고, 돈복도 없는 편이다.

△ 여자는 寅월, 戌월의 壬, 辛일에 태어난 남자가 가장 좋고, 子월의 午일에 태어난 남자가 가장 나쁘다.

* 未월생……이 달에 태어난 임오일생 중에서,

▽ 남자는 亥월, 卯월의 壬, 辛일에 태어난 여자가 가장 좋고, 丑월의 午일에 태어난 여자가 가장 나쁘다.

△ 여자는 亥월, 卯월의 壬, 辛일에 태어난 남자가 가장 좋고, 丑월의 午일에 태어난 남자가 가장 나쁘다.

♥ 未월 壬午일생 남녀는 노처녀 노총각이 되는 경우가 적지 않음.

* 申월생……이 달에 태어난 임오일생 중에서,

▽ 남자는 子월, 辰월의 丁, 丙일에 태어난 여자가 가장 좋고, 寅월의 午일에 태어난 여자가 가장 나쁘다.

△ 여자는 子월, 辰월의 己, 戊일에 태어난 남자가 가장 좋고, 寅월의 午일
에 태어난 남자가 가장 나쁘다.

* **酉월생**……이 달에 태어난 임오일생 중에서,
▽ 남자는 巳월, 丑월의 丁, 丙일에 태어난 여자가 가장 좋고, 卯월의 午일
에 태어난 여자가 가장 나쁘다.
△ 여자는 巳월, 丑월의 己, 戊일에 태어난 남자가 가장 좋고, 卯월의 午일
에 태어난 남자가 가장 나쁘다.

* **戌월생**……이 달에 태어난 임오일생 중에서,
▽ 남자는 寅월, 午월의 丁, 丙일에 태어난 여자가 가장 좋고, 辰월의 午일
에 태어난 여자가 가장 나쁘다.
△ 여자는 巳월, 丑월의 己, 戊일에 태어난 남자가 가장 좋고, 辰월의 午일
에 태어난 남자가 가장 나쁘다.

* **亥월생**……이 달에 태어난 임오일생 중에서,
▽ 남자는 卯월, 未월의 丁, 丙일에 태어난 여자가 가장 좋고, 巳월의 午일
에 태어난 여자가 가장 나쁘다.
△ 여자는 卯월, 未월의 己, 戊일에 태어난 남자가 가장 좋고, 巳월의 午일
에 태어난 남자가 가장 나쁘다.

* **子월생**……이 달에 태어난 임오일생 중에서,
▽ 남자는 申월, 辰월의 丁, 丙일에 태어난 여자가 가장 좋고, 午월의 午일
에 태어난 여자가 가장 나쁘다.
△ 여자는 申월, 辰월의 己, 戊일에 태어난 남자가 가장 좋고, 午월의 午일
에 태어난 남자가 가장 나쁘다.

♠ 子월 壬午일생 남녀는 배우자와의 생이별, 과부 홀아비 운이 다른 사람
에 비하여 높음.

▼ 子월 壬일생 남자는 어떤 여자를 만나서 살든, 아내와의 관계가 그다지
좋지 않을 수 있다. 침착, 절제, 겸손, 희생, 노력이 필요함.

* **丑월생**……이 달에 태어난 임오일생 중에서,
▽ 남자는 巳월, 酉월의 壬, 辛일에 태어난 여자가 가장 좋고, 未월의 午일
에 태어난 여자가 가장 나쁘다.
△ 여자는 巳월, 酉월의 壬, 辛일에 태어난 남자가 가장 좋고, 未월의 午일
에 태어난 남자가 가장 나쁘다.

20. 癸未일생

생월을 참작하여 판단한다면

【선천운 범례】 ◎ : 대길(大吉), ○ : 중길, △ : 소길, ? : 애매함

양력월 (생월지)	선천운(숙명) (선택 여지가 적은 기본적 운세)				후 천 운(개척) (연애·결혼 상대 선택(궁합)시 참고해야 할 사항)		참고
	건강운	경제운	출세운	애정운	상대방 일간(월간)에 있으면 좋은 천간	상대방 월지(일지)에 있으면 나쁜 지지	
2(寅)	?	○	남 ?	○	戊/癸庚/辛	申酉/申/巳申/丑戌/丑	
			여 ?	?	戊/癸庚/辛	申酉/申/巳申/丑戌/丑	
3(卯)	?	○	남 ?	○	戊/癸庚/庚	申酉/酉/子/丑戌/丑	
			여 ?	?	戊/癸庚/庚	申酉/酉/子/丑戌/丑	
4(辰)	?	?	남 ◎	?	戊/癸庚/丙	申酉/戌/辰/丑戌/丑	●
			여 ◎	◎	戊/癸庚/丙	申酉/戌/辰/丑戌/丑	
5(巳)	△	◎	남 ○	◎	戊/癸庚/庚	申酉/亥/寅申/丑戌/丑	
			여 ○	○	戊/癸庚/庚	申酉/亥/寅申/丑戌/丑	
6(午)	△	◎	남 ○	◎	戊/癸庚/庚	申酉/子/午/丑戌/丑	
			여 ○	○	戊/癸庚/庚	申酉/子/午/丑戌/丑	
7(未)	?	?	남 ◎	?	戊/癸庚/庚	申酉/丑/丑戌/丑戌/丑	●
			여 ◎	◎	戊/癸庚/庚	申酉/丑/丑戌/丑戌/丑	
8(申)	◎	△	남 ?	△	戊/丙丁乙/丁	申酉/寅/寅巳/丑戌/丑	
			여 ?	?	戊/戊己乙/丁	申酉/寅/寅巳/丑戌/丑	
9(酉)	◎	△	남 ?	△	戊/丙丁乙/辛	申酉/卯/酉/丑戌/丑	
			여 ?	?	戊/戊己乙/辛	申酉/卯/酉/丑戌/丑	
10(戌)	△	?	남 ◎	?	戊/丙丁乙/辛	申酉/辰/丑未/丑戌/丑	●
			여 ◎	◎	戊/戊己乙/辛	申酉/辰/丑未/丑戌/丑	
11(亥)	○	△	남 △	?	戊/丙丁乙/庚	申酉/巳/亥/丑戌/丑	
			여 △	△	戊/戊己乙/庚	申酉/巳/亥/丑戌/丑	
12(子)	○	△	남 △	?	戊/丙丁乙/丙	申酉/午/卯/丑戌/丑	
			여 △	△	戊/戊己乙/丙	申酉/午/卯/丑戌/丑	
다음해 1월(丑)	△	△	남 △	△	戊/癸庚/丙	申酉/未/戌未/丑戌/丑	●
			여 △		戊/癸庚/丙	申酉/未/戌未/丑戌/丑	

이 날 태어난 사람의 선천운 특기 사항

* **건강운** : 다른 기둥(월주나 시주)이 어떠냐에 따라 아주 건강한 사람 아니면 평생 다병한 사람으로 갈라진다.
* **부부운** : 초혼에 실패하는 남녀가 많다.
남자는 의처증이 심하고 여자는 혼외정사로 이혼할 우려가 높다.
* **남** : 적극성이 부족한 편. 분수를 모르고 지나친 야망을 품을 때가 있음. 예민한 관찰력으로 성공.
  ▼ 이 남자는 자기 사주에 壬이나 亥가 없을수록 좋다.
* **여** : 친절하고 온순하며 정중한 성품. 자기 마음은 내비치지 않고 남의 마음은 잘 통찰하는 편.
  ▲ 이 여자는 자기 사주에 甲이나 寅이 없을수록 좋다.
  * 일단 상호간에 동순공망 관계이면 친구, 직장 동료, 사업상의 동업자로는 열 명 다 좋다고 보아야 하지만, 부부 궁합을 볼 때에는 未일생에 한하여 상대방 생일지지, 즉 일지(日支)에 丑이나 戌이 없는 것이 좋음.
  * 그러므로 癸未일생은 동순공망 열 명 중에서 乙亥, 丙子, 戊寅, 己卯, 庚辰, 辛巳, 壬午, 癸未일생 등 8명만 좋게 보아야 함.
  * 특히 戊寅일생과는 유난히도 사이가 좋을 가능성이 높음.

태어난 달에 따른 차이점

* **寅월생**……이 달에 태어난 계미일생 중에서
  ▽ 남자는 午월, 戌월의 癸, 庚일에 태어난 여자가 가장 좋고, 申월의 丑, 戌일에 태어난 여자가 가장 나쁘다.
  △ 여자는 午월, 戌월의 癸, 庚일에 태어난 남자가 가장 좋고, 申월의 丑, 戌일에 태어난 남자가 가장 나쁘다.
  ▲ 寅월 癸일생 여자는 어떤 남자를 만나서 살든, 남편과의 관계가 그다지 좋지 않을 수 있으므로 다른 사람에 비하여 침착, 절제, 겸손, 희생, 노력이 필요함.
* **卯월생**……이 달에 태어난 계미일생 중에서,
  ▽ 남자는 亥월, 未월의 癸, 庚일에 태어난 여자가 가장 좋고, 酉월의 丑, 戌일에 태어난 여자가 가장 나쁘다.

△ 여자는 亥월, 未월의 癸, 庚일에 태어난 남자가 가장 좋고, 酉월의 丑, 戌일에 태어난 남자가 가장 나쁘다.

* **辰월생**······이 달에 태어난 계미일생 중에서,

▽ 남자는 申월, 子월의 癸, 庚일에 태어난 여자가 가장 좋고, 戌월의 丑, 戌일에 태어난 여자가 가장 나쁘다.

△ 여자는 申월, 子월의 癸, 庚일에 태어난 남자가 가장 좋고, 戌월의 丑, 戌일에 태어난 남자가 가장 나쁘다.

* **巳월생**······이 달에 태어난 계미일생 중에서,

▽ 남자는 酉월, 丑월의 癸, 庚일에 태어난 여자가 가장 좋고, 亥월의 丑, 戌일에 태어난 여자가 가장 나쁘다.

△ 여자는 酉월, 丑월의 癸, 庚일에 태어난 남자가 가장 좋고, 亥월의 丑, 戌일에 태어난 남자가 가장 나쁘다.

* **午월생**······ 이 달에 태어난 계미일생 중에서,

▽ 남자는 寅월, 戌월의 癸, 庚일에 태어난 여자가 가장 좋고, 子월의 丑, 戌일에 태어난 여자가 가장 나쁘다.

△ 여자는 寅월, 戌월의 癸, 庚일에 태어난 남자가 가장 좋고, 子월의 丑, 戌일에 태어난 남자가 가장 나쁘다.

♥ 午월 癸未일생 남녀는 노처녀 노총각이 되는 경우가 적지 않음.

* **未월생**······이 달에 태어난 계미일생 중에서,

▽ 남자는 亥월, 卯월의 癸, 庚일에 태어난 여자가 가장 좋고, 丑월의 丑, 戌일에 태어난 여자가 가장 나쁘다.

△ 여자는 亥월, 卯월의 癸, 庚일에 태어난 남자가 가장 좋고, 丑월의 丑, 戌일에 태어난 남자가 가장 나쁘다.

* **申월생**······이 달에 태어난 계미일생 중에서,

▽ 남자는 子월, 辰월의 丙, 丁일에 태어난 여자가 가장 좋고, 寅월의 丑, 戌일에 태어난 여자가 가장 나쁘다.

△ 여자는 子월, 辰월의 戊, 己일에 태어난 남자가 가장 좋고, 寅월의 丑, 戌일에 태어난 남자가 가장 나쁘다.

* **酉월생**······이 달에 태어난 계미일생 중에서,

▽ 남자는 巳월, 丑월의 丙, 丁일에 태어난 여자가 가장 좋고, 卯월의 丑, 戌일에 태어난 여자가 가장 나쁘다.

△ 여자는 巳월, 丑월의 戊, 己일에 태어난 남자가 가장 좋고, 卯월의 丑, 戌일에 태어난 남자가 가장 나쁘다.

* **戌월생**······이 달에 태어난 계미일생 중에서,

▽ 남자는 寅월, 午월의 丙, 丁일에 태어난 여자가 가장 좋고, 辰월의 丑, 戌일에 태어난 여자가 가장 나쁘다.

△ 여자는 巳월, 丑월의 戊, 己일에 태어난 남자가 가장 좋고, 辰월의 丑, 戌일에 태어난 남자가 가장 나쁘다.

* **亥월생**······이 달에 태어난 계미일생 중에서,

▽ 남자는 卯월, 未월의 丙, 丁일에 태어난 여자가 가장 좋고, 巳월의 丑, 戌일에 태어난 여자가 가장 나쁘다.

△ 여자는 卯월, 未월의 戊, 己일에 태어난 남자가 가장 좋고, 巳월의 丑, 戌일에 태어난 남자가 가장 나쁘다.

▼ 亥월 癸일생 남자는 어떤 여자를 만나서 살든, 아내와의 관계가 그다지 좋지 않을 수 있으므로 다른 사람에 비하여 침착, 절제, 겸손, 희생, 노력이 필요함.

* **子월생**······이 달에 태어난 계미일생 중에서,

▽ 남자는 申월, 辰월의 丙, 丁일에 태어난 여자가 가장 좋고, 午월의 丑, 戌일에 태어난 여자가 가장 나쁘다.

△ 여자는 申월, 辰월의 戊, 己일에 태어난 남자가 가장 좋고, 午월의 丑, 戌일에 태어난 남자가 가장 나쁘다.

* **丑월생**······이 달에 태어난 계미일생 중에서,

▽ 남자는 巳월, 酉월의 癸, 庚일에 태어난 여자가 가장 좋고, 未월의 丑, 戌일에 태어난 여자가 가장 나쁘다.

△ 여자는 巳월, 酉월의 癸, 庚일에 태어난 남자가 가장 좋고, 未월의 丑, 戌일에 태어난 남자가 가장 나쁘다.

♠ 丑월 癸未일생 남녀는 배우자와의 생이별, 과부 홀아비 운이 다른 사람에 비하여 높음.

갑신순(甲申旬) 인생

甲申　乙酉　丙戌　丁亥　戊子
己丑　庚寅　辛卯　壬辰　癸巳

위의 열흘 동안에 태어난 사람들끼리는 똑같이 오(午)와 미(未)가 공망이 되는 동순공망(同旬空亡)의 인생들이다.

이들은 학교 친구나 직장 친구, 교제 대상의 이성, 또는 부부든 간에 서로 마음이 통하여 사이좋게 지낼 수 있는 운명을 타고난 동질성 그룹이라 볼 수 있다. 중요시하여야 할 궁합 판단 기준이다.

단, 이들 열 명끼리의 조합에서 개인별 생일에 따라 한 명 내지 세 명 정도가 예외가 될 수 있다.
 * 각자의 생일 해설란에 정리되어 있음.

21. 甲申일생

생월을 참작하여 판단한다면

【선천운 범례】 ◎ : 대길(大吉), ○ : 중길, △ : 소길, ? : 애매함

양력월 (생월지)	선천운(숙명) (선택 여지가 적은 기본적 운세)				후천운(개척) (연애·결혼 상대 선택(궁합)시 참고해야 할 사항)		참고
	건강운	경제운	출세운 (남/여)	애정운	상대방 일간(월간)에 있으면 좋은 천간	상대방 월지(일지)에 있으면 나쁜 지지	
2(寅)	○	?	남 ?	?	己/己戊丙/丙	午未/申/巳申/寅巳/寅	
			여 ?	?	己/辛庚丙/丙	午未/申/巳申/寅巳/寅	
3(卯)	○	?	남 ?	?	己/己戊丙/庚	午未/酉/子/寅巳/寅	▼卯
			여 ?	?	己/辛庚丙/庚	午未/酉/子/寅巳/寅	
4(辰)	△	◎	남 ○	◎	己/甲癸/庚	午未/戌/辰/寅巳/寅	
			여 ○	○	己/甲癸/庚	午未/戌/辰/寅巳/寅	
5(巳)	?	○	남 ?	○	己/甲癸/癸	午未/亥/寅申/寅巳/寅	
			여 ?	?	己/甲癸/癸	午未/亥/寅申/寅巳/寅	
6(午)	?	○	남 ?	○	己/甲癸/癸	午未/子/午/寅巳/寅	▲午
			여 ?	?	己/甲癸/癸	午未/子/午/寅巳/寅	
7(未)	△	◎	남 ○	◎	己/甲癸/癸	午未/丑/丑戌/寅巳/寅	
			여 ○	○	己/甲癸/癸	午未/丑/丑戌/寅巳/寅	
8(申)	?	?	남 ◎	?	己/甲癸/庚	午未/寅/寅巳/寅巳/寅	●
			여 ◎	◎	己/甲癸/庚	午未/寅/寅巳/寅巳/寅	
9(酉)	?	?	남 ◎	?	己/甲癸/庚	午未/卯/酉/寅巳/寅	●
			여 ◎	○	己/甲癸/庚	午未/卯/酉/寅巳/寅	
10(戌)	△	△	남 ○	◎	己/甲癸/庚	午未/辰/丑未/寅巳/寅	
			여 ○	○	己/甲癸/庚	午未/辰/丑未/寅巳/寅	
11(亥)	◎	△	남 △	△	己/己戊丙/庚	午未/巳/亥/寅巳/寅	
			여 △	△	己/辛庚丙/庚	午未/巳/亥/寅巳/寅	
12(子)	◎	△	남 △	△	己/己戊丙/丁	午未/午/卯/寅巳/寅	
			여 △	△	己/辛庚丙/丁	午未/午/卯/寅巳/寅	
다음해 1월(丑)	△	?	남 ○	△	己/己戊丙/丁	午未/未/戌未/寅巳/寅	
			여 ○	○	己/辛庚丙/丁	午未/未/戌未/寅巳/寅	

이 날 태어난 사람의 선천운 특기 사항

* **건강운** : 과음으로 인한 간장 질환, 또는 치질에 걸리는 사람이 많다. 丙, 丁, 巳, 午가 사주에 전혀 없으면 사고로 몸을 크게 다칠 우려가 있음.
* **부부운** : 싸울 때가 많은 부부. 남자는 병약한 아내를 만나는 수가 있고, 여자는 독신자가 되는 경우가 많음.
* **남** : 직감력과 상상력이 날카롭고 처세를 잘하는 편. 그러나 결단력과 실행력 부족. 예술가 기질.
  ▼ 이 남자는 자기 사주에 乙이나 卯가 없을수록 좋다.
* **여** : 성격이 너무 원만하여 남한테 피해를 잘 봄. 인색하면서도 낭비를 잘하는 직업 여성형.
  ▲ 이 여자는 자기 사주에 丁이나 午가 없을수록 좋다.
  * 일단 상호간에 동순공망 관계이면 친구, 직장 동료, 사업상의 동업자로는 열 명 다 좋다고 보아야 하지만, 부부 궁합을 볼 때에는 申일생에 한하여 상대방 생일지지, 즉 일지(日支)에 寅이나 巳가 없는 것이 좋음.
  * 그러므로 甲申일생은 동순공망 열 명 중에서 甲申, 乙酉, 丙戌, 丁亥, 戊子, 己丑, 辛卯, 壬辰일생 등 8명만 좋게 보아야 함.
  * 특히 己丑일생과는 유난히도 사이가 좋을 가능성이 높음.

태어난 달에 따른 차이점

* **寅월생**……이 달에 태어난 갑신일생 중에서,
  ▽ 남자는 午월, 戌월의 己, 戊일에 태어난 여자가 가장 좋고, 申월의 寅, 巳일에 태어난 여자가 가장 나쁘다.
  △ 여자는 午월, 戌월의 辛, 庚일에 태어난 남자가 가장 좋고, 申월의 寅, 巳일에 태어난 남자가 가장 나쁘다.
  ♠ 寅월 甲申일생인 남녀는 배우자와의 생이별, 과부 홀아비 운이 다른 사람에 비하여 높음.
* **卯월생**……이 달에 태어난 갑신일생 중에서,
  ▽ 남자는 亥월, 未월의 己, 戊일에 태어난 여자가 가장 좋고, 酉월의 寅, 巳일에 태어난 여자가 가장 나쁘다.
  △ 여자는 亥월, 未월의 辛, 庚일에 태어난 남자가 가장 좋고, 酉월의 寅,

巳일에 태어난 남자가 가장 나쁘다.

▼ 卯월 甲일생 남자는 어떤 여자를 만나서 살든, 아내와의 관계가 그다지 좋지 않을 수 있으므로 다른 사람에 비하여 침착, 절제, 겸손, 희생, 노력이 필요함.

* 辰월생……이 달에 태어난 갑신일생 중에서,

▽ 남자는 申월, 子월의 甲, 癸일에 태어난 여자가 가장 좋고, 戌월의 寅, 巳일에 태어난 여자가 가장 나쁘다.

△ 여자는 申월, 子월의 甲, 癸일에 태어난 남자가 가장 좋고, 戌월의 寅, 巳일에 태어난 남자가 가장 나쁘다.

* 巳월생……이 달에 태어난 갑신일생 중에서,

▽ 남자는 酉월, 丑월의 甲, 癸일에 태어난 여자가 가장 좋고, 亥월의 寅, 巳일에 태어난 여자가 가장 나쁘다.

△ 여자는 酉월, 丑월의 甲, 癸일에 태어난 남자가 가장 좋고, 亥월의 寅, 巳일에 태어난 남자가 가장 나쁘다.

♥ 巳월 甲申일생인 남녀는 노처녀 노총각이 되는 경우가 적지 않음.

* 午월생…… 이 달에 태어난 갑신일생 중에서,

▽ 남자는 寅월, 戌월의 甲, 癸일에 태어난 여자가 가장 좋고, 子월의 寅, 巳일에 태어난 여자가 가장 나쁘다.

△ 여자는 寅월, 戌월의 甲, 癸일에 태어난 남자가 가장 좋고, 子월의 寅, 巳일에 태어난 남자가 가장 나쁘다.

▲ 午월 甲일생 여자는 어떤 남자를 만나서 살든, 남편과의 관계가 그다지 좋지 않을 수 있으므로 다른 사람에 비하여 침착, 절제, 겸손, 희생, 노력이 필요함.

* 未월생……이 달에 태어난 갑신일생 중에서,

▽ 남자는 亥월, 卯월의 甲, 癸일에 태어난 여자가 가장 좋고, 丑월의 寅, 巳일에 태어난 여자가 가장 나쁘다.

△ 여자는 亥월, 卯월에 태어난 데다가 甲, 癸일에 태어난 남자가 가장 좋고, 丑월에 태어난 데다가 寅, 巳일에 태어난 남자가 가장 나쁘다.

* 申월생……이 달에 태어난 갑신일생 중에서,

▽ 남자는 子월, 辰월의 甲, 癸일에 태어난 여자가 가장 좋고, 寅월의 寅, 巳일에 태어난 여자가 가장 나쁘다.

△ 여자는 子월, 辰월의 甲, 癸일에 태어난 남자가 가장 좋고, 寅월의 寅, 巳일에 태어난 남자가 가장 나쁘다.

* **酉월생**……이 달에 태어난 갑신일생 중에서,

▽ 남자는 巳월, 丑월의 甲, 癸일에 태어난 여자가 가장 좋고, 卯월의 寅, 巳일에 태어난 여자가 가장 나쁘다.

△ 여자는 巳월, 丑월의 甲, 癸일에 태어난 남자가 가장 좋고, 卯월의 寅, 巳일에 태어난 남자가 가장 나쁘다.

* **戌월생**……이 달에 태어난 갑신일생 중에서,

▽ 남자는 寅월, 午월의 甲, 癸일에 태어난 여자가 가장 좋고, 辰월의 寅, 巳일에 태어난 여자가 가장 나쁘다.

△ 여자는 巳월, 丑월의 甲, 癸일에 태어난 남자가 가장 좋고, 辰월의 寅, 巳일에 태어난 남자가 가장 나쁘다.

* **亥월생**……이 달에 태어난 갑신일생 중에서,

▽ 남자는 卯월, 未월의 己, 戊일에 태어난 여자가 가장 좋고, 巳월의 寅, 巳일에 태어난 여자가 가장 나쁘다.

△ 여자는 卯월, 未월의 辛, 庚일에 태어난 남자가 가장 좋고, 巳월의 寅, 巳일에 태어난 남자가 가장 나쁘다.

* **子월생**……이 달에 태어난 갑신일생 중에서,

▽ 남자는 申월, 辰월의 己, 戊일에 태어난 여자가 가장 좋고, 午월의 寅, 巳일에 태어난 여자가 가장 나쁘다.

△ 여자는 申월, 辰월의 辛, 庚일에 태어난 남자가 가장 좋고, 午월의 寅, 巳일에 태어난 남자가 가장 나쁘다.

* **丑월생**……이 달에 태어난 갑신일생 중에서,

▽ 남자는 巳월, 酉월의 己, 戊일에 태어난 여자가 가장 좋고, 未월의 寅, 巳일에 태어난 여자가 가장 나쁘다.

△ 여자는 巳월, 酉월의 辛, 庚일에 태어난 남자가 가장 좋고, 未월의 寅, 巳일에 태어난 남자가 가장 나쁘다.

22. 乙酉일생

생월을 참작하여 판단한다면

【선천운 범례】 ◎ : 대길(大吉),   ○ : 중길,   △ : 소길,   ? : 애매함

양력월 (생월지)	선천운(숙명) (선택 여지가 적은 기본적 운세)				후 천 운(개척) (연애 · 결혼 상대 선택(궁합)시 참고해야 할 사항)		참 고
	건강운	경제운	출세운	애정운	상대방 일간(월간)에 있으면 좋은 천간	상대방 월지(일지)에 있으면 나쁜 지지	
2(寅)	○	?	남 ?	?	庚/戊己丁/丙	午未/申/巳申/酉/卯	▼寅
			여 ?	?	庚/庚辛丁/丙	午未/申/巳申/酉/卯	
3(卯)	○	?	남 ?	?	庚/戊己丁/丙	午未/酉/子/酉/卯	
			여 ?	?	庚/庚辛丁/丙	午未/酉/子/酉/卯	
4(辰)	△	◎	남 ○	◎	庚/乙壬/癸	午未/戌/辰/酉/卯	
			여 ○	○	庚/乙壬/癸	午未/戌/辰/酉/卯	
5(巳)	?	○	남 ?	○	庚/乙壬/癸	午未/亥/寅申/酉/卯	▲巳
			여 ?	?	庚/乙壬/癸	午未/亥/寅申/酉/卯	
6(午)	?	○	남 ?	○	庚/乙壬/癸	午未/子/午/酉/卯	
			여 ?	?	庚/乙壬/癸	午未/子/午/酉/卯	
7(未)	△	◎	남 ○	◎	庚/乙壬/癸	午未/丑/丑戌/酉/卯	
			여 △	○	庚/乙壬/癸	午未/丑/丑戌/酉/卯	
8(申)	?	?	남 ◎	△	庚/乙壬/丙	午未/寅/寅巳/酉/卯	●
			여 ◎	◎	庚/乙壬/丙	午未/寅/寅巳/酉/卯	
9(酉)	?	?	남 ◎	△	庚/乙壬/癸	午未/卯/酉/酉/卯	●
			여 ◎	◎	庚/乙壬/癸	午未/卯/酉/酉/卯	
10(戌)	△	◎	남 ○	◎	庚/乙壬/癸	午未/辰/丑未/酉/卯	
			여 △	○	庚/乙壬/癸	午未/辰/丑未/酉/卯	
11(亥)	◎	△	남 △	?	庚/戊己丁/丙	午未/巳/亥/酉/卯	
			여 ○	△	庚/庚辛丁/丙	午未/巳/亥/酉/卯	
12(子)	◎	△	남 △	?	庚/戊己丁/丙	午未/午/卯/酉/卯	
			여 ○	△	庚/庚辛丁/丙	午未/午/卯/酉/卯	
다음해 1월(丑)	△	◎	남 ○	△	庚/戊己丁/丙	午未/未/戌未/酉/卯	
			여 ?	○	庚/庚辛丁/丙	午未/未/戌未/酉/卯	

이 날 태어난 사람의 선천운 특기 사항

* **건강운** : 신경통, 대장염, 치질 등에 잘 걸리고 뼈를 다치는 일이 많다.
* **부부운** : 날짜만 보아서는 보통 가정을 이루는 경우가 많다. 그러나 생월이나 생시 여하에 따라 달라질 수가 있다.
* **남** : 주변 사람에게 인심이 후하고 보스 기질이 강함. 좋고 싫어함이 분명하며 임기응변을 잘함.
  ▼ 이 남자는 자기 사주에 甲이나 寅이 없을수록 좋다.
* **여** : 판단력이 예민하고 냉정하며 배짱 좋다. 정열적인 직업여성.
  ▲ 이 여자는 자기 사주에 丙이나 巳가 없을수록 좋다.
  * 일단 상호간에 동순공망 관계이면 친구, 직장 동료, 사업상의 동업자로는 열 명 다 좋다고 보아야 하지만, 부부 궁합을 볼 때에는 酉일생에 한하여 상대방 생일지지, 즉 일지(日支)에 卯나 酉가 없는 것이 좋음.
  * 그러므로 乙酉일생은 동순공망 열 명 중에서 甲申, 丙戌, 丁亥, 戊子, 己丑, 庚寅, 壬辰, 癸巳일생 등 8명만 좋게 보아야 함.
  * 특히 庚寅일생과는 유난히도 사이가 좋을 가능성이 높음.

태어난 달에 따른 차이점

* **寅월생**……이 달에 태어난 을유일생 중에서,
  ▽ 남자에게는 午, 戌월의 戊, 己일에 태어난 여자가 가장 좋고, 申월의 酉일에 태어난 여자가 가장 나쁘다.
  △ 여자에게는 午, 戌월의 庚, 辛일에 태어난 남자가 가장 좋고, 申월의 酉일에 태어난 남자가 가장 나쁘다.
  ▼ 寅월 乙일생 남자는 어떤 여자를 만나서 살든, 아내와의 관계가 그다지 좋지 않을 수 있으므로 다른 사람에 비하여 침착, 절제, 겸손, 희생, 노력이 필요함.
* **卯월생**……이 달에 태어난 을해일생 중에서,
  ▽ 남자에게는 亥, 未월의 戊, 己일에 태어난 여자가 가장 좋고, 酉월의 酉일에 태어난 여자가 가장 나쁘다.
  △ 여자에게는 亥, 未월의 庚, 辛일에 태어난 남자가 가장 좋고, 酉월의 酉일에 태어난 남자가 가장 나쁘다.

♠ 卯월 乙酉일생 남녀는 배우자와의 생이별, 과부 홀아비 운이 다른 사람에 비하여 높음.

* 辰월생……이 달에 태어난 을해일생 중에서,
  ▽ 남자에게는 申, 子월이 乙, 壬일에 태어난 여자가 가장 좋고, 戌월의 酉일에 태어난 여자가 가장 나쁘다.
  △ 여자에게는 申, 子월의 乙, 壬일에 태어난 남자가 가장 좋고, 戌월의 酉일에 태어난 남자가 가장 나쁘다.

♥ 辰월 乙酉일생 남녀는 노처녀 노총각이 되는 경우가 적지 않음.

* 巳월생……이 달에 태어난 을해일생 중에서,
  ▽ 남자에게는 酉, 丑월의 乙, 壬일에 태어난 여자가 가장 좋고, 亥월의 酉일에 태어난 여자가 가장 나쁘다.
  △ 여자에게는 酉, 丑월의 乙, 壬일에 태어난 남자가 가장 좋고, 亥월의 酉일에 태어난 남자가 가장 나쁘다.

▲ 巳월 乙일생 여자는 어떤 남자를 만나서 살든, 남편과의 관계가 그다지 좋지 않을 수 있으므로 다른 사람에 비하여 침착, 절제, 겸손, 희생, 노력이 필요함.

* 午월생…… 이 달에 태어난 을해일생 중에서,
  ▽ 남자에게는 寅, 戌월의 乙, 壬일에 태어난 여자가 가장 좋고, 子월의 酉일에 태어난 여자가 가장 나쁘다.
  △ 여자에게는 寅, 戌월의 乙, 壬일에 태어난 남자가 가장 좋고, 子월의가 酉일에 태어난 남자가 가장 나쁘다.

* 未월생……이 달에 태어난 을해일생 중에서,
  ▽ 남자에게는 亥, 卯월의 乙, 壬일에 태어난 여자가 가장 좋고, 丑월의 酉일에 태어난 여자가 가장 나쁘다.
  △ 여자에게는 亥, 卯월의 乙, 壬일에 태어난 남자가 가장 좋고, 丑월의 酉일에 태어난 남자가 가장 나쁘다.

* 申월생……이 달에 태어난 을해일생 중에서,
  ▽ 남자에게는 子, 辰월의 乙, 壬일에 태어난 여자가 가장 좋고, 寅월의 酉일에 태어난 여자가 가장 나쁘다.
  △ 여자에게는 子, 辰월의 乙, 壬일에 태어난 남자가 가장 좋고, 寅월의 酉일에 태어난 남자가 가장 나쁘다.

* **酉월생**……이 달에 태어난 을해일생 중에서,
  ▽ 남자에게는 巳, 丑월의 乙, 壬일에 태어난 여자가 가장 좋고, 卯월의 酉일에 태어난 여자가 가장 나쁘다.
  △ 여자에게는 巳, 丑월의 乙, 壬일에 태어난 남자가 가장 좋고, 卯월의 酉일에 태어난 남자가 가장 나쁘다.
* **戌월생**……이 달에 태어난 을해일생 중에서,
  ▽ 남자에게는 寅, 午월의 乙, 壬일에 태어난 여자가 가장 좋고, 辰월의 酉일에 태어난 여자가 가장 나쁘다.
  △ 여자에게는 巳, 丑월의 乙, 壬일에 태어난 남자가 가장 좋고, 辰월의 酉일에 태어난 남자가 가장 나쁘다.
* **亥월생**……이 달에 태어난 을해일생 중에서,
  ▽ 남자에게는 卯, 未월의 戊, 己일에 태어난 여자가 가장 좋고, 巳월의 酉일에 태어난 여자가 가장 나쁘다.
  △ 여자에게는 卯, 未월의 庚, 辛일에 태어난 남자가 가장 좋고, 巳월의 酉일에 태어난 남자가 가장 나쁘다.
* **子월생**……이 달에 태어난 을해일생 중에서,
  ▽ 남자에게는 申, 辰월의 戊, 己일에 태어난 여자가 가장 좋고, 午월의 酉일에 태어난 여자가 가장 나쁘다.
  △ 여자에게는 申, 辰월의 庚, 辛일에 태어난 남자가 가장 좋고, 午월의 酉일에 태어난 남자가 가장 나쁘다.
* **丑월생**……이 달에 태어난 을해일생 중에서,
  ▽ 남자에게는 巳, 酉월의 戊, 己일에 태어난 여자가 가장 좋고, 未월의 酉일에 태어난 여자가 가장 나쁘다.
  △ 여자에게는 巳, 酉월의 庚, 辛일에 태어난 남자가 가장 좋고, 未월의 酉일에 태어난 남자가 가장 나쁘다.

23. 丙戌일생

생월을 참작하여 판단한다면

【선천운 범례】 ◎ : 대길(大吉), ○ : 중길, △ : 소길, ? : 애매함

양력월 (생월지)	선천운(숙명) (선택 여지가 적은 기본적 운세)				후 천 운(개척) (연애·결혼 상대 선택(궁합)시 참고해야 할 사항)		참고
	건강운	경제운	출세운	애정운	상대방 일간(월간)에 있으면 좋은 천간	상대방 월지(일지)에 있으면 나쁜 지지	
2(寅)	◎	?	남 ?	?	辛/辛庚戊/壬	午未/申/巳申/丑未/辰	
			여 △	△	辛/癸壬戊/壬	午未/申/巳申/丑未/辰	
3(卯)	◎	?	남 ?	?	辛/辛庚戊/壬	午未/酉/子/丑未/辰	
			여 △	△	辛/癸壬戊/壬	午未/酉/子/丑未/辰	
4(辰)	△	○	남 ?	○	辛/辛庚戊/壬	午未/戌/辰/丑未/辰	
			여 ?	?	辛/癸壬戊/壬	午未/戌/辰/丑未/辰	
5(巳)	○	△	남 △	△	辛/辛庚戊/壬	午未/亥/寅申/丑未/辰	
			여 △	△	辛/癸壬戊/壬	午未/亥/寅申/丑未/辰	
6(午)	○	△	남 △	△	辛/辛庚戊/壬	午未/子/午/丑未/辰	▼午
			여 △	△	辛/癸壬戊/壬	午未/子/午/丑未/辰	
7(未)	○	○	남 ○	○	辛/丙乙/壬	午未/丑/丑戌/丑未/辰	▲未
			여 ?	?	辛/丙乙/壬	午未/丑/丑戌/丑未/辰	
8(申)	?	◎	남 ○	◎	辛/丙乙/壬	午未/寅/寅巳/丑未/辰	
			여 ○	○	辛/丙乙/壬	午未/寅/寅巳/丑未/辰	
9(酉)	?	◎	남 ○	◎	辛/丙乙/壬	午未/卯/酉/丑未/辰	
			여 ○	○	辛/丙乙/壬	午未/卯/酉/丑未/辰	
10(戌)	△	○	남 ?	○	辛/丙乙/甲	午未/辰/丑未/丑未/辰	
			여 ?	?	辛/丙乙/甲	午未/辰/丑未/丑未/辰	
11(亥)	?	?	남 ◎	?	辛/丙乙/甲	午未/巳/亥/丑未/辰	
			여 ◎	◎	辛/丙乙/甲	午未/巳/亥/丑未/辰	
12(子)	?	?	남 ◎	?	辛/丙乙/壬	午未/午/卯/丑未/辰	
			여 ◎	◎	辛/丙乙/壬	午未/午/卯/丑未/辰	
다음해 1월(丑)	△	○	남 ?	○	辛/丙乙/壬	午未/未/戌未/丑未/辰	▲丑
			여 ○	○	辛/丙乙/壬	午未/未/戌未/丑未/辰	

이 날 태어난 사람의 선천운 특기 사항

* **건강운** : 비교적 건강한 편. 그러나 피부병이나 화상을 조심할 필요가 있음. 탈모증이 심한 수도 있음.
* **부부운** : 부부운이 좋은 편. 여자 중에는 독신자가 되는 경우가 있음.
* **남** : 선견지명이 있고, 독자적인 계획을 세워 일을 수행하며, 인내력 비범하다. 자기 지키기에 최선.
  ▼ 이 남자는 자기 사주에 丁이나 午가 없을수록 좋다.
* **여** : 남자에게 헌신적이고, 집안팎 일을 척척 잘 처리한다. 섭섭함과 노여움을 잘 타는 것이 흠.
  ▲ 이 여자는 자기 사주에 己나 丑未가 없을수록 좋다.
  * 일단 상호간에 동순공망 관계이면 친구, 직장 동료, 사업상의 동업자로는 열 명 다 좋다고 보아야 하지만, 부부 궁합을 볼 때에는 戌일생에 한하여 상대방 생일지지, 즉 일지(日支)에 辰이나 丑, 未가 없는 것이 좋음.
  * 그러므로 丙戌일생은 동순공망 열 명 중에서 甲申, 乙酉, 丙戌, 丁亥, 戊子, 庚寅, 辛卯, 癸巳일생 등 8명만 좋게 보아야 함.
  * 특히 辛卯일생과는 유난히도 사이가 좋을 가능성이 높음.

태어난 달에 따른 차이점

* **寅월생**……이 달에 태어난 병술일생 중에서,
  ▽ 남자는 午월, 戌월의 辛, 庚일에 태어난 여자가 가장 좋고, 申월의 丑, 未일에 태어난 여자가 가장 나쁘다.
  △ 여자는 午월, 戌월의 癸, 壬일에 태어난 남자가 가장 좋고, 申월의 丑, 未일에 태어난 남자가 가장 나쁘다.
* **卯월생**……이 달에 태어난 병술일생 중에서,
  ▽ 남자는 亥월, 未월의 辛, 庚일에 태어난 여자가 가장 좋고, 酉월의 丑, 未일에 태어난 여자가 가장 나쁘다.
  △ 여자는 亥월, 未월의 癸, 壬일에 태어난 남자가 가장 좋고, 酉월의 丑, 未일에 태어난 남자가 가장 나쁘다.
  ♥ 卯월 丙戌일생 남녀는 노처녀 노총각이 되는 경우가 적지 않음.
* **辰월생**……이 달에 태어난 병술일생 중에서,

▽ 남자는 申월, 子월의 辛, 庚일에 태어난 여자가 가장 좋고, 戌월의 丑, 未일에 태어난 여자가 가장 나쁘다.

△ 여자는 申월, 子월의 癸, 壬일에 태어난 남자가 가장 좋고, 戌월의 丑, 未일에 태어난 남자가 가장 나쁘다.

♠ 辰월 丙戌일생 남녀는 배우자와의 생이별, 과부 홀아비 운이 다른 사람에 비하여 높음.

* **巳월생**……이 달에 태어난 병술일생 중에서,

▽ 남자는 酉월, 丑월의 辛, 庚일에 태어난 여자가 가장 좋고, 亥월의 丑, 未일에 태어난 여자가 가장 나쁘다.

△ 여자는 酉월, 丑월의 癸, 壬일에 태어난 남자가 가장 좋고, 亥월의 丑, 未일에 태어난 남자가 가장 나쁘다.

* **午월생**…… 이 달에 태어난 병술일생 중에서,

▽ 남자는 寅월, 戌월의 辛, 庚일에 태어난 여자가 가장 좋고, 子월의 丑, 未일에 태어난 여자가 가장 나쁘다.

△ 여자는 寅월, 戌월의 癸, 壬일에 태어난 남자가 가장 좋고, 子월의 丑, 未일에 태어난 남자가 가장 나쁘다.

▼ 午월 丙일생 남자는 어떤 여자를 만나서 살든, 아내와의 관계가 그다지 좋지 않을 수 있으므로 다른 사람에 비하여 침착, 절제, 겸손, 희생, 노력이 필요함.

* **未월생**……이 달에 태어난 병술일생 중에서,

▽ 남자는 亥월, 卯월의 丙, 乙일에 태어난 여자가 가장 좋고, 丑월의 丑, 未일에 태어난 여자가 가장 나쁘다.

△ 여자는 亥월, 卯월의 丙, 乙일에 태어난 남자가 가장 좋고, 丑월의 丑, 未일에 태어난 남자가 가장 나쁘다.

▲ 未월 丙일생 여자는 어떤 남자를 만나서 살든, 남편과의 관계가 그다지 좋지 않을 수 있으므로 다른 사람에 비하여 침착, 절제, 겸손, 희생, 노력이 필요함.

* **申월생**……이 달에 태어난 병술일생 중에서,

▽ 남자는 子월, 辰월의 丙, 乙일에 태어난 여자가 가장 좋고, 寅월의 丑, 未일에 태어난 여자가 가장 나쁘다.

△ 여자는 子월, 辰월의 丙, 乙일에 태어난 남자가 가장 좋고, 寅월의 丑,

未일에 태어난 남자가 가장 나쁘다.

* **酉월생**……이 달에 태어난 병술일생 중에서,

▽ 남자는 巳월, 丑월의 丙, 乙일에 태어난 여자가 가장 좋고, 卯월의 丑, 未일에 태어난 여자가 가장 나쁘다.

△ 여자는 巳월, 丑월의 丙, 乙일에 태어난 남자가 가장 좋고, 卯월의 丑, 未일에 태어난 남자가 가장 나쁘다.

* **戌월생**……이 달에 태어난 병술일생 중에서,

▽ 남자는 寅월, 午월의 丙, 乙일에 태어난 여자가 가장 좋고, 辰월의 丑, 未일에 태어난 여자가 가장 나쁘다.

△ 여자는 巳월, 丑월의 丙, 乙일에 태어난 남자가 가장 좋고, 辰월의 丑, 未일에 태어난 남자가 가장 나쁘다.

* **亥월생**……이 달에 태어난 병술일생 중에서,

▽ 남자는 卯월, 未월의 丙, 乙일에 태어난 여자가 가장 좋고, 巳월의 丑, 未일에 태어난 여자가 가장 나쁘다.

△ 여자는 卯월, 未월의 丙, 乙일에 태어난 남자가 가장 좋고, 巳월의 丑, 未일에 태어난 남자가 가장 나쁘다.

* **子월생**……이 달에 태어난 병술일생 중에서,

▽ 남자는 申월, 辰월의 丙, 乙일에 태어난 여자가 가장 좋고, 午월의 丑, 未일에 태어난 여자가 가장 나쁘다.

△ 여자는 申월, 辰월의 丙, 乙일에 태어난 남자가 가장 좋고, 午월의 丑, 未일에 태어난 남자가 가장 나쁘다.

* **丑월생**……이 달에 태어난 병술일생 중에서,

▽ 남자는 巳월, 酉월의 丙, 乙일에 태어난 여자가 가장 좋고, 未월의 丑, 未일에 태어난 여자가 가장 나쁘다.

△ 여자는 巳월, 酉월의 丙, 乙일에 태어난 남자가 가장 좋고, 未월의 丑, 未일에 태어난 남자가 가장 나쁘다.

▲ 丑월 丙일생 여자는 어떤 남자를 만나서 살든, 남편과의 관계가 그다지 좋지 않을 수 있으므로 다른 사람에 비하여 침착, 절제, 겸손, 희생, 노력이 필요함.

24. 丁亥일생

생월을 참작하여 판단한다면

【선천운 범례】 ◎ : 대길(大吉), ○ : 중길, △ : 소길, ? : 애매함

양력월 (생월지)	선천운(숙명) (선택 여지가 적은 기본적 운세)				후 천 운(개척) (연애·결혼 상대 선택(궁합)시 참고해야 할 사항)		참고
	건강운	경제운	출세운	애정운	상대방 일간(월간)에 있으면 좋은 천간	상대방 월지(일지)에 있으면 나쁜 지지	
2(寅)	◎	△	남 ?	△	壬/庚辛己/甲	午未/申/巳申/亥/巳	
			여 ◎	○	壬/壬癸己/甲	午未/申/巳申/亥/巳	
3(卯)	◎	△	남 ?	△	壬/庚辛己/庚	午未/酉/子/亥/巳	
			여 ◎	○	壬/壬癸己/庚	午未/酉/子/亥/巳	
4(辰)	?	?	남 ○	?	壬/庚辛己/甲	午未/戌/辰/亥/巳	▲辰
			여 △	?	壬/壬癸己/甲	午未/戌/辰/亥/巳	
5(巳)	○	○	남 ?	○	壬/庚辛己/甲	午未/亥/寅申/亥/巳	▼巳
			여 ?	?	壬/壬癸己/甲	午未/亥/寅申/亥/巳	
6(午)	○	○	남 ?	○	壬/庚辛己/壬	午未/子/午/亥/巳	
			여 ?	○	壬/壬癸己/壬	午未/子/午/亥/巳	
7(未)	○	○	남 ○	○	壬/丁甲/甲	午未/丑/丑戌/亥/巳	
			여 △	○	壬/丁甲/甲	午未/丑/丑戌/亥/巳	
8(申)	△	◎	남 ○	◎	壬/丁甲/甲	午未/寅/寅巳/亥/巳	
			여 ?	△	壬/丁甲/甲	午未/寅/寅巳/亥/巳	
9(酉)	△	◎	남 ○	◎	壬/丁甲/甲	午未/卯/酉/亥/巳	
			여 ?	△	壬/丁甲/甲	午未/卯/酉/亥/巳	
10(戌)	?	?	남 △	?	壬/丁甲/甲	午未/辰/丑未/亥/巳	▲戌
			여 △	?	壬/丁甲/甲	午未/辰/丑未/亥/巳	
11(亥)	△	?	남 ◎	△	壬/丁甲/甲	午未/巳/亥/亥/巳	●
			여 ○	◎	壬/丁甲/甲	午未/巳/亥/亥/巳	
12(子)	△	?	남 ◎	△	壬/丁甲/甲	午未/午/卯/亥/巳	●
			여 ○	◎	壬/丁甲/甲	午未/午/卯/亥/巳	
다음해 1월(丑)	?	△	남 △	?	壬/丁甲/甲	午未/未/戌未/亥/巳	
			여 △	?	壬/丁甲/甲	午未/未/戌未/亥/巳	

이 날 태어난 사람의 선천운 특기 사항

* **건강운** : 큰 병에는 잘 걸리지 않지만 심장병, 눈병, 신장염, 귓병 등에 걸리는 수가 많다. 가끔 정신질환자도

* **부부운** : 착한 아내와 훌륭한 남편을 만날 확률이 높은 일주임.

* **남** : 조금만 수양하면 큰 그릇. 말없이 실천하는 성격으로 집착심이 강하고 천부적인 재능을 지님.

  ▼ 이 남자는 자기 사주에 丙이나 巳가 없을수록 좋다.

* **여** : 냉정을 잃는 일이 없고, 자기 주관대로 일을 처리하는 태도가 확고함. 양처는 못되더라도 현모

  ▲ 이 여자는 자기 사주에 戊나 辰戌이 없을수록 좋다.

  * 일단 상호간에 동순공망 관계이면 친구, 직장 동료, 사업상의 동업자로는 열 명 다 좋다고 보아야 하지만, 부부 궁합을 볼 때에는 亥일생에 한하여 상대방 생일지지, 즉 일지(日支)에 巳나 亥가 없는 것이 좋음.

  * 그러므로 丁亥일생은 동순공망 열 명 중에서 甲申, 乙酉, 丙戌, 戊子, 己丑, 庚寅, 辛卯, 壬辰일생 등 8명만 좋게 보아야 함.

  * 특히 壬辰일생과는 유난히도 사이가 좋을 가능성이 높음.

태어난 달에 따른 차이점

* **寅월생**……이 달에 태어난 정해일생 중에서,

  ▽ 남자는 午월, 戌월의 庚, 辛일에 태어난 여자가 가장 좋고, 申월의 亥일에 태어난 여자가 가장 나쁘다.

  △ 여자는 午월, 戌월의 壬, 癸일에 태어난 남자가 가장 좋고, 申월의 亥일에 태어난 남자가 가장 나쁘다.

  ♥ 寅월 丁亥일생 남녀는 노처녀 노총각이 되는 경우가 적지 않음.

* **卯월생**……이 달에 태어난 정해일생 중에서,

  ▽ 남자는 亥월, 未월의 庚, 辛일에 태어난 여자가 가장 좋고, 酉월의 亥일에 태어난 여자가 가장 나쁘다.

  △ 여자는 亥월, 未월의 壬, 癸일에 태어난 남자가 가장 좋고, 酉월의 亥일에 태어난 남자가 가장 나쁘다.

* **辰월생**……이 달에 태어난 정해일생 중에서,

▽ 남자는 申월, 子월의 庚, 辛일에 태어난 여자가 가장 좋고, 戌월의 亥일에 태어난 여자가 가장 나쁘다.

△ 여자는 申월, 子월의 壬, 癸일에 태어난 남자가 가장 좋고, 戌월의 亥일에 태어난 남자가 가장 나쁘다.

▲ 辰월 丁일생 여자는 어떤 남자를 만나서 살든, 남편과의 관계가 그다지 좋지 않을 수 있으므로 다른 사람에 비하여 침착, 절제, 겸손, 희생, 노력이 필요함.

* **巳월생**······이 달에 태어난 정해일생 중에서,

▽ 남자는 酉월, 丑월의 庚, 辛일에 태어난 여자가 가장 좋고, 亥월의 亥일에 태어난 여자가 가장 나쁘다.

△ 여자는 酉월, 丑월의 壬, 癸일에 태어난 남자가 가장 좋고, 亥월의 亥일에 태어난 남자가 가장 나쁘다.

♠ 巳월 丁亥일생 남녀는 배우자와의 생이별, 과부 홀아비 운이 다른 사람에 비하여 높음.

▼ 巳월 丁일생 남자는 어떤 여자를 만나서 살든, 아내와의 관계가 그다지 좋지 않을 수 있으므로 다른 사람에 비하여 침착, 절제, 겸손, 희생, 노력이 필요함.

* **午월생**······ 이 달에 태어난 정해일생 중에서,

▽ 남자는 寅월, 戌월의 庚, 辛일에 태어난 여자가 가장 좋고, 子월의 亥일에 태어난 여자가 가장 나쁘다.

△ 여자는 寅월, 戌월의 壬, 癸일에 태어난 남자가 가장 좋고, 子월의 亥일에 태어난 남자가 가장 나쁘다.

* **未월생**······이 달에 태어난 정해일생 중에서,

▽ 남자는 亥월, 卯월의 丁, 甲일에 태어난 여자가 가장 좋고, 丑월의 亥일에 태어난 여자가 가장 나쁘다.

△ 여자는 亥월, 卯월의 丁, 甲일에 태어난 남자가 가장 좋고, 丑월의 亥일에 태어난 남자가 가장 나쁘다.

* **申월생**······이 달에 태어난 정해일생 중에서,

▽ 남자는 子월, 辰월의 丁, 甲일에 태어난 여자가 가장 좋고, 寅월의 亥일에 태어난 여자가 가장 나쁘다.

△ 여자는 子월, 辰월의 丁, 甲일에 태어난 남자가 가장 좋고, 寅월의 亥일

에 태어난 남자가 가장 나쁘다.
* **酉월생**……이 달에 태어난 정해일생 중에서,
  ▽ 남자는 巳월, 丑월의 丁, 甲일에 태어난 여자가 가장 좋고, 卯월의 亥일
    에 태어난 여자가 가장 나쁘다.
  △ 여자는 巳월, 丑월의 丁, 甲일에 태어난 남자가 가장 좋고, 卯월의 亥일
    에 태어난 남자가 가장 나쁘다.
* **戌월생**……이 달에 태어난 정해일생 중에서,
  ▽ 남자는 寅월, 午월의 丁, 甲일에 태어난 여자가 가장 좋고, 辰월의 亥일
    에 태어난 여자가 가장 나쁘다.
  △ 여자는 巳월, 丑월의 丁, 甲일에 태어난 남자가 가장 좋고, 辰월의 亥일
    에 태어난 남자가 가장 나쁘다.
  ▲ 戌월 丁일생 여자는 어떤 남자를 만나서 살든, 남편과의 관계가 그다지
    좋지 않을 수 있으므로 다른 사람에 비하여 침착, 절제, 겸손, 희생, 노
    력이 필요함.
* **亥월생**……이 달에 태어난 정해일생 중에서,
  ▽ 남자는 卯월, 未월의 丁, 甲일에 태어난 여자가 가장 좋고, 巳월의 亥일
    에 태어난 여자가 가장 나쁘다.
  △ 여자는 卯월, 未월의 丁, 甲일에 태어난 남자가 가장 좋고, 巳월의 亥일
    에 태어난 남자가 가장 나쁘다.
* **子월생**……이 달에 태어난 정해일생 중에서,
  ▽ 남자는 申월, 辰월의 丁, 甲일에 태어난 여자가 가장 좋고, 午월의 亥일
    에 태어난 여자가 가장 나쁘다.
  △ 여자는 申월, 辰월의 丁, 甲일에 태어난 남자가 가장 좋고, 午월의 亥일
    에 태어난 남자가 가장 나쁘다.
* **丑월생**……이 달에 태어난 정해일생 중에서,
  ▽ 남자는 巳월, 酉월의 丁, 甲일에 태어난 여자가 가장 좋고, 未월의 亥일
    에 태어난 여자가 가장 나쁘다.
  △ 여자는 巳월, 酉월의 丁, 甲일에 태어난 남자가 가장 좋고, 未월의 亥일
    에 태어난 남자가 가장 나쁘다.

25. 戊子일생

생월을 참작하여 판단한다면

【선천운 범례】 ◎ : 대길(大吉),　○ : 중길,　△ : 소길,　? : 애매함

| 양력월
(생월지) | 선천운(숙명)
(선택 여지가 적은 기본적 운세) | | | | 후 천 운(개척)
(연애 · 결혼 상대 선택(궁합)시 참고해야 할 사항) | | 참
고 |
	건강운	경제운	출세운	애정운	상대방 일간(월간)에 있으면 좋은 천간	상대방 월지(일지)에 있으면 나쁜 지지	
2(寅)	?	△	남 ◎	?	癸/戊丁/丙	午未/申/巳申/卯/午	
			여 ◎	○	癸/戊丁/丙	午未/申/巳申/卯/午	
3(卯)	?	△	남 ◎	?	癸/戊丁/丙	午未/酉/子/卯/午	
			여 ◎	○	癸/戊丁/丙	午未/酉/子/卯/午	
4(辰)	○	?	남 △	△	癸/癸壬庚/甲	午未/戌/辰/卯/午	
			여 ○	△	癸/乙甲庚/甲	午未/戌/辰/卯/午	
5(巳)	△	?	남 ○	?	癸/癸壬庚/甲	午未/亥/寅申/卯/午	
			여 ○	◎	癸/乙甲庚/甲	午未/亥/寅申/卯/午	
6(午)	?	?	남 ○	?	癸/癸壬庚/壬	午未/子/午/卯/午	
			여 ○	◎	癸/乙甲庚/壬	午未/子/午/卯/午	
7(未)	○	△	남 △	△	癸/癸壬庚/癸	午未/丑/丑戌/卯/午	▼未
			여 △	△	癸/乙甲庚/癸	午未/丑/丑戌/卯/午	
8(申)	◎	◎	남 ?	◎	癸/戊丁/丙	午未/寅/寅巳/卯/午	
			여 ?	△	癸/戊丁/丙	午未/寅/寅巳/卯/午	
9(酉)	◎	○	남 ?	○	癸/戊丁/丙	午未/卯/酉/卯/午	▲酉
			여 ?	△	癸/戊丁/丙	午未/卯/酉/卯/午	
10(戌)	○	?	남 △	△	癸/癸壬庚/甲	午未/辰/丑未/卯/午	
			여 ?	△	癸/乙甲庚/甲	午未/辰/丑未/卯/午	
11(亥)	?	○	남 ○	◎	癸/戊丁/甲	午未/巳/亥/卯/午	
			여 ○	?	癸/戊丁/甲	午未/巳/亥/卯/午	
12(子)	?	○	남 ?	◎	癸/戊丁/丙	午未/午/卯/卯/午	
			여 ○	?	癸/戊丁/丙	午未/午/卯/卯/午	
다음해 1월(丑)	△	△	남 △	△	癸/癸壬庚/丙	午未/未/戌未/卯/午	▼丑
			여 ?	?	癸/乙甲庚/丙	午未/未/戌未/卯/午	

이 날 태어난 사람의 선천운 특기 사항

* **건강운** : 신장, 방광, 위장병에 주의할 필요가 있다.
* **부부운** : 큰 풍파없이 화목하게 일생을 보내는 부부운. 亥시생은 예외.
* **남** : 덤덤한 인상이지만, 알고 보면 명랑쾌활한 성격. 순박하고 착하고 부지런하여 대기만성할 운임.
  ▼ 이 남자는 자기 사주에 己나 丑未가 없을수록 좋다.
* **여** : 무뚝뚝한 인상을 주지만 부드러운 면도 있음. 근면하고 낙천적이며 터무니없는 욕심 안 부림.
  ▲ 이 여자는 자기 사주에 辛이나 酉가 없을수록 좋다.
  * 이 날 태어난 사람 중에는 말실수로 낭패를 당하거나 오해를 받는 일이 평생 중요한 고비에 몇 번 있는 경우가 있다.
  * 일단 상호간에 동순공망 관계이면 친구, 직장 동료, 사업상의 동업자로는 열 명 다 좋다고 보아야 하지만, 부부 궁합을 볼 때에는 子일생에 한하여 상대방 생일지지, 즉 일지(日支)에 午나 卯가 없는 것이 좋음.
  * 그러므로 戊子일생은 동순공망 열 명 중에서 甲申, 乙酉, 丙戌, 丁亥, 戊子, 己丑, 庚寅, 壬辰, 癸巳일생 등 9명만 좋게 보아야 함.
  * 특히 癸巳일생과는 유난히도 사이가 좋을 가능성이 높음.

태어난 달에 따른 차이점

* **寅월생**……이 달에 태어난 무자일생 중에서,
  ▽ 남자는 午월, 戌월의 戊, 丁일에 태어난 여자가 가장 좋고, 申월의 卯일에 태어난 여자가 가장 나쁘다.
  △ 여자는 午월, 戌월의 戊, 丁일에 태어난 남자가 가장 좋고, 申월의 卯일에 태어난 남자가 가장 나쁘다.
* **卯월생**……이 달에 태어난 무자일생 중에서,
  ▽ 남자는 亥월, 未월의 戊, 丁일에 태어난 여자가 가장 좋고, 酉월의 卯일에 태어난 여자가 가장 나쁘다.
  △ 여자는 亥월, 未월의 戊, 丁일에 태어난 남자가 가장 좋고, 酉월의 卯일에 태어난 남자가 가장 나쁘다.
* **辰월생**……이 달에 태어난 무자일생 중에서,

▽ 남자는 申월, 子월의 癸, 壬일에 태어난 여자가 가장 좋고, 戌월의 卯일에 태어난 여자가 가장 나쁘다.

△ 여자는 申월, 子월의 乙, 甲일에 태어난 남자가 가장 좋고, 戌월의 卯일에 태어난 남자가 가장 나쁘다.

* **巳월생**……이 달에 태어난 무자일생 중에서,

▽ 남자는 酉월, 丑월의 癸, 壬일에 태어난 여자가 가장 좋고, 亥월의 卯일에 태어난 여자가 가장 나쁘다.

△ 여자는 酉월, 丑월의 乙, 甲일에 태어난 남자가 가장 좋고, 亥월의 卯일에 태어난 남자가 가장 나쁘다.

* **午월생**…… 이 달에 태어난 무자일생 중에서,

▽ 남자는 寅월, 戌월의 癸, 壬일에 태어난 여자가 가장 좋고, 子월의 卯일에 태어난 여자가 가장 나쁘다.

△ 여자는 寅월, 戌월의 乙, 甲일에 태어난 남자가 가장 좋고, 子월의 卯일에 태어난 남자가 가장 나쁘다.

♠ 午월 戊子일생 남녀는 배우자와의 생이별, 과부 홀아비 운이 다른 사람에 비하여 높음.

* **未월생**……이 달에 태어난 무자일생 중에서,

▽ 남자는 亥월, 卯월의 癸, 壬일에 태어난 여자가 가장 좋고, 丑월의 卯일에 태어난 여자가 가장 나쁘다.

△ 여자는 亥월, 卯월의 乙, 甲일에 태어난 남자가 가장 좋고, 丑월의 卯일에 태어난 남자가 가장 나쁘다.

▼ 未월 戊일생 남자는 어떤 여자를 만나서 살든, 아내와의 관계가 그다지 좋지 않을 수 있다. 침착, 절제, 겸손, 희생, 노력이 필요함.

* **申월생**……이 달에 태어난 무자일생 중에서,

▽ 남자는 子월, 辰월의 戊, 丁일에 태어난 여자가 가장 좋고, 寅월의 卯일에 태어난 여자가 가장 나쁘다.

△ 여자는 子월, 辰월의 戊, 丁일에 태어난 남자가 가장 좋고, 寅월의 卯일에 태어난 남자가 가장 나쁘다.

* **酉월생**……이 달에 태어난 무자일생 중에서,

▽ 남자는 巳월, 丑월의 戊, 丁일에 태어난 여자가 가장 좋고, 卯월의 卯일에 태어난 여자가 가장 나쁘다.

△ 여자는 巳월, 丑월의 戊, 丁일에 태어난 남자가 가장 좋고, 卯월의 卯일
　에 태어난 남자가 가장 나쁘다.

▲ 酉월 戊일생 여자는 어떤 남자를 만나서 살든, 남편과의 관계가 그다지
　좋지 않을 수 있다. 침착, 절제, 겸손, 희생, 노력이 필요함.

* **戊월생**……이 달에 태어난 무자일생 중에서,

▽ 남자는 寅월, 午월의 癸, 壬일에 태어난 여자가 가장 좋고, 辰월의 卯일
　에 태어난 여자가 가장 나쁘다.

△ 여자는 巳월, 丑월의 乙, 甲일에 태어난 남자가 가장 좋고, 辰월의 卯일
　에 태어난 남자가 가장 나쁘다.

* **亥월생**……이 달에 태어난 무자일생 중에서,

▽ 남자는 卯월, 未월의 戊, 丁일에 태어난 여자가 가장 좋고, 巳월의 卯일
　에 태어난 여자가 가장 나쁘다.

◆ 이 남자 사주의 다른 기둥에 壬, 癸, 亥, 子 중에서 아무 글자나 하나,
　혹은 둘 이상 있으면 여자한테 시달릴 숙명으로 본다.

△ 여자는 卯월, 未월의 戊, 丁일에 태어난 남자가 가장 좋고, 巳월의 卯일
　에 태어난 남자가 가장 나쁘다.

* **子월생**……이 달에 태어난 무자일생 중에서,

▽ 남자는 申월, 辰월의 戊, 丁일에 태어난 여자가 가장 좋고, 午월의 卯일
　에 태어난 여자가 가장 나쁘다.

◆ 이 남자 사주의 다른 기둥에 壬, 癸, 亥, 子 중에서 아무 글자나 하나,
　혹은 둘 이상 있으면 여자한테 시달릴 숙명으로 본다.

△ 여자는 申월, 辰월의 戊, 丁일에 태어난 남자가 가장 좋고, 午월의 卯일
　에 태어난 남자가 가장 나쁘다.

* **丑월생**……이 달에 태어난 무자일생 중에서,

▽ 남자는 巳월, 酉월의 癸, 壬일에 태어난 여자가 가장 좋고, 未월의 卯일
　에 태어난 여자가 가장 나쁘다.

△ 여자는 巳월, 酉월의 乙, 甲일에 태어난 남자가 가장 좋고, 未월의 卯일
　에 태어난 남자가 가장 나쁘다.

♥ 丑월 戊子일생 남녀는 노처녀 노총각이 되는 경우가 적지 않음.

▼ 丑월 戊일생 남자는 어떤 여자를 만나서 살든, 아내와의 관계가 그다지
　좋지 않을 수 있다. 침착, 절제, 겸손, 희생, 노력이 필요함.

26. 己丑일생

생월을 참작하여 판단한다면

【선천운 범례】 ◎ : 대길(大吉),　○ : 중길,　△ : 소길,　？ : 애매함

양력월 (생월지)	선천운(숙명) (선택 여지가 적은 기본적 운세)				후 천 운(개척) (연애·결혼 상대 선택(궁합)시 참고해야 할 사항)		참고
	건강운	경제운	출세운	애정운	상대방 일간(월간)에 있으면 좋은 천간	상대방 월지(일지)에 있으면 나쁜 지지	
2(寅)	？	？	남 ？	？	甲/己丙/丙	午未/申/巳申/戌未/未	
			여 ○	△	甲/己丙/丙	午未/申/巳申/戌未/未	
3(卯)	？	？	남 ？	？	甲/己丙/甲	午未/酉/子/戌未/未	
			여 ○	△	甲/己丙/甲	午未/酉/子/戌未/未	
4(辰)	△	△	남 ◎	△	甲/壬癸辛/丙	午未/戌/辰/戌未/未	▼辰
			여 △	◎	甲/甲乙辛/丙	午未/戌/辰/戌未/未	
5(巳)	◎	○	남 ◎	△	甲/壬癸辛/癸	午未/亥/寅申/戌未/未	
			여 ◎	◎	甲/甲乙辛/癸	午未/亥/寅申/戌未/未	
6(午)	◎	？	남 ◎	？	甲/壬癸辛/癸	午未/子/午/戌未/未	
			여 ◎	○	甲/甲乙辛/癸	午未/子/午/戌未/未	
7(未)	○	○	남 ○	？	甲/壬癸辛/癸	午未/丑/丑戌/戌未/未	
			여 ？	△	甲/甲乙辛/癸	午未/丑/丑戌/戌未/未	
8(申)	？	○	남 ○	○	甲/己丙/丙	午未/寅/寅巳/戌未/未	▲申
			여 ○	？	甲/己丙/丙	午未/寅/寅巳/戌未/未	
9(酉)	？	○	남 ○	○	甲/己丙/丙	午未/卯/酉/戌未/未	
			여 △	？	甲/己丙/丙	午未/卯/酉/戌未/未	
10(戌)	○	△	남 ◎	△	甲/壬癸辛/甲	午未/辰/丑未/戌未/未	▼戌
			여 ○	◎	甲/甲乙辛/甲	午未/辰/丑未/戌未/未	
11(亥)	△	◎	남 ？	◎	甲/己丙/丙	午未/巳/亥/戌未/未	
			여 ？	○	甲/己丙/丙	午未/巳/亥/戌未/未	
12(子)	△	◎	남 ？	◎	甲/己丙/丙	午未/午/卯/戌未/未	
			여 ？	○	甲/己丙/丙	午未/午/卯/戌未/未	
다음해 1월(丑)	△	△	남 ？	△	甲/壬癸辛/丙	午未/未/戌未/戌未/未	
			여 ？	○	甲/甲乙辛/丙	午未/未/戌未/戌未/未	

이 날 태어난 사람의 선천운 특기 사항

* **건강운** : 큰병에는 잘 걸리지 않으나 잔병에는 자주 걸리는 체질. 여성은 부인병으로 고생할 수도

* **부부운** : 만혼이거나 이혼하는 수가 있다. 戊,己,辰,戌,丑,未가 많으면 확률이 높다. 甲, 乙, 寅, 卯가 없는 여자는 독신.

* **남** : 내향적인 성격이라 외로움을 잘 탐. 비밀을 결코 노출시키지 않아 직업 선택만 잘하면 성공.

  ▼ 이 남자는 자기 사주에 戊나 辰戌이 없을수록 좋다.

* **여** : 부드럽고 섹시한 구석 있음. 만사를 잘 처리하며, 남자를 잘 다룸. 말참견 버릇이 약간의 흠.

  ▲ 이 여자는 자기 사주에 庚이나 申이 없을수록 좋다.

  * 일단 상호간에 동순공망 관계이면 친구, 직장 동료, 사업상의 동업자로는 열 명 다 좋다고 보아야 하지만, 부부 궁합을 볼 때에는 丑일생에 한하여 상대방 생일지지, 즉 일지(日支)에 未나 戌이 없는 것이 좋음.

  * 그러므로 己丑일생은 동순공망 열 명 중에서 甲申, 乙酉, 丁亥, 戊子, 己丑, 庚寅, 辛卯, 壬辰, 癸巳일생 등 9명만 좋게 보아야 함.

  * 특히 甲申일생과는 유난히도 사이가 좋을 가능성이 높음.

태어난 달에 따른 차이점

* **寅월생**······이 달에 태어난 기축일생 중에서,
  ▽ 남자는 午월, 戌월의 己, 丙일에 태어난 여자가 가장 좋고, 申월의 戌, 未일에 태어난 여자가 가장 나쁘다.
  △ 여자는 午월, 戌월의 己, 丙일에 태어난 남자가 가장 좋고, 申월의 戌, 未일에 태어난 남자가 가장 나쁘다.

* **卯월생**······이 달에 태어난 기축일생 중에서,
  ▽ 남자는 亥월, 未월의 己, 丙일에 태어난 여자가 가장 좋고, 酉월의 戌, 未일에 태어난 여자가 가장 나쁘다.
  △ 여자는 亥월, 未월의 己, 丙일에 태어난 남자가 가장 좋고, 酉월의 戌, 未일에 태어난 남자가 가장 나쁘다.

* **辰월생**······이 달에 태어난 기축일생 중에서,

▽ 남자는 申월, 子월의 壬, 癸일에 태어난 여자가 가장 좋고, 戌월의 戌, 未일에 태어난 여자가 가장 나쁘다.

△ 여자는 申월, 子월의 甲, 乙일에 태어난 남자가 가장 좋고, 戌월의 戌, 未일에 태어난 남자가 가장 나쁘다.

▼ 辰월 己일생 남자는 어떤 여자를 만나서 살든, 아내와의 관계가 그다지 좋지 않을 수 있으므로 다른 사람에 비하여 침착, 절제, 겸손, 희생, 노력이 필요함.

* **巳월생**……이 달에 태어난 기축일생 중에서,

▽ 남자는 酉월, 丑월의 壬, 癸일에 태어난 여자가 가장 좋고, 亥월의 戌, 未일에 태어난 여자가 가장 나쁘다.

△ 여자는 酉월, 丑월의 甲, 乙일에 태어난 남자가 가장 좋고, 亥월의 戌, 未일에 태어난 남자가 가장 나쁘다.

* **午월생**…… 이 달에 태어난 기축일생 중에서,

▽ 남자는 寅월, 戌월의 壬, 癸일에 태어난 여자가 가장 좋고, 子월의 戌, 未일에 태어난 여자가 가장 나쁘다.

△ 여자는 寅월, 戌월의 甲, 乙일에 태어난 남자가 가장 좋고, 子월의 戌, 未일에 태어난 남자가 가장 나쁘다.

* **未월생**……이 달에 태어난 기축일생 중에서,

▽ 남자는 亥월, 卯월의 壬, 癸일에 태어난 여자가 가장 좋고, 丑월의 戌, 未일에 태어난 여자가 가장 나쁘다.

△ 여자는 亥월, 卯월의 甲, 乙일에 태어난 남자가 가장 좋고, 丑월의 戌, 未일에 태어난 남자가 가장 나쁘다.

♠ 未월 己丑일생 남녀는 배우자와의 생이별, 과부 홀아비 운이 다른 사람에 비하여 높음.

* **申월생**……이 달에 태어난 기축일생 중에서,

▽ 남자는 子월, 辰월의 己, 丙일에 태어난 여자가 가장 좋고, 寅월의 戌, 未일에 태어난 여자가 가장 나쁘다.

△ 여자는 子월, 辰월의 己, 丙일에 태어난 남자가 가장 좋고, 寅월의 戌, 未일에 태어난 남자가 가장 나쁘다.

▲ 申월 己일생 여자는 어떤 남자를 만나서 살든, 남편과의 관계가 그다지 좋지 않을 수 있으므로 다른 사람에 비하여 침착, 절제, 겸손, 희생, 노

력이 필요함.

* **酉월생**……이 달에 태어난 기축일생 중에서,

▽ 남자는 巳월, 丑월의 己, 丙일에 태어난 여자가 가장 좋고, 卯월의 戊,
未일에 태어난 여자가 가장 나쁘다.

△ 여자는 巳월, 丑월의 己, 丙일에 태어난 남자가 가장 좋고, 卯월의 戊,
未일에 태어난 남자가 가장 나쁘다.

* **戌월생**……이 달에 태어난 기축일생 중에서,

▽ 남자는 寅월, 午월의 壬, 癸일에 태어난 여자가 가장 좋고, 辰월의 戊,
未일에 태어난 여자가 가장 나쁘다.

△ 여자는 巳월, 丑월의 甲, 乙일에 태어난 남자가 가장 좋고, 辰월의 戊,
未일에 태어난 남자가 가장 나쁘다.

▼ 戌월 己일생 남자는 어떤 여자를 만나서 살든, 아내와의 관계가 그다지
좋지 않을 수 있으므로 다른 사람에 비하여 침착, 절제, 겸손, 희생, 노
력이 필요함.

* **亥월생**……이 달에 태어난 기축일생 중에서,

▽ 남자는 卯월, 未월의 己, 丙일에 태어난 여자가 가장 좋고, 巳월의 戊,
未일에 태어난 여자가 가장 나쁘다.

△ 여자는 卯월, 未월의 己, 丙일에 태어난 남자가 가장 좋고, 巳월의 戊,
未일에 태어난 남자가 가장 나쁘다.

* **子월생**……이 달에 태어난 기축일생 중에서,

▽ 남자는 申월, 辰월의 己, 丙일에 태어난 여자가 가장 좋고, 午월의 戊,
未일에 태어난 여자가 가장 나쁘다.

△ 여자는 申월, 辰월의 己, 丙일에 태어난 남자가 가장 좋고, 午월의 戊,
未일에 태어난 남자가 가장 나쁘다.

♥ 子월 己丑일생 남녀는 노처녀 노총각이 되는 경우가 적지 않음.

* **丑월생**……이 달에 태어난 기축일생 중에서,

▽ 남자는 巳월, 酉월의 壬, 癸일에 태어난 여자가 가장 좋고, 未월의 戊,
未일에 태어난 여자가 가장 나쁘다.

△ 여자는 巳월, 酉월의 甲, 乙일에 태어난 남자가 가장 좋고, 未월의 戊,
未일에 태어난 남자가 가장 나쁘다.

27. 庚寅일생

생월을 참작하여 판단한다면

【선천운 범례】 ◎ : 대길(大吉), ○ : 중길, △ : 소길, ? : 애매함

양력월 (생월지)	선천운(숙명) (선택 여지가 적은 기본적 운세)				후 천 운(개척) (연애·결혼 상대 선택(궁합)시 참고해야 할 사항)		참고
	건강운	경제운	출세운	애정운	상대방 일간(월간)에 있으면 좋은 천간	상대방 월지(일지)에 있으면 나쁜 지지	
2(寅)	?	○	남 ○	◎	乙/庚己/戊	午未/申/巳申/巳申/申	
			여 ?	?	乙/庚己/戊	午未/申/巳申/巳申/申	
3(卯)	?	○	남 ○	◎	乙/庚己/丁	午未/酉/子/巳申/申	
			여 ?	?	乙/庚己/丁	午未/酉/子/巳申/申	
4(辰)	◎	◎	남 ○	△	乙/乙甲壬/甲	午未/戌/辰/巳申/申	
			여 ◎	◎	乙/丁丙壬/甲	午未/戌/辰/巳申/申	
5(巳)	△	△	남 ◎	?	乙/庚己/壬	午未/亥/寅申/巳申/申	
			여 ○	○	乙/庚己/壬	午未/亥/寅申/巳申/申	
6(午)	△	△	남 ◎	?	乙/庚己/壬	午未/子/午/巳申/申	
			여 ○	○	乙/庚己/壬	午未/子/午/巳申/申	
7(未)	◎	◎	남 ○	△	乙/乙甲壬/丁	午未/丑/丑戌/巳申/申	
			여 ◎	◎	乙/丁丙壬/丁	午未/丑/丑戌/巳申/申	
8(申)	○	△	남 ?	?	乙/乙甲壬/丁	午未/寅/寅巳/巳申/申	
			여 ○	?	乙/丁丙壬/丁	午未/寅/寅巳/巳申/申	
9(酉)	○	△	남 ?	?	乙/乙甲壬/丁	午未/卯/酉/巳申/申	▼酉
			여 ○	?	乙/丁丙壬/丁	午未/卯/酉/巳申/申	
10(戌)	◎	◎	남 ○	△	乙/乙甲壬/甲	午未/辰/丑未/巳申/申	
			여 ◎	◎	乙/丁丙壬/甲	午未/辰/丑未/巳申/申	
11(亥)	?	?	남 ?	○	乙/庚己/丁	午未/巳/亥/巳申/申	
			여 ?	△	乙/庚己/丁	午未/巳/亥/巳申/申	
12(子)	?	?	남 ?	○	乙/庚己/丁	午未/午/卯/巳申/申	▲子
			여 ?	△	乙/庚己/丁	午未/午/卯/巳申/申	
다음해 1월(丑)	△	?	남 ○	△	乙/乙甲壬/丙	午未/未/戌未/巳申/申	
			여 ○	?	乙/丁丙壬/丙	午未/未/戌未/巳申/申	

이 날 태어난 사람의 선천운 특기 사항

* **건강운** : 소화기 계통의 질환에 잘 걸리고, 교통 사고를 유난히 조심할 필요도 있다. 늙어서는 신경통이 심함.
* **부부운** : 남녀 어느쪽이든 잘 따지는 성격이라 불화가 잦을 염려가 있고, 배우자의 참을성 없이는 파경하기 쉽다.
* **남** : 통찰력이 뛰어나지만 변덕이 심함. 성급하고 이기적이며, 화를 잘 내는 버릇을 고쳐야만 성공함
   ▼ 이 남자는 자기 사주에 辛이나 酉가 없을수록 좋다.
* **여** : 놀라울 정도로 정렬적임. 세상 풍파를 잘 헤쳐나가고 모험적인 일을 잘 해내는 쾌활한 낙천가.
   ▲ 이 여자는 자기 사주에 癸나 子가 없을수록 좋다.
   * 일단 상호간에 동순공망 관계이면 친구, 직장 동료, 사업상의 동업자로는 열 명 다 좋다고 보아야 하지만, 부부 궁합을 볼 때에는 寅일생에 한하여 상대방 생일지지, 즉 일지(日支)에 申이나 巳가 없는 것이 좋음.
   * 그러므로 庚寅일생은 동순공망 열 명 중에서 乙酉, 丙戌, 丁亥, 戊子, 己丑, 庚寅, 辛卯, 壬辰일 생 등 8명만 좋게 보아야 함.
   * 특히 乙酉일생과는 유난히도 사이가 좋을 가능성이 높음.

태어난 달에 따른 차이점

* **寅월생**……이 달에 태어난 경인일생 중에서,
   ▽ 남자는 午월, 戌월의 庚, 己일에 태어난 여자가 가장 좋고, 申월의 巳, 申일에 태어난 여자가 가장 나쁘다.
   ◆ 이 남자 사주의 다른 기둥에 甲, 乙, 寅, 卯 중에서 아무 글자나 하나, 혹은 둘 이상 있으면 여자한테 시달릴 숙명으로 본다.
   △ 여자는 午월, 戌월의 庚, 己일에 태어난 남자가 가장 좋고, 申월의 巳, 申일에 태어난 남자가 가장 나쁘다.
* **卯월생**……이 달에 태어난 경인일생 중에서,
   ▽ 남자는 亥월, 未월의 庚, 己일에 태어난 여자가 가장 좋고, 酉월의 巳, 申일에 태어난 여자가 가장 나쁘다.
   ◆ 이 남자 사주의 다른 기둥에 甲, 乙, 寅, 卯 중에서 아무 글자나 하나,

혹은 둘 이상 있으면 여자한테 시달릴 숙명으로 본다.
△ 여자는 亥월, 未월의 庚,己일에 태어난 남자가 가장 좋고, 酉월의 巳,
申일에 태어난 남자가 가장 나쁘다.
* **辰월생**……이 달에 태어난 경인일생 중에서,
▽ 남자는 申월, 子월의 乙, 甲일에 태어난 여자가 가장 좋고, 戌월의 巳,
申일에 태어난 여자가 가장 나쁘다.
△ 여자는 申월, 子월의 丁, 丙일에 태어난 남자가 가장 좋고, 戌월의 巳,
申일에 태어난 남자가 가장 나쁘다.
* **巳월생**……이 달에 태어난 경인일생 중에서,
▽ 남자는 酉월, 丑월의 庚, 己일에 태어난 여자가 가장 좋고, 亥월의 巳,
申일에 태어난 여자가 가장 나쁘다.
△ 여자는 酉월, 丑월의 庚, 己일에 태어난 남자가 가장 좋고, 亥월의 巳,
申일에 태어난 남자가 가장 나쁘다.
* **午월생**…… 이 달에 태어난 경인일생 중에서,
▽ 남자는 寅월, 戌월의 庚, 己일에 태어난 여자가 가장 좋고, 子월의 巳,
申일에 태어난 여자가 가장 나쁘다.
△ 여자는 寅월, 戌월의 庚, 己일에 태어난 남자가 가장 좋고, 子월의 巳,
申일에 태어난 남자가 가장 나쁘다.
* **未월생**……이 달에 태어난 경인일생 중에서,
▽ 남자는 亥월, 卯월의 乙, 甲일에 태어난 여자가 가장 좋고, 丑월의 巳,
申일에 태어난 여자가 가장 나쁘다.
△ 여자는 亥월, 卯월의 丁, 丙일에 태어난 남자가 가장 좋고, 丑월의 巳,
申일에 태어난 남자가 가장 나쁘다.
* **申월생**……이 달에 태어난 경인일생 중에서,
▽ 남자는 子월, 辰월의 乙, 甲일에 태어난 여자가 가장 좋고, 寅월의 巳,
申일에 태어난 여자가 가장 나쁘다.
△ 여자는 子월, 辰월의 丁, 丙일에 태어난 남자가 가장 좋고, 寅월의 巳,
申일에 태어난 남자가 가장 나쁘다.
♠ 申월 庚寅일생 남녀는 배우자와의 생이별, 과부 홀아비 운이 다른 사람
에 비하여 높음.
* **酉월생**……이 달에 태어난 경인일생 중에서,

▽ 남자는 巳월, 丑월의 乙, 甲일에 태어난 여자가 가장 좋고, 卯월의 巳, 申일에 태어난 여자가 가장 나쁘다.

△ 여자는 巳월, 丑월의 丁, 丙일에 태어난 남자가 가장 좋고, 卯월의 巳, 申일에 태어난 남자가 가장 나쁘다.

▼ 酉월 庚일생 남자는 어떤 여자를 만나서 살든, 아내와의 관계가 그다지 좋지 않을 수 있으므로 다른 사람에 비하여 침착, 절제, 겸손, 희생, 노력이 필요함.

* **戌월생**……이 달에 태어난 경인일생 중에서,

▽ 남자는 寅월, 午월의 乙, 甲일에 태어난 여자가 가장 좋고, 辰월의 巳, 申일에 태어난 여자가 가장 나쁘다.

△ 여자는 巳월, 丑월의 丁, 丙일에 태어난 남자가 가장 좋고, 辰월의 巳, 申일에 태어난 남자가 가장 나쁘다.

* **亥월생**……이 달에 태어난 경인일생 중에서,

▽ 남자는 卯월, 未월의 庚, 己일에 태어난 여자가 가장 좋고, 巳월의 巳, 申일에 태어난 여자가 가장 나쁘다.

△ 여자는 卯월, 未월의 庚, 己일에 태어난 남자가 가장 좋고, 巳월의 巳, 申일에 태어난 남자가 가장 나쁘다.

♥ 亥월 庚寅일생 남녀는 노처녀 노총각이 되는 경우가 적지 않음.

* **子월생**……이 달에 태어난 경인일생 중에서,

▽ 남자는 申월, 辰월의 庚, 己일에 태어난 여자가 가장 좋고, 午월의 巳, 申일에 태어난 여자가 가장 나쁘다.

△ 여자는 申월, 辰월의 庚, 己일에 태어난 남자가 가장 좋고, 午월의 巳, 申일에 태어난 남자가 가장 나쁘다.

▲ 子월 庚일생 여자는 어떤 남자를 만나서 살든, 남편과의 관계가 그다지 좋지 않을 수 있으므로 다른 사람에 비하여 침착, 절제, 겸손, 희생, 노력이 필요함.

* **丑월생**……이 달에 태어난 경인일생 중에서,

▽ 남자는 巳월, 酉월의 乙, 甲일에 태어난 여자가 가장 좋고, 未월의 巳, 申일에 태어난 여자가 가장 나쁘다.

△ 여자는 巳월, 酉월의 丁, 丙일에 태어난 남자가 가장 좋고, 未월의 巳, 申일에 태어난 남자가 가장 나쁘다.

28. 辛卯일생

생월을 참작하여 판단한다면

【선천운 범례】 ◎ : 대길(大吉), ○ : 중길, △ : 소길, ? : 애매함

양력월 (생월지)	선천운(숙명) (선택 여지가 적은 기본적 운세)				후 천 운(개척) (연애·결혼 상대 선택(궁합)시 참고해야 할 사항)		참고
	건강운	경제운	출세운	애정운	상대방 일간(월간)에 있으면 좋은 천간	상대방 월지(일지)에 있으면 나쁜 지지	
2(寅)	?	◎	남 ○	◎	丙/辛戊/己	午未/申/巳申/子/酉	
			여 ?	?	丙/辛戊/己	午未/申/巳申/子/酉	
3(卯)	?	◎	남 ○	◎	丙/辛戊/壬	午未/酉/子/子/酉	
			여 ?	?	丙/辛戊/壬	午未/酉/子/子/酉	
4(辰)	◎	○	남 ?	△	丙/甲乙癸/壬	午未/戌/辰/子/酉	
			여 ○	○	丙/丙丁癸/壬	午未/戌/辰/子/酉	
5(巳)	△	?	남 ◎	?	丙/辛戊/壬	午未/亥/寅申/子/酉	
			여 ◎	◎	丙/辛戊/壬	午未/亥/寅申/子/酉	
6(午)	△	?	남 ◎	?	丙/辛戊/壬	午未/子/午/子/酉	
			여 ◎	◎	丙/辛戊/壬	午未/子/午/子/酉	
7(未)	◎	○	남 ?	?	丙/甲乙癸/壬	午未/丑/丑戌/子/酉	
			여 ○	○	丙/丙丁癸/壬	午未/丑/丑戌/子/酉	
8(申)	?	?	남 △	△	丙/甲乙癸/壬	午未/寅/寅巳/子/酉	▼申
			여 ?	△	丙/丙丁癸/壬	午未/寅/寅巳/子/酉	
9(酉)	?	?	남 △	△	丙/甲乙癸/壬	午未/卯/酉/子/酉	
			여 ?	△	丙/丙丁癸/壬	午未/卯/酉/子/酉	
10(戌)	◎	○	남 ○	?	丙/甲乙癸/壬	午未/辰/丑未/子/酉	
			여 ◎	○	丙/丙丁癸/壬	午未/辰/丑未/子/酉	
11(亥)	△	○	남 △	○	丙/辛戊/壬	午未/巳/亥/子/酉	▲亥
			여 △	?	丙/辛戊/壬	午未/巳/亥/子/酉	
12(子)	△	○	남 △	○	丙/辛戊/丙	午未/午/卯/子/酉	
			여 △	?	丙/辛戊/丙	午未/午/卯/子/酉	
다음해 1월(丑)	○	?	남 ?	△	丙/甲乙癸/丙	午未/未/戌未/子/酉	
			여 △	△	丙/丙丁癸/丙	午未/未/戌未/子/酉	

이 날 태어난 사람의 선천운 특기 사항

* **건강운** : 잔병은 별로 없는 대신 기관지, 폐, 대장, 간장, 쓸개 관련 질병은 조신할 필요가 있다.

* **부부운** : 보통 이상의 원만한 가정을 유지할 수 있다. 월주나 시주에 酉,子가 없어야만 부부해로 확률이 높다..

* **남** : 단순하고 외곬임. 자기 주장이 강하여 협조성이 부족. 술과 식도락을 즐기며 여자를 잘 밝힘.

   ▼ 이 남자는 자기 사주에 庚이나 申이 없을수록 좋다.

* **여** : 정에 약하고 변덕스러우나 본바탕은 착함. 고집불통인 것이 흠이나 직업 여성으로는 성공.

   ▲ 이 여자는 자기 사주에 壬이나 亥가 없을수록 좋다.

   * 일단 상호간에 동순공망 관계이면 친구, 직장 동료, 사업상의 동업자로는 열 명 다 좋다고 보아야 하지만, 부부 궁합을 볼 때에는 卯일생에 한하여 상대방 생일지지, 즉 일지(日支)에 酉나 子가 없는 것이 좋음.

   * 그러므로 辛卯일생은 동순공망 열 명 중에서 甲申, 丙戌, 丁亥, 己丑, 庚寅, 辛卯, 壬辰, 癸巳일생 등 8명만 좋게 보아야 함.

   * 특히 丙戌일생과는 유난히도 사이가 좋을 가능성이 높음.

태어난 달에 따른 차이점

* **寅월생**……이 달에 태어난 신묘일생 중에서

   ▽ 남자는 午월, 戌월의 辛, 戊일에 태어난 여자가 가장 좋고, 申월의 子일에 태어난 여자가 가장 나쁘다.

   ◆ 이 남자 사주의 다른 기둥에 甲, 乙, 寅, 卯 중에서 아무 글자나 하나, 혹은 둘 이상 있으면 여자한테 시달릴 숙명으로 본다.

   △ 여자는 午월, 戌월의 辛, 戊일에 태어난 남자가 가장 좋고, 申월의 子일에 태어난 남자가 가장 나쁘다.

* **卯월생**……이 달에 태어난 신묘일생 중에서,

   ▽ 남자는 亥월, 未월의 辛, 戊일에 태어난 여자가 가장 좋고, 酉월의 子일에 태어난 여자가 가장 나쁘다.

   ◆ 이 남자 사주의 다른 기둥에 甲, 乙, 寅, 卯 중에서 아무 글자나 하나,

혹은 둘 이상 있으면 여자한테 시달릴 숙명으로 본다.
△ 여자는 亥월, 未월의 辛, 戊일에 태어난 남자가 가장 좋고, 酉월의 子일
　에 태어난 남자가 가장 나쁘다.

* 辰월생……이 달에 태어난 신묘일생 중에서,
▽ 남자는 申월, 子월의 甲, 乙일에 태어난 여자가 가장 좋고, 戌월의 子일
　에 태어난 여자가 가장 나쁘다.
△ 여자는 申월, 子월의 丙, 丁일에 태어난 남자가 가장 좋고, 戌월의 子일
　에 태어난 남자가 가장 나쁘다.

* 巳월생……이 달에 태어난 신묘일생 중에서,
▽ 남자는 酉월, 丑월의 辛, 戊일에 태어난 여자가 가장 좋고, 亥월의 子일
　에 태어난 여자가 가장 나쁘다.
△ 여자는 酉월, 丑월의 辛, 戊일에 태어난 남자가 가장 좋고, 亥월의 子일
　에 태어난 남자가 가장 나쁘다.

* 午월생…… 이 달에 태어난 신묘일생 중에서,
▽ 남자는 寅월, 戌월의 辛, 戊일에 태어난 여자가 가장 좋고, 子월의 子일
　에 태어난 여자가 가장 나쁘다.
△ 여자는 寅월, 戌월의 辛, 戊일에 태어난 남자가 가장 좋고, 子월의 子일
　에 태어난 남자가 가장 나쁘다.

* 未월생……이 달에 태어난 신묘일생 중에서,
▽ 남자는 亥월, 卯월의 甲, 乙일에 태어난 여자가 가장 좋고, 丑월의 子일
　에 태어난 여자가 가장 나쁘다.
△ 여자는 亥월, 卯월의 丙, 丁일에 태어난 남자가 가장 좋고, 丑월의 子일
　에 태어난 남자가 가장 나쁘다.

* 申월생……이 달에 태어난 신묘일생 중에서,
▽ 남자는 子월, 辰월의 甲, 乙일에 태어난 여자가 가장 좋고, 寅월의 子일
　에 태어난 여자가 가장 나쁘다.
△ 여자는 子월, 辰월의 丙, 丁일에 태어난 남자가 가장 좋고, 寅월의 子일
　에 태어난 남자가 가장 나쁘다.
▼ 申월 辛일생 남자는 어떤 여자를 만나서 살든, 아내와의 관계가 그다지
　좋지 않을 수 있으므로 다른 사람에 비하여 침착, 절제, 겸손, 희생, 노
　력이 필요함.

* **酉월생**……이 달에 태어난 신묘일생 중에서,

▽ 남자는 巳월, 丑월의 甲, 乙일에 태어난 여자가 가장 좋고, 卯월의 子일
에 태어난 여자가 가장 나쁘다.

△ 여자는 巳월, 丑월의 丙, 丁일에 태어난 남자가 가장 좋고, 卯월의 子일
에 태어난 남자가 가장 나쁘다.

♠ 酉월 辛卯일생 남녀는 배우자와의 생이별, 과부 홀아비 운이 다른 사람
에 비하여 높음.

* **戌월생**……이 달에 태어난 신묘일생 중에서,

▽ 남자는 寅월, 午월의 甲, 乙일에 태어난 여자가 가장 좋고, 辰월의 子일
에 태어난 여자가 가장 나쁘다.

△ 여자는 巳월, 丑월의 丙, 丁일에 태어난 남자가 가장 좋고, 辰월의 子일
에 태어난 남자가 가장 나쁘다.

♥ 戌월 辛卯일생 남녀는 노처녀 노총각이 되는 경우가 적지 않음.

* **亥월생**……이 달에 태어난 신묘일생 중에서,

▽ 남자는 卯월, 未월의 辛, 戊일에 태어난 여자가 가장 좋고, 巳월의 子일
에 태어난 여자가 가장 나쁘다.

△ 여자는 卯월, 未월의 辛, 戊일에 태어난 남자가 가장 좋고, 巳월의 子일
에 태어난 남자가 가장 나쁘다.

▲ 亥월 辛일생 여자는 어떤 남자를 만나서 살든, 남편과의 관계가 그다지
좋지 않을 수 있으므로 다른 사람에 비하여 침착, 절제, 겸손, 희생, 노
력이 필요함.

* **子월생**……이 달에 태어난 신묘일생 중에서,

▽ 남자는 申월, 辰월의 辛, 戊일에 태어난 여자가 가장 좋고, 午월의 子일
에 태어난 여자가 가장 나쁘다.

△ 여자는 申월, 辰월의 辛, 戊일에 태어난 남자가 가장 좋고, 午월의 子일
에 태어난 남자가 가장 나쁘다.

* **丑월생**……이 달에 태어난 신묘일생 중에서,

▽ 남자는 巳월, 酉월의 甲, 乙일에 태어난 여자가 가장 좋고, 未월의 子일
에 태어난 여자가 가장 나쁘다.

△ 여자는 巳월, 酉월의 丙, 丁일에 태어난 남자가 가장 좋고, 未월의 子일
에 태어난 남자가 가장 나쁘다.

29. 壬辰일생

생월을 참작하여 판단한다면

【선천운 범례】 ◎ : 대길(大吉), ○ : 중길, △ : 소길, ? : 애매함

양력월 (생월지)	선천운(숙명) (선택 여지가 적은 기본적 운세)				후 천 운(개척) (연애·결혼 상대 선택(궁합)시 참고해야 할 사항)		참고
	건강운	경제운	출세운	애정운	상대방 일간(월간)에 있으면 좋은 천간	상대방 월지(일지)에 있으면 나쁜 지지	
2(寅)	?	?	남 ?	○	丁/壬辛/庚	午未/申/巳申/辰/戌	
			여 ?	?	丁/壬辛/庚	午未/申/巳申/辰/戌	
3(卯)	?	?	남 ?	○	丁/壬辛/戊	午未/酉/子/辰/戌	
			여 ?	?	丁/壬辛/戊	午未/酉/子/辰/戌	
4(辰)	?	△	남 ◎	△	丁/壬辛/甲	午未/戌/辰/辰/戌	●
			여 ○	○	丁/壬辛/甲	午未/戌/辰/辰/戌	
5(巳)	△	◎	남 ○	◎	丁/壬辛/壬	午未/亥/寅申/辰/戌	
			여 ◎	○	丁/壬辛/壬	午未/亥/寅申/辰/戌	
6(午)	△	◎	남 ○	◎	丁/壬辛/癸	午未/子/午/辰/戌	
			여 ◎	○	丁/壬辛/癸	午未/子/午/辰/戌	
7(未)	?	△	남 ◎	△	丁/壬辛/辛	午未/丑/丑戌/辰/戌	●
			여 ◎	◎	丁/壬辛/辛	午未/丑/丑戌/辰/戌	
8(申)	◎	?	남 △	?	丁/丁丙甲/戊	午未/寅/寅巳/辰/戌	
			여 △	△	丁/己戊甲/戊	午未/寅/寅巳/辰/戌	
9(酉)	◎	?	남 △	?	丁/丁丙甲/甲	午未/卯/酉/辰/戌	
			여 △	△	丁/己戊甲/甲	午未/卯/酉/辰/戌	
10(戌)	?	△	남 ◎	△	丁/丁丙甲/甲	午未/辰/丑未/辰/戌	●
			여 ◎	◎	丁/己戊甲/甲	午未/辰/丑未/辰/戌	
11(亥)	○	△	남 ?	?	丁/丁丙甲/戊	午未/巳/亥/辰/戌	
			여 ?	?	丁/己戊甲/戊	午未/巳/亥/辰/戌	
12(子)	○	△	남 ?	?	丁/丁丙甲/戊	午未/午/卯/辰/戌	
			여 ?	?	丁/己戊甲/戊	午未/午/卯/辰/戌	
다음해 1월(丑)	?	?	남 ?	△	丁/壬辛/丙	午未/未/戌未/辰/戌	●
			여 ○	○	丁/壬辛/丙	午未/未/戌未/辰/戌	

이 날 태어난 사람의 선천운 특기 사항

* **건강운** : 대체로 건강체이지만 戊, 己, 辰, 戌, 丑, 未가 많으면 단명하거나 불구자가 될 우려. 사고를 잘 일으키는 체질.
여자 중에는 병약자가 가끔 있음.
* **부부운** : 부부 사이가 좋지 않은 경우가 많다. 생이별이나 사별이 우려된다.
* **남** : 상대방을 거슬려 양보없이 자기 뜻만을 관철하려는 경향이 있음. 끈기가 강하여 자수성가함.
  ▼ 이 남자는 자기 사주에 癸나 子가 없을수록 좋다.
* **여** : 겸손하면서도 완고한 구석이 있다. 냉정하고 인내심 강하며 사람을 통찰하는 능력이 비범하다.
  ▲ 이 여자는 자기 사주에 乙이나 卯가 없을수록 좋다.
  * 일단 상호간에 동순공망 관계이면 친구, 직장 동료, 사업상의 동업자로는 열 명 다 좋다고 보아야 하지만, 부부 궁합을 볼 때에는 辰일생에 한하여 상대방 생일지지, 즉 일지(日支)에 戌이나 辰이 없는 것이 좋음.
  * 그러므로 壬辰일생은 동순공망 열 명 중에서 甲申, 乙酉, 丁亥, 戊子, 己丑, 庚寅, 辛卯, 癸巳일생 등 8명만 좋게 보아야 함.
  * 특히 丁亥일생과는 유난히도 사이가 좋을 가능성이 높음.

태어난 달에 따른 차이점

* **寅월생**……이 달에 태어난 임진일생 중에서
  ▽ 남자는 午월, 戌월의 壬, 辛일에 태어난 여자가 가장 좋고, 申월의 辰일에 태어난 여자가 가장 나쁘다.
  △ 여자는 午월, 戌월의 壬, 辛일에 태어난 남자가 가장 좋고, 申월의 辰일에 태어난 남자가 가장 나쁘다.
  * 寅월 임신일생 남녀는 배우자와의 생이별, 과부 홀아비 운이 다른 사람에 비하여 높음.
* **卯월생**……이 달에 태어난 임진일생 중에서,
  ▽ 남자는 亥월, 未월의 壬, 辛일에 태어난 여자가 가장 좋고, 酉월의 辰일에 태어난 여자가 가장 나쁘다.

△ 여자는 亥월, 未월의 壬, 辛일에 태어난 남자가 가장 좋고, 酉월의 辰일
에 태어난 남자가 가장 나쁘다.

▲ 卯월 壬일생 여자는 어떤 남자를 만나서 살든, 남편과의 관계가 그다지
좋지 않을 수 있으므로 다른 사람에 비하여 침착, 절제, 겸손, 희생, 노
력이 필요함.

* 辰월생……이 달에 태어난 임진일생 중에서,

▽ 남자는 申월, 子월의 壬, 辛일에 태어난 여자가 가장 좋고, 戌월의 辰일
에 태어난 여자가 가장 나쁘다.

△ 여자는 申월, 子월의 壬, 辛일에 태어난 남자가 가장 좋고, 戌월의 辰일
에 태어난 남자가 가장 나쁘다.

* 巳월생……이 달에 태어난 임진일생 중에서,

▽ 남자는 酉월, 丑월의 壬, 辛일에 태어난 여자가 가장 좋고, 亥월의 辰일
에 태어난 여자가 가장 나쁘다.

△ 여자는 酉월, 丑월의 壬, 辛일에 태어난 남자가 가장 좋고, 亥월의 辰일
에 태어난 남자가 가장 나쁘다.

* 巳월 임신일생 남녀는 노처녀 노총각이 되는 경우가 적지 않음.

* 午월생…… 이 달에 태어난 임진일생 중에서,

▽ 남자는 寅월, 戌월의 壬, 辛일에 태어난 여자가 가장 좋고, 子월의 辰일
에 태어난 여자가 가장 나쁘다.

△ 여자는 寅월, 戌월의 壬, 辛일에 태어난 남자가 가장 좋고, 子월의 辰일
에 태어난 남자가 가장 나쁘다.

* 未월생……이 달에 태어난 임진일생 중에서,

▽ 남자는 亥월, 卯월의 壬, 辛일에 태어난 여자가 가장 좋고, 丑월의 辰일
에 태어난 여자가 가장 나쁘다.

△ 여자는 亥월, 卯월의 壬, 辛일에 태어난 남자가 가장 좋고, 丑월의 辰일
에 태어난 남자가 가장 나쁘다.

* 申월생……이 달에 태어난 임진일생 중에서,

▽ 남자는 子월, 辰월의 丁, 丙일에 태어난 여자가 가장 좋고, 寅월의 辰일
에 태어난 여자가 가장 나쁘다.

△ 여자는 子월, 辰월의 己, 戊일에 태어난 남자가 가장 좋고, 寅월의 辰일
에 태어난 남자가 가장 나쁘다.

* **酉월생**······이 달에 태어난 임진일생 중에서,
  ▽ 남자는 巳월, 丑월의 丁, 丙일에 태어난 여자가 가장 좋고, 卯월의 辰일에 태어난 여자가 가장 나쁘다.
  △ 여자는 巳월, 丑월의 己, 戊일에 태어난 남자가 가장 좋고, 卯월의 辰일에 태어난 남자가 가장 일에 태어난 남자가 가장 나쁘다.
  ♥ 酉월 壬辰일생 남녀는 노처녀 노총각이 되는 경우가 적지 않음.
* **戌월생**······이 달에 태어난 임진일생 중에서,
  ▽ 남자는 寅월, 午월의 丁, 丙일에 태어난 여자가 가장 좋고, 辰월의 辰일에 태어난 여자가 가장 나쁘다.
  △ 여자는 巳월, 丑월의 己, 戊일에 태어난 남자가 가장 좋고, 辰월의 辰일에 태어난 남자가 가장 나쁘다.
  ♠ 戌월 壬辰일생 남녀는 배우자와의 생이별, 과부 홀아비 운이 다른 사람에 비하여 높음.
* **亥월생**······이 달에 태어난 임진일생 중에서,
  ▽ 남자는 卯월, 未월의 丁, 丙일에 태어난 여자가 가장 좋고, 巳월의 辰일에 태어난 여자가 가장 나쁘다.
  △ 여자는 卯월, 未월의 己, 戊일에 태어난 남자가 가장 좋고, 巳월의 辰일에 태어난 남자가 가장 나쁘다.
* **子월생**······이 달에 태어난 임진일생 중에서,
  ▽ 남자는 申월, 辰월의 丁, 丙일에 태어난 여자가 가장 좋고, 午월의 辰일에 태어난 여자가 가장 나쁘다.
  △ 여자는 申월, 辰월의 己, 戊일에 태어난 남자가 가장 좋고, 午월의 辰일에 태어난 남자가 가장 나쁘다.
  ▼ 子월 壬일생 남자는 어떤 여자를 만나서 살든, 아내와의 관계가 그다지 좋지 않을 수 있으므로 다른 사람에 비하여 침착, 절제, 겸손, 희생, 노력이 필요함.
* **丑월생**······이 달에 태어난 임진일생 중에서,
  ▽ 남자는 巳월, 酉월의 壬, 辛일에 태어난 여자가 가장 좋고, 未월의 辰일에 태어난 여자가 가장 나쁘다.
  △ 여자는 巳월, 酉월의 壬, 辛일에 태어난 남자가 가장 좋고, 未월의 辰일에 태어난 남자가 가장 나쁘다.

30. 癸巳일생

생월을 참작하여 판단한다면

【선천운 범례】 ◎ : 대길(大吉),　○ : 중길,　△ : 소길,　? : 애매함

양력월 (생월지)	선천운(숙명) (선택 여지가 적은 기본적 운세)				후 천 운(개척) (연애 · 결혼 상대 선택(궁합)시 참고해야 할 사항)		참고
	건강운	경제운	출세운	애정운	상대방 일간(월간)에 있으면 좋은 천간	상대방 월지(일지)에 있으면 나쁜 지지	
2(寅)	?	○	남 ?	○	戊/癸庚/辛	午未/申/巳申/寅申/亥	
			여 ?	?	戊/癸庚/辛	午未/申/巳申/寅申/亥	
3(卯)	?	○	남 ?	◎	戊/癸庚/庚	午未/酉/子/寅申/亥	
			여 ?	?	戊/癸庚/庚	午未/酉/子/寅申/亥	
4(辰)	△	△	남 ○	?	戊/癸庚/丙	午未/戌/辰/寅申/亥	
			여 ○	◎	戊/癸庚/丙	午未/戌/辰/寅申/亥	
5(巳)	△	◎	남 ◎	◎	戊/癸庚/庚	午未/亥/寅申/寅申/亥	
			여 ◎	○	戊/癸庚/庚	午未/亥/寅申/寅申/亥	
6(午)	△	◎	남 ◎	◎	戊/癸庚/庚	午未/子/午/寅申/亥	
			여 ◎	◎	戊/癸庚/庚	午未/子/午/寅申/亥	
7(未)	?	○	남 ◎	△	戊/癸庚/庚	午未/丑/丑戌/寅申/亥	
			여 ◎	◎	戊/癸庚/庚	午未/丑/丑戌/寅申/亥	
8(申)	◎	?	남 △	?	戊/丙丁乙/丁	午未/寅/寅巳/寅申/亥	
			여 △	△	戊/戊己乙/丁	午未/寅/寅巳/寅申/亥	
9(酉)	◎	?	남 △	?	戊/丙丁乙/辛	午未/卯/酉/寅申/亥	
			여 △	△	戊/戊己乙/辛	午未/卯/酉/寅申/亥	
10(戌)	?	△	남 ○	?	戊/丙丁乙/辛	午未/辰/丑未/寅申/亥	
			여 ○	◎	戊/戊己乙/辛	午未/辰/丑未/寅申/亥	
11(亥)	○	?	남 ?	△	戊/丙丁乙/庚	午未/巳/亥/寅申/亥	
			여 ?	?	戊/戊己乙/庚	午未/巳/亥/寅申/亥	
12(子)	○	?	남 ?	△	戊/丙丁乙/丙	午未/午/卯/寅申/亥	
			여 ?	?	戊/戊己乙/丙	午未/午/卯/寅申/亥	
다음해 1월(丑)	?	△	남 ○	△	戊/癸庚/丙	午未/未/戌未/寅申/亥	
			여 ○	△	戊/癸庚/丙	午未/未/戌未/寅申/亥	

이 날 태어난 사람의 선천운 특기 사항

* **건강운** : 신장이 약하고 고열병(전염병)에 걸리는 수가 있다. 시력이 일찍 약해지고, 성병에 걸리면 고치기가 어렵다. 알콜 중독 경우 많음.
* **부부운** : 남자인 경우 丙, 丁, 巳, 午가 사주에 많으면 아내에게 심하게 시달릴 우려가 있다. 여자는 부부 해로할 운.
* **남** : 상상력과 기획력이 우수하다. 중년기까지는 고생이 많겠지만 노년기에 한 가지 일에 집중하면 성공적인 인생을 만끽할 수 있다.

  ▼ 이 남자는 자기 사주에 壬이나 亥가 없을수록 좋다.
* **여** : 밝고 소탈한 성격이라 누구에게나 친절함. 경제 관념이 야무진, 전형적인 가정 주부로 성공.

  ▲ 이 여자는 자기 사주에 甲이나 寅이 없을수록 좋다.

  * 이 날 태어난 사람 중에는 말실수로 낭패를 당하거나 오해를 받는 일이 평생 중요한 고비에 몇 번 있는 경우가 있다.
  * 상대방 생일지지, 즉 일지(日支)에 亥나 寅, 申이 없는 것이 좋음.
  * 그러므로 癸巳일생은 동순공망 열 명 중에서 乙酉, 丙戌, 戊子, 己丑, 辛卯, 壬辰, 癸巳일생 등 7명만 좋게 보아야 함.
  * 특히 戊子일생과는 유난히도 사이가 좋을 가능성이 높음.

태어난 달에 따른 차이점

* **寅월생**……이 달에 태어난 계사일생 중에서
  ▽ 남자는 午월, 戌월의 癸, 庚일에 태어난 여자가 가장 좋고, 申월의 寅, 申일에 태어난 여자가 가장 나쁘다.
  △ 여자는 午월, 戌월의 癸, 庚일에 태어난 남자가 가장 좋고, 申월의 寅, 申일에 태어난 남자가 가장 나쁘다.
  ▲ 寅월 癸일생 여자는 어떤 남자를 만나서 살든, 남편과의 관계가 그다지 좋지 않을 수 있다. 침착, 절제, 겸손, 희생, 노력이 필요함.
* **卯월생**……이 달에 태어난 계사일생 중에서,
  ▽ 남자는 亥월, 未월의 癸, 庚일에 태어난 여자가 가장 좋고, 酉월의 寅, 申일에 태어난 여자가 가장 나쁘다.
  △ 여자는 亥월, 未월의 癸, 庚일에 태어난 남자가 가장 좋고, 酉월의 寅,

申일에 태어난 남자가 가장 나쁘다.

* **辰월생**……이 달에 태어난 계사일생 중에서,
  ▽ 남자는 申월, 子월의 癸, 庚일에 태어난 여자가 가장 좋고, 戌월의 寅, 申일에 태어난 여자가 가장 나쁘다.
  △ 여자는 申월, 子월의 癸, 庚일에 태어난 남자가 가장 좋고, 戌월의 寅, 申일에 태어난 남자가 가장 나쁘다.

* **巳월생**……이 달에 태어난 계사일생 중에서,
  ▽ 남자는 酉월, 丑월의 癸, 庚일에 태어난 여자가 가장 좋고, 亥월의 寅, 申일에 태어난 여자가 가장 나쁘다.
  ◆ 이 남자 사주의 다른 기둥에 丙, 丁, 巳, 午 중에서 아무 글자나 하나, 혹은 둘 이상 있으면 여자한테 시달릴 숙명으로 본다.
  △ 여자는 酉월, 丑월의 癸, 庚일에 태어난 남자가 가장 좋고, 亥월의 寅, 申일에 태어난 남자가 가장 나쁘다.

* **午월생**……이 달에 태어난 계사일생 중에서,
  ▽ 남자는 寅월, 戌월의 癸, 庚일에 태어난 여자가 가장 좋고, 子월의 寅, 申일에 태어난 여자가 가장 나쁘다.
  ◆ 이 남자 사주의 다른 기둥에 丙, 丁, 巳, 午 중에서 아무 글자나 하나, 혹은 둘 이상 있으면 돈복도 없는 편이다. 확률이 높다.
  △ 여자는 寅월, 戌월의 癸, 庚일에 태어난 남자가 가장 좋고, 子월의 寅, 申일에 태어난 남자가 가장 나쁘다.

* **未월생**……이 달에 태어난 계사일생 중에서,
  ▽ 남자는 亥월, 卯월의 癸, 庚일에 태어난 여자가 가장 좋고, 丑월의 寅, 申일에 태어난 여자가 가장 나쁘다.
  △ 여자는 亥월, 卯월의 癸, 庚일에 태어난 남자가 가장 좋고, 丑월의 寅, 申일에 태어난 남자가 가장 나쁘다.

* **申월생**……이 달에 태어난 계사일생 중에서,
  ▽ 남자는 子월, 辰월의 丙, 丁일에 태어난 여자가 가장 좋고, 寅월의 寅, 申일에 태어난 여자가 가장 나쁘다.
  △ 여자는 子월, 辰월의 戊, 己일에 태어난 남자가 가장 좋고, 寅월의 寅, 申일에 태어난 남자가 가장 나쁘다.
  ♥ 申월 癸巳일생 남녀는 노처녀 노총각이 되는 경우가 적지 않음.

* **酉월생**······이 달에 태어난 계사일생 중에서,
  ▽ 남자는 巳월, 丑월의 丙, 丁일에 태어난 여자가 가장 좋고, 卯월의 寅,
  申일에 태어난 여자가 가장 나쁘다.
  △ 여자는 巳월, 丑월의 戊, 己일에 태어난 남자가 가장 좋고, 卯월의 寅,
  申일에 태어난 남자가 가장 나쁘다.
* **戌월생**······이 달에 태어난 계사일생 중에서,
  ▽ 남자는 寅월, 午월의 丙, 丁일에 태어난 여자가 가장 좋고, 辰월의 寅,
  申일에 태어난 여자가 가장 나쁘다.
  △ 여자는 巳월, 丑월의 戊, 己일에 태어난 남자가 가장 좋고, 辰월의 寅,
  申일에 태어난 남자가 가장 나쁘다.
* **亥월생**······이 달에 태어난 계사일생 중에서,
  ▽ 남자는 卯월, 未월의 丙, 丁일에 태어난 여자가 가장 좋고, 巳월의 寅,
  申일에 태어난 여자가 가장 나쁘다.
  △ 여자는 卯월, 未월의 戊, 己일에 태어난 남자가 가장 좋고, 巳월의 寅,
  申일에 태어난 남자가 가장 나쁘다.
  ♠ 亥월 癸巳일생 남녀는 배우자와의 생이별, 과부 홀아비 운이 다른 사람
  에 비하여 높음.
  ▼ 亥월 癸일생 남자는 어떤 여자를 만나서 살든, 아내와의 관계가 그다지
  좋지 않을 수 있으므로 다른 사람에 비하여 침착, 절제, 겸손, 희생, 노
  력이 필요함.
* **子월생**······이 달에 태어난 계사일생 중에서,
  ▽ 남자는 申월, 辰월의 丙, 丁일에 태어난 여자가 가장 좋고, 午월의 寅,
  申일에 태어난 여자가 가장 나쁘다.
  △ 여자는 申월, 辰월의 戊, 己일에 태어난 남자가 가장 좋고, 午월의 寅,
  申일에 태어난 남자가 가장 나쁘다.
* **丑월생**······이 달에 태어난 계사일생 중에서,
  ▽ 남자는 巳월, 酉월의 癸, 庚일에 태어난 여자가 가장 좋고, 未월의 寅,
  申일에 태어난 여자가 가장 나쁘다.
  △ 여자는 巳월, 酉월의 癸, 庚일에 태어난 남자가 가장 좋고, 未월의 寅,
  申일에 태어난 남자가 가장 나쁘다.

갑오순(甲午旬) 인생

甲午　乙未　丙申　丁酉　戊戌
己亥　庚子　辛丑　壬寅　癸卯

위의 열흘 동안에 태어난 사람들끼리는 똑같이 진(辰)과 사(巳)가 공망이 되는 동순공망(同旬空亡)의 인생들이다.

이들은 학교 친구나 직장 친구, 교제 대상의 이성, 또는 부부든 간에 서로 마음이 통하여 사이좋게 지낼 수 있는 운명을 타고난 동질성 그룹이라 볼 수 있다. 중요시하여야 할 궁합 판단 기준이다.

단, 이들 열 명끼리의 조합에서 개인별 생일에 따라 한 명 내지 세 명 정도가 예외가 될 수 있다.

　* 각자의 생일 해설란에 정리되어 있음.

31. 甲午일생

생월을 참작하여 판단한다면

【선천운 범례】 ◎ : 대길(大吉), ○ : 중길, △ : 소길, ? : 애매함

양력월 (생월지)	선천운(숙명) (선택 여지가 적은 기본적 운세)				후 천 운(개척) (연애·결혼 상대 선택(궁합)시 참고해야 할 사항)		참고
	건강운	경제운	출세운	애정운	상대방 일간(월간)에 있으면 좋은 천간	상대방 월지(일지)에 있으면 나쁜 지지	
2(寅) 남	?	△	?	?	己/己戊丙/丙	辰巳/申/巳申/午/子	
2(寅) 여			?	?	己/辛庚丙/丙	辰巳/申/巳申/午/子	
3(卯) 남	?	△	?	?	己/己戊丙/庚	辰巳/酉/子/午/子	▼卯
3(卯) 여			?	?	己/辛庚丙/庚	辰巳/酉/子/午/子	
4(辰) 남	△	◎	◎	◎	己/甲癸/庚	辰巳/戌/辰/午/子	
4(辰) 여			◎	◎	己/甲癸/庚	辰巳/戌/辰/午/子	
5(巳) 남	?	○	◎	○	己/甲癸/癸	辰巳/亥/寅申/午/子	
5(巳) 여			◎	○	己/甲癸/癸	辰巳/亥/寅申/午/子	
6(午) 남	?	○	◎	○	己/甲癸/癸	辰巳/子/午/午/子	▲午
6(午) 여			◎	○	己/甲癸/癸	辰巳/子/午/午/子	
7(未) 남	△	◎	◎	◎	己/甲癸/癸	辰巳/丑/丑戌/午/子	
7(未) 여			◎	◎	己/甲癸/癸	辰巳/丑/丑戌/午/子	
8(申) 남	○	?	△	?	己/甲癸/庚	辰巳/寅/寅巳/午/子	
8(申) 여			△	?	己/甲癸/庚	辰巳/寅/寅巳/午/子	
9(酉) 남	○	?	△	?	己/甲癸/庚	辰巳/卯/酉/午/子	
9(酉) 여			△	?	己/甲癸/庚	辰巳/卯/酉/午/子	
10(戌) 남	△	○	○	◎	己/甲癸/庚	辰巳/辰/丑未/午/子	
10(戌) 여			○	○	己/甲癸/庚	辰巳/辰/丑未/午/子	
11(亥) 남	◎	?	△	△	己/己戊丙/庚	辰巳/巳/亥/午/子	
11(亥) 여			△	△	己/辛庚丙/庚	辰巳/巳/亥/午/子	
12(子) 남	◎	?	△	△	己/己戊丙/丁	辰巳/午/卯/午/子	
12(子) 여			△	△	己/辛庚丙/丁	辰巳/午/卯/午/子	
다음해 1월(丑) 남	△	△	○	○	己/己戊丙/丁	辰巳/未/戌未/午/子	
다음해 1월(丑) 여			○	○	己/辛庚丙/丁	辰巳/未/戌未/午/子	

이 날 태어난 사람의 선천운 특기 사항

* **건강운** : 중병이나 만성병은 잘 걸리지 않지만 화상이나 교통사고를 조심할 필요가 다른 사람에 비하여 많다.
* **부부운** : 남자는 바람끼가 강하다. 여자는 고통이 따르는 결혼생활을 하는 수가 있다. 甲,乙,寅,卯가 많이 있으면 확률이 높아짐.
* **남** : 우두머리 운을 타고 난 사람. 자기 뜻대로 일을 수행하는 독립심과 야성미가 강함. 융통성 부족.

    ▼ 이 남자는 자기 사주에 乙이나 卯가 없을수록 좋다.
* **여** : 소박하고 차분하며 지성적임. 자기의 일에 아주 열심이고 취미 생활을 즐기는 폭 넓은 인생.

    ▲ 이 여자는 자기 사주에 丁이나 午가 없을수록 좋다.
    * 일단 상호간에 동순공망 관계이면 친구, 직장 동료, 사업상의 동업자로는 열 명 다 좋다고 보아야 하지만, 부부 궁합을 볼 때에는 午일생에 한하여 상대방 생일지지, 즉 일지(日支)에 子나 午가 없는 것이 좋음.
    * 그러므로 甲午일생은 동순공망 열 명 중에서 乙未, 丙申, 丁酉, 戊戌, 己亥, 辛丑, 壬寅, 癸卯일생 등 8명만 좋게 보아야 함.
    * 특히 己亥일생과는 유난히도 사이가 좋을 가능성이 높음.

태어난 달에 따른 차이점

* **寅월생**……이 달에 태어난 갑오일생 중에서,
    ▽ 남자는 午월, 戌월의 己, 戊일에 태어난 여자가 가장 좋고, 申월의 午일에 태어난 여자가 가장 나쁘다.
    △ 여자는 午월, 戌월의 辛, 庚일에 태어난 남자가 가장 좋고, 申월의 午일에 태어난 남자가 가장 나쁘다.
* **卯월생**……이 달에 태어난 갑오일생 중에서,
    ▽ 남자는 亥월, 未월의 己, 戊일에 태어난 여자가 가장 좋고, 酉월의 午일에 태어난 여자가 가장 나쁘다.
    △ 여자는 亥월, 未월의 辛, 庚일에 태어난 남자가 가장 좋고, 酉월의 午일에 태어난 남자가 가장 나쁘다.
    ▼ 卯월 甲일생 남자는 어떤 여자를 만나서 살든, 아내와의 관계가 그다지

좋지 않을 수 있으므로 다른 사람에 비하여 침착, 절제, 겸손, 희생, 노력이 필요함.

* **辰월생**……이 달에 태어난 갑오일생 중에서,

▽ 남자는 申월, 子월의 甲, 癸일에 태어난 여자가 가장 좋고, 戌월의 누일에 태어난 여자가 가장 나쁘다.

△ 여자는 申월, 子월의 甲, 癸일에 태어난 남자가 가장 좋고, 戌월의 누일에 태어난 남자가 가장 나쁘다.

* **巳월생**……이 달에 태어난 갑오일생 중에서,

▽ 남자는 酉월, 丑월의 甲, 癸일에 태어난 여자가 가장 좋고, 亥월의 누일에 태어난 여자가 가장 나쁘다.

△ 여자는 酉월, 丑월의 甲, 癸일에 태어난 남자가 가장 좋고, 亥월의 누일에 태어난 남자가 가장 나쁘다.

* **午월생**…… 이 달에 태어난 갑오일생 중에서,

▽ 남자는 寅월, 戌월의 甲, 癸일에 태어난 여자가 가장 좋고, 子월의 누일에 태어난 여자가 가장 나쁘다.

△ 여자는 寅월, 戌월의 甲, 癸일에 태어난 남자가 가장 좋고, 子월의 누일에 태어난 남자가 가장 나쁘다.

▲ 午월 甲일생 여자는 어떤 남자를 만나서 살든, 남편과의 관계가 그다지 좋지 않을 수 있으므로 다른 사람에 비하여 침착, 절제, 겸손, 희생, 노력이 필요함.

* **未월생**……이 달에 태어난 갑오일생 중에서,

▽ 남자는 亥월, 卯월의 甲, 癸일에 태어난 여자가 가장 좋고, 丑월의 누일에 태어난 여자가 가장 나쁘다.

△ 여자는 亥월, 卯월의 甲, 癸일에 태어난 남자가 가장 좋고, 丑월의 누일에 태어난 남자가 가장 나쁘다.

♥ 未월 甲午일생인 남녀는 노처녀 노총각이 되는 경우가 적지 않음.

* **申월생**……이 달에 태어난 갑오일생 중에서,

▽ 남자는 子월, 辰월의 甲, 癸일에 태어난 여자가 가장 좋고, 寅월의 누일에 태어난 여자가 가장 나쁘다.

△ 여자는 子월, 辰월의 甲, 癸일에 태어난 남자가 가장 좋고, 寅월의 누일에 태어난 남자가 가장 나쁘다.

* **酉월생**……이 달에 태어난 갑오일생 중에서,
  ▽ 남자는 巳월, 丑월의 甲, 癸일에 태어난 여자가 가장 좋고, 卯월의 午일
    에 태어난 여자가 가장 나쁘다.
  △ 여자는 巳월, 丑월의 甲, 癸일에 태어난 남자가 가장 좋고, 卯월의 午일
    에 태어난 남자가 가장 나쁘다.
* **戌월생**……이 달에 태어난 갑오일생 중에서,
  ▽ 남자는 寅월, 午월의 甲, 癸일에 태어난 여자가 가장 좋고, 辰월의 午일
    에 태어난 여자가 가장 나쁘다.
  △ 여자는 巳월, 丑월의 甲, 癸일에 태어난 남자가 가장 좋고, 辰월의 午일
    에 태어난 남자가 가장 나쁘다.
* **亥월생**……이 달에 태어난 갑오일생 중에서,
  ▽ 남자는 卯월, 未월의 己, 戊일에 태어난 여자가 가장 좋고, 巳월의 午일
    에 태어난 여자가 가장 나쁘다.
  △ 여자는 卯월, 未월의 辛, 庚일에 태어난 남자가 가장 좋고, 巳월의 午일
    에 태어난 남자가 가장 나쁘다.
* **子월생**……이 달에 태어난 갑오일생 중에서,
  ▽ 남자는 申월, 辰월의 己, 戊일에 태어난 여자가 가장 좋고, 午월의 午일
    에 태어난 여자가 가장 나쁘다.
  △ 여자는 申월, 辰월의 辛, 庚일에 태어난 남자가 가장 좋고, 午월의 午일
    에 태어난 남자가 가장 나쁘다.
  ♠ 子월 甲午일생인 남녀는 배우자와의 생이별, 과부 홀아비 운이 다른 사
    람에 비하여 높음.
* **丑월생**……이 달에 태어난 갑오일생 중에서,
  ▽ 남자는 巳월, 酉월의 己, 戊일에 태어난 여자가 가장 좋고, 未월의 午일
    에 태어난 여자가 가장 나쁘다.
  △ 여자는 巳월, 酉월의 辛, 庚일에 태어난 남자가 가장 좋고, 未월의 午일
    에 태어난 남자가 가장 나쁘다.

32. 乙未일생

생월을 참작하여 판단한다면

【선천운 범례】 ◎ : 대길(大吉), ○ : 중길, △ : 소길, ? : 애매함

양력월 (생월지)	선천운(숙명) (선택 여지가 적은 기본적 운세)				후 천 운(개척) (연애·결혼 상대 선택(궁합)시 참고해야 할 사항)		참고
	건강운	경제운	출세운	애정운	상대방 일간(월간)에 있으면 좋은 천간	상대방 월지(일지)에 있으면 나쁜 지지	
2(寅)	?	?	남 ?	?	庚/戊己丁/丙	辰巳/申/巳申/丑戌/丑	▼寅
			여 △	△	庚/庚辛丁/丙	辰巳/申/巳申/丑戌/丑	
3(卯)	?	?	남 ?	?	庚/戊己丁/丙	辰巳/酉/子/丑戌/丑	
			여 △	△	庚/庚辛丁/丙	辰巳/酉/子/丑戌/丑	
4(辰)	?	◎	남 ◎	◎	庚/乙壬/癸	辰巳/戌/辰/丑戌/丑	
			여 ◎	◎	庚/乙壬/癸	辰巳/戌/辰/丑戌/丑	
5(巳)	△	○	남 ○	○	庚/乙壬/癸	辰巳/亥/寅申/丑戌/丑	▲巳
			여 ○	○	庚/乙壬/癸	辰巳/亥/寅申/丑戌/丑	
6(午)	△	○	남 ○	○	庚/乙壬/癸	辰巳/子/午/丑戌/丑	
			여 ○	○	庚/乙壬/癸	辰巳/子/午/丑戌/丑	
7(未)	?	◎	남 ◎	◎	庚/乙壬/癸	辰巳/丑/丑戌/丑戌/丑	
			여 ◎	◎	庚/乙壬/癸	辰巳/丑/丑戌/丑戌/丑	
8(申)	○	△	남 △	?	庚/乙壬/丙	辰巳/寅/寅巳/丑戌/丑	
			여 ?	?	庚/乙壬/丙	辰巳/寅/寅巳/丑戌/丑	
9(酉)	○	△	남 △	?	庚/乙壬/癸	辰巳/卯/酉/丑戌/丑	
			여 ?	?	庚/乙壬/癸	辰巳/卯/酉/丑戌/丑	
10(戌)	△	○	남 ◎	◎	庚/乙壬/癸	辰巳/辰/丑未/丑戌/丑	
			여 ○	○	庚/乙壬/癸	辰巳/辰/丑未/丑戌/丑	
11(亥)	◎	?	남 ?	△	庚/戊己丁/丙	辰巳/巳/亥/丑戌/丑	
			여 ?	?	庚/庚辛丁/丙	辰巳/巳/亥/丑戌/丑	
12(子)	◎	?	남 ?	△	庚/戊己丁/丙	辰巳/午/卯/丑戌/丑	
			여 ?	?	庚/庚辛丁/丙	辰巳/午/卯/丑戌/丑	
다음해 1월(丑)	△	○	남 ○	○	庚/戊己丁/丙	辰巳/未/戌未/丑戌/丑	
			여 ?	○	庚/庚辛丁/丙	辰巳/未/戌未/丑戌/丑	

이 날 태어난 사람의 선천운 특기 사항

* **건강운** : 대체로 건강한 편이지만 월주나 시주에 庚,辛,辛,酉가 많으면 뼈나 신경과 관련있는 병에 걸리기 쉽다.
* **부부운** : 부부운이 좋은 대표적인 일주다. 물론 월주와 시주에 따라 다소간의 차이는 있게 마련.
* **남** : 지나치게 걱정을 잘하며, 조심스럽고 치밀한 성격. 의리와 인정이 깊고 수동적이나 실질적.
  ▼ 이 남자는 자기 사주에 甲이나 寅이 없을수록 좋다.
* **여** : 공상이 많고 어리광을 잘 부리며 온화함. 말이 적어 속을 보이지 않으며 남자에 기대는 성품.
  ▲ 이 여자는 자기 사주에 丙이나 巳가 없을수록 좋다.
  * 상대방 생일지지, 즉 일지(日支)에 丑이나 戌이 없는 것이 좋음.
  * 그러므로 乙未일생은 동순공망 열 명 중에서 甲午, 乙未, 丙申, 丁酉, 己亥, 庚子, 壬寅, 癸卯일생 등 8명만 좋게 보아야 함.
  * 특히 庚子일생과는 유난히도 사이가 좋을 가능성이 높음.

태어난 달에 따른 차이점

* **寅월생**……이 달에 태어난 을미일생 중에서,
  ▽ 남자에게는 午, 戌월의 戊, 己일에 태어난 여자가 가장 좋고, 申월의 丑,戌일에 태어난 여자가 가장 나쁘다.
  △ 여자에게는 午, 戌월의 庚, 辛일에 태어난 남자가 가장 좋고, 申월의 丑,戌일에 태어난 남자가 가장 나쁘다.
  ▼ 寅월 乙일생 남자는 어떤 여자를 만나서 살든, 아내와의 관계가 그다지 좋지 않을 수 있다. 침착, 절제, 겸손, 희생, 노력이 필요함.
* **卯월생**……이 달에 태어난 을미일생 중에서,
  ▽ 남자에게는 亥, 未월의 戊, 己일에 태어난 여자가 가장 좋고, 酉월의 丑, 戌일에 태어난 여자가 가장 나쁘다.
  △ 여자에게는 亥, 未월의 庚, 辛일에 태어난 남자가 가장 좋고, 酉월의 丑, 戌일에 태어난 남자가 가장 나쁘다.
* **辰월생**……이 달에 태어난 을미일생 중에서,

▽ 남자에게는 申, 子월이 乙, 壬일에 태어난 여자가 가장 좋고, 戌월의 丑, 戌일에 태어난 여자가 가장 나쁘다.

◆ 이 남자 사주의 다른 기둥에 戊, 己, 辰, 戌, 丑, 未 중에서 아무 글자나 하나, 혹은 둘 이상 있으면 여자한테 시달릴 숙명으로 본다.

△ 여자에게는 申, 子월의 乙, 壬일에 태어난 남자가 가장 좋고, 戌월의 丑, 戌일에 태어난 남자가 가장 나쁘다.

* **巳월생**……이 달에 태어난 을미일생 중에서,

▽ 남자에게는 酉, 丑월의 乙, 壬일에 태어난 여자가 가장 좋고, 亥월의 丑, 戌일에 태어난 여자가 가장 나쁘다.

△ 여자에게는 酉, 丑월의 乙, 壬일에 태어난 남자가 가장 좋고, 亥월의 丑, 戌일에 태어난 남자가 가장 나쁘다.

▲ 巳월 乙일생 여자는 어떤 남자를 만나서 살든, 남편과의 관계가 그다지 좋지 않을 수 있다. 침착, 절제, 겸손, 희생, 노력이 필요함.

* **午월생**…… 이 달에 태어난 을미일생 중에서,

▽ 남자에게는 寅, 戌월의 乙, 壬일에 태어난 여자가 가장 좋고, 子월의 丑, 戌일에 태어난 여자가 가장 나쁘다.

△ 여자에게는 寅, 戌월의 乙, 壬일에 태어난 남자가 가장 좋고, 子월의가 丑, 戌일에 태어난 남자가 가장 나쁘다.

♥ 午월 乙未일생 남녀는 노처녀 노총각이 되는 경우가 적지 않음.

* **未월생**……이 달에 태어난 을미일생 중에서,

▽ 남자에게는 亥, 卯월의 乙, 壬일에 태어난 여자가 가장 좋고, 丑월의 丑, 戌일에 태어난 여자가 가장 나쁘다.

◆ 이 남자 사주의 다른 기둥에 戊, 己, 辰, 戌, 丑, 未 중에서 아무 글자나 하나, 혹은 둘 이상 있으면 여자한테 시달릴 숙명으로 본다.

△ 여자에게는 亥, 卯월의 乙, 壬일에 태어난 남자가 가장 좋고, 丑월의 丑, 戌일에 태어난 남자가 가장 나쁘다.

* **申월생**……이 달에 태어난 을미일생 중에서,

▽ 남자에게는 子, 辰월의 乙, 壬일에 태어난 여자가 가장 좋고, 寅월의 丑, 戌일에 태어난 여자가 가장 나쁘다.

△ 여자에게는 子, 辰월의 乙, 壬일에 태어난 남자가 가장 좋고, 寅월의 丑, 戌일에 태어난 남자가 가장 나쁘다.

* **酉월생**……이 달에 태어난 을미일생 중에서,
　▽ 남자에게는 巳, 丑월의 乙, 壬일에 태어난 여자가 가장 좋고, 卯월의
　　丑, 戌일에 태어난 여자가 가장 나쁘다.
　△ 여자에게는 巳, 丑월의 乙, 壬일에 태어난 남자가 가장 좋고, 卯월의
　　丑, 戌일에 태어난 남자가 가장 나쁘다.
* **戌월생**……이 달에 태어난 을미일생 중에서,
　▽ 남자에게는 寅, 午월의 乙, 壬일에 태어난 여자가 가장 좋고, 辰월의
　　丑, 戌일에 태어난 여자가 가장 나쁘다.
　◆ 이 남자 사주의 다른 기둥에 戊, 己, 辰, 戌, 丑, 未 중에서 아무 글자나
　　하나, 혹은 둘 이상 있으면 여자한테 시달릴 숙명으로 본다.
　△ 여자에게는 巳, 丑월의 乙, 壬일에 태어난 남자가 가장 좋고, 辰월의
　　丑, 戌일에 태어난 남자가 가장 나쁘다.
* **亥월생**……**이 달**에 태어난 을미일생 중에서,
　▽ 남자에게는 卯, 未월의 戊, 己일에 태어난 여자가 가장 좋고, 巳월의
　　丑, 戌일에 태어난 여자가 가장 나쁘다.
　△ 여자에게는 卯, 未월의 庚, 辛일에 태어난 남자가 가장 좋고, 巳월의
　　丑, 戌일에 태어난 남자가 가장 나쁘다.
* **子월생**……이 달에 태어난 을미일생 중에서,
　▽ 남자에게는 申, 辰월의 戊, 己일에 태어난 여자가 가장 좋고, 午월의
　　丑, 戌일에 태어난 여자가 가장 나쁘다.
　△ 여자에게는 申, 辰월의 庚, 辛일에 태어난 남자가 가장 좋고, 午월의
　　丑, 戌일에 태어난 남자가 가장 나쁘다.
* **丑월생**……이 달에 태어난 을미일생 중에서,
　▽ 남자에게는 巳, 酉월의 戊, 己일에 태어난 여자가 가장 좋고, 未월의
　　丑, 戌일에 태어난 여자가 가장 나쁘다.
　◆ 이 남자 사주의 다른 기둥에 戊, 己, 辰, 戌, 丑, 未 중에서 아무 글자나
　　하나, 혹은 둘 이상 있으면 여자한테 시달릴 숙명으로 본다.
　△ 여자에게는 巳, 酉월의 庚, 辛일에 태어난 남자가 가장 좋고, 未월의
　　丑, 戌일에 태어난 남자가 가장 나쁘다.
　♠ 丑월 乙未일생 남녀는 배우자와의 생이별, 과부 홀아비 운이 다른 사람
　　에 비하여 높음.

33. 丙申일생

생월을 참작하여 판단한다면

【선천운 범례】 ◎ : 대길(大吉),　○ : 중길,　△ : 소길,　? : 애매함

양력월 (생월지)	선천운(숙명) (선택 여지가 적은 기본적 운세)				후 천 운(개척) (연애·결혼 상대 선택(궁합)시 참고해야 할 사항)		참고
	건강운	경제운	출세운	애정운	상대방 일간(월간)에 있으면 좋은 천간	상대방 월지(일지)에 있으면 나쁜 지지	
2(寅)	◎	?	남 △	?	辛/辛庚戊/壬	辰巳/申/巳申/寅巳/寅	
			여 △	△	辛/癸壬戊/壬	辰巳/申/巳申/寅巳/寅	
3(卯)	◎	?	남 △	?	辛/辛庚戊/壬	辰巳/酉/子/寅巳/寅	
			여 △	△	辛/癸壬戊/壬	辰巳/酉/子/寅巳/寅	
4(辰)	?	○	남 ?	○	辛/辛庚戊/壬	辰巳/戌/辰/寅巳/寅	
			여 ?	?	辛/癸壬戊/壬	辰巳/戌/辰/寅巳/寅	
5(巳)	○	?	남 △	?	辛/辛庚戊/壬	辰巳/亥/寅申/寅巳/寅	
			여 △	△	辛/癸壬戊/壬	辰巳/亥/寅申/寅巳/寅	
6(午)	○	?	남 △	?	辛/辛庚戊/壬	辰巳/子/午/寅巳/寅	▼午
			여 △	△	辛/癸壬戊/壬	辰巳/子/午/寅巳/寅	
7(未)	?	○	남 ?	○	辛/丙乙/壬	辰巳/丑/丑戌/寅巳/寅	▲未
			여 ?	?	辛/丙乙/壬	辰巳/丑/丑戌/寅巳/寅	
8(申)	△	◎	남 ○	◎	辛/丙乙/壬	辰巳/寅/寅巳/寅巳/寅	
			여 ○	○	辛/丙乙/壬	辰巳/寅/寅巳/寅巳/寅	
9(酉)	△	◎	남 ○	◎	辛/丙乙/壬	辰巳/卯/酉/寅巳/寅	
			여 ○	○	辛/丙乙/壬	辰巳/卯/酉/寅巳/寅	
10(戌)	?	○	남 ?	○	辛/丙乙/甲	辰巳/辰/丑未/寅巳/寅	
			여 ?	?	辛/丙乙/甲	辰巳/辰/丑未/寅巳/寅	
11(亥)	△	△	남 ◎	△	辛/丙乙/甲	辰巳/巳/亥/寅巳/寅	
			여 ◎	◎	辛/丙乙/甲	辰巳/巳/亥/寅巳/寅	
12(子)	△	△	남 ◎	△	辛/丙乙/壬	辰巳/午/卯/寅巳/寅	
			여 ◎	◎	辛/丙乙/壬	辰巳/午/卯/寅巳/寅	
다음해 1월(丑)	?	○	남 ?	○	辛/丙乙/壬	辰巳/未/戌未/寅巳/寅	▲丑
			여 ?	?	辛/丙乙/壬	辰巳/未/戌未/寅巳/寅	

이 날 태어난 사람의 선천운 특기 사항

* **건강운** : 평생 건강 관리에 유의하여야 할 체질. 사고를 잘 일으키는 것도 특징. 혈압 요조심.
* **부부운** : 배우자가 바뀌는 경우가 많음. 여자는 자기를 괴롭히는 남자를 만나든가 자신이 남자를 괴롭히는 존재가 되는 수가 흔히 있음.
* **남** : 두뇌회전이 빨라 요령도 좋다. 사회의 변화에 잘 적응하고 사람을 잘 다루어 성공률이 높다.

   ▼ 이 남자는 자기 사주에 丁이나 午가 없을수록 좋다.
* **여** : 남한테 지고는 못 견디며 성질이 급하고 눈물도 많다. 좋아하고 싫어함이 분명. 직업여성형.

   ▲ 이 여자는 자기 사주에 己나 丑未가 없을수록 좋다.

   * 상대방 생일지지, 즉 일지(日支)에 寅이나 巳가 없는 것이 좋음.

   * 그러므로 丙申일생은 동순공망 열 명 중에서 甲午, 乙未, 丙申, 丁酉, 戊戌, 己亥, 庚子, 辛丑, 癸卯일생 등 9명만 좋게 보아야 함.

   * 특히 辛丑일생과는 유난히도 사이가 좋을 가능성이 높음.

태어난 달에 따른 차이점

* **寅월생**……이 달에 태어난 병신일생 중에서,

   ▽ 남자는 午월, 戌월의 辛, 庚일에 태어난 여자가 가장 좋고, 申월의 巳, 寅일에 태어난 여자가 가장 나쁘다.

   △ 여자는 午월, 戌월의 癸, 壬일에 태어난 남자가 가장 좋고, 申월의 巳, 寅일에 태어난 남자가 가장 나쁘다.

   ♠ 寅월 丙申일생 남녀는 배우자와의 생이별, 과부 홀아비 운이 다른 사람에 비하여 높음.
* **卯월생**……이 달에 태어난 병신일생 중에서,

   ▽ 남자는 亥월, 未월의 辛, 庚일에 태어난 여자가 가장 좋고, 酉월의 巳, 寅일에 태어난 여자가 가장 나쁘다.

   △ 여자는 亥월, 未월의 癸, 壬일에 태어난 남자가 가장 좋고, 酉월의 巳, 寅일에 태어난 남자가 가장 나쁘다.
* **辰월생**……이 달에 태어난 병신일생 중에서,

▽ 남자는 申월, 子월의 辛, 庚일에 태어난 여자가 가장 좋고, 戌월의 巳, 寅일에 태어난 여자가 가장 나쁘다.

△ 여자는 申월, 子월의 癸, 壬일에 태어난 남자가 가장 좋고, 戌월의 巳, 寅일에 태어난 남자가 가장 나쁘다.

* **巳월생**……이 달에 태어난 병신일생 중에서,

▽ 남자는 酉월, 丑월의 辛, 庚일에 태어난 여자가 가장 좋고, 亥월의 巳, 寅일에 태어난 여자가 가장 나쁘다.

△ 여자는 酉월, 丑월의 癸, 壬일에 태어난 남자가 가장 좋고, 亥월의 巳, 寅일에 태어난 남자가 가장 나쁘다.

♥ 巳월 丙申일생 남녀는 노처녀 노총각이 되는 경우가 적지 않음.

* **午월생**…… 이 달에 태어난 병신일생 중에서,

▽ 남자는 寅월, 戌월의 辛, 庚일에 태어난 여자가 가장 좋고, 子월의 巳, 寅일에 태어난 여자가 가장 나쁘다.

△ 여자는 寅월, 戌월의 癸, 壬일에 태어난 남자가 가장 좋고, 子월의 巳, 寅일에 태어난 남자가 가장 나쁘다.

▼ 午월 丙일생 남자는 어떤 여자를 만나서 살든, 아내와의 관계가 그다지 좋지 않을 수 있다. 침착, 절제, 겸손, 희생, 노력이 필요함.

* **未월생**……이 달에 태어난 병신일생 중에서,

▽ 남자는 亥월, 卯월의 丙, 乙일에 태어난 여자가 가장 좋고, 丑월의 巳, 寅일에 태어난 여자가 가장 나쁘다.

△ 여자는 亥월, 卯월의 丙, 乙일에 태어난 남자가 가장 좋고, 丑월의 巳, 寅일에 태어난 남자가 가장 나쁘다.

▲ 未월 丙일생 여자는 어떤 남자를 만나서 살든, 남편과의 관계가 그다지 좋지 않을 수 있다. 침착, 절제, 겸손, 희생, 노력이 필요함.

* **申월생**……이 달에 태어난 병신일생 중에서,

▽ 남자는 子월, 辰월의 丙, 乙일에 태어난 여자가 가장 좋고, 寅월의 巳, 寅일에 태어난 여자가 가장 나쁘다.

◆ 이 남자 사주의 다른 기둥에 庚, 辛, 申, 酉 중에서 아무 글자나 하나, 혹은 둘 이상 있으면 여자한테 시달리고, 돈복도 없는 편이다.

△ 여자는 子월, 辰월의 丙, 乙일에 태어난 남자가 가장 좋고, 寅월의 巳, 寅일에 태어난 남자가 가장 나쁘다.

* **酉월생**……이 달에 태어난 병신일생 중에서,

 ▽ 남자는 巳월, 丑월의 丙, 乙일에 태어난 여자가 가장 좋고, 卯월의 巳, 寅일에 태어난 여자가 가장 나쁘다.

 ◆ 이 남자 사주의 다른 기둥에 庚, 辛, 申, 酉 중에서 아무 글자나 하나, 혹은 둘 이상 있으면 여자한테 시달리고, 돈복도 없는 편이다.

 △ 여자는 巳월, 丑월의 丙, 乙일에 태어난 남자가 가장 좋고, 卯월의 巳, 寅일에 태어난 남자가 가장 나쁘다.

* **戌월생**……이 달에 태어난 병신일생 중에서,

 ▽ 남자는 寅월, 午월의 丙, 乙일에 태어난 여자가 가장 좋고, 辰월의 巳, 寅일에 태어난 여자가 가장 나쁘다.

 △ 여자는 巳월, 丑월의 丙, 乙일에 태어난 남자가 가장 좋고, 辰월의 巳, 寅일에 태어난 남자가 가장 나쁘다.

* **亥월생**……이 달에 태어난 병신일생 중에서,

 ▽ 남자는 卯월, 未월의 丙, 乙일에 태어난 여자가 가장 좋고, 巳월의 巳, 寅일에 태어난 여자가 가장 나쁘다.

 △ 여자는 卯월, 未월의 丙, 乙일에 태어난 남자가 가장 좋고, 巳월의 巳, 寅일에 태어난 남자가 가장 나쁘다.

* **子월생**……이 달에 태어난 병신일생 중에서,

 ▽ 남자는 申월, 辰월의 丙, 乙일에 태어난 여자가 가장 좋고, 午월의 巳, 寅일에 태어난 여자가 가장 나쁘다.

 △ 여자는 申월, 辰월의 丙, 乙일에 태어난 남자가 가장 좋고, 午월의 巳, 寅일에 태어난 남자가 가장 나쁘다.

* **丑월생**……이 달에 태어난 병신일생 중에서,

 ▽ 남자는 巳월, 酉월의 丙, 乙일에 태어난 여자가 가장 좋고, 未월의 巳, 寅일에 태어난 여자가 가장 나쁘다.

 △ 여자는 巳월, 酉월의 丙, 乙일에 태어난 남자가 가장 좋고, 未월의 巳, 寅일에 태어난 남자가 가장 나쁘다.

 ▲ 丑월 丙일생 여자는 어떤 남자를 만나서 살든, 남편과의 관계가 그다지 좋지 않을 수 있으므로 다른 사람에 비하여 침착, 절제, 겸손, 희생, 노력이 필요함.

34. 丁酉일생

생월을 참작하여 판단한다면

【선천운 범례】 ◎ : 대길(大吉),　○ : 중길,　△ : 소길,　? : 애매함

양력월 (생월지)	선천운(숙명) (선택 여지가 적은 기본적 운세)				후 천 운(개척) (연애·결혼 상대 선택(궁합)시 참고해야 할 사항)		참고
	건강운	경제운	출세운	애정운	상대방 일간(월간)에 있으면 좋은 천간	상대방 월지(일지)에 있으면 나쁜 지지	
2(寅)	◎	?	남 △	?	壬/庚辛己/甲	辰巳/申/巳申/酉/卯	
			여 ?	?	壬/壬癸己/甲	辰巳/申/巳申/酉/卯	
3(卯)	◎	?	남 △	?	壬/庚辛己/庚	辰巳/酉/子/酉/卯	
			여 ?	?	壬/壬癸己/庚	辰巳/酉/子/酉/卯	
4(辰)	?	◎	남 ?	○	壬/庚辛己/甲	辰巳/戌/辰/酉/卯	▲辰
			여 △	?	壬/壬癸己/甲	辰巳/戌/辰/酉/卯	
5(巳)	○	?	남 ?	?	壬/庚辛己/甲	辰巳/亥/寅申/酉/卯	▼巳
			여 ?	?	壬/壬癸己/甲	辰巳/亥/寅申/酉/卯	
6(午)	○	?	남 ?	?	壬/庚辛己/壬	辰巳/子/午/酉/卯	
			여 ?	?	壬/壬癸己/壬	辰巳/子/午/酉/卯	
7(未)	?	○	남 ?	○	壬/丁甲/甲	辰巳/丑/丑戌/酉/卯	
			여 △	?	壬/丁甲/甲	辰巳/丑/丑戌/酉/卯	
8(申)	?	◎	남 ○	◎	壬/丁甲/甲	辰巳/寅/寅巳/酉/卯	
			여 ○	○	壬/丁甲/甲	辰巳/寅/寅巳/酉/卯	
9(酉)	?	◎	남 ○	◎	壬/丁甲/甲	辰巳/卯/酉/酉/卯	
			여 ○	○	壬/丁甲/甲	辰巳/卯/酉/酉/卯	
10(戌)	△	○	남 △	○	壬/丁甲/甲	辰巳/辰/丑未/酉/卯	▲戌
			여 △	?	壬/丁甲/甲	辰巳/辰/丑未/酉/卯	
11(亥)	△	△	남 ◎	△	壬/丁甲/甲	辰巳/巳/亥/酉/卯	
			여 ◎	◎	壬/丁甲/甲	辰巳/巳/亥/酉/卯	
12(子)	△	△	남 ◎	△	壬/丁甲/甲	辰巳/午/卯/酉/卯	
			여 ◎	◎	壬/丁甲/甲	辰巳/午/卯/酉/卯	
다음해 1월(丑)	?	△	남 △	△	壬/丁甲/甲	辰巳/未/戌未/酉/卯	
			여 △	?	壬/丁甲/甲	辰巳/未/戌未/酉/卯	

이 날 태어난 사람의 선천운 특기 사항

* **건강운** : 큰병에 잘 걸리지 않는 체질. 그러나 맹장, 치질, 탈장 등의 질환은 요주의.
* **부부운** : 남자는 어진 아내를, 여자는 훌륭한 남편을 만날 확률이 높다. 남자는 약간의 바람끼가 있다.
* **남** : 온건하고 법규를 잘 지키는 성격. 화술이 부족하고, 사교술이 서툴러도 좋은 직업을 선택해야.

  ▼ 이 남자는 자기 사주에 丙이나 巳가 없을수록 좋다.
* **여** : 명랑하고 행동적이지만, 사서 고생을 하는 경향 있음. 선견지명이 있어서 직업여성으로 성공함.

  ▲ 이 여자는 자기 사주에 戊나 辰戌이 없을수록 좋다.

  * 상대방 생일지지, 즉 일지(日支)에 卯나 酉가 없는 것이 좋음.

  * 그러므로 丁酉일생은 동순공망 열 명 중에서 甲午, 乙未, 丙申, 戊戌, 己亥, 庚子, 辛丑, 壬寅일생 등 8명만 좋게 보아야 함.

  * 특히 壬寅일생과는 유난히도 사이가 좋을 가능성이 높음.

태어난 달에 따른 차이점

* **寅월생**……이 달에 태어난 정유일생 중에서,

  ▽ 남자는 午월, 戌월의 庚, 辛일에 태어난 여자가 가장 좋고, 申월의 酉일에 태어난 여자가 가장 나쁘다.

  △ 여자는 午월, 戌월의 壬, 癸일에 태어난 남자가 가장 좋고, 申월의 酉일에 태어난 남자가 가장 나쁘다.
* **卯월생**……이 달에 태어난 정유일생 중에서,

  ▽ 남자는 亥월, 未월의 庚, 辛일에 태어난 여자가 가장 좋고, 酉월의 酉일에 태어난 여자가 가장 나쁘다.

  △ 여자는 亥월, 未월의 壬, 癸일에 태어난 남자가 가장 좋고, 酉월의 酉일에 태어난 남자가 가장 나쁘다.

  ♠ 卯월 丁酉일생 남녀는 배우자와의 생이별, 과부 홀아비 운이 다른 사람에 비하여 높음.
* **辰월생**……이 달에 태어난 정유일생 중에서,

▽ 남자는 申월, 子월의 庚, 辛일에 태어난 여자가 가장 좋고, 戌월의 酉일
에 태어난 여자가 가장 나쁘다.

△ 여자는 申월, 子월의 壬, 癸일에 태어난 남자가 가장 좋고, 戌월의 酉일
에 태어난 남자가 가장 나쁘다.

♥ 辰월 丁酉일생 남녀는 노처녀 노총각이 되는 경우가 적지 않음.

▲ 辰월 丁일생 여자는 어떤 남자를 만나서 살든, 남편과의 관계가 그다지
좋지 않을 수 있다. 침착, 절제, 겸손, 희생, 노력이 필요함.

* **巳월생**……이 달에 태어난 정유일생 중에서,

▽ 남자는 酉월, 丑월의 庚, 辛일에 태어난 여자가 가장 좋고, 亥월의 酉일
에 태어난 여자가 가장 나쁘다.

△ 여자는 酉월, 丑월의 壬, 癸일에 태어난 남자가 가장 좋고, 亥월의 酉일
에 태어난 남자가 가장 나쁘다.

▼ 巳월 丁일생 남자는 어떤 여자를 만나서 살든, 아내와의 관계가 그다지
좋지 않을 수 있다. 침착, 절제, 겸손, 희생, 노력이 필요함.

* **午월생**…… 이 달에 태어난 정유일생 중에서,

▽ 남자는 寅월, 戌월의 庚, 辛일에 태어난 여자가 가장 좋고, 子월의 酉일
에 태어난 여자가 가장 나쁘다.

△ 여자는 寅월, 戌월의 壬, 癸일에 태어난 남자가 가장 좋고, 子월의 酉일
에 태어난 남자가 가장 나쁘다.

* **未월생**……이 달에 태어난 정유일생 중에서,

▽ 남자는 亥월, 卯월의 丁, 甲일에 태어난 여자가 가장 좋고, 丑월의 酉일
에 태어난 여자가 가장 나쁘다.

△ 여자는 亥월, 卯월의 丁, 甲일에 태어난 남자가 가장 좋고, 丑월의 酉일
에 태어난 남자가 가장 나쁘다.

* **申월생**……이 달에 태어난 정유일생 중에서,

▽ 남자는 子월, 辰월의 丁, 甲일에 태어난 여자가 가장 좋고, 寅월의 酉일
에 태어난 여자가 가장 나쁘다.

◆ 이 남자 사주의 다른 기둥에 庚, 辛, 申, 酉 중에서 아무 글자나 하나,
혹은 둘 이상 있으면 여자한테 시달릴 숙명으로 본다.

△ 여자는 子월, 辰월의 丁, 甲일에 태어난 남자가 가장 좋고, 寅월의 酉일
에 태어난 남자가 가장 나쁘다.

* **酉월생**……이 달에 태어난 정유일생 중에서,
  ▽ 남자는 巳월, 丑월의 丁, 甲일에 태어난 여자가 가장 좋고, 卯월의 酉일에 태어난 여자가 가장 나쁘다.
  ◆ 이 남자 사주의 다른 기둥에 庚, 辛, 申, 酉 중에서 아무 글자나 하나, 혹은 둘 이상 있으면 돈복이 없는 편이다. 확률이 높다.
  △ 여자는 巳월, 丑월의 丁, 甲일에 태어난 남자가 가장 좋고, 卯월의 酉일에 태어난 남자가 가장 나쁘다.
* **戌월생**……이 달에 태어난 정유일생 중에서,
  ▽ 남자는 寅월, 午월의 丁, 甲일에 태어난 여자가 가장 좋고, 辰월의 酉일에 태어난 여자가 가장 나쁘다.
  △ 여자는 巳월, 丑월의 丁, 甲일에 태어난 남자가 가장 좋고, 辰월의 酉일에 태어난 남자가 가장 나쁘다.
  ▲ 戌월 丁일생 여자는 어떤 남자를 만나서 살든, 남편과의 관계가 그다지 좋지 않을 수 있다. 침착, 절제, 겸손, 희생, 노력이 필요함.
* **亥월생**……이 달에 태어난 정유일생 중에서,
  ▽ 남자는 卯월, 未월의 丁, 甲일에 태어난 여자가 가장 좋고, 巳월의 酉일에 태어난 여자가 가장 나쁘다.
  △ 여자는 卯월, 未월의 丁, 甲일에 태어난 남자가 가장 좋고, 巳월의 酉일에 태어난 남자가 가장 나쁘다.
* **子월생**……이 달에 태어난 정유일생 중에서,
  ▽ 남자는 申월, 辰월의 丁, 甲일에 태어난 여자가 가장 좋고, 午월의 酉일에 태어난 여자가 가장 나쁘다.
  △ 여자는 申월, 辰월의 丁, 甲일에 태어난 남자가 가장 좋고, 午월의 酉일에 태어난 남자가 가장 나쁘다.
* **丑월생**……이 달에 태어난 정유일생 중에서,
  ▽ 남자는 巳월, 酉월의 丁, 甲일에 태어난 여자가 가장 좋고, 未월의 酉일에 태어난 여자가 가장 나쁘다.
  △ 여자는 巳월, 酉월의 丁, 甲일에 태어난 남자가 가장 좋고, 未월의 酉일에 태어난 남자가 가장 나쁘다.

35. 戊戌 일생

생월을 참작하여 판단한다면

【선천운 범례】 ◎ : 대길(大吉),　○ : 중길,　△ : 소길,　? : 애매함

양력월 (생월지)	선천운(숙명) (선택 여지가 적은 기본적 운세)				후 천 운(개척) (연애·결혼 상대 선택(궁합)시 참고해야 할 사항)		참고
	건강운	경제운	출세운	애정운	상대방 일간(월간)에 있으면 좋은 천간	상대방 월지(일지)에 있으면 나쁜 지지	
2(寅)	○	?	남 ?	?	癸/戊丁/丙	辰巳/申/巳申/丑未/辰	
			여 ?	?	癸/戊丁/丙	辰巳/申/巳申/丑未/辰	
3(卯)	○	?	남 ?	?	癸/戊丁/丙	辰巳/酉/子/丑未/辰	
			여 ?	?	癸/戊丁/丙	辰巳/酉/子/丑未/辰	
4(辰)	?	◎	남 ○	◎	癸/癸壬庚/甲	辰巳/戌/辰/丑未/辰	
			여 ○	○	癸/乙甲庚/甲	辰巳/戌/辰/丑未/辰	
5(巳)	?	○	남 △	○	癸/癸壬庚/甲	辰巳/亥/寅申/丑未/辰	
			여 △	△	癸/乙甲庚/甲	辰巳/亥/寅申/丑未/辰	
6(午)	?	○	남 △	○	癸/癸壬庚/壬	辰巳/子/午/丑未/辰	
			여 △	△	癸/乙甲庚/壬	辰巳/子/午/丑未/辰	
7(未)	?	◎	남 ○	◎	癸/癸壬庚/癸	辰巳/丑/丑戌/丑未/辰	▼未
			여 ○	○	癸/乙甲庚/癸	辰巳/丑/丑戌/丑未/辰	
8(申)	○	△	남 ◎	○	癸/戊丁/丙	辰巳/寅/寅巳/丑未/辰	
			여 ◎	◎	癸/戊丁/丙	辰巳/寅/寅巳/丑未/辰	
9(酉)	△	△	남 ◎	△	癸/戊丁/丙	辰巳/卯/酉/丑未/辰	▲酉
			여 ◎	◎	癸/戊丁/丙	辰巳/卯/酉/丑未/辰	
10(戌)	△	○	남 ○	○	癸/癸壬庚/甲	辰巳/辰/丑未/丑未/辰	
			여 ○	○	癸/乙甲庚/甲	辰巳/辰/丑未/丑未/辰	
11(亥)	◎	?	남 ?	?	癸/戊丁/甲	辰巳/巳/亥/丑未/辰	
			여 ?	?	癸/戊丁/甲	辰巳/巳/亥/丑未/辰	
12(子)	◎	?	남 ?	?	癸/戊丁/丙	辰巳/午/卯/丑未/辰	
			여 ?	?	癸/戊丁/丙	辰巳/午/卯/丑未/辰	
다음해 1월(丑)	△	○	남 ○	○	癸/癸壬庚/丙	辰巳/未/戌未/丑未/辰	▼丑
			여 ○	○	癸/乙甲庚/丙	辰巳/未/戌未/丑未/辰	

이 날 태어난 사람의 선천운 특기 사항

* **건강운** : 신장병, 피부병에 걸리는 사람이 많다. 몸에 흉터가 생기는 비율도 높다.

* **부부운** : 초혼에 실패하여 생이별을 하거나 젊어서 과부 홀아비가 되는 경우가 많다. 참을성과 노력이 필요한 생일.

* **남** : 남한테 지고는 못 견디는 성격. 옹고집이 세지만 검소 질박함. 기획력에 비하여 결단력이 모자라는 편.

▼ 이 남자는 자기 사주에 己나 丑未가 없을수록 좋다.

* **여** : 사교적이지만 사람을 잘 따짐. 상대방을 통찰하는 직관력이 비범하여 직업여성으로 성공함.

▲ 이 여자는 자기 사주에 辛이나 酉가 없을수록 좋다.

* 일단 상호간에 동순공망 관계이면 친구, 직장 동료, 사업상의 동업자로는 열 명 다 좋다고 보아야 하지만, 부부 궁합을 볼 때에는 戊일생에 한하여 상대방 생일지지, 즉 일지(日支)에 辰이나 丑, 未가 없는 것이 좋음.

* 그러므로 戊戌일생은 동순공망 열 명 중에서 甲午, 丙申, 丁酉, 戊戌, 己亥, 庚子, 壬寅, 癸卯일생 등 8명만 좋게 보아야 함.

* 특히 癸卯일생과는 유난히도 사이가 좋을 가능성이 높음.

태어난 달에 따른 차이점

* **寅월생**……이 달에 태어난 무술일생 중에서,

▽ 남자는 午월, 戌월의 戊, 丁일에 태어난 여자가 가장 좋고, 申월의 丑, 未일에 태어난 여자가 가장 나쁘다.

△ 여자는 午월, 戌월의 戊, 丁일에 태어난 남자가 가장 좋고, 申월의 丑, 未일에 태어난 남자가 가장 나쁘다.

* **卯월생**……이 달에 태어난 무술일생 중에서,

▽ 남자는 亥월, 未월의 戊, 丁일에 태어난 여자가 가장 좋고, 酉월의 丑, 未일에 태어난 여자가 가장 나쁘다.

△ 여자는 亥월, 未월의 戊, 丁일에 태어난 남자가 가장 좋고, 酉월의 丑, 未일에 태어난 남자가 가장 나쁘다.

♥ 卯월 戊戌일생 남녀는 노처녀 노총각이 되는 경우가 적지 않음.

* **辰월생**……이 달에 태어난 무술일생 중에서,
  ▽ 남자는 申월, 子월의 癸, 壬일에 태어난 여자가 가장 좋고, 戌월의 丑, 未일에 태어난 여자가 가장 나쁘다.
  △ 여자는 申월, 子월의 乙, 甲일에 태어난 남자가 가장 좋고, 戌월의 丑, 未일에 태어난 남자가 가장 나쁘다.
  ♠ 辰월 戊戌일생 남녀는 배우자와의 생이별, 과부 홀아비 운이 다른 사람에 비하여 높음.
* **巳월생**……이 달에 태어난 무술일생 중에서,
  ▽ 남자는 酉월, 丑월의 癸, 壬일에 태어난 여자가 가장 좋고, 亥월의 丑, 未일에 태어난 여자가 가장 나쁘다.
  △ 여자는 酉월, 丑월의 乙, 甲일에 태어난 남자가 가장 좋고, 亥월의 丑, 未일에 태어난 남자가 가장 나쁘다.
* **午월생**…… 이 달에 태어난 무술일생 중에서,
  ▽ 남자는 寅월, 戌월의 癸, 壬일에 태어난 여자가 가장 좋고, 子월의 丑, 未일에 태어난 여자가 가장 나쁘다.
  △ 여자는 寅월, 戌월의 乙, 甲일에 태어난 남자가 가장 좋고, 子월의 丑, 未일에 태어난 남자가 가장 나쁘다.
* **未월생**……이 달에 태어난 무술일생 중에서,
  ▽ 남자는 亥월, 卯월의 癸, 壬일에 태어난 여자가 가장 좋고, 丑월의 丑, 未일에 태어난 여자가 가장 나쁘다.
  △ 여자는 亥월, 卯월의 乙, 甲일에 태어난 남자가 가장 좋고, 丑월의 丑, 未일에 태어난 남자가 가장 나쁘다.
  ▼ 未월 戊일생 남자는 어떤 여자를 만나서 살든, 아내와의 관계가 그다지 좋지 않을 수 있으므로 다른 사람에 비하여 침착, 절제, 겸손, 희생, 노력이 필요함.
* **申월생**……이 달에 태어난 무술일생 중에서,
  ▽ 남자는 子월, 辰월의 戊, 丁일에 태어난 여자가 가장 좋고, 寅월의 丑, 未일에 태어난 여자가 가장 나쁘다.
  △ 여자는 子월, 辰월의 戊, 丁일에 태어난 남자가 가장 좋고, 寅월의 丑, 未일에 태어난 남자가 가장 나쁘다.
* **酉월생**……이 달에 태어난 무술일생 중에서,

▽ 남자는 巳월, 丑월의 戊, 丁일에 태어난 여자가 가장 좋고, 卯월의 丑, 未일에 태어난 여자가 가장 나쁘다.

△ 여자는 巳월, 丑월의 戊, 丁일에 태어난 남자가 가장 좋고, 卯월의 丑, 未일에 태어난 남자가 가장 나쁘다.

▲ 酉월 戊일생 여자는 어떤 남자를 만나서 살든, 남편과의 관계가 그다지 좋지 않을 수 있으므로 다른 사람에 비하여 침착, 절제, 겸손, 희생, 노력이 필요함.

* **戌월생**……이 달에 태어난 무술일생 중에서,

▽ 남자는 寅월, 午월의 癸, 壬일에 태어난 여자가 가장 좋고, 辰월의 丑, 未일에 태어난 여자가 가장 나쁘다.

△ 여자는 巳월, 丑월의 乙, 甲일에 태어난 남자가 가장 좋고, 辰월의 丑, 未일에 태어난 남자가 가장 나쁘다.

* **亥월생**……이 달에 태어난 무술일생 중에서,

▽ 남자는 卯월, 未월의 戊, 丁일에 태어난 여자가 가장 좋고, 巳월의 丑, 未일에 태어난 여자가 가장 나쁘다.

△ 여자는 卯월, 未월의 戊, 丁일에 태어난 남자가 가장 좋고, 巳월의 丑, 未일에 태어난 남자가 가장 나쁘다.

* **子월생**……이 달에 태어난 무술일생 중에서,

▽ 남자는 申월, 辰월의 戊, 丁일에 태어난 여자가 가장 좋고, 午월의 丑, 未일에 태어난 여자가 가장 나쁘다.

△ 여자는 申월, 辰월의 戊, 丁일에 태어난 남자가 가장 좋고, 午월의 丑, 未일에 태어난 남자가 가장 나쁘다.

* **丑월생**……이 달에 태어난 무술일생 중에서,

▽ 남자는 巳월, 酉월의 癸, 壬일에 태어난 여자가 가장 좋고, 未월의 丑, 未일에 태어난 여자가 가장 나쁘다.

△ 여자는 巳월, 酉월의 乙, 甲일에 태어난 남자가 가장 좋고, 未월의 丑, 未일에 태어난 남자가 가장 나쁘다.

▼ 丑월 戊일생 남자는 어떤 여자를 만나서 살든, 아내와의 관계가 그다지 좋지 않을 수 있으므로 다른 사람에 비하여 침착, 절제, 겸손, 희생, 노력이 필요함.

36. 己亥일생

생월을 참작하여 판단한다면

【선천운 범례】 ◎ : 대길(大吉), ○ : 중길, △ : 소길,   ? : 애매함

양력월 (생월지)	선천운(숙명) (선택 여지가 적은 기본적 운세)				후 천 운(개척) (연애·결혼 상대 선택(궁합)시 참고해야 할 사항)		참고
	건강운	경제운	출세운	애정운	상대방 일간(월간)에 있으면 좋은 천간	상대방 월지(일지)에 있으면 나쁜 지지	
2(寅)	?	?	남 ◎	?	甲/己丙/丙	辰巳/申/巳申/亥/巳	
			여 ◎	◎	甲/己丙/丙	辰巳/申/巳申/亥/巳	
3(卯)	?	?	남 ◎	?	甲/己丙/甲	辰巳/酉/子/亥/巳	
			여 ◎	◎	甲/己丙/甲	辰巳/酉/子/亥/巳	
4(辰)	○	△	남 ?	△	甲/壬癸辛/丙	辰巳/戌/辰/亥/巳	▼辰
			여 ?	?	甲/甲乙辛/丙	辰巳/戌/辰/亥/巳	
5(巳)	◎	?	남 ○	?	甲/壬癸辛/癸	辰巳/亥/寅申/亥/巳	
			여 ○	○	甲/甲乙辛/癸	辰巳/亥/寅申/亥/巳	
6(午)	◎	?	남 ○	?	甲/壬癸辛/癸	辰巳/子/午/亥/巳	
			여 ○	○	甲/甲乙辛/癸	辰巳/子/午/亥/巳	
7(未)	○	○	남 ○		甲/壬癸辛/癸	辰巳/丑/丑戌/亥/巳	
			여 ○		甲/甲乙辛/癸	辰巳/丑/丑戌/亥/巳	
8(申)	?	○	남 ?	○	甲/己丙/丙	辰巳/寅/寅巳/亥/巳	▲申
			여 ?	?	甲/己丙/丙	辰巳/寅/寅巳/亥/巳	
9(酉)	?	○	남 ?	○	甲/己丙/丙	辰巳/卯/酉/亥/巳	
			여 ?	?	甲/己丙/丙	辰巳/卯/酉/亥/巳	
10(戌)	○	△	남 ○	△	甲/壬癸辛/甲	辰巳/辰/丑未/亥/巳	▼戌
			여 ○		甲/甲乙辛/甲	辰巳/辰/丑未/亥/巳	
11(亥)	△	◎	남 △	◎	甲/己丙/丙	辰巳/巳/亥/亥/巳	
			여 △	△	甲/己丙/丙	辰巳/巳/亥/亥/巳	
12(子)	△	◎	남 △	◎	甲/己丙/丙	辰巳/午/卯/亥/巳	
			여 △	△	甲/己丙/丙	辰巳/午/卯/亥/巳	
다음해 1월(丑)	○	△	남 ?	△	甲/壬癸辛/丙	辰巳/未/戌未/亥/巳	
			여 ?	?	甲/甲乙辛/丙	辰巳/未/戌未/亥/巳	

이 날 태어난 사람의 선천운 특기 사항

* **건강운** : 위장과 신장 질환에 요주의. 교통사고나 그 밖의 사고로 몸에 흉터가 생긴 경우가 많다.
* **부부운** : 부부운은 좋은 편. 그러나 월주나 시주에 亥가 더 있든가 巳가 있으면 부부 인연이 바뀔 우려가 있다.
* **남** : 누구에게나 좋은 인상을 주고 성실하지만 실천력이 부족. 망설이다가 일을 그르칠 때가 있음.
  ▼ 이 남자는 자기 사주에 戊나 辰戌이 없을수록 좋다.
* **여** : 개성적이며, 애정표현은 소박하게 함. 합리적인 절약주의자이고 직업여성으로 성공할 확률 높음.
  ▲ 이 여자는 자기 사주에 庚이나 申이 없을수록 좋다.
  * 이 날 태어난 사람 중에는 말실수로 낭패를 당하거나 오해를 받는 일이 평생 중요한 고비에 몇 번 있는 경우가 있다.
  * 상대방 생일지지, 즉 일지(日支)에 巳나 亥가 없는 것이 좋음.
  * 그러므로 己亥일생은 동순공망 열 명 중에서 甲午, 乙未, 丙申, 丁酉, 戊戌, 庚子, 辛丑, 壬寅, 癸卯일생 등 9명만 좋게 보아야 함.
  * 특히 甲午일생과는 유난히도 사이가 좋을 가능성이 높음.

태어난 달에 따른 차이점

* **寅월생**……이 달에 태어난 기해일생 중에서,
  ▽ 남자는 午월, 戌월의 己, 丙일에 태어난 여자가 가장 좋고, 申월의 亥일에 태어난 여자가 가장 나쁘다.
  △ 여자는 午월, 戌월의 己, 丙일에 태어난 남자가 가장 좋고, 申월의 亥일에 태어난 남자가 가장 나쁘다.
  * 寅월 己亥일생 남녀는 노처녀 노총각이 되는 경우가 적지 않음.
* **卯월생**……이 달에 태어난 기해일생 중에서,
  ▽ 남자는 亥월, 未월의 己, 丙일에 태어난 여자가 가장 좋고, 酉월의 亥일에 태어난 여자가 가장 나쁘다.
  △ 여자는 亥월, 未월의 己, 丙일에 태어난 남자가 가장 좋고, 酉월의 亥일에 태어난 남자가 가장 나쁘다.

* **辰월생**……이 달에 태어난 기해일생 중에서,
  ▽ 남자는 申월, 子월의 壬, 癸일에 태어난 여자가 가장 좋고, 戌월의 亥일
    에 태어난 여자가 가장 나쁘다.
  △ 여자는 申월, 子월의 甲, 乙일에 태어난 남자가 가장 좋고, 戌월의 亥일
    에 태어난 남자가 가장 나쁘다.
  ▼ 辰월 己일생 남자는 어떤 여자를 만나서 살든, 아내와의 관계가 그다지
    좋지 않을 수 있다. 침착, 절제, 겸손, 희생, 노력이 필요함.
* **巳월생**……이 달에 태어난 기해일생 중에서,
  ▽ 남자는 酉월, 丑월의 壬, 癸일에 태어난 여자가 가장 좋고, 亥월의 亥일
    에 태어난 여자가 가장 나쁘다.
  △ 여자는 酉월, 丑월의 甲, 乙일에 태어난 남자가 가장 좋고, 亥월의 亥일
    에 태어난 남자가 가장 나쁘다.
  ♠ 巳월 己亥일생 남녀는 배우자와의 생이별, 과부 홀아비 운이 다른 사람
    에 비하여 높음.
* **午월생**…… 이 달에 태어난 기해일생 중에서,
  ▽ 남자는 寅월, 戌월의 壬, 癸일에 태어난 여자가 가장 좋고, 子월의 亥일
    에 태어난 여자가 가장 나쁘다.
  △ 여자는 寅월, 戌월의 甲, 乙일에 태어난 남자가 가장 좋고, 子월의 亥일
    에 태어난 남자가 가장 나쁘다.
* **未월생**……이 달에 태어난 기해일생 중에서,
  ▽ 남자는 亥월, 卯월의 壬, 癸일에 태어난 여자가 가장 좋고, 丑월의 亥일
    에 태어난 여자가 가장 나쁘다.
  △ 여자는 亥월, 卯월의 甲, 乙일에 태어난 남자가 가장 좋고, 丑월의 亥일
    에 태어난 남자가 가장 나쁘다.
* **申월생**……이 달에 태어난 기해일생 중에서,
  ▽ 남자는 子월, 辰월의 己, 丙일에 태어난 여자가 가장 좋고, 寅월의 亥일
    에 태어난 여자가 가장 나쁘다.
  △ 여자는 子월, 辰월의 己, 丙일에 태어난 남자가 가장 좋고, 寅월의 亥일
    에 태어난 남자가 가장 나쁘다.
  ▲ 申월 己일생 여자는 어떤 남자를 만나서 살든, 남편과의 관계가 그다지
    좋지 않을 수 있다. 침착, 절제, 겸손, 희생, 노력이 필요함.

* **酉월생**……이 달에 태어난 기해일생 중에서,
  ▽ 남자는 巳월, 丑월의 己, 丙일에 태어난 여자가 가장 좋고, 卯월의 亥일
  에 태어난 여자가 가장 나쁘다.
  △ 여자는 巳월, 丑월의 己, 丙일에 태어난 남자가 가장 좋고, 卯월의 亥일
  에 태어난 남자가 가장 나쁘다.
* **戌월생**……이 달에 태어난 기해일생 중에서,
  ▽ 남자는 寅월, 午월의 壬, 癸일에 태어난 여자가 가장 좋고, 辰월의 亥일
  에 태어난 여자가 가장 나쁘다.
  △ 여자는 巳월, 丑월의 甲, 乙일에 태어난 남자가 가장 좋고, 辰월의 亥일
  에 태어난 남자가 가장 나쁘다.
  ▼ 戌월 己일생 남자는 어떤 여자를 만나서 살든, 아내와의 관계가 그다지
  좋지 않을 수 있다. 침착, 절제, 겸손, 희생, 노력이 필요함.
* **亥월생**……이 달에 태어난 기해일생 중에서,
  ▽ 남자는 卯월, 未월의 己, 丙일에 태어난 여자가 가장 좋고, 巳월의 亥일
  에 태어난 여자가 가장 나쁘다.
  ◆ 이 남자 사주의 다른 기둥에 壬, 癸, 亥, 子 중에서 아무 글자나 하나,
  혹은 둘 이상 있으면 여자한테 시달릴 숙명으로 본다.
  △ 여자는 卯월, 未월의 己, 丙일에 태어난 남자가 가장 좋고, 巳월의 亥일
  에 태어난 남자가 가장 나쁘다.
* **子월생**……이 달에 태어난 기해일생 중에서,
  ▽ 남자는 申월, 辰월의 己, 丙일에 태어난 여자가 가장 좋고, 午월의 亥일
  에 태어난 여자가 가장 나쁘다.
  ◆ 이 남자 사주의 다른 기둥에 壬, 癸, 亥, 子 중에서 아무 글자나 하나,
  혹은 둘 이상 있으면 여자한테 시달릴 숙명으로 본다.
  △ 여자는 申월, 辰월의 己, 丙일에 태어난 남자가 가장 좋고, 午월의 亥일
  에 태어난 남자가 가장 나쁘다.
* **丑월생**……이 달에 태어난 기해일생 중에서,
  ▽ 남자는 巳월, 酉월의 壬, 癸일에 태어난 여자가 가장 좋고, 未월의 亥일
  에 태어난 여자가 가장 나쁘다.
  △ 여자는 巳월, 酉월의 甲, 乙일에 태어난 남자가 가장 좋고, 未월의 亥일
  에 태어난 남자가 가장 나쁘다.

37. 庚子일생

생월을 참작하여 판단한다면

【선천운 범례】 ◎ : 대길(大吉),　○ : 중길,　△ : 소길,　? : 애매함

양력월 (생월지)	선천운(숙명) (선택 여지가 적은 기본적 운세)				후 천 운(개척) (연애·결혼 상대 선택(궁합)시 참고해야 할 사항)		참고
	건강운	경제운	출세운	애정운	상대방 일간(월간)에 있으면 좋은 천간	상대방 월지(일지)에 있으면 나쁜 지지	
2(寅)	?	○	남 ?	◎	乙/庚己/戊	辰巳/申/巳申/卯/午	
			여 ○	?	乙/庚己/戊	辰巳/申/巳申/卯/午	
3(卯)	?	△	남 ?	◎	乙/庚己/丁	辰巳/酉/子/卯/午	
			여 ○	?	乙/庚己/丁	辰巳/酉/子/卯/午	
4(辰)	△	?	남 ○	?	乙/乙甲壬/甲	辰巳/戌/辰/卯/午	
			여 ◎	○	乙/丁丙壬/甲	辰巳/戌/辰/卯/午	
5(巳)	△	◎	남 ◎	◎	乙/庚己/壬	辰巳/亥/寅申/卯/午	
			여 ○	◎	乙/庚己/壬	辰巳/亥/寅申/卯/午	
6(午)	?	?	남 ◎	△	乙/庚己/壬	辰巳/子/午/卯/午	
			여 ○	◎	乙/庚己/壬	辰巳/子/午/卯/午	
7(未)	△	◎	남 ◎	○	乙/乙甲壬/丁	辰巳/丑/丑戌/卯/午	
			여 ◎	○	乙/丁丙壬/丁	辰巳/丑/丑戌/卯/午	
8(申)	◎	○	남 △	△	乙/乙甲壬/丁	辰巳/寅/寅巳/卯/午	
			여 ?	○	乙/丁丙壬/丁	辰巳/寅/寅巳/卯/午	
9(酉)	◎	○	남 △	△	乙/乙甲壬/丁	辰巳/卯/酉/卯/午	▼酉
			여 ?	△	乙/丁丙壬/丁	辰巳/卯/酉/卯/午	
10(戌)	△	?	남 ?	?	乙/乙甲壬/甲	辰巳/辰/丑未/卯/午	
			여 ◎	△	乙/丁丙壬/甲	辰巳/辰/丑未/卯/午	
11(亥)	○	○	남 △	○	乙/庚己/丁	辰巳/巳/亥/卯/午	
			여 ?	○	乙/庚己/丁	辰巳/巳/亥/卯/午	
12(子)	○	○	남 △	○	乙/庚己/丁	辰巳/午/卯/卯/午	▲子
			여 ?	○	乙/庚己/丁	辰巳/午/卯/卯/午	
다음해 1월(丑)	△	△	남 ○	?	乙/乙甲壬/丙	辰巳/未/戌未/卯/午	
			여 ○	△	乙/丁丙壬/丙	辰巳/未/戌未/卯/午	

이 날 태어난 사람의 선천운 특기 사항

* **건강운** : 치질, 탈장, 변비 등의 질환에 잘 걸림. 기관지가 약한 사람도 있으나 그밖의 질병에는 저항력 있음.
* **부부운** : 초혼 실패자가 많음. 그러나 늦게 결혼하면 부부해로 가능함. 여성은 남편을 극하여 고독할 수도 있음.
* **남** : 손댄 일에는 철저한 성격. 자기 중심적이어서 남의 의견을 무시하는 것이 흠.
  ▼ 이 남자는 자기 사주에 辛이나 酉가 없을수록 좋다.
* **여** : 남자한테 지지 않으려는 기질이 강함. 말보다 행동이 앞서고, 매사에 성실함. 결벽증이 심함.
  ▲ 이 여자는 자기 사주에 癸나 子가 없을수록 좋다.
  * 일단 상호간에 동순공망 관계이면 친구, 직장 동료, 사업상의 동업자로는 열 명 다 좋다고 보아야 하지만, 부부 궁합을 볼 때에는 子일생에 한하여 상대방 생일지지, 즉 일지(日支)에 午나 卯가 없는 것이 좋음.
  * 그러므로 庚子일생은 동순공망 열 명 중에서 乙未, 丙申, 丁酉, 戊戌, 己亥, 庚子, 辛丑, 壬寅일생 등 8명만 좋게 보아야 함.
  * 특히 乙未일생과는 유난히도 사이가 좋을 가능성이 높음.

태어난 달에 따른 차이점

* **寅월생**……이 달에 태어난 경자일생 중에서,
  ▽ 남자는 午월, 戌월의 庚, 己일에 태어난 여자가 가장 좋고, 申월의 卯일에 태어난 여자가 가장 나쁘다.
  △ 여자는 午월, 戌월의 庚, 己일에 태어난 남자가 가장 좋고, 申월의 卯일에 태어난 남자가 가장 나쁘다.
* **卯월생**……이 달에 태어난 경자일생 중에서,
  ▽ 남자는 亥월, 未월의 庚, 己일에 태어난 여자가 가장 좋고, 酉월의 卯일에 태어난 여자가 가장 나쁘다.
  △ 여자는 亥월, 未월의 庚, 己일에 태어난 남자가 가장 좋고, 酉월의 卯일에 태어난 남자가 가장 나쁘다.
* **辰월생**……이 달에 태어난 경자일생 중에서,

▽ 남자는 申월, 子월의 乙, 甲일에 태어난 여자가 가장 좋고, 戌월의 卯일에 태어난 여자가 가장 나쁘다.

△ 여자는 申월, 子월의 丁, 丙일에 태어난 남자가 가장 좋고, 戌월의 卯일에 태어난 남자가 가장 나쁘다.

* **巳월생**……이 달에 태어난 경자일생 중에서,

▽ 남자는 酉월, 丑월의 庚, 己일에 태어난 여자가 가장 좋고, 亥월의 卯일에 태어난 여자가 가장 나쁘다.

△ 여자는 酉월, 丑월의 庚, 己일에 태어난 남자가 가장 좋고, 亥월의 卯일에 태어난 남자가 가장 나쁘다.

* **午월생**…… 이 달에 태어난 경자일생 중에서,

▽ 남자는 寅월, 戌월의 庚, 己일에 태어난 여자가 가장 좋고, 子월의 卯일에 태어난 여자가 가장 나쁘다.

△ 여자는 寅월, 戌월의 庚, 己일에 태어난 남자가 가장 좋고, 子월의 卯일에 태어난 남자가 가장 나쁘다.

♠ 午월 庚子일생 남녀는 배우자와의 생이별, 과부 홀아비 운이 다른 사람에 비하여 높음.

* **未월생**……이 달에 태어난 경자일생 중에서,

▽ 남자는 亥월, 卯월의 乙, 甲일에 태어난 여자가 가장 좋고, 丑월의 卯일에 태어난 여자가 가장 나쁘다.

△ 여자는 亥월, 卯월의 丁, 丙일에 태어난 남자가 가장 좋고, 丑월의 卯일에 태어난 남자가 가장 나쁘다.

* **申월생**……이 달에 태어난 경자일생 중에서,

▽ 남자는 子월, 辰월의 乙, 甲일에 태어난 여자가 가장 좋고, 寅월의 卯일에 태어난 여자가 가장 나쁘다.

△ 여자는 子월, 辰월의 丁, 丙일에 태어난 남자가 가장 좋고, 寅월의 卯일에 태어난 남자가 가장 나쁘다.

* **酉월생**……이 달에 태어난 경자일생 중에서,

▽ 남자는 巳월, 丑월의 乙, 甲일에 태어난 여자가 가장 좋고, 卯월의 卯일에 태어난 여자가 가장 나쁘다.

△ 여자는 巳월, 丑월의 丁, 丙일에 태어난 남자가 가장 좋고, 卯월의 卯일에 태어난 남자가 가장 나쁘다.

▼ 酉월 庚일생 남자는 어떤 여자를 만나서 살든, 아내와의 관계가 그다지 좋지 않을 수 있으므로 다른 사람에 비하여 침착, 절제, 겸손, 희생, 노력이 필요함.

* **戌월생**……이 달에 태어난 경자일생 중에서,

▽ 남자는 寅월, 午월의 乙, 甲일에 태어난 여자가 가장 좋고, 辰월의 卯일에 태어난 여자가 가장 나쁘다.

△ 여자는 巳월, 丑월의 丁, 丙일에 태어난 남자가 가장 좋고, 辰월의 卯일에 태어난 남자가 가장 나쁘다.

* **亥월생**……이 달에 태어난 경자일생 중에서,

▽ 남자는 卯월, 未월의 庚, 己일에 태어난 여자가 가장 좋고, 巳월의 卯일에 태어난 여자가 가장 나쁘다.

△ 여자는 卯월, 未월의 庚, 己일에 태어난 남자가 가장 좋고, 巳월의 卯일에 태어난 남자가 가장 나쁘다.

* **子월생**……이 달에 태어난 경자일생 중에서,

▽ 남자는 申월, 辰월의 庚, 己일에 태어난 여자가 가장 좋고, 午월의 卯일에 태어난 여자가 가장 나쁘다.

△ 여자는 申월, 辰월의 庚, 己일에 태어난 남자가 가장 좋고, 午월의 卯일에 태어난 남자가 가장 나쁘다.

▲ 子월 庚일생 여자는 어떤 남자를 만나서 살든, 남편과의 관계가 그다지 좋지 않을 수 있으므로 다른 사람에 비하여 침착, 절제, 겸손, 희생, 노력이 필요함.

* **丑월생**……이 달에 태어난 경자일생 중에서,

▽ 남자는 巳월, 酉월의 乙, 甲일에 태어난 여자가 가장 좋고, 未월의 卯일에 태어난 여자가 가장 나쁘다.

△ 여자는 巳월, 酉월의 丁, 丙일에 태어난 남자가 가장 좋고, 未월의 卯일에 태어난 남자가 가장 나쁘다.

♥ 丑월 庚子일생 남녀는 노처녀 노총각이 되는 경우가 적지 않음.

38. 辛丑일생

생월을 참작하여 판단한다면

【선천운 범례】 ◎ : 대길(大吉), ○ : 중길, △ : 소길, ? : 애매함

양력월 (생월지)	선천운(숙명) (선택 여지가 적은 기본적 운세)				후 천 운(개척) (연애·결혼 상대 선택(궁합)시 참고해야 할 사항)		참 고
	건강운	경제운	출세운	애정운	상대방 일간(월간)에 있으면 좋은 천간	상대방 월지(일지)에 있으면 나쁜 지지	
2(寅)	?	○	남 ?	◎	丙/辛戊/己	辰巳/申/巳申/戌未/未	
			여 ○	○	丙/辛戊/己	辰巳/申/巳申/戌未/未	
3(卯)	?	○	남 ?	◎	丙/辛戊/壬	辰巳/酉/子/戌未/未	
			여 ○	○	丙/辛戊/壬	辰巳/酉/子/戌未/未	
4(辰)	◎	?	남 ○	○	丙/甲乙癸/壬	辰巳/戌/辰/戌未/未	
			여 △	?	丙/丙丁癸/壬	辰巳/戌/辰/戌未/未	
5(巳)	?	◎	남 ◎	?	丙/辛戊/壬	辰巳/亥/寅申/戌未/未	
			여 ◎	◎	丙/辛戊/壬	辰巳/亥/寅申/戌未/未	
6(午)	?	◎	남 ◎	?	丙/辛戊/壬	辰巳/子/午/戌未/未	
			여 ◎	◎	丙/辛戊/壬	辰巳/子/午/戌未/未	
7(未)	○	?	남 ○	?	丙/甲乙癸/壬	辰巳/丑/丑戌/戌未/未	
			여 ?	○	丙/丙丁癸/壬	辰巳/丑/丑戌/戌未/未	
8(申)	○	△	남 ?	△	丙/甲乙癸/壬	辰巳/寅/寅巳/戌未/未	▼申
			여 △	△	丙/丙丁癸/壬	辰巳/寅/寅巳/戌未/未	
9(酉)	○	△	남 ?	△	丙/甲乙癸/壬	辰巳/卯/酉/戌未/未	
			여 △	△	丙/丙丁癸/壬	辰巳/卯/酉/戌未/未	
10(戌)	◎	?	남 ?	○	丙/甲乙癸/壬	辰巳/辰/丑未/戌未/未	
			여 △	?	丙/丙丁癸/壬	辰巳/辰/丑未/戌未/未	
11(亥)	?	△	남 △	?	丙/辛戊/壬	辰巳/巳/亥/戌未/未	▲亥
			여 ?	?	丙/辛戊/壬	辰巳/巳/亥/戌未/未	
12(子)	?	△	남 △	?	丙/辛戊/丙	辰巳/午/卯/戌未/未	
			여 ?	?	丙/辛戊/丙	辰巳/午/卯/戌未/未	
다음해 1월(丑)	?	?	남 △	○	丙/甲乙癸/丙	辰巳/未/戌未/戌未/未	
			여 ?	?	丙/丙丁癸/丙	辰巳/未/戌未/戌未/未	

이 날 태어난 사람의 선천운 특기 사항

* **건강운** : 난치병에는 잘 안 걸리지만 잔병 치레는 할 체질. 비만증이나 요통으로 고생하는 수가 있다.
* **부부운** : 대체로 남녀 어느 쪽이든 부부 해로가 가능한 일주다.
* **남** : 의리와 인정이 깊다. 자존심 강하여 분노하면 그 정도가 심하다. 남의 잘못을 따지다가 손해.

  ★ 이 남자는 자기 사주에 庚이나 申이 없을수록 좋다.
* **여** : 감정이 풍부하여 정열적이고 충동적이지만, 현실적이어서 가정 살림에 충실하고 검소하다.

  ▲ 이 여자는 자기 사주에 壬이나 亥가 없을수록 좋다.
* 일단 상호간에 동순공망 관계이면 친구, 직장 동료, 사업상의 동업자로는 열 명 다 좋다고 보아야 하지만, 부부 궁합을 볼 때에는 丑일생에 한하여 상대방 생일지지, 즉 일지(日支)에 未나 戌이 없는 것이 좋음.
* 그러므로 辛丑일생은 동순공망 열 명 중에서 甲午, 丙申, 丁酉, 己亥, 庚子, 辛丑, 壬寅, 癸卯일생 등 8명만 좋게 보아야 함.
* 특히 丙申일생과는 유난히도 사이가 좋을 가능성이 높음.

태어난 달에 따른 차이점

* **寅월생**……이 달에 태어난 신축일생 중에서
  ▽ 남자는 午월, 戌월의 辛, 戌일에 태어난 여자가 가장 좋고, 申월의 戌, 未일에 태어난 여자가 가장 나쁘다.
  △ 여자는 午월, 戌월의 辛, 戌일에 태어난 남자가 가장 좋고, 申월의 戌, 未일에 태어난 남자가 가장 나쁘다.
* **卯월생**……이 달에 태어난 신축일생 중에서,
  ▽ 남자는 亥월, 未월의 辛, 戌일에 태어난 여자가 가장 좋고, 酉월의 戌, 未일에 태어난 여자가 가장 나쁘다.
  △ 여자는 亥월, 未월의 辛, 戌일에 태어난 남자가 가장 좋고, 酉월의 戌, 未일에 태어난 남자가 가장 나쁘다.
* **辰월생**……이 달에 태어난 신축일생 중에서,
  ▽ 남자는 申월, 子월의 甲, 乙일에 태어난 여자가 가장 좋고, 戌월의 戌,

未일에 태어난 여자가 가장 나쁘다.

△ 여자는 申월, 子월의 丙, 丁일에 태어난 남자가 가장 좋고, 戌월의 戌, 未일에 태어난 남자가 가장 나쁘다.

* **巳월생**······이 달에 태어난 신축일생 중에서,

▽ 남자는 酉월, 丑월의 辛, 戌일에 태어난 여자가 가장 좋고, 亥월의 戌, 未일에 태어난 여자가 가장 나쁘다.

△ 여자는 酉월, 丑월의 辛, 戌일에 태어난 남자가 가장 좋고, 亥월의 戌, 未일에 태어난 남자가 가장 나쁘다.

* **午월생**······ 이 달에 태어난 신축일생 중에서,

▽ 남자는 寅월, 戌월의 辛, 戌일에 태어난 여자가 가장 좋고, 子월의 戌, 未일에 태어난 여자가 가장 나쁘다.

△ 여자는 寅월, 戌월의 辛, 戌일에 태어난 남자가 가장 좋고, 子월의 戌, 未일에 태어난 남자가 가장 나쁘다.

* **未월생**······이 달에 태어난 신축일생 중에서,

▽ 남자는 亥월, 卯월의 甲, 乙일에 태어난 여자가 가장 좋고, 丑월의 戌, 未일에 태어난 여자가 가장 나쁘다.

△ 여자는 亥월, 卯월의 丙, 丁일에 태어난 남자가 가장 좋고, 丑월의 戌, 未일에 태어난 남자가 가장 나쁘다.

♠ 未월 辛丑일생 남녀는 배우자와의 생이별, 과부 홀아비 운이 다른 사람에 비하여 높음.

* **申월생**······이 달에 태어난 신축일생 중에서,

▽ 남자는 子월, 辰월의 甲, 乙일에 태어난 여자가 가장 좋고, 寅월의 戌, 未일에 태어난 여자가 가장 나쁘다.

△ 여자는 子월, 辰월의 丙, 丁일에 태어난 남자가 가장 좋고, 寅월의 戌, 未일에 태어난 남자가 가장 나쁘다.

▼ 申월 辛일생 남자는 어떤 여자를 만나서 살든, 아내와의 관계가 그다지 좋지 않을 수 있으므로 다른 사람에 비하여 침착, 절제, 겸손, 희생, 노력이 필요함.

* **酉월생**······이 달에 태어난 신축일생 중에서,

▽ 남자는 巳월, 丑월의 甲, 乙일에 태어난 여자가 가장 좋고, 卯월의 戌, 未일에 태어난 여자가 가장 나쁘다.

△ 여자는 巳월, 丑월의 丙, 丁일에 태어난 남자가 가장 좋고, 卯월의 戌,
未일에 태어난 남자가 가장 나쁘다.

* **戌월생**……이 달에 태어난 신축일생 중에서,

▽ 남자는 寅월, 午월의 甲, 乙일에 태어난 여자가 가장 좋고, 辰월의 戌,
未일에 태어난 여자가 가장 나쁘다.

△ 여자는 巳월, 丑월의 丙, 丁일에 태어난 남자가 가장 좋고, 辰월의 戌,
未일에 태어난 남자가 가장 나쁘다.

* **亥월생**……이 달에 태어난 신축일생 중에서,

▽ 남자는 卯월, 未월의 辛, 戊일에 태어난 여자가 가장 좋고, 巳월의 戌,
未일에 태어난 여자가 가장 나쁘다.

△ 여자는 卯월, 未월의 辛, 戊일에 태어난 남자가 가장 좋고, 巳월의 戌,
未일에 태어난 남자가 가장 나쁘다.

▲ 亥월 辛일생 여자는 어떤 남자를 만나서 살든, 남편과의 관계가 그다지
좋지 않을 수 있으므로 다른 사람에 비하여 침착, 절제, 겸손, 희생, 노
력이 필요함.

* **子월생**……이 달에 태어난 신축일생 중에서,

▽ 남자는 申월, 辰월의 辛, 戊일에 태어난 여자가 가장 좋고, 午월의 戌,
未일에 태어난 여자가 가장 나쁘다.

△ 여자는 申월, 辰월의 辛, 戊일에 태어난 남자가 가장 좋고, 午월의 戌,
未일에 태어난 남자가 가장 나쁘다.

♥ 子월 辛丑일생 남녀는 노처녀 노총각이 되는 경우가 적지 않음.

* **丑월생**……이 달에 태어난 신축일생 중에서,

▽ 남자는 巳월, 酉월의 甲, 乙일에 태어난 여자가 가장 좋고, 未월의 戌,
未일에 태어난 여자가 가장 나쁘다.

△ 여자는 巳월, 酉월의 丙, 丁일에 태어난 남자가 가장 좋고, 未월의 戌,
未일에 태어난 남자가 가장 나쁘다.

39. 壬寅일생

생월을 참작하여 판단한다면

【선천운 범례】 ◎ : 대길(大吉), ○ : 중길, △ : 소길, ? : 애매함

양력월 (생월지)	선천운(숙명) (선택 여지가 적은 기본적 운세) 건강운	경제운	출세운		애정운	후천운(개척) (연애·결혼 상대 선택(궁합)시 참고해야 할 사항) 상대방 일간(월간)에 있으면 좋은 천간	상대방 월지(일지)에 있으면 나쁜 지지	참고
2(寅)	△	○	남	?	○	丁/壬辛/庚	辰巳/申/巳申/巳申/申	
			여	△	?	丁/壬辛/庚	辰巳/申/巳申/巳申/申	
3(卯)	△	○	남	?	○	丁/壬辛/戊	辰巳/酉/子/巳申/申	
			여	△	?	丁/壬辛/戊	辰巳/酉/子/巳申/申	
4(辰)	?	△	남	◎	△	丁/壬辛/甲	辰巳/戌/辰/巳申/申	
			여	○	◎	丁/壬辛/甲	辰巳/戌/辰/巳申/申	
5(巳)	?	◎	남	◎	◎	丁/壬辛/壬	辰巳/亥/寅申/巳申/申	
			여	◎	○	丁/壬辛/壬	辰巳/亥/寅申/巳申/申	
6(午)	?	◎	남	◎	◎	丁/壬辛/癸	辰巳/子/午/巳申/申	
			여	◎	◎	丁/壬辛/癸	辰巳/子/午/巳申/申	
7(未)	△	○	남	◎	◎	丁/壬辛/辛	辰巳/丑/丑戌/巳申/申	
			여	◎	◎	丁/壬辛/辛	辰巳/丑/丑戌/巳申/申	
8(申)	◎	?	남	△	?	丁/丁丙甲/戊	辰巳/寅/寅巳/巳申/申	
			여	?	△	丁/己戊甲/戊	辰巳/寅/寅巳/巳申/申	
9(酉)	◎	?	남	△	?	丁/丁丙甲/甲	辰巳/卯/酉/巳申/申	
			여	?	△	丁/己戊甲/甲	辰巳/卯/酉/巳申/申	
10(戌)	?	○	남	◎	○	丁/丁丙甲/甲	辰巳/辰/丑未/巳申/申	
			여	○	◎	丁/己戊甲/甲	辰巳/辰/丑未/巳申/申	
11(亥)	○	?	남	?	?	丁/丁丙甲/戊	辰巳/巳/亥/巳申/申	
			여	?	?	丁/己戊甲/戊	辰巳/巳/亥/巳申/申	
12(子)	○	?	남	?	?	丁/丁丙甲/戊	辰巳/午/卯/巳申/申	
			여	?	?	丁/己戊甲/戊	辰巳/午/卯/巳申/申	
다음해 1월(丑)	?	△	남	○	△	丁/壬辛/丙	辰巳/未/戌未/巳申/申	
			여	○	○	丁/壬辛/丙	辰巳/未/戌未/巳申/申	

이 날 태어난 사람의 선천운 특기 사항

* **건강운** : 오장육부가 튼튼하여 병치레는 별로 없으나 사고를 일으켜 몸을 다치는 수가 많음.(상이군인 중에 많은 생일)

* **부부운** : 남녀 불문하고 다정다감하여 애정 문제를 잘 일으킴. 그러나 대체로 화목한 가정을 이루어 부부해로.

* **남** : 성질이 급하고 충동적이며, 남을 함부로 믿지 않지만 정은 많음. 권위에 도전하는 거물 기질.

　▼ 이 남자는 자기 사주에 癸나 子가 없을수록 좋다.

* **여** : 남한테 의존않고 힘든 일을 척척 해내는 실천파. 깊은 애정으로 남성을 교묘하게 잘 조종함.

　▲ 이 여자는 자기 사주에 乙이나 卯가 없을수록 좋다.

　* 일단 상호간에 동순공망 관계이면 친구, 직장 동료, 사업상의 동업자로는 열 명 다 좋다고 보아야 하지만, 부부 궁합을 볼 때에는 寅일생에 한하여 상대방 생일지지, 즉 일지(日支)에 申이나 巳가 없는 것이 좋음.

　* 그러므로 壬寅일생은 동순공망 열 명 중에서 甲午, 乙未, 丁酉, 戊戌, 己亥, 庚子, 辛丑, 壬寅, 癸卯일생 등 9명만 좋게 보아야 함.

　* 특히 丁酉일생과는 유난히도 사이가 좋을 가능성이 높음.

태어난 달에 따른 차이점

* **寅월생**……이 달에 태어난 임인일생 중에서
　▽ 남자는 午월, 戌월의 壬, 辛일에 태어난 여자가 가장 좋고, 申월의 巳, 申일에 태어난 여자가 가장 나쁘다.
　△ 여자는 午월, 戌월의 壬, 辛일에 태어난 남자가 가장 좋고, 申월의 巳, 申일에 태어난 남자가 가장 나쁘다.

* **卯월생**……이 달에 태어난 임인일생 중에서,
　▽ 남자는 亥월, 未월의 壬, 辛일에 태어난 여자가 가장 좋고, 酉월의 巳, 申일에 태어난 여자가 가장 나쁘다.
　△ 여자는 亥월, 未월의 壬, 辛일에 태어난 남자가 가장 좋고, 酉월의 巳, 申일에 태어난 남자가 가장 나쁘다.
　▲ 卯월 壬일생 여자는 어떤 남자를 만나서 살든, 남편과의 관계가 그다지

좋지 않을 수 있으므로 다른 사람에 비하여 침착, 절제, 겸손, 희생, 노력이 필요함.

* **辰월생**……이 달에 태어난 임인일생 중에서,

▽ 남자는 申월, 子월의 壬, 辛일에 태어난 여자가 가장 좋고, 戌월의 巳, 申일에 태어난 여자가 가장 일에 태어난 여자가 가장 일에 태어난 여자가 가장 나쁘다.

△ 여자는 申월, 子월의 壬, 辛일에 태어난 남자가 가장 좋고, 戌월의 巳, 申일에 태어난 남자가 가장 나쁘다.

* **巳월생**……이 달에 태어난 임인일생 중에서,

▽ 남자는 酉월, 丑월의 壬, 辛일에 태어난 여자가 가장 좋고, 亥월의 巳, 申일에 태어난 여자가 가장 나쁘다.

△ 여자는 酉월, 丑월의 壬, 辛일에 태어난 남자가 가장 좋고, 亥월의 巳, 申일에 태어난 남자가 가장 나쁘다.

* **午월생**…… 이 달에 태어난 임인일생 중에서,

▽ 남자는 寅월, 戌월의 壬, 辛일에 태어난 여자가 가장 좋고, 子월의 巳, 申일에 태어난 여자가 가장 나쁘다.

△ 여자는 寅월, 戌월의 壬, 辛일에 태어난 남자가 가장 좋고, 子월의 巳, 申일에 태어난 남자가 가장 나쁘다.

* **未월생**……이 달에 태어난 임인일생 중에서,

▽ 남자는 亥월, 卯월의 壬, 辛일에 태어난 여자가 가장 좋고, 丑월의 巳, 申일에 태어난 여자가 가장 나쁘다.

△ 여자는 亥월, 卯월의 壬, 辛일에 태어난 남자가 가장 좋고, 丑월의 巳, 申일에 태어난 남자가 가장 나쁘다.

* **申월생**……이 달에 태어난 임인일생 중에서,

▽ 남자는 子월, 辰월의 丁, 丙일에 태어난 여자가 가장 좋고, 寅월의 巳, 申일에 태어난 여자가 가장 나쁘다.

△ 여자는 子월, 辰월의 己, 戊일에 태어난 남자가 가장 좋고, 寅월의 巳, 申일에 태어난 남자가 가장 나쁘다.

♠ 申월 壬寅일생 남녀는 배우자와의 생이별, 과부 홀아비 운이 다른 사람에 비하여 높음.

* **酉월생**……이 달에 태어난 임인일생 중에서,

▽ 남자는 巳월, 丑월의 丁, 丙일에 태어난 여자가 가장 좋고, 卯월의 巳, 申일에 태어난 여자가 가장 나쁘다.

△ 여자는 巳월, 丑월의 己, 戊일에 태어난 남자가 가장 좋고, 卯월의 巳, 申일에 태어난 남자가 가장 일에 태어난 남자가 가장 나쁘다.

* **戌월생**……이 달에 태어난 임인일생 중에서,

▽ 남자는 寅월, 午월의 丁, 丙일에 태어난 여자가 가장 좋고, 辰월의 巳, 申일에 태어난 여자가 가장 나쁘다.

△ 여자는 巳월, 丑월의 己, 戊일에 태어난 남자가 가장 좋고, 辰월의 巳, 申일에 태어난 남자가 가장 나쁘다.

* **亥월생**……이 달에 태어난 임인일생 중에서,

▽ 남자는 卯월, 未월의 丁, 丙일에 태어난 여자가 가장 좋고, 巳월의 巳, 申일에 태어난 여자가 가장 나쁘다.

△ 여자는 卯월, 未월의 己, 戊일에 태어난 남자가 가장 좋고, 巳월의 巳, 申일에 태어난 남자가 가장 나쁘다.

♥ 亥월 壬寅일생 남녀는 노처녀 노총각이 되는 경우가 적지 않음.

* **子월생**……이 달에 태어난 임인일생 중에서,

▽ 남자는 申월, 辰월의 丁, 丙일에 태어난 여자가 가장 좋고, 午월의 巳, 申일에 태어난 여자가 가장 나쁘다.

△ 여자는 申월, 辰월의 己, 戊일에 태어난 남자가 가장 좋고, 午월의 巳, 申일에 태어난 남자가 가장 나쁘다.

▼ 子월 壬일생 남자는 어떤 여자를 만나서 살든, 아내와의 관계가 그다지 좋지 않을 수 있으므로 다른 사람에 비하여 침착, 절제, 겸손, 희생, 노력이 필요함.

* **丑월생**……이 달에 태어난 임인일생 중에서,

▽ 남자는 巳월, 酉월의 壬, 辛일에 태어난 여자가 가장 좋고, 未월의 巳, 申일에 태어난 여자가 가장 나쁘다.

△ 여자는 巳월, 酉월의 壬, 辛일에 태어난 남자가 가장 좋고, 未월의 巳, 申일에 태어난 남자가 가장 나쁘다.

40. 癸卯일생

생월을 참작하여 판단한다면

【선천운 범례】 ◎ : 대길(大吉),   ○ : 중길,   △ : 소길,   ? : 애매함

양력월 (생월지)	선천운(숙명) (선택 여지가 적은 기본적 운세)				후 천 운(개척) (연애·결혼 상대 선택(궁합)시 참고해야 할 사항)		참고
	건강운	경제운	출세운	애정운	상대방 일간(월간)에 있으면 좋은 천간	상대방 월지(일지)에 있으면 나쁜 지지	
2(寅)	?	?	남 ?	?	戊/癸庚/辛	辰巳/申/巳申/子/酉	
			여 ?	△	戊/癸庚/辛	辰巳/申/巳申/子/酉	
3(卯)	?	?	남 ?	?	戊/癸庚/庚	辰巳/酉/子/子/酉	
			여 ?	△	戊/癸庚/庚	辰巳/酉/子/子/酉	
4(辰)	△	◎	남 ◎	○	戊/癸庚/丙	辰巳/戌/辰/子/酉	
			여 ◎	◎	戊/癸庚/丙	辰巳/戌/辰/子/酉	
5(巳)	◎	○	남 ◎	◎	戊/癸庚/庚	辰巳/亥/寅申/子/酉	
			여 ◎	○	戊/癸庚/庚	辰巳/亥/寅申/子/酉	
6(午)	◎	○	남 ◎	◎	戊/癸庚/庚	辰巳/子/午/子/酉	
			여 ◎	○	戊/癸庚/庚	辰巳/子/午/子/酉	
7(未)	○	◎	남 ○	○	戊/癸庚/庚	辰巳/丑/丑戌/子/酉	
			여 ◎	◎	戊/癸庚/庚	辰巳/丑/丑戌/子/酉	
8(申)	?	△	남 △	△	戊/丙丁乙/丁	辰巳/寅/寅巳/子/酉	
			여 ?	△	戊/戊己乙/丁	辰巳/寅/寅巳/子/酉	
9(酉)	?	△	남 △	△	戊/丙丁乙/辛	辰巳/卯/酉/子/酉	
			여 ?	△	戊/戊己乙/辛	辰巳/卯/酉/子/酉	
10(戌)	○	◎	남 ○	◎	戊/丙丁乙/辛	辰巳/辰/丑未/子/酉	
			여 ○	◎	戊/戊己乙/辛	辰巳/辰/丑未/子/酉	
11(亥)	△	?	남 ?	?	戊/丙丁乙/庚	辰巳/巳/亥/子/酉	
			여 △	?	戊/戊己乙/庚	辰巳/巳/亥/子/酉	
12(子)	△	?	남 ?	?	戊/丙丁乙/丙	辰巳/午/卯/子/酉	
			여 △	?	戊/戊己乙/丙	辰巳/午/卯/子/酉	
다음해 1월(丑)	△	○	남 △	○	戊/癸庚/丙	辰巳/未/戌未/子/酉	
			여 ○	○	戊/癸庚/丙	辰巳/未/戌未/子/酉	

이 날 태어난 사람의 선천운 특기 사항

* **건강운** : 남녀 불문하고 늘 낙천적이고 건강한 사람이 많다. 시주와 월주에 따라 차이는 있지만.
* **부부운** : 잉꼬 부부가 많다는 통계가 나와 있음. 여자는 연하의 남자나 자기보다 나이가 아주 많은 남자와 사는 수도
* **남** : 남에게 어느 정도 신경을 쓰기는 하지만 홀로 행동하기를 즐김. 은근히 여자를 밝히는 성품.
  ▼ 이 남자는 자기 사주에 壬이나 亥가 없을수록 좋다.
* **여** : 손재주가 좋고 바지런히 일하는 천성. 남에게 지기를 싫어하고 일을 맡기지 못하는 성격.
  ▲ 이 여자는 자기 사주에 甲이나 寅이 없을수록 좋다.
  * 일단 상호간에 동순공망 관계이면 친구, 직장 동료, 사업상의 동업자로는 열 명 다 좋다고 보아야 하지만, 부부 궁합을 볼 때에는 卯일생에 한하여 상대방 생일지지, 즉 일지(日支)에 酉나 子가 없는 것이 좋음.
  * 그러므로 癸卯일생은 동순공망 열 명 중에서 甲午, 乙未, 丙申, 戊戌, 己亥, 辛丑, 壬寅, 癸卯일생 등 8명만 좋게 보아야 함.
  * 특히 戊戌일생과는 유난히도 사이가 좋을 가능성이 높음.

태어난 달에 따른 차이점

* **寅월생**……이 달에 태어난 계묘일생 중에서
  ▽ 남자는 午월, 戌월의 癸, 庚일에 태어난 여자가 가장 좋고, 申월의 子일에 태어난 여자가 가장 나쁘다.
  △ 여자는 午월, 戌월의 癸, 庚일에 태어난 남자가 가장 좋고, 申월의 子일에 태어난 남자가 가장 나쁘다.
  ▲ 寅월 癸일생 여자는 어떤 남자를 만나서 살든, 남편과의 관계가 그다지 좋지 않을 수 있으므로 다른 사람에 비하여 침착, 절제, 겸손, 희생, 노력이 필요함.
* **卯월생**……이 달에 태어난 계묘일생 중에서,
  ▽ 남자는 亥월, 未월의 癸, 庚일에 태어난 여자가 가장 좋고, 酉월의 子일에 태어난 여자가 가장 나쁘다.

△ 여자는 亥월, 未월의 癸, 庚일에 태어난 남자가 가장 좋고, 酉월의 子일
에 태어난 남자가 가장 나쁘다.

* **辰월생**……이 달에 태어난 계묘일생 중에서,
　▽ 남자는 申월, 子월의 癸, 庚일에 태어난 여자가 가장 좋고, 戌월의 子일
에 태어난 여자가 가장 나쁘다.
　△ 여자는 申월, 子월의 癸, 庚일에 태어난 남자가 가장 좋고, 戌월의 子일
에 태어난 남자가 가장 나쁘다.

* **巳월생**……이 달에 태어난 계묘일생 중에서,
　▽ 남자는 酉월, 丑월의 癸, 庚일에 태어난 여자가 가장 좋고, 亥월의 子일
에 태어난 여자가 가장 나쁘다.
　△ 여자는 酉월, 丑월의 癸, 庚일에 태어난 남자가 가장 좋고, 亥월의 子일
에 태어난 남자가 가장 나쁘다.

* **午월생**…… 이 달에 태어난 계묘일생 중에서,
　▽ 남자는 寅월, 戌월의 癸, 庚일에 태어난 여자가 가장 좋고, 子월의 子일
에 태어난 여자가 가장 나쁘다.
　△ 여자는 寅월, 戌월의 癸, 庚일에 태어난 남자가 가장 좋고, 子월의 子일
에 태어난 남자가 가장 나쁘다.

* **未월생**……이 달에 태어난 계묘일생 중에서,
　▽ 남자는 亥월, 卯월의 癸, 庚일에 태어난 여자가 가장 좋고, 丑월의 子일
에 태어난 여자가 가장 나쁘다.
　△ 여자는 亥월, 卯월의 癸, 庚일에 태어난 남자가 가장 좋고, 丑월의 子일
에 태어난 남자가 가장 나쁘다.

* **申월생**……이 달에 태어난 계묘일생 중에서,
　▽ 남자는 子월, 辰월의 丙, 丁일에 태어난 여자가 가장 좋고, 寅월의 子일
에 태어난 여자가 가장 나쁘다.
　△ 여자는 子월, 辰월의 戊, 己일에 태어난 남자가 가장 좋고, 寅월의 子일
에 태어난 남자가 가장 나쁘다.

* **酉월생**……이 달에 태어난 계묘일생 중에서,
　▽ 남자는 巳월, 丑월의 丙, 丁일에 태어난 여자가 가장 좋고, 卯월의 子일
에 태어난 여자가 가장 나쁘다.
　△ 여자는 巳월, 丑월의 戊, 己일에 태어난 남자가 가장 좋고, 卯월의 子일

에 태어난 남자가 가장 나쁘다.

♠ 酉월 癸卯일생 남녀는 배우자와의 생이별, 과부 홀아비 운이 다른 사람에 비하여 높음.

* **戌월생**……이 달에 태어난 계묘일생 중에서,

▽ 남자는 寅월, 午월의 丙, 丁일에 태어난 여자가 가장 좋고, 辰월의 子일에 태어난 여자가 가장 나쁘다.

△ 여자는 巳월, 丑월의 戊, 己일에 태어난 남자가 가장 좋고, 辰월의 子일에 태어난 남자가 가장 나쁘다.

♥ 戌월 癸卯일생 남녀는 노처녀 노총각이 되는 경우가 적지 않음.

* **亥월생**……이 달에 태어난 계묘일생 중에서,

▽ 남자는 卯월, 未월의 丙, 丁일에 태어난 여자가 가장 좋고, 巳월의 子일에 태어난 여자가 가장 나쁘다.

△ 여자는 卯월, 未월의 戊, 己일에 태어난 남자가 가장 좋고, 巳월의 子일에 태어난 남자가 가장 나쁘다.

▼ 亥월 癸일생 남자는 어떤 여자를 만나서 살든, 아내와의 관계가 그다지 좋지 않을 수 있으므로 다른 사람에 비하여 침착, 절제, 겸손, 희생, 노력이 필요함.

* **子월생**……이 달에 태어난 계묘일생 중에서,

▽ 남자는 申월, 辰월의 丙, 丁일에 태어난 여자가 가장 좋고, 午월의 子일에 태어난 여자가 가장 나쁘다.

△ 여자는 申월, 辰월의 戊, 己일에 태어난 남자가 가장 좋고, 午월의 子일에 태어난 남자가 가장 나쁘다.

* **丑월생**……이 달에 태어난 계묘일생 중에서,

▽ 남자는 巳월, 酉월의 癸, 庚일에 태어난 여자가 가장 좋고, 未월의 子일에 태어난 여자가 가장 나쁘다.

△ 여자는 巳월, 酉월의 癸, 庚일에 태어난 남자가 가장 좋고, 未월의 子일에 태어난 남자가 가장 나쁘다.

갑진순(甲辰旬) 인생

甲辰　乙巳　丙午　丁未　戊申

己酉　庚戌　辛亥　壬子　癸丑

　위의 열흘 동안에 태어난 사람들끼리는 똑같이 인(寅)과 묘(卯)가 공망이 되는 동순공망(同旬空亡)의 인생들이다.

　이들은 학교 친구나 직장 친구, 교제 대상의 이성, 또는 부부든 간에 서로 마음이 통하여 사이좋게 지낼 수 있는 운명을 타고난 동질성 그룹이라 볼 수 있다. 중요시하여야 할 궁합 판단 기준이다.
　단, 이들 열 명끼리의 조합에서 개인별 생일에 따라 한 명 내지 세 명 정도가 예외가 될 수 있다.
　* 각자의 생일 해설란에 정리되어 있음.

41. 甲辰일생

생월을 참작하여 판단한다면

【선천운 범례】　◎ : 대길(大吉),　○ : 중길,　△ : 소길,　? : 애매함

양력월 (생월지)	선천운(숙명) (선택 여지가 적은 기본적 운세)				후 천 운(개척) (연애 · 결혼 상대 선택(궁합)시 참고해야 할 사항)		참고
	건강운	경제운	출세운	애정운	상대방 일간(월간)에 있으면 좋은 천간	상대방 월지(일지)에 있으면 나쁜 지지	
2(寅)	◎	△	남 ?	?	己/己戊丙/丙	寅卯/申/巳申/辰/戌	
			여 ?	?	己/辛庚丙/丙	寅卯/申/巳申/辰/戌	
3(卯)	◎	△	남 ?	?	己/己戊丙/庚	寅卯/酉/子/辰/戌	
			여 ?	?	己/辛庚丙/庚	寅卯/酉/子/辰/戌	
4(辰)	△	○	남 ○	○	己/甲癸/庚	寅卯/戌/辰/辰/戌	▼卯
			여 ○	○	己/甲癸/庚	寅卯/戌/辰/辰/戌	
5(巳)	?	◎	남 ?	◎	己/甲癸/癸	寅卯/亥/寅申/辰/戌	
			여 △	△	己/甲癸/癸	寅卯/亥/寅申/辰/戌	
6(午)	?	◎	남 ?	◎	己/甲癸/癸	寅卯/子/午/辰/戌	▲午
			여 △	△	己/甲癸/癸	寅卯/子/午/辰/戌	
7(未)	△	○	남 ○	○	己/甲癸/癸	寅卯/丑/丑戌/辰/戌	
			여 ○	○	己/甲癸/癸	寅卯/丑/丑戌/辰/戌	
8(申)	?	?	남 ◎	?	己/甲癸/庚	寅卯/寅/寅巳/辰/戌	
			여 ◎	◎	己/甲癸/庚	寅卯/寅/寅巳/辰/戌	
9(酉)	?	?	남 ◎	?	己/甲癸/庚	寅卯/卯/酉/辰/戌	
			여 ◎	◎	己/甲癸/庚	寅卯/卯/酉/辰/戌	
10(戌)	△	○	남 ○	○	己/甲癸/庚	寅卯/辰/丑未/辰/戌	
			여 △	○	己/甲癸/庚	寅卯/辰/丑未/辰/戌	
11(亥)	○	?	남 △	△	己/己戊丙/庚	寅卯/巳/亥/辰/戌	
			여 ?	?	己/辛庚丙/庚	寅卯/巳/亥/辰/戌	
12(子)	○	?	남 △	△	己/己戊丙/丁	寅卯/午/卯/辰/戌	
			여 ?	?	己/辛庚丙/丁	寅卯/午/卯/辰/戌	
다음해 1월(丑)	△	○	남 △	△	己/己戊丙/丁	寅卯/未/戌未/辰/戌	
			여 △	△	己/辛庚丙/丁	寅卯/未/戌未/辰/戌	

이 날 태어난 사람의 선천운 특기 사항

* **건강운** : 건강하게 살 운을 타고 났다고 볼 수 있다. 그러나 관절염이나 디스크 등은 요주의. 몸을 다치는 일도 조심.
* **부부운** : 남자는 바람끼가 있으되 헤어지는 일은 없고, 여자는 자기보다 나은 남자를 만나는 경우가 많다.
* **남** : 매사에 검소하고, 그늘에서 남몰래 일하는 성격. 순수하고, 신중함. 거만한 구석도 약간 있음.
  ▼ 이 남자는 자기 사주에 乙이나 卯가 없을수록 좋다.
* **여** : 상냥하고 온순하여 누구에게나 호감을 삼. 자기 도취에 잘 빠짐. 가사보다 바깥일에 관심 많음.
  ▲ 이 여자는 자기 사주에 丁이나 午가 없을수록 좋다.
  * 상대방 생일지지, 즉 일지(日支)에 戌이나 辰이 없는 것이 좋음.
  * 그러므로 甲辰일생은 동순공망 열 명 중에서 乙巳, 丙午, 丁未, 戊申, 己酉, 辛亥, 壬子, 癸丑일생 등 8명만 좋게 보아야 함.

태어난 달에 따른 차이점

* **寅월생**……이 달에 태어난 갑진일생 중에서,
  ▽ 남자는 午월, 戌월의 己, 戊일에 태어난 여자가 가장 좋고, 申월의 辰일에 태어난 여자가 가장 나쁘다.
  △ 여자는 午월, 戌월의 辛, 庚일에 태어난 남자가 가장 좋고, 申월의 辰일에 태어난 남자가 가장 나쁘다.
* **卯월생**……이 달에 태어난 갑진일생 중에서,
  ▽ 남자는 亥월, 未월의 己, 戊일에 태어난 여자가 가장 좋고, 酉월의 辰일에 태어난 여자가 가장 나쁘다.
  △ 여자는 亥월, 未월의 辛, 庚일에 태어난 남자가 가장 좋고, 酉월의 辰일에 태어난 남자가 가장 나쁘다.
  ▼ 卯월 甲일생 남자는 어떤 여자를 만나서 살든, 아내와의 관계가 그다지 좋지 않을 수 있다. 침착, 절제, 겸손, 희생, 노력이 필요함.
* **辰월생**……이 달에 태어난 갑진일생 중에서,
  ▽ 남자는 申월, 子월의 甲, 癸일에 태어난 여자가 가장 좋고, 戌월의 辰일

　에 태어난 여자가 가장 나쁘다.

◆ 이 남자 사주의 다른 기둥에 戊, 己, 辰, 戌, 丑, 未 중에서 아무 글자나 하나, 혹은 둘 이상 있으면 여자한테 시달릴 숙명으로 본다.

△ 여자는 申월, 子월의 甲, 癸일에 태어난 남자가 가장 좋고, 戌월의 辰일에 태어난 남자가 가장 나쁘다.

* **巳월생**……이 달에 태어난 갑진일생 중에서,

▽ 남자는 酉월, 丑월의 甲, 癸일에 태어난 여자가 가장 좋고, 亥월의 辰일에 태어난 여자가 가장 나쁘다.

△ 여자는 酉월, 丑월의 甲, 癸일에 태어난 남자가 가장 좋고, 亥월의 辰일에 태어난 남자가 가장 나쁘다.

* **午월생**…… 이 달에 태어난 갑진일생 중에서,

▽ 남자는 寅월, 戌월의 甲, 癸일에 태어난 여자가 가장 좋고, 子월의 辰일에 태어난 여자가 가장 나쁘다.

△ 여자는 寅월, 戌월의 甲, 癸일에 태어난 남자가 가장 좋고, 子월의 辰일에 태어난 남자가 가장 나쁘다.

▲ 午월 甲일생 여자는 어떤 남자를 만나서 살든, 남편과의 관계가 그다지 좋지 않을 수 있다. 침착, 절제, 겸손, 희생, 노력이 필요함.

* **未월생**……이 달에 태어난 갑진일생 중에서,

▽ 남자는 亥월, 卯월의 甲, 癸일에 태어난 여자가 가장 좋고, 丑월의 辰일에 태어난 여자가 가장 나쁘다.

◆ 이 남자 사주의 다른 기둥에 戊, 己, 辰, 戌, 丑, 未 중에서 아무 글자나 하나, 혹은 둘 이상 있으면 여자한테 시달릴 숙명으로 본다.

△ 여자는 亥월, 卯월의 甲, 癸일에 태어난 남자가 가장 좋고, 丑월의 辰일에 태어난 남자가 가장 나쁘다.

* 未월 갑오일생인 남녀는 노처녀 노총각이 되는 경우가 적지 않음.

* **申월생**……이 달에 태어난 갑진일생 중에서,

▽ 남자는 子월, 辰월의 甲, 癸일에 태어난 여자가 가장 좋고, 寅월의 辰일에 태어난 여자가 가장 나쁘다.

△ 여자는 子월, 辰월의 甲, 癸일에 태어난 남자가 가장 좋고, 寅월의 辰일에 태어난 남자가 가장 나쁘다.

* **酉월생**……이 달에 태어난 갑진일생 중에서,

▽ 남자는 巳월, 丑월의 甲, 癸일에 태어난 여자가 가장 좋고, 卯월의 辰일
에 태어난 여자가 가장 나쁘다.

△ 여자는 巳월, 丑월의 甲, 癸일에 태어난 남자가 가장 좋고, 卯월의 辰일
에 태어난 남자가 가장 나쁘다.

♥ 酉월 甲辰일생 남녀는 노처녀 노총각이 되는 경우가 적지 않음.

* **戌월생**……이 달에 태어난 갑진일생 중에서,

▽ 남자는 寅월, 午월의 甲, 癸일에 태어난 여자가 가장 좋고, 辰월의 辰일
에 태어난 여자가 가장 나쁘다.

◆ 이 남자 사주의 다른 기둥에 戊, 己, 辰, 戌, 丑, 未 중에서 아무 글자나
하나, 혹은 둘 이상 있으면 여자한테 시달릴 숙명으로 본다.

△ 여자는 巳월, 丑월의 甲, 癸일에 태어난 남자가 가장 좋고, 辰월의 辰일
에 태어난 남자가 가장 나쁘다.

♠ 戌월 甲辰일생 남녀는 배우자와의 생이별, 과부 홀아비 운이 다른 사람
에 비하여 높음.

* **亥월생**……이 달에 태어난 갑진일생 중에서,

▽ 남자는 卯월, 未월의 己, 戊일에 태어난 여자가 가장 좋고, 巳월의 辰일
에 태어난 여자가 가장 나쁘다.

△ 여자는 卯월, 未월의 辛, 庚일에 태어난 남자가 가장 좋고, 巳월의 辰일
에 태어난 남자가 가장 나쁘다.

* **子월생**……이 달에 태어난 갑진일생 중에서,

▽ 남자는 申월, 辰월의 己, 戊일에 태어난 여자가 가장 좋고, 午월의 辰일
에 태어난 여자가 가장 나쁘다.

△ 여자는 申월, 辰월의 辛, 庚일에 태어난 남자가 가장 좋고, 午월의 辰일
에 태어난 남자가 가장 나쁘다.

* **丑월생**……이 달에 태어난 갑진일생 중에서,

▽ 남자는 巳월, 酉월의 己, 戊일에 태어난 여자가 가장 좋고, 未월의 辰일
에 태어난 여자가 가장 나쁘다.

◆ 이 남자 사주의 다른 기둥에 戊, 己, 辰, 戌, 丑, 未 중에서 아무 글자나
하나, 혹은 둘 이상 있으면 여자한테 시달릴 숙명으로 본다.

△ 여자는 巳월, 酉월의 辛, 庚일에 태어난 남자가 가장 좋고, 未월의 辰일
에 태어난 남자가 가장 나쁘다.

42. 乙巳일생

생월을 참작하여 판단한다면

【선천운 범례】 ◎ : 대길(大吉), ○ : 중길, △ : 소길,   ? : 애매함

양력월 (생월지)	선천운(숙명) (선택 여지가 적은 기본적 운세)				후 천 운(개척) (연애·결혼 상대 선택(궁합)시 참고해야 할 사항)		참고
	건강운	경제운	출세운		애정운	상대방 일간(월간)에 있으면 좋은 천간	상대방 월지(일지)에 있으면 나쁜 지지	
2(寅)	?	△	남	?	△	庚/戊己丁/丙	寅卯/申/巳申/寅申/亥	▼寅
			여	?	?	庚/庚辛丁/丙	寅卯/申/巳申/寅申/亥	
3(卯)	?	△	남	?	△	庚/戊己丁/丙	寅卯/酉/子/寅申/亥	
			여	?	?	庚/庚辛丁/丙	寅卯/酉/子/寅申/亥	
4(辰)	△	◎	남	○	◎	庚/乙壬/癸	寅卯/戌/辰/寅申/亥	
			여	△	○	庚/乙壬/癸	寅卯/戌/辰/寅申/亥	
5(巳)	?	○	남	?	○	庚/乙壬/癸	寅卯/亥/寅申/寅申/亥	▲巳
			여	?	◎	庚/乙壬/癸	寅卯/亥/寅申/寅申/亥	
6(午)	?	○	남	?	○	庚/乙壬/癸	寅卯/子/午/寅申/亥	
			여	?	◎	庚/乙壬/癸	寅卯/子/午/寅申/亥	
7(未)	△	◎	남	○	◎	庚/乙壬/癸	寅卯/丑/丑戌/寅申/亥	
			여	△	◎	庚/乙壬/癸	寅卯/丑/丑戌/寅申/亥	
8(申)	○	?	남	◎	?	庚/乙壬/丙	寅卯/寅/寅巳/寅申/亥	
			여	◎	△	庚/乙壬/丙	寅卯/寅/寅巳/寅申/亥	
9(酉)	○	?	남	◎	?	庚/乙壬/癸	寅卯/卯/酉/寅申/亥	
			여	◎	△	庚/乙壬/癸	寅卯/卯/酉/寅申/亥	
10(戌)	△	◎	남	○	◎	庚/乙壬/癸	寅卯/辰/丑未/寅申/亥	
			여	○	○	庚/乙壬/癸	寅卯/辰/丑未/寅申/亥	
11(亥)	◎	?	남	△	?	庚/戊己丁/丙	寅卯/巳/亥/寅申/亥	
			여	△	?	庚/庚辛丁/丙	寅卯/巳/亥/寅申/亥	
12(子)	◎	?	남	△	?	庚/戊己丁/丙	寅卯/午/卯/寅申/亥	
			여	△	?	庚/庚辛丁/丙	寅卯/午/卯/寅申/亥	
다음해 1월(丑)	△	○	남	○	△	庚/戊己丁/丙	寅卯/未/戌未/寅申/亥	
			여	△	○	庚/庚辛丁/丙	寅卯/未/戌未/寅申/亥	

이 날 태어난 사람의 선천운 특기 사항

* **건강운** : 잔병 치레가 많은 편. 두통이나 위장병으로 시달리는 사람이 많다. 나머지 세 기둥이 좋지 않으면 정신병자나 장님이 되는 수도
* **부부운** : 불행한 부부가 되는 비율이 높다. 여자는 허영심 탓으로 남편을 거슬르는 경우가 많다.
* **남** : 성실하게 노력하며 박식한 기술자 타입. 적극성이 부족하고 망설임이 심하여 손해 봄.
  ▼ 이 남자는 자기 사주에 甲이나 寅이 없을수록 좋다.
* **여** : 남에게 지기 싫어하는 성격. 이상을 좇는 정열가. 이해득실에 민감하고 남성을 리드함.
  ▲ 이 여자는 자기 사주에 丙이나 巳가 없을수록 좋다.
  * 일단 상호간에 동순공망 관계이면 친구, 직장 동료, 사업상의 동업자로는 열 명 다 좋다고 보아야 하지만, 부부 궁합을 볼 때에는 巳일생에 한하여 상대방 생일지지, 즉 일지(日支)에 亥나 寅, 申이 없는 것이 좋음.
  * 그러므로 乙巳일생은 동순공망 열 명 중에서 甲辰, 乙巳, 丙午, 丁未, 己酉, 庚戌, 壬子, 癸丑일생 등 8명만 좋게 보아야 함.
  * 특히 庚戌일생과는 유난히도 사이가 좋을 가능성이 높음.

태어난 달에 따른 차이점

* **寅월생**……이 달에 태어난 을사일생 중에서,
  ▽ 남자에게는 午, 戌월의 戊, 己일에 태어난 여자가 가장 좋고, 申월의 寅, 申일에 태어난 여자가 가장 나쁘다.
  △ 여자에게는 午, 戌월의 庚, 辛일에 태어난 남자가 가장 좋고, 申월의 寅, 申일에 태어난 남자가 가장 나쁘다.
  ▼ 寅월 乙일생 남자는 어떤 여자를 만나서 살든, 아내와의 관계가 그다지 좋지 않을 수 있으므로 다른 사람에 비하여 침착, 절제, 겸손, 희생, 노력이 필요함.
* **卯월생**……이 달에 태어난 을사일생 중에서,
  ▽ 남자에게는 亥, 未월의 戊, 己일에 태어난 여자가 가장 좋고, 酉월의 寅, 申일에 태어난 여자가 가장 나쁘다.

△ 여자에게는 亥, 未월의 庚, 辛일에 태어난 남자가 가장 좋고, 酉월의 寅, 申일에 태어난 남자가 가장 나쁘다.

* **辰월생**……이 달에 태어난 을사일생 중에서,

▽ 남자에게는 申, 子월이 乙, 壬일에 태어난 여자가 가장 좋고, 戌월의 寅, 申일에 태어난 여자가 가장 나쁘다.

△ 여자에게는 申, 子월의 乙, 壬일에 태어난 남자가 가장 좋고, 戌월의 寅, 申일에 태어난 남자가 가장 나쁘다.

* **巳월생**……이 달에 태어난 을사일생 중에서,

▽ 남자에게는 酉, 丑월의 乙, 壬일에 태어난 여자가 가장 좋고, 亥월의 寅, 申일에 태어난 여자가 가장 나쁘다.

△ 여자에게는 酉, 丑월의 乙, 壬일에 태어난 남자가 가장 좋고, 亥월의 寅, 申일에 태어난 남자가 가장 나쁘다.

▲ 巳월 乙일생 여자는 어떤 남자를 만나서 살든, 남편과의 관계가 그다지 좋지 않을 수 있으므로 다른 사람에 비하여 침착, 절제, 겸손, 희생, 노력이 필요함.

* **午월생**…… 이 달에 태어난 을사일생 중에서,

▽ 남자에게는 寅, 戌월의 乙, 壬일에 태어난 여자가 가장 좋고, 子월의 寅, 申일에 태어난 여자가 가장 나쁘다.

△ 여자에게는 寅, 戌월의 乙, 壬일에 태어난 남자가 가장 좋고, 子월의가 寅, 申일에 태어난 남자가 가장 나쁘다.

* **未월생**……이 달에 태어난 을사일생 중에서,

▽ 남자에게는 亥, 卯월의 乙, 壬일에 태어난 여자가 가장 좋고, 丑월의 寅, 申일에 태어난 여자가 가장 나쁘다.

△ 여자에게는 亥, 卯월의 乙, 壬일에 태어난 남자가 가장 좋고, 丑월의 寅, 申일에 태어난 남자가 가장 나쁘다.

* **申월생**……이 달에 태어난 을사일생 중에서,

▽ 남자에게는 子, 辰월의 乙, 壬일에 태어난 여자가 가장 좋고, 寅월의 寅, 申일에 태어난 여자가 가장 나쁘다.

△ 여자에게는 子, 辰월의 乙, 壬일에 태어난 남자가 가장 좋고, 寅월의 寅, 申일에 태어난 남자가 가장 나쁘다.

♥ 申월 乙巳일생 남녀는 노처녀 노총각이 되는 경우가 적지 않음.

* **酉월생**……이 달에 태어난 을사일생 중에서,
  ▽ 남자에게는 巳, 丑월의 乙, 壬일에 태어난 여자가 가장 좋고, 卯월의 寅, 申일에 태어난 여자가 가장 나쁘다.
  △ 여자에게는 巳, 丑월의 乙, 壬일에 태어난 남자가 가장 좋고, 卯월의 寅, 申일에 태어난 남자가 가장 나쁘다.
* **戌월생**……이 달에 태어난 을사일생 중에서,
  ▽ 남자에게는 寅, 午월의 乙, 壬일에 태어난 여자가 가장 좋고, 辰월의 寅, 申일에 태어난 여자가 가장 나쁘다.
  △ 여자에게는 巳, 丑월의 乙, 壬일에 태어난 남자가 가장 좋고, 辰월의 寅, 申일에 태어난 남자가 가장 나쁘다.
* **亥월생**……이 달에 태어난 을사일생 중에서,
  ▽ 남자에게는 卯, 未월의 戊, 己일에 태어난 여자가 가장 좋고, 巳월의 寅, 申일에 태어난 여자가 가장 나쁘다.
  △ 여자에게는 卯, 未월의 庚, 辛일에 태어난 남자가 가장 좋고, 巳월의 寅, 申일에 태어난 남자가 가장 나쁘다.
  ♠ 亥월 乙巳일생 남녀는 배우자와의 생이별, 과부 홀아비 운이 다른 사람에 비하여 높음.
* **子월생**……이 달에 태어난 을사일생 중에서,
  ▽ 남자에게는 申, 辰월의 戊, 己일에 태어난 여자가 가장 좋고, 午월의 寅, 申일에 태어난 여자가 가장 나쁘다.
  △ 여자에게는 申, 辰월의 庚, 辛일에 태어난 남자가 가장 좋고, 午월의 寅, 申일에 태어난 남자가 가장 나쁘다.
* **丑월생**……이 달에 태어난 을사일생 중에서,
  ▽ 남자에게는 巳, 酉월의 戊, 己일에 태어난 여자가 가장 좋고, 未월의 寅, 申일에 태어난 여자가 가장 나쁘다.
  △ 여자에게는 巳, 酉월의 庚, 辛일에 태어난 남자가 가장 좋고, 未월의 寅, 申일에 태어난 남자가 가장 나쁘다.

43. 丙午일생

생월을 참작하여 판단한다면

【선천운 범례】 ◎. 대길(大吉), ○ : 중길, △ : 소길,   ? : 애매함

양력월 (생월지)	선천운(숙명) (선택 여지가 적은 기본적 운세)				후 천 운(개척) (연애·결혼 상대 선택(궁합)시 참고해야 할 사항)		참고
	건강운	경제운	출세운	애정운	상대방 일간(월간)에 있으면 좋은 천간	상대방 월지(일지)에 있으면 나쁜 지지	
2(寅)	◎	?	남 ?	?	辛/辛庚戊/壬	寅卯/申/巳申/午/子	
			여 ?	?	辛/癸壬戊/壬	寅卯/申/巳申/午/子	
3(卯)	◎	?	남 ?	?	辛/辛庚戊/壬	寅卯/酉/子/午/子	
			여 ?	?	辛/癸壬戊/壬	寅卯/酉/子/午/子	
4(辰)	△	○	남 △	○	辛/辛庚戊/壬	寅卯/戌/辰/午/子	
			여 △	◎	辛/癸壬戊/壬	寅卯/戌/辰/午/子	
5(巳)	○	?	남 ?	?	辛/辛庚戊/壬	寅卯/亥/寅申/午/子	
			여 ?	○	辛/癸壬戊/壬	寅卯/亥/寅申/午/子	
6(午)	○	?	남 ?	?	辛/辛庚戊/壬	寅卯/子/午/午/子	▼午
			여 ?	○	辛/癸壬戊/壬	寅卯/子/午/午/子	
7(未)	△	○	남 △	○	辛/丙乙/壬	寅卯/丑/丑戌/午/子	▲未
			여 △	◎	辛/丙乙/壬	寅卯/丑/丑戌/午/子	
8(申)	?	◎	남 ○	◎	辛/丙乙/壬	寅卯/寅/寅巳/午/子	
			여 ◎	?	辛/丙乙/壬	寅卯/寅/寅巳/午/子	
9(酉)	?	◎	남 ○	◎	辛/丙乙/壬	寅卯/卯/酉/午/子	
			여 ○	?	辛/丙乙/壬	寅卯/卯/酉/午/子	
10(戌)	△	○	남 ?	○	辛/丙乙/甲	寅卯/辰/丑未/午/子	
			여 ?	◎	辛/丙乙/甲	寅卯/辰/丑未/午/子	
11(亥)	?	△	남 ◎	△	辛/丙乙/甲	寅卯/巳/亥/午/子	
			여 ◎	△	辛/丙乙/甲	寅卯/巳/亥/午/子	
12(子)	?	△	남 ◎	△	辛/丙乙/壬	寅卯/午/卯/午/子	
			여 ◎	△	辛/丙乙/壬	寅卯/午/卯/午/子	
다음해 1월(丑)	△	△	남 ?	○	辛/丙乙/壬	寅卯/未/戌未/午/子	▲丑
			여 △	○	辛/丙乙/壬	寅卯/未/戌未/午/子	

이 날 태어난 사람의 선천운 특기 사항

* **건강운** : 태어나기를 건강체이다. 그러나 화재, 화상, 수술 등의 갑작스런 사고에는 늘 주의할 필요가 있다.
* **부부운** : 결혼 직전에 파혼한다든가 결혼하더라도 생이별, 또는 홀아비나 과부가 되는 사람이 많다. 생월이나 생시에 子, 午가 있으면 확률이 높아진다.
* **남** : 나갈 줄만 알고 물러설 줄을 모르는 일로 매진형. 추켜세우면 더욱 일을 잘하는 천재형.

  ▼ 이 남자는 자기 사주에 丁이나 午가 없을수록 좋다.
* **여** : 순정파지만 실속있게 자기 뜻을 펴는 정열적인 성격. 전업주부보다는 직업여성으로 성공.

  ▲ 이 여자는 자기 사주에 己나 丑未가 없을수록 좋다.

  * 일단 상호간에 동순공망 관계이면 친구, 직장 동료, 사업상의 동업자로는 열 명 다 좋다고 보아야 하지만, 부부 궁합을 볼 때에는 午일생에 한하여 상대방 생일지지, 즉 일지(日支)에 子나 午가 없는 것이 좋음.
  * 그러므로 丙午일생은 동순공망 열 명 중에서 甲辰, 乙巳, 丁未, 戊申, 己酉, 庚戌, 辛亥, 癸丑일생 등 8명만 좋게 보아야 함.
  * 특히 辛亥일생과는 유난히도 사이가 좋을 가능성이 높음.

태어난 달에 따른 차이점

* **寅월생**……이 달에 태어난 병오일생 중에서,
  ▽ 남자는 午월, 戌월의 辛, 庚일에 태어난 여자가 가장 좋고, 申월의 午일에 태어난 여자가 가장 나쁘다.
  △ 여자는 午월, 戌월의 癸, 壬일에 태어난 남자가 가장 좋고, 申월의 午일에 태어난 남자가 가장 나쁘다.
* **卯월생**……이 달에 태어난 병오일생 중에서,
  ▽ 남자는 亥월, 未월의 辛, 庚일에 태어난 여자가 가장 좋고, 酉월의 午일에 태어난 여자가 가장 나쁘다.
  △ 여자는 亥월, 未월의 癸, 壬일에 태어난 남자가 가장 좋고, 酉월의 午일에 태어난 남자가 가장 나쁘다.

* **辰월생**……이 달에 태어난 병오일생 중에서,
　▽ 남자는 申월, 子월의 辛, 庚일에 태어난 여자가 가장 좋고, 戌월의 午일
　　에 태어난 여자가 가장 나쁘다.
　△ 여자는 申월, 子월의 癸, 壬일에 태어난 남자가 가장 좋고, 戌월의 午일
　　에 태어난 남자가 가장 나쁘다.
* **巳월생**……이 달에 태어난 병오일생 중에서,
　▽ 남자는 酉월, 丑월의 辛, 庚일에 태어난 여자가 가장 좋고, 亥월의 午일
　　에 태어난 여자가 가장 나쁘다.
　△ 여자는 酉월, 丑월의 癸, 壬일에 태어난 남자가 가장 좋고, 亥월의 午일
　　에 태어난 남자가 가장 나쁘다.
* **午월생**……이 달에 태어난 병오일생 중에서,
　▽ 남자는 寅월, 戌월의 辛, 庚일에 태어난 여자가 가장 좋고, 子월의 午일
　　에 태어난 여자가 가장 나쁘다.
　△ 여자는 寅월, 戌월의 癸, 壬일에 태어난 남자가 가장 좋고, 子월의 午일
　　에 태어난 남자가 가장 나쁘다.
　▼ 午월 丙일생 남자는 어떤 여자를 만나서 살든, 아내와의 관계가 그다지
　　좋지 않을 수 있으므로 다른 사람에 비하여 침착, 절제, 겸손, 희생, 노
　　력이 필요함.
* **未월생**……이 달에 태어난 병오일생 중에서,
　▽ 남자는 亥월, 卯월의 丙, 乙일에 태어난 여자가 가장 좋고, 丑월의 午일
　　에 태어난 여자가 가장 나쁘다.
　△ 여자는 亥월, 卯월의 丙, 乙일에 태어난 남자가 가장 좋고, 丑월의 午일
　　에 태어난 남자가 가장 나쁘다.
　♥ 未월 丙午일생 남녀는 노처녀 노총각이 되는 경우가 적지 않음.
　▲ 未월 丙일생 여자는 어떤 남자를 만나서 살든, 남편과의 관계가 그다지
　　좋지 않을 수 있으므로 다른 사람에 비하여 침착, 절제, 겸손, 희생, 노
　　력이 필요함.
* **申월생**……이 달에 태어난 병오일생 중에서,
　▽ 남자는 子월, 辰월의 丙, 乙일에 태어난 여자가 가장 좋고, 寅월의 午일
　　에 태어난 여자가 가장 나쁘다.
　△ 여자는 子월, 辰월의 丙, 乙일에 태어난 남자가 가장 좋고, 寅월의 午일

에 태어난 남자가 가장 나쁘다.
* **酉월생**……이 달에 태어난 병오일생 중에서,
  ▽ 남자는 巳월, 丑월의 丙, 乙일에 태어난 여자가 가장 좋고, 卯월의 午일
  에 태어난 여자가 가장 나쁘다.
  △ 여자는 巳월, 丑월의 丙, 乙일에 태어난 남자가 가장 좋고, 卯월의 午일
  에 태어난 남자가 가장 나쁘다.
* **戌월생**……이 달에 태어난 병오일생 중에서,
  ▽ 남자는 寅월, 午월의 丙, 乙일에 태어난 여자가 가장 좋고, 辰월의 午일
  에 태어난 여자가 가장 나쁘다.
  △ 여자는 巳월, 丑월의 丙, 乙일에 태어난 남자가 가장 좋고, 辰월의 午일
  에 태어난 남자가 가장 나쁘다.
* **亥월생**……이 달에 태어난 병오일생 중에서,
  ▽ 남자는 卯월, 未월의 丙, 乙일에 태어난 여자가 가장 좋고, 巳월의 午일
  에 태어난 여자가 가장 나쁘다.
  △ 여자는 卯월, 未월의 丙, 乙일에 태어난 남자가 가장 좋고, 巳월의 午일
  에 태어난 남자가 가장 나쁘다.
* **子월생**……이 달에 태어난 병오일생 중에서,
  ▽ 남자는 申월, 辰월의 丙, 乙일에 태어난 여자가 가장 좋고, 午월의 午일
  에 태어난 여자가 가장 나쁘다.
  △ 여자는 申월, 辰월의 丙, 乙일에 태어난 남자가 가장 좋고, 午월의 午일
  에 태어난 남자가 가장 나쁘다.
  ♠ 子월 丙午일생 남녀는 배우자와의 생이별, 과부 홀아비 운이 다른 사람
  에 비하여 높음.
* **丑월생**……이 달에 태어난 병오일생 중에서,
  ▽ 남자는 巳월, 酉월의 丙, 乙일에 태어난 여자가 가장 좋고, 未월의 午일
  에 태어난 여자가 가장 나쁘다.
  △ 여자는 巳월, 酉월의 丙, 乙일에 태어난 남자가 가장 좋고, 未월의 午일
  에 태어난 남자가 가장 나쁘다.
  ▲ 丑월 丙일생 여자는 어떤 남자를 만나서 살든, 남편과의 관계가 그다지
  좋지 않을 수 있으므로 다른 사람에 비하여 침착, 절제, 겸손, 희생, 노
  력이 필요함.

44. 丁未일생

생월을 참작하여 판단한다면

【선천운 범례】 ◎ : 대길(大吉),   ○ : 중길,   △ : 소길,   ? : 애매함

양력월 (생월지)	선천운(숙명) (선택 여지가 적은 기본적 운세)				후 천 운(개척) (연애·결혼 상대 선택(궁합)시 참고해야 할 사항)		참고
	건강운	경제운	출세운	애정운	상대방 일간(월간)에 있으면 좋은 천간	상대방 월지(일지)에 있으면 나쁜 지지	
2(寅)	◎	?	남 △	?	壬/庚辛己/甲	寅卯/申/巳申/丑戌/丑	
			여 △	△	壬/壬癸己/甲	寅卯/申/巳申/丑戌/丑	
3(卯)	◎	?	남 △	?	壬/庚辛己/庚	寅卯/酉/子/丑戌/丑	
			여 △	△	壬/壬癸己/庚	寅卯/酉/子/丑戌/丑	
4(辰)	?	○	남 ?	○	壬/庚辛己/甲	寅卯/戌/辰/丑戌/丑	▲辰
			여 ?	?	壬/壬癸己/甲	寅卯/戌/辰/丑戌/丑	
5(巳)	○	?	남 △	○	壬/庚辛己/甲	寅卯/亥/寅申/丑戌/丑	▼巳
			여 ?	△	壬/壬癸己/甲	寅卯/亥/寅申/丑戌/丑	
6(午)	○	?	남 △	?	壬/庚辛己/壬	寅卯/子/午/丑戌/丑	
			여 ?	△	壬/壬癸己/壬	寅卯/子/午/丑戌/丑	
7(未)	?	○	남 ?	○	壬/丁甲/甲	寅卯/丑/丑戌/丑戌/丑	
			여 ?	?	壬/丁甲/甲	寅卯/丑/丑戌/丑戌/丑	
8(申)	△	◎	남 ○	◎	壬/丁甲/甲	寅卯/寅/寅巳/丑戌/丑	
			여 ○	○	壬/丁甲/甲	寅卯/寅/寅巳/丑戌/丑	
9(酉)	△	◎	남 ○	◎	壬/丁甲/甲	寅卯/卯/酉/丑戌/丑	
			여 ○	○	壬/丁甲/甲	寅卯/卯/酉/丑戌/丑	
10(戌)	?	○	남 ?	○	壬/丁甲/甲	寅卯/辰/丑未/丑戌/丑	▲戌
			여 △	?	壬/丁甲/甲	寅卯/辰/丑未/丑戌/丑	
11(亥)	△	△	남 ◎	△	壬/丁甲/甲	寅卯/巳/亥/丑戌/丑	
			여 ◎	◎	壬/丁甲/甲	寅卯/巳/亥/丑戌/丑	
12(子)	△	△	남 ◎	△	壬/丁甲/甲	寅卯/午/卯/丑戌/丑	
			여 ◎	◎	壬/丁甲/甲	寅卯/午/卯/丑戌/丑	
다음해 1월(丑)	?	○	남 ?	△	壬/丁甲/甲	寅卯/未/戌未/丑戌/丑	
			여 △	?	壬/丁甲/甲	寅卯/未/戌未/丑戌/丑	

이 날 태어난 사람의 선천운 특기 사항

* **건강운** : 표준적인 건강을 유지하는 편이다. 남자 중에는 대머리가, 여자 중에는 음모가 없는 수가 있다. 신장과 방광관련 질병에 요주의.
* **부부운** : 다정하게 살면서 부부해로하는 수가 많다. 생월과 생시에 丑, 戌이 있을 경우에는 예외.
* **남** : 담백하고 겸손하여 누구에게나 친밀감을 주면서도 신념이나 의지가 굳음. 다재다능함.
  ▼ 이 남자는 자기 사주에 丙이나 巳가 없을수록 좋다.
* **여** : 온화하면서도 줏대가 있음. 무슨 일에나 열심이고 승부욕이 강하여 정열적으로 사는 인생.
  ▲ 이 여자는 자기 사주에 戊나 辰戌이 없을수록 좋다.
  * 일단 상호간에 동순공망 관계이면 친구, 직장 동료, 사업상의 동업자로는 열 명 다 좋다고 보아야 하지만, 부부 궁합을 볼 때에는 未일생에 한하여 상대방 생일지지, 즉 일지(日支)에 丑이나 戌이 없는 것이 좋음.
  * 그러므로 丁未일생은 동순공망 열 명 중에서 甲辰, 乙巳, 丙午, 丁未, 戊申, 己酉, 辛亥, 壬子일생 등 8명만 좋게 보아야 함.
  * 특히 壬子일생과는 유난히도 사이가 좋을 가능성이 높음.

태어난 달에 따른 차이점

* **寅월생**······이 달에 태어난 정미일생 중에서,
  ▽ 남자는 午월, 戌월의 庚, 辛일에 태어난 여자가 가장 좋고, 申월의 丑, 戌일에 태어난 여자가 가장 나쁘다.
  △ 여자는 午월, 戌월의 壬, 癸일에 태어난 남자가 가장 좋고, 申월의 丑, 戌일에 태어난 남자가 가장 나쁘다.
* **卯월생**······이 달에 태어난 정미일생 중에서,
  ▽ 남자는 亥월, 未월의 庚, 辛일에 태어난 여자가 가장 좋고, 酉월의 丑, 戌일에 태어난 여자가 가장 나쁘다.
  △ 여자는 亥월, 未월의 壬, 癸일에 태어난 남자가 가장 좋고, 酉월의 丑, 戌일에 태어난 남자가 가장 나쁘다.
* **辰월생**······이 달에 태어난 정미일생 중에서,

▽ 남자는 申월, 子월의 庚, 辛일에 태어난 여자가 가장 좋고, 戌월의 丑, 戌일에 태어난 여자가 가장 나쁘다.

△ 여자는 申월, 子월의 壬, 癸일에 태어난 남자가 가장 좋고, 戌월의 丑, 戌일에 태어난 남자가 가장 나쁘다.

▲ 辰월 丁일생 여자는 어떤 남자를 만나서 살든, 남편과의 관계가 그다지 좋지 않을 수 있으므로 다른 사람에 비하여 침착, 절제, 겸손, 희생, 노력이 필요함.

* **巳월생**……이 달에 태어난 정미일생 중에서,

▽ 남자는 酉월, 丑월의 庚, 辛일에 태어난 여자가 가장 좋고, 亥월의 丑, 戌일에 태어난 여자가 가장 나쁘다.

△ 여자는 酉월, 丑월의 壬, 癸일에 태어난 남자가 가장 좋고, 亥월의 丑, 戌일에 태어난 남자가 가장 나쁘다.

▼ 巳월 丁일생 남자는 어떤 여자를 만나서 살든, 아내와의 관계가 그다지 좋지 않을 수 있으므로 다른 사람에 비하여 침착, 절제, 겸손, 희생, 노력이 필요함.

* **午월생**…… 이 달에 태어난 정미일생 중에서,

▽ 남자는 寅월, 戌월의 庚, 辛일에 태어난 여자가 가장 좋고, 子월의 丑, 戌일에 태어난 여자가 가장 나쁘다.

△ 여자는 寅월, 戌월의 壬, 癸일에 태어난 남자가 가장 좋고, 子월의 丑, 戌일에 태어난 남자가 가장 나쁘다.

♥ 午월 丁未일생 남녀는 노처녀 노총각이 되는 경우가 적지 않음.

* **未월생**……이 달에 태어난 정미일생 중에서,

▽ 남자는 亥월, 卯월의 丁, 甲일에 태어난 여자가 가장 좋고, 丑월의 丑, 戌일에 태어난 여자가 가장 나쁘다.

△ 여자는 亥월, 卯월의 丁, 甲일에 태어난 남자가 가장 좋고, 丑월의 丑, 戌일에 태어난 남자가 가장 나쁘다.

* **申월생**……이 달에 태어난 정미일생 중에서,

▽ 남자는 子월, 辰월의 丁, 甲일에 태어난 여자가 가장 좋고, 寅월의 丑, 戌일에 태어난 여자가 가장 나쁘다.

△ 여자는 子월, 辰월의 丁, 甲일에 태어난 남자가 가장 좋고, 寅월의 丑, 戌일에 태어난 남자가 가장 나쁘다.

* **酉월생**……이 달에 태어난 정미일생 중에서,
  ▽ 남자는 巳월, 丑월의 丁, 甲일에 태어난 여자가 가장 좋고, 卯월의 丑, 戌일에 태어난 여자가 가장 나쁘다.
  △ 여자는 巳월, 丑월의 丁, 甲일에 태어난 남자가 가장 좋고, 卯월의 丑, 戌일에 태어난 남자가 가장 나쁘다.

* **戌월생**……이 달에 태어난 정미일생 중에서,
  ▽ 남자는 寅월, 午월의 丁, 甲일에 태어난 여자가 가장 좋고, 辰월의 丑, 戌일에 태어난 여자가 가장 나쁘다.
  △ 여자는 巳월, 丑월의 丁, 甲일에 태어난 남자가 가장 좋고, 辰월의 丑, 戌일에 태어난 남자가 가장 나쁘다.
  ▲ 戌월 丁일생 여자는 어떤 남자를 만나서 살든, 남편과의 관계가 그다지 좋지 않을 수 있으므로 다른 사람에 비하여 침착, 절제, 겸손, 희생, 노력이 필요함.

* **亥월생**……이 달에 태어난 정미일생 중에서,
  ▽ 남자는 卯월, 未월의 丁, 甲일에 태어난 여자가 가장 좋고, 巳월의 丑, 戌일에 태어난 여자가 가장 나쁘다.
  △ 여자는 卯월, 未월의 丁, 甲일에 태어난 남자가 가장 좋고, 巳월의 丑, 戌일에 태어난 남자가 가장 나쁘다.

* **子월생**……이 달에 태어난 정미일생 중에서,
  ▽ 남자는 申월, 辰월의 丁, 甲일에 태어난 여자가 가장 좋고, 午월의 丑, 戌일에 태어난 여자가 가장 나쁘다.
  △ 여자는 申월, 辰월의 丁, 甲일에 태어난 남자가 가장 좋고, 午월의 丑, 戌일에 태어난 남자가 가장 나쁘다.

* **丑월생**……이 달에 태어난 정미일생 중에서,
  ▽ 남자는 巳월, 酉월의 丁, 甲일에 태어난 여자가 가장 좋고, 未월의 丑, 戌일에 태어난 여자가 가장 나쁘다.
  △ 여자는 巳월, 酉월의 丁, 甲일에 태어난 남자가 가장 좋고, 未월의 丑, 戌일에 태어난 남자가 가장 나쁘다.
  ♠ 丑월 丁未일생 남녀는 배우자와의 생이별, 과부 홀아비 운이 다른 사람에 비하여 높음.

45. 戊申일생

생월을 참작하여 판단한다면

【선천운 범례】 ◎ : 대길(大吉),　○ : 중길,　△ : 소길,　? : 애매함

양력월 (생월지)	선천운(숙명) (선택 여지가 적은 기본적 운세)				후 천 운(개척) (연애·결혼 상대 선택(궁합)시 참고해야 할 사항)		참고
	건강운	경제운	출세운	애정운	상대방 일간(월간)에 있으면 좋은 천간	상대방 월지(일지)에 있으면 나쁜 지지	
2(寅)	?	?	남 ◎	?	癸/戊丁/丙	寅卯/申/巳申/寅巳/寅	
			여 ◎	◎	癸/戊丁/丙	寅卯/申/巳申/寅巳/寅	
3(卯)	?	?	남 ◎	?	癸/戊丁/丙	寅卯/酉/子/寅巳/寅	
			여 ◎	◎	癸/戊丁/丙	寅卯/酉/子/寅巳/寅	
4(辰)	○	△	남 △	△	癸/癸壬庚/甲	寅卯/戌/辰/寅巳/寅	
			여 △	△	癸/乙甲庚/甲	寅卯/戌/辰/寅巳/寅	
5(巳)	◎	?	남 ?	?	癸/癸壬庚/甲	寅卯/亥/寅申/寅巳/寅	
			여 ?	○	癸/乙甲庚/甲	寅卯/亥/寅申/寅巳/寅	
6(午)	◎	?	남 ?	?	癸/癸壬庚/壬	寅卯/子/午/寅巳/寅	
			여 ?	○	癸/乙甲庚/壬	寅卯/子/午/寅巳/寅	
7(未)	○	△	남 ?	△	癸/癸壬庚/癸	寅卯/丑/丑戌/寅巳/寅	▼未
			여 △	△	癸/乙甲庚/癸	寅卯/丑/丑戌/寅巳/寅	
8(申)	?	○	남 ?	○	癸/戊丁/丙	寅卯/寅/寅巳/寅巳/寅	
			여 ?	?	癸/戊丁/丙	寅卯/寅/寅巳/寅巳/寅	
9(酉)	?	○	남 ?	○	癸/戊丁/丙	寅卯/卯/酉/寅巳/寅	▲酉
			여 ?	?	癸/戊丁/丙	寅卯/卯/酉/寅巳/寅	
10(戌)	○	△	남 △	△	癸/癸壬庚/甲	寅卯/辰/丑未/寅巳/寅	
			여 △	△	癸/乙甲庚/甲	寅卯/辰/丑未/寅巳/寅	
11(亥)	△	◎	남 ○	◎	癸/戊丁/甲	寅卯/巳/亥/寅巳/寅	
			여 ○	?	癸/戊丁/甲	寅卯/巳/亥/寅巳/寅	
12(子)	△	◎	남 ○	◎	癸/戊丁/丙	寅卯/午/卯/寅巳/寅	
			여 ○	?	癸/戊丁/丙	寅卯/午/卯/寅巳/寅	
다음해 1월(丑)	△	△	남 △	△	癸/癸壬庚/丙	寅卯/未/戌未/寅巳/寅	▼丑
			여 △	△	癸/乙甲庚/丙	寅卯/未/戌未/寅巳/寅	

이 날 태어난 사람의 선천운 특기 사항

* **건강운** : 몸에 흉터가 있는 수가 많고 사고를 일으키는 경우도 많다(확률 높음). 잘 걸리는 병은 주로 소화기계와 비뇨기계.
* **부부운** : 결혼 전후에 고통이 따르는 남녀가 많은데 여자쪽 비율이 조금 높다. 너무 정이 많은 것이 탈.
* **남** : 활발하고 고집이 센 편. 요령이 좋고 꾸준한 노력파여서 자수성가할 독립 자존형 성격임.
  ▼ 이 남자는 자기 사주에 己나 丑未가 없을수록 좋다.
* **여** : 감수성 예민하고 결단력과 실행력이 뛰어남. 직업여성으로 성공할 확률이 높음.
  ▲ 이 여자는 자기 사주에 辛이나 酉가 없을수록 좋다.
  * 일단 상호간에 동순공망 관계이면 친구, 직장 동료, 사업상의 동업자로는 열 명 다 좋다고 보아야 하지만, 부부 궁합을 볼 때에는 申일생에 한하여 상대방 생일지지, 즉 일지(日支)에 寅이나 巳가 없는 것이 좋음.
  * 그러므로 戊申일생은 동순공망 열 명 중에서 甲辰, 丙午, 丁未, 戊申, 己酉, 庚戌, 辛亥, 壬子, 癸丑일생 등 9명만 좋게 보아야 함.
  * 특히 癸丑일생과는 유난히도 사이가 좋을 가능성이 높음.

태어난 달에 따른 차이점

* **寅월생**……이 달에 태어난 무신일생 중에서,
  ▽ 남자는 午월, 戌월의 戊, 丁일에 태어난 여자가 가장 좋고, 申월의 寅, 巳일에 태어난 여자가 가장 나쁘다.
  △ 여자는 午월, 戌월의 戊, 丁일에 태어난 남자가 가장 좋고, 申월의 寅, 巳일에 태어난 남자가 가장 나쁘다.
  ♠ 寅월 戊申일생 남녀는 배우자와의 생이별, 과부 홀아비 운이 다른 사람에 비하여 높음.
* **卯월생**……이 달에 태어난 무신일생 중에서,
  ▽ 남자는 亥월, 未월의 戊, 丁일에 태어난 여자가 가장 좋고, 酉월의 寅, 巳일에 태어난 여자가 가장 나쁘다.
  △ 여자는 亥월, 未월의 戊, 丁일에 태어난 남자가 가장 좋고, 酉월의 寅,

巳일에 태어난 남자가 가장 나쁘다.

* **辰월생**……이 달에 태어난 무신일생 중에서,

▽ 남자는 申월, 子월의 癸, 壬일에 태어난 여자가 가장 좋고, 戌월의 寅, 巳일에 태어난 여자가 가장 나쁘다.

△ 여자는 申월, 子월의 乙, 甲일에 태어난 남자가 가장 좋고, 戌월의 寅, 巳일에 태어난 남자가 가장 나쁘다.

* **巳월생**……이 달에 태어난 무신일생 중에서,

▽ 남자는 酉월, 丑월의 癸, 壬일에 태어난 여자가 가장 좋고, 亥월의 寅, 巳일에 태어난 여자가 가장 나쁘다.

△ 여자는 酉월, 丑월의 乙, 甲일에 태어난 남자가 가장 좋고, 亥월의 寅, 巳일에 태어난 남자가 가장 나쁘다.

♥ 巳월 戊申일생 남녀는 노처녀 노총각이 되는 경우가 적지 않음.

* **午월생**…… 이 달에 태어난 무신일생 중에서,

▽ 남자는 寅월, 戌월의 癸, 壬일에 태어난 여자가 가장 좋고, 子월의 寅, 巳일에 태어난 여자가 가장 나쁘다.

△ 여자는 寅월, 戌월의 乙, 甲일에 태어난 남자가 가장 좋고, 子월의 寅, 巳일에 태어난 남자가 가장 나쁘다.

* **未월생**……이 달에 태어난 무신일생 중에서,

▽ 남자는 亥월, 卯월의 癸, 壬일에 태어난 여자가 가장 좋고, 丑월의 寅, 巳일에 태어난 여자가 가장 나쁘다.

△ 여자는 亥월, 卯월의 乙, 甲일에 태어난 남자가 가장 좋고, 丑월의 寅, 巳일에 태어난 남자가 가장 나쁘다.

▼ 未월 戊일생 남자는 어떤 여자를 만나서 살든, 아내와의 관계가 그다지 좋지 않을 수 있으므로 다른 사람에 비하여 침착, 절제, 겸손, 희생, 노력이 필요함.

* **申월생**……이 달에 태어난 무신일생 중에서,

▽ 남자는 子월, 辰월의 戊, 丁일에 태어난 여자가 가장 좋고, 寅월의 寅, 巳일에 태어난 여자가 가장 나쁘다.

△ 여자는 子월, 辰월의 戊, 丁일에 태어난 남자가 가장 좋고, 寅월의 寅, 巳일에 태어난 남자가 가장 나쁘다.

* **酉월생**……이 달에 태어난 무신일생 중에서,

▽ 남자는 巳월, 丑월의 戊, 丁일에 태어난 여자가 가장 좋고, 卯월의 寅, 巳일에 태어난 여자가 가장 나쁘다.

△ 여자는 巳월, 丑월의 戊, 丁일에 태어난 남자가 가장 좋고, 卯월의 寅, 巳일에 태어난 남자가 가장 나쁘다.

▲ 酉월 戊일생 여자는 어떤 남자를 만나서 살든, 남편과의 관계가 그다지 좋지 않을 수 있으므로 다른 사람에 비하여 침착, 절제, 겸손, 희생, 노력이 필요함.

* **戊월생**……이 달에 태어난 무신일생 중에서,

▽ 남자는 寅월, 午월의 癸, 壬일에 태어난 여자가 가장 좋고, 辰월의 寅, 巳일에 태어난 여자가 가장 나쁘다.

△ 여자는 巳월, 丑월의 乙, 甲일에 태어난 남자가 가장 좋고, 辰월의 寅, 巳일에 태어난 남자가 가장 나쁘다.

* **亥월생**……이 달에 태어난 무신일생 중에서,

▽ 남자는 卯월, 未월의 戊, 丁일에 태어난 여자가 가장 좋고, 巳월의 寅, 巳일에 태어난 여자가 가장 나쁘다.

△ 여자는 卯월, 未월의 戊, 丁일에 태어난 남자가 가장 좋고, 巳월의 寅, 巳일에 태어난 남자가 가장 나쁘다.

* **子월생**……이 달에 태어난 무신일생 중에서,

▽ 남자는 申월, 辰월의 戊, 丁일에 태어난 여자가 가장 좋고, 午월의 寅, 巳일에 태어난 여자가 가장 나쁘다.

△ 여자는 申월, 辰월의 戊, 丁일에 태어난 남자가 가장 좋고, 午월의 寅, 巳일에 태어난 남자가 가장 나쁘다.

* **丑월생**……이 달에 태어난 무신일생 중에서,

▽ 남자는 巳월, 酉월의 癸, 壬일에 태어난 여자가 가장 좋고, 未월의 寅, 巳일에 태어난 여자가 가장 나쁘다.

△ 여자는 巳월, 酉월의 乙, 甲일에 태어난 남자가 가장 좋고, 未월의 寅, 巳일에 태어난 남자가 가장 나쁘다.

▼ 丑월 戊일생 남자는 어떤 여자를 만나서 살든, 아내와의 관계가 그다지 좋지 않을 수 있으므로 다른 사람에 비하여 침착, 절제, 겸손, 희생, 노력이 필요함.

46. 己酉일생

생월을 참작하여 판단한다면

【선천운 범례】 ◎ : 대길(大吉),　○ : 중길,　△ : 소길,　? : 애매함

양력월 (생월지)	선천운(숙명) (선택 여지가 적은 기본적 운세) 건강운	경제운		출세운	애정운	후천운(개척) (연애·결혼 상대 선택(궁합)시 참고해야 할 사항) 상대방 일간(월간)에 있으면 좋은 천간	상대방 월지(일지)에 있으면 나쁜 지지	참고
2(寅)	?	△	남	◎	△	甲/己丙/丙	寅卯/申/巳申/酉/卯	
			여	◎	◎	甲/己丙/丙	寅卯/申/巳申/酉/卯	
3(卯)	?	△	남	◎	△	甲/己丙/甲	寅卯/酉/子/酉/卯	
			여	◎	◎	甲/己丙/甲	寅卯/酉/子/酉/卯	
4(辰)	○	?	남	△	?	甲/壬癸辛/丙	寅卯/戌/辰/酉/卯	▼辰
			여	?	△	甲/甲乙辛/丙	寅卯/戌/辰/酉/卯	
5(巳)	◎	△	남	?	△	甲/壬癸辛/癸	寅卯/亥/寅申/酉/卯	
			여	△	?	甲/甲乙辛/癸	寅卯/亥/寅申/酉/卯	
6(午)	◎	△	남	?	△	甲/壬癸辛/癸	寅卯/子/午/酉/卯	
			여	△	?	甲/甲乙辛/癸	寅卯/子/午/酉/卯	
7(未)	○	?	남	△	?	甲/壬癸辛/癸	寅卯/丑/丑戌/酉/卯	
			여	?	△	甲/甲乙辛/癸	寅卯/丑/丑戌/酉/卯	
8(申)	?	○	남	?	○	甲/己丙/丙	寅卯/寅/寅巳/酉/卯	▲申
			여	?	?	甲/己丙/丙	寅卯/寅/寅巳/酉/卯	
9(酉)	?	○	남	?	○	甲/己丙/丙	寅卯/卯/酉/酉/卯	
			여	?	?	甲/己丙/丙	寅卯/卯/酉/酉/卯	
10(戌)	○	?	남	△	?	甲/壬癸辛/甲	寅卯/辰/丑未/酉/卯	▼戌
			여	△	△	甲/甲乙辛/甲	寅卯/辰/丑未/酉/卯	
11(亥)	△	◎	남	○	◎	甲/己丙/丙	寅卯/巳/亥/酉/卯	
			여	○	○	甲/己丙/丙	寅卯/巳/亥/酉/卯	
12(子)	△	◎	남	○	◎	甲/己丙/丙	寅卯/午/卯/酉/卯	
			여	○	○	甲/己丙/丙	寅卯/午/卯/酉/卯	
다음해 1월(丑)	△	?	남	?	?	甲/壬癸辛/丙	寅卯/未/戌未/酉/卯	
			여	?	△	甲/甲乙辛/丙	寅卯/未/戌未/酉/卯	

이 날 태어난 사람의 선천운 특기 사항

* **건강운** : 무병장수하는 사람이 많다.
* **부부운** : 부부해로하는 복을 받았다. 남자는 장모를 모시고 사는 수가 있고, 여자는 연하의 남자로부터 구애를 받거나 결혼하는 수가 있다.
* **남** : 의젓하고 너그러우며, 자질구레한 일에는 신경을 안 씀. 허풍끼가 약간 있지만 돈벌이는 잘함.

　▼ 이 남자는 자기 사주에 戊나 辰戌이 없을수록 좋다.
* **여** : 친절하고 남을 잘 도와주면서도 사리분별이 분명함. 억척스러운 노력가로 집안을 일으킴.

　▲ 이 여자는 자기 사주에 庚이나 申이 없을수록 좋다.
* 일단 상호간에 동순공망 관계이면 친구, 직장 동료, 사업상의 동업자로는 열 명 다 좋다고 보아야 하지만, 부부 궁합을 볼 때에는 酉일생에 한하여 상대방 생일지지, 즉 일지(日支)에 卯나 酉가 없는 것이 좋음.
* 그러므로 己酉일생은 동순공망 열 명 중에서 甲辰, 乙巳, 丙午, 丁未, 戊申, 庚戌, 辛亥, 壬子, 癸丑일생 등 9명만 좋게 보아야 함.
* 특히 甲辰일생과는 유난히도 사이가 좋을 가능성이 높음.

태어난 달에 따른 차이점

* **寅월생**……이 달에 태어난 기유일생 중에서,
　▽ 남자는 午월, 戌월의 己, 丙일에 태어난 여자가 가장 좋고, 申월의 酉일에 태어난 여자가 가장 나쁘다.
　△ 여자는 午월, 戌월의 己, 丙일에 태어난 남자가 가장 좋고, 申월의 酉일에 태어난 남자가 가장 나쁘다.
* **卯월생**……이 달에 태어난 기유일생 중에서,
　▽ 남자는 亥월, 未월의 己, 丙일에 태어난 여자가 가장 좋고, 酉월의 酉일에 태어난 여자가 가장 나쁘다.
　△ 여자는 亥월, 未월의 己, 丙일에 태어난 남자가 가장 좋고, 酉월의 酉일에 태어난 남자가 가장 나쁘다.
　♠ 卯월 己酉일생 남녀는 배우자와의 생이별, 과부 홀아비 운이 다른 사람에 비하여 높음.

* **辰월생**……이 달에 태어난 기유일생 중에서,
  ▽ 남자는 申월, 子월의 壬, 癸일에 태어난 여자가 가장 좋고, 戌월의 酉일
    에 태어난 여자가 가장 나쁘다.
  △ 여자는 申월, 子월의 甲, 乙일에 태어난 남자가 가장 좋고, 戌월의 酉일
    에 태어난 남자가 가장 나쁘다.
  ♥ 辰월 己酉일생 남녀는 노처녀 노총각이 되는 경우가 적지 않음.
  ▼ 辰월 己일생 남자는 어떤 여자를 만나서 살든, 아내와의 관계가 그다지
    좋지 않을 수 있으므로 다른 사람에 비하여 침착, 절제, 겸손, 희생, 노
    력이 필요함.
* **巳월생**……이 달에 태어난 기유일생 중에서,
  ▽ 남자는 酉월, 丑월의 壬, 癸일에 태어난 여자가 가장 좋고, 亥월의 酉일
    에 태어난 여자가 가장 나쁘다.
  △ 여자는 酉월, 丑월의 甲, 乙일에 태어난 남자가 가장 좋고, 亥월의 酉일
    에 태어난 남자가 가장 나쁘다.
* **午월생**…… 이 달에 태어난 기유일생 중에서,
  ▽ 남자는 寅월, 戌월의 壬, 癸일에 태어난 여자가 가장 좋고, 子월의 酉일
    에 태어난 여자가 가장 나쁘다.
  △ 여자는 寅월, 戌월의 甲, 乙일에 태어난 남자가 가장 좋고, 子월의 酉일
    에 태어난 남자가 가장 나쁘다.
* **未월생**……이 달에 태어난 기유일생 중에서,
  ▽ 남자는 亥월, 卯월의 壬, 癸일에 태어난 여자가 가장 좋고, 丑월의 酉일
    에 태어난 여자가 가장 나쁘다.
  △ 여자는 亥월, 卯월의 甲, 乙일에 태어난 남자가 가장 좋고, 丑월의 酉일
    에 태어난 남자가 가장 나쁘다.
* **申월생**……이 달에 태어난 기유일생 중에서,
  ▽ 남자는 子월, 辰월의 己, 丙일에 태어난 여자가 가장 좋고, 寅월의 酉일
    에 태어난 여자가 가장 나쁘다.
  △ 여자는 子월, 辰월의 己, 丙일에 태어난 남자가 가장 좋고, 寅월의 酉일
    에 태어난 남자가 가장 나쁘다.
  ▲ 申월 己일생 여자는 어떤 남자를 만나서 살든, 남편과의 관계가 그다지
    좋지 않을 수 있으므로 다른 사람에 비하여 침착, 절제, 겸손, 희생, 노

력이 필요함.

* **酉월생**……이 달에 태어난 기유일생 중에서,
  ▽ 남자는 巳월, 丑월의 己, 丙일에 태어난 여자가 가장 좋고, 卯월의 酉일
    에 태어난 여자가 가장 나쁘다.
  △ 여자는 巳월, 丑월의 己, 丙일에 태어난 남자가 가장 좋고, 卯월의 酉일
    에 태어난 남자가 가장 나쁘다.

* **戌월생**……이 달에 태어난 기유일생 중에서,
  ▽ 남자는 寅월, 午월의 壬, 癸일에 태어난 여자가 가장 좋고, 辰월의 酉일
    에 태어난 여자가 가장 나쁘다.
  △ 여자는 巳월, 丑월의 甲, 乙일에 태어난 남자가 가장 좋고, 辰월의 酉일
    에 태어난 남자가 가장 나쁘다.
  ▼ 戌월 己일생 남자는 어떤 여자를 만나서 살든, 아내와의 관계가 그다지
    좋지 않을 수 있으므로 다른 사람에 비하여 침착, 절제, 겸손, 희생, 노
    력이 필요함.

* **亥월생**……이 달에 태어난 기유일생 중에서,
  ▽ 남자는 卯월, 未월의 己, 丙일에 태어난 여자가 가장 좋고, 巳월의 酉일
    에 태어난 여자가 가장 나쁘다.
  △ 여자는 卯월, 未월의 己, 丙일에 태어난 남자가 가장 좋고, 巳월의 酉일
    에 태어난 남자가 가장 나쁘다.

* **子월생**……이 달에 태어난 기유일생 중에서,
  ▽ 남자는 申월, 辰월의 己, 丙일에 태어난 여자가 가장 좋고, 午월의 酉일
    에 태어난 여자가 가장 나쁘다.
  △ 여자는 申월, 辰월의 己, 丙일에 태어난 남자가 가장 좋고, 午월의 酉일
    에 태어난 남자가 가장 나쁘다.

* **丑월생**……이 달에 태어난 기유일생 중에서,
  ▽ 남자는 巳월, 酉월의 壬, 癸일에 태어난 여자가 가장 좋고, 未월의 酉일
    에 태어난 여자가 가장 나쁘다.
  △ 여자는 巳월, 酉월의 甲, 乙일에 태어난 남자가 가장 좋고, 未월의 酉일
    에 태어난 남자가 가장 나쁘다.

47. 庚戌일생

생월을 참작하여 판단한다면

【선천운 범례】 ◎ : 대길(大吉),   ○ : 중길,   △ : 소길,   ? : 애매함

양력월 (생월지)	선천운(숙명) (선택 여지가 적은 기본적 운세)				후 천 운(개척) (연애·결혼 상대 선택(궁합)시 참고해야 할 사항)		참고
	건강운	경제운	출세운	애정운	상대방 일간(월간)에 있으면 좋은 천간	상대방 월지(일지)에 있으면 나쁜 지지	
2(寅)	△	◎	남 ○	◎	乙/庚己/戊	寅卯/申/巳申/丑未/辰	
			여 ○	○	乙/庚己/戊	寅卯/申/巳申/丑未/辰	
3(卯)	△	◎	남 ○	◎	乙/庚己/丁	寅卯/酉/子/丑未/辰	
			여 ○	○	乙/庚己/丁	寅卯/酉/子/丑未/辰	
4(辰)	◎	?	남 △	△	乙/乙甲壬/甲	寅卯/戌/辰/丑未/辰	
			여 △	△	乙/丁丙壬/甲	寅卯/戌/辰/丑未/辰	
5(巳)	?	△	남 ◎	?	乙/庚己/壬	寅卯/亥/寅申/丑未/辰	
			여 ◎	◎	乙/庚己/壬	寅卯/亥/寅申/丑未/辰	
6(午)	?	△	남 ◎	?	乙/庚己/壬	寅卯/子/午/丑未/辰	
			여 ◎	◎	乙/庚己/壬	寅卯/子/午/丑未/辰	
7(未)	○	?	남 ○		乙/乙甲壬/丁	寅卯/丑/丑戌/丑未/辰	
			여 ○	◎	乙/丁丙壬/丁	寅卯/丑/丑戌/丑未/辰	
8(申)	○	△	남 ?	△	乙/乙甲壬/丁	寅卯/寅/寅巳/丑未/辰	
			여 ?	?	乙/丁丙壬/丁	寅卯/寅/寅巳/丑未/辰	
9(酉)	△	△	남 ?	?	乙/乙甲壬/丁	寅卯/卯/酉/丑未/辰	▼酉
			여 ?	?	乙/丁丙壬/丁	寅卯/卯/酉/丑未/辰	
10(戌)	○	?	남 △	△	乙/乙甲壬/甲	寅卯/辰/丑未/丑未/辰	
			여 △	△	乙/丁丙壬/甲	寅卯/辰/丑未/丑未/辰	
11(亥)	?	○	남 ?	○	乙/庚己/丁	寅卯/巳/亥/丑未/辰	
			여 ?	?	乙/庚己/丁	寅卯/巳/亥/丑未/辰	
12(子)	?	○	남 ?	○	乙/庚己/丁	寅卯/午/卯/丑未/辰	▲子
			여 ?	?	乙/庚己/丁	寅卯/午/卯/丑未/辰	
다음해 1월(丑)	◎	○	남 △	△	乙/乙甲壬/丙	寅卯/未/戌未/丑未/辰	
			여 △	△	乙/丁丙壬/丙	寅卯/未/戌未/丑未/辰	

이 날 태어난 사람의 선천운 특기 사항

* **건강운** : 대장, 치질, 맹장염에 걸리거나 수술 받는 경우가 많다. 여자는 제
왕절개 수술로 해산하는 수도

* **부부운** : 남자는 처복이 있는 편이지만
여자는 남편 덕이 별로 없거나 구박 당하며 사는 경우가 많다.

* **남** : 남모르게 일만 하는 노력형.
이기심과 옹고집이 심한 편이지만
자기 목표를 성실하게 수행한다.
▼ 이 남자는 자기 사주에 辛이나 酉가 없을수록 좋다.

* **여** : 신경이 두텁고, 근성이 있다. 처세술이 뛰어나고 감각이 예민하여 남자
에 못지 않게 성공한다.
▲ 이 여자는 자기 사주에 癸나 子가 없을수록 좋다.

* 일단 상호간에 동순공망 관계이면 친구, 직장 동료, 사업상의 동업자로는
열 명 다 좋다고 보아야 하지만, 부부 궁합을 볼 때에는 戌일생에 한하
여 상대방 생일지지, 즉 일지(日支)에 辰이나 丑,未가 없는 것이 좋음.

* 그러므로 庚戌일생은 동순공망 열 명 중에서 乙巳, 丙午, 戊申, 己酉,
庚戌, 辛亥, 壬子일생 등 7명만 좋게 보아야 함.

* 특히 乙巳일생과는 유난히도 사이가 좋을 가능성이 높음.

태어난 달에 따른 차이점

* **寅월생**……이 달에 태어난 경술일생 중에서,
▽ 남자는 午월, 戌월의 庚, 己일에 태어난 여자가 가장 좋고, 申월의 丑,
未일에 태어난 여자가 가장 나쁘다.
△ 여자는 午월, 戌월의 庚, 己일에 태어난 남자가 가장 좋고, 申월의 丑,
未일에 태어난 남자가 가장 나쁘다.

* **卯월생**……이 달에 태어난 경술일생 중에서,
▽ 남자는 亥월, 未월의 庚, 己일에 태어난 여자가 가장 좋고, 酉월의 丑,
未일에 태어난 여자가 가장 나쁘다.
△ 여자는 亥월, 未월의 庚, 己일에 태어난 남자가 가장 좋고, 酉월의 丑,
未일에 태어난 남자가 가장 나쁘다.

♥ 卯월 庚戌일생 남녀는 노처녀 노총각이 되는 경우가 적지 않음.

* **辰월생**……이 달에 태어난 경술일생 중에서,
  ▽ 남자는 申월, 子월의 乙, 甲일에 태어난 여자가 가장 좋고, 戌월의 丑, 未일에 태어난 여자가 가장 나쁘다.
  △ 여자는 申월, 子월의 丁, 丙일에 태어난 남자가 가장 좋고, 戌월의 丑, 未일에 태어난 남자가 가장 나쁘다.
  ♠ 辰월 庚戌일생 남녀는 배우자와의 생이별, 과부 홀아비 운이 다른 사람에 비하여 높음.

* **巳월생**……이 달에 태어난 경술일생 중에서,
  ▽ 남자는 酉월, 丑월의 庚, 己일에 태어난 여자가 가장 좋고, 亥월의 丑, 未일에 태어난 여자가 가장 나쁘다.
  △ 여자는 酉월, 丑월의 庚, 己일에 태어난 남자가 가장 좋고, 亥월의 丑, 未일에 태어난 남자가 가장 나쁘다.

* **午월생**…… 이 달에 태어난 경술일생 중에서,
  ▽ 남자는 寅월, 戌월의 庚, 己일에 태어난 여자가 가장 좋고, 子월의 丑, 未일에 태어난 여자가 가장 나쁘다.
  △ 여자는 寅월, 戌월의 庚, 己일에 태어난 남자가 가장 좋고, 子월의 丑, 未일에 태어난 남자가 가장 나쁘다.

* **未월생**……이 달에 태어난 경술일생 중에서,
  ▽ 남자는 亥월, 卯월의 乙, 甲일에 태어난 여자가 가장 좋고, 丑월의 丑, 未일에 태어난 여자가 가장 나쁘다.
  △ 여자는 亥월, 卯월의 丁, 丙일에 태어난 남자가 가장 좋고, 丑월의 丑, 未일에 태어난 남자가 가장 나쁘다.

* **申월생**……이 달에 태어난 경술일생 중에서,
  ▽ 남자는 子월, 辰월의 乙, 甲일에 태어난 여자가 가장 좋고, 寅월의 丑, 未일에 태어난 여자가 가장 나쁘다.
  △ 여자는 子월, 辰월의 丁, 丙일에 태어난 남자가 가장 좋고, 寅월의 丑, 未일에 태어난 남자가 가장 나쁘다.

* **酉월생**……이 달에 태어난 경술일생 중에서,
  ▽ 남자는 巳월, 丑월의 乙, 甲일에 태어난 여자가 가장 좋고, 卯월의 丑, 未일에 태어난 여자가 가장 나쁘다.

△ 여자는 巳월, 丑월의 丁, 丙일에 태어난 남자가 가장 좋고, 卯월의 丑, 未일에 태어난 남자가 가장 나쁘다.

▼ 酉월 庚일생 남자는 어떤 여자를 만나서 살든, 아내와의 관계가 그다지 좋지 않을 수 있으므로 다른 사람에 비하여 침착, 절제, 겸손, 희생, 노력이 필요함.

* 戌월생……이 달에 태어난 경술일생 중에서,

▽ 남자는 寅월, 午월의 乙, 甲일에 태어난 여자가 가장 좋고, 辰월의 丑, 未일에 태어난 여자가 가장 나쁘다.

△ 여자는 巳월, 丑월의 丁, 丙일에 태어난 남자가 가장 좋고, 辰월의 丑, 未일에 태어난 남자가 가장 나쁘다.

* 亥월생……이 달에 태어난 경술일생 중에서,

▽ 남자는 卯월, 未월의 庚, 己일에 태어난 여자가 가장 좋고, 巳월의 丑, 未일에 태어난 여자가 가장 나쁘다.

△ 여자는 卯월, 未월의 庚, 己일에 태어난 남자가 가장 좋고, 巳월의 丑, 未일에 태어난 남자가 가장 나쁘다.

* 子월생……이 달에 태어난 경술일생 중에서,

▽ 남자는 申월, 辰월의 庚, 己일에 태어난 여자가 가장 좋고, 午월의 丑, 未일에 태어난 여자가 가장 나쁘다.

△ 여자는 申월, 辰월의 庚, 己일에 태어난 남자가 가장 좋고, 午월의 丑, 未일에 태어난 남자가 가장 나쁘다.

▲ 子월 庚일생 여자는 어떤 남자를 만나서 살든, 남편과의 관계가 그다지 좋지 않을 수 있으므로 다른 사람에 비하여 침착, 절제, 겸손, 희생, 노력이 필요함.

* 丑월생……이 달에 태어난 경술일생 중에서,

▽ 남자는 巳월, 酉월의 乙, 甲일에 태어난 여자가 가장 좋고, 未월의 丑, 未일에 태어난 여자가 가장 나쁘다.

△ 여자는 巳월, 酉월의 丁, 丙일에 태어난 남자가 가장 좋고, 未월의 丑, 未일에 태어난 남자가 가장 나쁘다.

48. 辛亥일생

생월을 참작하여 판단한다면

【선천운 범례】 ◎ : 대길(大吉),　○ : 중길,　△ : 소길,　? : 애매함

양력월 (생월지)	선천운(숙명) (선택 여지가 적은 기본적 운세)				후 천 운(개척) (연애·결혼 상대 선택(궁합)시 참고해야 할 사항)		참고
	건강운	경제운	출세운	애정운	상대방 일간(월간)에 있으면 좋은 천간	상대방 월지(일지)에 있으면 나쁜 지지	
2(寅)	?	◎	남 ○	◎	丙/辛戊/己	寅卯/申/巳申/亥/巳	
			여 ?	○	丙/辛戊/己	寅卯/申/巳申/亥/巳	
3(卯)	?	◎	남 ○	◎	丙/辛戊/壬	寅卯/酉/子/亥/巳	
			여 ?	○	丙/辛戊/壬	寅卯/酉/子/亥/巳	
4(辰)	○	△	남 △	○	丙/甲乙癸/壬	寅卯/戌/辰/亥/巳	
			여 ◎	△	丙/丙丁癸/壬	寅卯/戌/辰/亥/巳	
5(巳)	?	?	남 ◎	?	丙/辛戊/壬	寅卯/亥/寅申/亥/巳	
			여 ○	◎	丙/辛戊/壬	寅卯/亥/寅申/亥/巳	
6(午)	?	?	남 ◎	?	丙/辛戊/壬	寅卯/子/午/亥/巳	
			여 ○	◎	丙/辛戊/壬	寅卯/子/午/亥/巳	
7(未)	△	△	남 ○	△	丙/甲乙癸/壬	寅卯/丑/丑戌/亥/巳	
			여 ◎	△	丙/丙丁癸/壬	寅卯/丑/丑戌/亥/巳	
8(申)	◎	○	남 ?	○	丙/甲乙癸/壬	寅卯/寅/寅巳/亥/巳	▼申
			여 △	?	丙/丙丁癸/壬	寅卯/寅/寅巳/亥/巳	
9(酉)	◎	△	남 ?	△	丙/甲乙癸/壬	寅卯/卯/酉/亥/巳	
			여 △	?	丙/丙丁癸/壬	寅卯/卯/酉/亥/巳	
10(戌)	△	?	남 △	?	丙/甲乙癸/壬	寅卯/辰/丑未/亥/巳	
			여 ◎	?	丙/丙丁癸/壬	寅卯/辰/丑未/亥/巳	
11(亥)	○	○	남 ?	○	丙/辛戊/壬	寅卯/巳/亥/亥/巳	亥
			여 ?	○	丙/辛戊/壬	寅卯/巳/亥/亥/巳	
12(子)	○	○	남 ?	○	丙/辛戊/丙	寅卯/午/卯/亥/巳	
			여 ?	○	丙/辛戊/丙	寅卯/午/卯/亥/巳	
다음해 1월(丑)	△	?	남 △	△	丙/甲乙癸/丙	寅卯/未/戌未/亥/巳	
			여 ○	?	丙/丙丁癸/丙	寅卯/未/戌未/亥/巳	

이 날 태어난 사람의 선천운 특기 사항

* **건강운** : 기관지나 폐가 나쁜 사람이 많다. 어려서는 감기에, 늙어서는 신경성 질환이나 해수에 시달리는 수가 많다.
* **부부운** : 생월, 생시에 寅, 申, 巳가 있으면 과부나 홀아비가 될 확률이 높아진다. 즉 고독운이 강해진다.
* **남** : 강력한 지도력과 개성으로 정치성이 짙음. 민첩하고 재치가 있으며 박력 있게 일을 추진함.

  ▼ 이 남자는 자기 사주에 庚이나 申이 없을수록 좋다.
* **여** : 허영심이 있지만 순정파. 경쟁심이 강하고 민첩하지만 변덕스러운 것이 흠. 재치와 활기 넘침.

  ▲ 이 여자는 자기 사주에 壬이나 亥가 없을수록 좋다.
  * 일단 상호간에 동순공망 관계이면 친구, 직장 동료, 사업상의 동업자로는 열 명 다 좋다고 보아야 하지만, 부부 궁합을 볼 때에는 亥일생에 한하여 상대방 생일지지, 즉 일지(日支)에 巳나 亥가 없는 것이 좋음.
  * 그러므로 辛亥일생은 동순공망 열 명 중에서 甲辰, 丙午, 丁未, 戊申, 己酉, 庚戌, 壬子, 癸丑일생 등 8명만 좋게 보아야 함.
  * 특히 丙午일생과는 유난히도 사이가 좋을 가능성이 높음.

태어난 달에 따른 차이점

* **寅월생** ······이 달에 태어난 신해일생 중에서
  ▽ 남자는 午월, 戌월의 辛, 戊일에 태어난 여자가 가장 좋고, 申월의 亥일에 태어난 여자가 가장 나쁘다.
  △ 여자는 午월, 戌월의 辛, 戊일에 태어난 남자가 가장 좋고, 申월의 亥일에 태어난 남자가 가장 나쁘다.
  ♥ 寅월 辛亥일생 남녀는 노처녀 노총각이 되는 경우가 적지 않음.
* **卯월생** ······이 달에 태어난 신해일생 중에서,
  ▽ 남자는 亥월, 未월의 辛, 戊일에 태어난 여자가 가장 좋고, 酉월의 亥일에 태어난 여자가 가장 나쁘다.
  △ 여자는 亥월, 未월의 辛, 戊일에 태어난 남자가 가장 좋고, 酉월의 亥일에 태어난 남자가 가장 나쁘다.

* **辰월생**……이 달에 태어난 신해일생 중에서,
　▽ 남자는 申월, 子월의 甲, 乙일에 태어난 여자가 가장 좋고, 戌월의 亥일에 태어난 여자가 가장 나쁘다.
　△ 여자는 申월, 子월의 丙, 丁일에 태어난 남자가 가장 좋고, 戌월의 亥일에 태어난 남자가 가장 나쁘다.
* **巳월생**……이 달에 태어난 신해일생 중에서,
　▽ 남자는 酉월, 丑월의 辛, 戊일에 태어난 여자가 가장 좋고, 亥월의 亥일에 태어난 여자가 가장 나쁘다.
　△ 여자는 酉월, 丑월의 辛, 戊일에 태어난 남자가 가장 좋고, 亥월의 亥일에 태어난 남자가 가장 나쁘다.
　♠ 巳월 辛亥일생 남녀는 배우자와의 생이별, 과부 홀아비 운이 다른 사람에 비하여 높음.
* **수월생**…… 이 달에 태어난 신해일생 중에서,
　▽ 남자는 寅월, 戌월의 辛, 戊일에 태어난 여자가 가장 좋고, 子월의 亥일에 태어난 여자가 가장 나쁘다.
　△ 여자는 寅월, 戌월의 辛, 戊일에 태어난 남자가 가장 좋고, 子월의 亥일에 태어난 남자가 가장 나쁘다.
* **未월생**……이 달에 태어난 신해일생 중에서,
　▽ 남자는 亥월, 卯월의 甲, 乙일에 태어난 여자가 가장 좋고, 丑월의 亥일에 태어난 여자가 가장 나쁘다.
　△ 여자는 亥월, 卯월의 丙, 丁일에 태어난 남자가 가장 좋고, 丑월의 亥일에 태어난 남자가 가장 나쁘다.
* **申월생**……이 달에 태어난 신해일생 중에서,
　▽ 남자는 子월, 辰월의 甲, 乙일에 태어난 여자가 가장 좋고, 寅월의 亥일에 태어난 여자가 가장 나쁘다.
　△ 여자는 子월, 辰월의 丙, 丁일에 태어난 남자가 가장 좋고, 寅월의 亥일에 태어난 남자가 가장 나쁘다.
　▼ 申월 辛일생 남자는 어떤 여자를 만나서 살든, 아내와의 관계가 그다지 좋지 않을 수 있으므로 다른 사람에 비하여 침착, 절제, 겸손, 희생, 노력이 필요함.
* **酉월생**……이 달에 태어난 신해일생 중에서,

▽ 남자는 巳월, 丑월의 甲, 乙일에 태어난 여자가 가장 좋고, 卯월의 亥일
에 태어난 여자가 가장 나쁘다.

△ 여자는 巳월, 丑월의 丙, 丁일에 태어난 남자가 가장 좋고, 卯월의 亥일
에 태어난 남자가 가장 나쁘다.

* **戌월생**……이 달에 태어난 신해일생 중에서,

▽ 남자는 寅월, 午월의 甲, 乙일에 태어난 여자가 가장 좋고, 辰월의 亥일
에 태어난 여자가 가장 나쁘다.

△ 여자는 巳월, 丑월의 丙, 丁일에 태어난 남자가 가장 좋고, 辰월의 亥일
에 태어난 남자가 가장 나쁘다.

* **亥월생**……이 달에 태어난 신해일생 중에서,

▽ 남자는 卯월, 未월의 辛, 戊일에 태어난 여자가 가장 좋고, 巳월의 亥일
에 태어난 여자가 가장 나쁘다.

△ 여자는 卯월, 未월의 辛, 戊일에 태어난 남자가 가장 좋고, 巳월의 亥일
에 태어난 남자가 가장 나쁘다.

▲ 亥월 辛일생 여자는 어떤 남자를 만나서 살든, 남편과의 관계가 그다지
좋지 않을 수 있으므로 다른 사람에 비하여 침착, 절제, 겸손, 희생, 노
력이 필요함.

* **子월생**……이 달에 태어난 신해일생 중에서,

▽ 남자는 申월, 辰월의 辛, 戊일에 태어난 여자가 가장 좋고, 午월의 亥일
에 태어난 여자가 가장 나쁘다.

△ 여자는 申월, 辰월의 辛, 戊일에 태어난 남자가 가장 좋고, 午월의 亥일
에 태어난 남자가 가장 나쁘다.

* **丑월생**……이 달에 태어난 신해일생 중에서,

▽ 남자는 巳월, 酉월의 甲, 乙일에 태어난 여자가 가장 좋고, 未월의 亥일
에 태어난 여자가 가장 나쁘다.

△ 여자는 巳월, 酉월의 丙, 丁일에 태어난 남자가 가장 좋고, 未월의 亥일
에 태어난 남자가 가장 나쁘다.

49. 壬子일생

생월을 참작하여 판단한다면

【선천운 범례】 ◎ : 대길(大吉),   ○ : 중길,   △ : 소길,   ? : 애매함

양력월 (생월지)	선천운(숙명) (선택 여지가 적은 기본적 운세)				후천 운(개척) (연애·결혼 상대 선택(궁합)시 참고해야 할 사항)		참고
	건강운	경제운	출세운	애정운	상대방 일간(월간)에 있으면 좋은 천간	상대방 월지(일지)에 있으면 나쁜 지지	
2(寅)	△	○	남 ?	○	丁/壬辛/庚	寅卯/申/巳申/卯/午	
			여 ?	?	丁/壬辛/庚	寅卯/申/巳申/卯/午	
3(卯)	△	○	남 ?	○	丁/壬辛/戊	寅卯/酉/子/卯/午	
			여 ?	?	丁/壬辛/戊	寅卯/酉/子/卯/午	
4(辰)	?	?	남 ◎	?	丁/壬辛/甲	寅卯/戌/辰/卯/午	
			여 ◎	?	丁/壬辛/甲	寅卯/戌/辰/卯/午	
5(巳)	?	◎	남 ○	◎	丁/壬辛/壬	寅卯/亥/寅申/卯/午	
			여 ◎	◎	丁/壬辛/壬	寅卯/亥/寅申/卯/午	
6(午)	?	◎	남 ○	○	丁/壬辛/癸	寅卯/子/午/卯/午	
			여 ○	△	丁/壬辛/癸	寅卯/子/午/卯/午	
7(未)	?	○	남 ◎	◎	丁/壬辛/辛	寅卯/丑/丑戌/卯/午	
			여 ◎	◎	丁/壬辛/辛	寅卯/丑/丑戌/卯/午	
8(申)	◎	?	남 ○	△	丁/丁丙甲/戊	寅卯/寅/寅巳/卯/午	
			여 △	○	丁/己戊甲/戊	寅卯/寅/寅巳/卯/午	
9(酉)	◎	?	남 ○	△	丁/丁丙甲/甲	寅卯/卯/酉/卯/午	
			여 △	○	丁/己戊甲/甲	寅卯/卯/酉/卯/午	
10(戌)	?	?	남 ◎	○	丁/丁丙甲/甲	寅卯/辰/丑未/卯/午	
			여 ◎	◎	丁/己戊甲/甲	寅卯/辰/丑未/卯/午	
11(亥)	○	△	남 ?	○	丁/丁丙甲/戊	寅卯/巳/亥/卯/午	
			여 ?	△	丁/己戊甲/戊	寅卯/巳/亥/卯/午	
12(子)	○	△	남 ?	○	丁/丁丙甲/戊	寅卯/午/卯/卯/午	
			여 ?	△	丁/己戊甲/戊	寅卯/午/卯/卯/午	
다음해 1월(丑)	○	?	남 ○	?	丁/壬辛/丙	寅卯/未/戌未/卯/午	
			여 ○	○	丁/壬辛/丙	寅卯/未/戌未/卯/午	

이 날 태어난 사람의 선천운 특기 사항

* **건강운** : 건강 체질이므로 난치병이나 이환률은 낮지만, 가장 걸릴 확률이
높은 병은 비뇨기병이다. 익사도 요주의.
* **부부운** : 만혼이면 좋고, 조혼이면 불행할 위험률이 높다. 남녀 불문하고
섹욕구가 왕성하기 때문이다.
* **남** : 기획력과 포용력이 우수한 지도자 기질. 돈을 잘 벌기도 하지만 쓰기도
잘함.
   ▼ 이 남자는 자기 사주에 癸나 子가 없을수록 좋다.
* **여** : 어디서나 리더 역할을 잘해냄. 보수적인 기질 강함. 판단력과 결단력
있지만 실수할 때 있음.
   ▲ 이 여자는 자기 사주에 乙이나 卯가 없을수록 좋다.
   * 일단 상호간에 동순공망 관계이면 친구, 직장 동료, 사업상의 동업자로는
   열 명 다 좋다고 보아야 하지만, 부부 궁합을 볼 때에는 子일생에 한하
   여 상대방 생일지지, 즉 일지(日支)에 午나 卯가 없는 것이 좋음.
   * 그러므로 壬子일생은 동순공망 열 명 중에서 甲辰, 乙巳, 丁未, 戊申,
   己酉, 庚戌, 辛亥, 壬子, 癸丑일생 등 9명만 좋게 보아야 함.
   * 특히 丁未일생과는 유난히도 사이가 좋을 가능성이 높음.

태어난 달에 따른 차이점

* **寅월생**……이 달에 태어난 임자일생 중에서
   ▽ 남자는 午월, 戌월의 壬, 辛일에 태어난 여자가 가장 좋고, 申월의 卯일
   에 태어난 여자가 가장 나쁘다.
   △ 여자는 午월, 戌월의 壬, 辛일에 태어난 남자가 가장 좋고, 申월의 卯일
   에 태어난 남자가 가장 나쁘다.
* **卯월생**……이 달에 태어난 임자일생 중에서,
   ▽ 남자는 亥월, 未월의 壬, 辛일에 태어난 여자가 가장 좋고, 酉월의 卯일
   에 태어난 여자가 가장 나쁘다.
   △ 여자는 亥월, 未월의 壬, 辛일에 태어난 남자가 가장 좋고, 酉월의 卯일
   에 태어난 남자가 가장 나쁘다.
   ▲ 卯월 壬일생 여자는 어떤 남자를 만나서 살든, 남편과의 관계가 그다지

좋지 않을 수 있으므로 다른 사람에 비하여 침착, 절제, 겸손, 희생, 노력이 필요함.

* **辰월생**……이 달에 태어난 임자일생 중에서,

  ▽ 남자는 申월, 子월의 壬, 辛일에 태어난 여자가 가장 좋고, 戌월의 卯일에 태어난 여자가 가장 일에 태어난 여자가 가장 일에 태어난 여자가 가장 나쁘다.

  △ 여자는 申월, 子월의 壬, 辛일에 태어난 남자가 가장 좋고, 戌월의 卯일에 태어난 남자가 가장 나쁘다.

* **巳월생**……이 달에 태어난 임자일생 중에서,

  ▽ 남자는 酉월, 丑월의 壬, 辛일에 태어난 여자가 가장 좋고, 亥월의 卯일에 태어난 여자가 가장 나쁘다.

  △ 여자는 酉월, 丑월의 壬, 辛일에 태어난 남자가 가장 좋고, 亥월의 卯일에 태어난 남자가 가장 나쁘다.

* **午월생**…… 이 달에 태어난 임자일생 중에서,

  ▽ 남자는 寅월, 戌월의 壬, 辛일에 태어난 여자가 가장 좋고, 子월의 卯일에 태어난 여자가 가장 나쁘다.

  △ 여자는 寅월, 戌월의 壬, 辛일에 태어난 남자가 가장 좋고, 子월의 卯일에 태어난 남자가 가장 나쁘다.

  ♠ 午월 壬子일생 남녀는 배우자와의 생이별, 과부 홀아비 운이 다른 사람에 비하여 높음.

* **未월생**……이 달에 태어난 임자일생 중에서,

  ▽ 남자는 亥월, 卯월의 壬, 辛일에 태어난 여자가 가장 좋고, 丑월의 卯일에 태어난 여자가 가장 나쁘다.

  △ 여자는 亥월, 卯월의 壬, 辛일에 태어난 남자가 가장 좋고, 丑월의 卯일에 태어난 남자가 가장 나쁘다.

* **申월생**……이 달에 태어난 임자일생 중에서,

  ▽ 남자는 子월, 辰월의 丁, 丙일에 태어난 여자가 가장 좋고, 寅월의 卯일에 태어난 여자가 가장 나쁘다.

  △ 여자는 子월, 辰월의 己, 戊일에 태어난 남자가 가장 좋고, 寅월의 卯일에 태어난 남자가 가장 나쁘다.

* **酉월생**……이 달에 태어난 임자일생 중에서,

▽ 남자는 巳월, 丑월의 丁, 丙일에 태어난 여자가 가장 좋고, 卯월의 卯일에 태어난 여자가 가장 나쁘다.

△ 여자는 巳월, 丑월의 己, 戊일에 태어난 남자가 가장 좋고, 卯월의 卯일에 태어난 남자가 가장 일에 태어난 남자가 가장 나쁘다.

* **戌월생**……이 달에 태어난 임자일생 중에서,

▽ 남자는 寅월, 午월의 丁, 丙일에 태어난 여자가 가장 좋고, 辰월의 卯일에 태어난 여자가 가장 나쁘다.

△ 여자는 巳월, 丑월의 己, 戊일에 태어난 남자가 가장 좋고, 辰월의 卯일에 태어난 남자가 가장 나쁘다.

* **亥월생**……이 달에 태어난 임자일생 중에서,

▽ 남자는 卯월, 未월의 丁, 丙일에 태어난 여자가 가장 좋고, 巳월의 卯일에 태어난 여자가 가장 나쁘다.

△ 여자는 卯월, 未월의 己, 戊일에 태어난 남자가 가장 좋고, 巳월의 卯일에 태어난 남자가 가장 나쁘다.

* **子월생**……이 달에 태어난 임자일생 중에서,

▽ 남자는 申월, 辰월의 丁, 丙일에 태어난 여자가 가장 좋고, 午월의 卯일에 태어난 여자가 가장 나쁘다.

△ 여자는 申월, 辰월의 己, 戊일에 태어난 남자가 가장 좋고, 午월의 卯일에 태어난 남자가 가장 나쁘다.

▼ 子월 壬일생 남자는 어떤 여자를 만나서 살든, 아내와의 관계가 그다지 좋지 않을 수 있으므로 다른 사람에 비하여 침착, 절제, 겸손, 희생, 노력이 필요함.

* **丑월생**……이 달에 태어난 임자일생 중에서,

▽ 남자는 巳월, 酉월의 壬, 辛일에 태어난 여자가 가장 좋고, 未월의 卯일에 태어난 여자가 가장 나쁘다.

△ 여자는 巳월, 酉월의 壬, 辛일에 태어난 남자가 가장 좋고, 未월의 卯일에 태어난 남자가 가장 나쁘다.

♥ 丑월 壬子일생 남녀는 노처녀 노총각이 되는 경우가 적지 않음.

50. 癸丑일생

생월을 참작하여 판단한다면

【선천운 범례】 ◎ : 대길(大吉), ○ : 중길, △ : 소길, ? : 애매함

양력월 (생월지)	선천운(숙명) (선택 여지가 적은 기본적 운세)		출세운		애정운	후천운(개척) (연애·결혼 상대 선택(궁합)시 참고해야 할 사항)		참고
	건강운	경제운		출세운	애정운	상대방 일간(월간)에 있으면 좋은 천간	상대방 월지(일지)에 있으면 나쁜 지지	
2(寅)	?	○	남	?	○	戊/癸庚/辛	寅卯/申/巳申/戌未/未	
			여	?	?	戊/癸庚/辛	寅卯/申/巳申/戌未/未	
3(卯)	?	○	남	?	○	戊/癸庚/庚	寅卯/酉/子/戌未/未	
			여	?	?	戊/癸庚/庚	寅卯/酉/子/戌未/未	
4(辰)	△	?	남	◎	?	戊/癸庚/丙	寅卯/戌/辰/戌未/未	●
			여	○	◎	戊/癸庚/丙	寅卯/戌/辰/戌未/未	
5(巳)	△	◎	남	◎	◎	戊/癸庚/庚	寅卯/亥/寅申/戌未/未	
			여	◎	○	戊/癸庚/庚	寅卯/亥/寅申/戌未/未	
6(午)	△	◎	남	○	◎	戊/癸庚/庚	寅卯/子/午/戌未/未	
			여	◎	○	戊/癸庚/庚	寅卯/子/午/戌未/未	
7(未)	?	○	남	○	◎	戊/癸庚/庚	寅卯/丑/丑戌/戌未/未	●
			여	○	◎	戊/癸庚/庚	寅卯/丑/丑戌/戌未/未	
8(申)	◎	△	남	△	?	戊/丙丁乙/丁	寅卯/寅/寅巳/戌未/未	
			여	△	△	戊/戊己乙/丁	寅卯/寅/寅巳/戌未/未	
9(酉)	◎	△	남	△	?	戊/丙丁乙/辛	寅卯/卯/酉/戌未/未	
			여	△	△	戊/戊己乙/辛	寅卯/卯/酉/戌未/未	
10(戌)	?	○	남	○	?	戊/丙丁乙/辛	寅卯/辰/丑未/戌未/未	●
			여	△	◎	戊/戊己乙/辛	寅卯/辰/丑未/戌未/未	
11(亥)	○	?	남	?	△	戊/丙丁乙/庚	寅卯/巳/亥/戌未/未	
			여	?	?	戊/戊己乙/庚	寅卯/巳/亥/戌未/未	
12(子)	○	?	남	?	△	戊/丙丁乙/丙	寅卯/午/卯/戌未/未	
			여	?	?	戊/戊己乙/丙	寅卯/午/卯/戌未/未	
다음해 1월(丑)	△	?	남	△	?	戊/癸庚/丙	寅卯/未/戌未/戌未/未	●
			여	△	○	戊/癸庚/丙	寅卯/未/戌未/戌未/未	

이 날 태어난 사람의 선천운 특기 사항

* **건강운** : 신장, 방광, 당뇨병 등에 걸리기 쉬운 체질. 바닷가나 강변에서의 익사 사고를 경계할 필요가 있다.

* **부부운** : 남자는 丙, 丁, 巳, 午가 월주 시주에 있고, 여자는 戊, 己, 辰, 丑 이 월주 시주에 있으면 부부해로하고, 아니면 보통 운세.

* **남** : 학구파이고, 외골수로만 생각하는 고집쟁이. 논리보다는 직감 판단으로 처신할 때가 많음.

  ▼ 이 남자는 자기 사주에 壬이나 亥가 없을수록 좋다.

* **여** : 남자를 이겨야만 견디는 성격. 좋아하고 싫어하는 것이 분명함. 직업여 성으로 성공할 수 있음.

  ▲ 이 여자는 자기 사주에 甲이나 寅이 없을수록 좋다.

* 일단 상호간에 동순공망 관계이면 친구, 직장 동료, 사업상의 동업자로는 열 명 다 좋다고 보아야 하지만, 부부 궁합을 볼 때에는 丑일생에 한하 여 상대방 생일지지, 즉 일지(日支)에 未나 戌이 없는 것이 좋음.

* 그러므로 癸丑일생은 동순공망 열 명 중에서 甲辰, 乙巳, 丙午, 戊申, 己酉, 辛亥, 壬子, 癸丑일생 등 8명만 좋게 보아야 함.

* 특히 戊申일생과는 유난히도 사이가 좋을 가능성이 높음.

태어난 달에 따른 차이점

* **寅월생**……이 달에 태어난 계축일생 중에서

  ▽ 남자는 午월, 戌월의 癸, 庚일에 태어난 여자가 가장 좋고, 申월의 戌, 未일에 태어난 여자가 가장 나쁘다.

  △ 여자는 午월, 戌월의 癸, 庚일에 태어난 남자가 가장 좋고, 申월의 戌, 未일에 태어난 남자가 가장 나쁘다.

  ▲ 寅월 癸일생 여자는 어떤 남자를 만나서 살든, 남편과의 관계가 그다지 좋지 않을 수 있으므로 다른 사람에 비하여 침착, 절제, 겸손, 희생, 노력이 필요함.

* **卯월생**……이 달에 태어난 계축일생 중에서,

  ▽ 남자는 亥월, 未월의 癸, 庚일에 태어난 여자가 가장 좋고, 酉월의 戌, 未일에 태어난 여자가 가장 나쁘다.

△ 여자는 亥월, 未월의 癸, 庚일에 태어난 남자가 가장 좋고, 酉월의 戌,
未일에 태어난 남자가 가장 나쁘다.

* **辰월생**……이 달에 태어난 계축일생 중에서,
▽ 남자는 申월, 子월의 癸, 庚일에 태어난 여자가 가장 좋고, 戌월의 戌,
未일에 태어난 여자가 가장 나쁘다.
△ 여자는 申월, 子월의 癸, 庚일에 태어난 남자가 가장 좋고, 戌월의 戌,
未일에 태어난 남자가 가장 나쁘다.

* **巳월생**……이 달에 태어난 계축일생 중에서,
▽ 남자는 酉월, 丑월의 癸, 庚일에 태어난 여자가 가장 좋고, 亥월의 戌,
未일에 태어난 여자가 가장 나쁘다.
△ 여자는 酉월, 丑월의 癸, 庚일에 태어난 남자가 가장 좋고, 亥월의 戌,
未일에 태어난 남자가 가장 나쁘다.

* **午월생**…… 이 달에 태어난 계축일생 중에서,
▽ 남자는 寅월, 戌월의 癸, 庚일에 태어난 여자가 가장 좋고, 子월의 戌,
未일에 태어난 여자가 가장 나쁘다.
△ 여자는 寅월, 戌월의 癸, 庚일에 태어난 남자가 가장 좋고, 子월의 戌,
未일에 태어난 남자가 가장 나쁘다.

* **未월생**……이 달에 태어난 계축일생 중에서,
▽ 남자는 亥월, 卯월의 癸, 庚일에 태어난 여자가 가장 좋고, 丑월의 戌,
未일에 태어난 여자가 가장 나쁘다.
△ 여자는 亥월, 卯월의 癸, 庚일에 태어난 남자가 가장 좋고, 丑월의 戌,
未일에 태어난 남자가 가장 나쁘다.

♠ 未월 癸丑일생 남녀는 배우자와의 생이별, 과부 홀아비 운이 다른 사람
에 비하여 높음.

* **申월생**……이 달에 태어난 계축일생 중에서,
▽ 남자는 子월, 辰월의 丙, 丁일에 태어난 여자가 가장 좋고, 寅월의 戌,
未일에 태어난 여자가 가장 나쁘다.
△ 여자는 子월, 辰월의 戌, 己일에 태어난 남자가 가장 좋고, 寅월의 戌,
未일에 태어난 남자가 가장 나쁘다.

* **酉월생**……이 달에 태어난 계축일생 중에서,
▽ 남자는 巳월, 丑월의 丙, 丁일에 태어난 여자가 가장 좋고, 卯월의 戌,

　　未일에 태어난 여자가 가장 나쁘다.

　△ 여자는 巳월, 丑월의 戊, 己일에 태어난 남자가 가장 좋고, 卯월의 戊,
　　未일에 태어난 남자가 가장 나쁘다.

* **戌월생**……이 달에 태어난 계축일생 중에서,

　▽ 남자는 寅월, 午월의 丙, 丁일에 태어난 여자가 가장 좋고, 辰월의 戊,
　　未일에 태어난 여자가 가장 나쁘다.

　△ 여자는 巳월, 丑월의 戊, 己일에 태어난 남자가 가장 좋고, 辰월의 戊,
　　未일에 태어난 남자가 가장 나쁘다.

* **亥월생**……이 달에 태어난 계축일생 중에서,

　▽ 남자는 卯월, 未월의 丙, 丁일에 태어난 여자가 가장 좋고, 巳월의 戊,
　　未일에 태어난 여자가 가장 나쁘다.

　△ 여자는 卯월, 未월의 戊, 己일에 태어난 남자가 가장 좋고, 巳월의 戊,
　　未일에 태어난 남자가 가장 나쁘다.

　▼ 亥월 癸일생 남자는 어떤 여자를 만나서 살든, 아내와의 관계가 그다지
　　좋지 않을 수 있으므로 다른 사람에 비하여 침착, 절제, 겸손, 희생, 노
　　력이 필요함.

* **子월생**……이 달에 태어난 계축일생 중에서,

　▽ 남자는 申월, 辰월의 丙, 丁일에 태어난 여자가 가장 좋고, 午월의 戊,
　　未일에 태어난 여자가 가장 나쁘다.

　△ 여자는 申월, 辰월의 戊, 己일에 태어난 남자가 가장 좋고, 午월의 戊,
　　未일에 태어난 남자가 가장 나쁘다.

　♥ 子월 癸丑일생 남녀는 노처녀 노총각이 되는 경우가 적지 않음.

* **丑월생**……이 달에 태어난 계축일생 중에서,

　▽ 남자는 巳월, 酉월의 癸, 庚일에 태어난 여자가 가장 좋고, 未월의 戊,
　　未일에 태어난 여자가 가장 나쁘다.

　△ 여자는 巳월, 酉월의 癸, 庚일에 태어난 남자가 가장 좋고, 未월의 戊,
　　未일에 태어난 남자가 가장 나쁘다.

갑인순(甲寅旬) 인생

甲寅　乙卯　丙辰　丁巳　戊午
己未　庚申　辛酉　壬戌　癸亥

위의 열흘 동안에 태어난 사람들끼리는 똑같이 자(子)와 축(丑)이 공망이 되는 동순공망(同旬空亡)의 인생들이다.

이들은 학교 친구나 직장 친구, 교제 대상의 이성, 또는 부부든 간에 서로 마음이 통하여 사이좋게 지낼 수 있는 운명을 타고난 동질성 그룹이라 볼 수 있다. 중요시하여야 할 궁합 판단 기준이다.

단, 이들 열 명끼리의 조합에서 개인별 생일에 따라 한 명 내지 세 명 정도가 예외가 될 수 있다.

＊ 각자의 생일 해설란에 정리되어 있음.

51. 甲寅일생

생월을 참작하여 판단한다면

【선천운 범례】 ◎ : 대길(大吉), ○ : 중길, △ : 소길, ? : 애매함

양력월 (생월지)	선천운(숙명) (선택 여지가 적은 기본적 운세)				후 천 운(개척) (연애·결혼 상대 선택(궁합)시 참고해야 할 사항)		참고
	건강운	경제운	출세운	애정운	상대방 일간(월간)에 있으면 좋은 천간	상대방 월지(일지)에 있으면 나쁜 지지	
2(寅)	△	?	남 ?	?	己/己戊丙/丙	子丑/申/巳申/巳申/申	
			여 ?	?	己/辛庚丙/丙	子丑/申/巳申/巳申/申	
3(卯)	△	?	남 ?	?	己/己戊丙/庚	子丑/酉/子/巳申/申	▼卯
			여 ?	?	己/辛庚丙/庚	子丑/酉/子/巳申/申	
4(辰)	△	○	남 ○	◎	己/甲癸/庚	子丑/戌/辰/巳申/申	
			여 ○	○	己/甲癸/庚	子丑/戌/辰/巳申/申	
5(巳)	◎	○	남 ?	○	己/甲癸/癸	子丑/亥/寅申/巳申/申	
			여 ?	◎	己/甲癸/癸	子丑/亥/寅申/巳申/申	
6(午)	◎	○	남 ?	○	己/甲癸/癸	子丑/子/午/巳申/申	▲午
			여 ?	◎	己/甲癸/癸	子丑/子/午/巳申/申	
7(未)	○	○	남 △	◎	己/甲癸/癸	子丑/丑/丑戌/巳申/申	
			여 △	○	己/甲癸/癸	子丑/丑/丑戌/巳申/申	
8(申)	?	◎	남 ◎	△	己/甲癸/庚	子丑/寅/寅巳/巳申/申	
			여 ◎	△	己/甲癸/庚	子丑/寅/寅巳/巳申/申	
9(酉)	?	◎	남 ◎	△	己/甲癸/庚	子丑/卯/酉/巳申/申	
			여 ◎	△	己/甲癸/庚	子丑/卯/酉/巳申/申	
10(戌)	△	○	남 ○	◎	己/甲癸/庚	子丑/辰/丑未/巳申/申	
			여 ○	○	己/甲癸/庚	子丑/辰/丑未/巳申/申	
11(亥)	?	?	남 ?	?	己/己戊丙/庚	子丑/巳/亥/巳申/申	
			여 △	?	己/辛庚丙/庚	子丑/巳/亥/巳申/申	
12(子)	?	?	남 ?	?	己/己戊丙/丁	子丑/午/卯/巳申/申	
			여 △	?	己/辛庚丙/丁	子丑/午/卯/巳申/申	
다음해 1월(丑)	△	○	남 ○	○	己/己戊丙/丁	子丑/未/戌未/巳申/申	
			여 ?	○	己/辛庚丙/丁	子丑/未/戌未/巳申/申	

이 날 태어난 사람의 선천운 특기 사항

* **건강운** : 타고 난 건강 체질. 사고로 몸에 흉터가 생기거나 수술을 받을 우려가 있다. 월주나 시주에 巳가 있으면 확률이 높아짐.
* **부부운** : 불행한 결혼인 경우가 많다. 아니면 아내가 병약하거나 남편이 병약한 경우가 적지 않다.
* **남** : 겉치레 말을 일체 않고 빈틈없이 일하는 사람. 온순한 듯하면서 반발심과 정의감이 아주 강함.

   ▼ 이 남자는 자기 사주에 乙이나 卯가 없을수록 좋다.
* **여** : 모든 일을 열심히 하며, 약자에게 친절하고 잘 돌봐 줌. 적극적이라 가정과 직장에서 다 성공.

   ▲ 이 여자는 자기 사주에 丁이나 午가 없을수록 좋다.

   * 일단 상호간에 동순공망 관계이면 친구, 직장 동료, 사업상의 동업자로는 열 명 다 좋다고 보아야 하지만, 부부 궁합을 볼 때에는 寅일생에 한하여 상대방 생일지지, 즉 일지(日支)에 申이나 巳가 없는 것이 좋음.
   * 그러므로 甲寅일생은 동순공망 열 명 중에서 甲寅, 乙卯, 丙辰, 戊午, 己未, 辛酉, 壬戌, 癸亥일생 등 8명만 좋게 보아야 함.
   * 특히 己未일생과는 유난히도 사이가 좋을 가능성이 높음.

태어난 달에 따른 차이점

* **寅월생**……이 달에 태어난 갑인일생 중에서,
   ▽ 남자는 午월, 戌월의 己, 甲일에 태어난 여자가 가장 좋고, 申월의 巳, 申일에 태어난 여자가 가장 나쁘다.
   △ 여자는 午월, 戌월의 辛, 庚일에 태어난 남자가 가장 좋고, 申월의 巳, 申일에 태어난 남자가 가장 나쁘다.
* **卯월생**……이 달에 태어난 갑인일생 중에서,
   ▽ 남자는 亥월, 未월의 己, 甲일에 태어난 여자가 가장 좋고, 酉월의 巳, 申일에 태어난 여자가 가장 나쁘다.
   △ 여자는 亥월, 未월의 辛, 庚일에 태어난 남자가 가장 좋고, 酉월의 巳, 申일에 태어난 남자가 가장 나쁘다.

   ▼ 卯월 甲일생 남자는 어떤 여자를 만나서 살든, 아내와의 관계가 그다지

좋지 않을 수 있으므로 다른 사람에 비하여 침착, 절제, 겸손, 희생, 노력이 필요함.

* **辰월생**……이 달에 태어난 갑인일생 중에서,
  ▽ 남자는 申월, 子월의 甲, 癸일에 태어난 여자가 가장 좋고, 戌월의 巳, 申일에 태어난 여자가 가장 나쁘다.
  △ 여자는 申월, 子월의 甲, 癸일에 태어난 남자가 가장 좋고, 戌월의 巳, 申일에 태어난 남자가 가장 나쁘다.

* **巳월생**……이 달에 태어난 갑인일생 중에서,
  ▽ 남자는 酉월, 丑월의 甲, 癸일에 태어난 여자가 가장 좋고, 亥월의 巳, 申일에 태어난 여자가 가장 나쁘다.
  △ 여자는 酉월, 丑월의 甲, 癸일에 태어난 남자가 가장 좋고, 亥월의 巳, 申일에 태어난 남자가 가장 나쁘다.

* **午월생**…… 이 달에 태어난 갑인일생 중에서,
  ▽ 남자는 寅월, 戌월의 甲, 癸일에 태어난 여자가 가장 좋고, 子월의 巳, 申일에 태어난 여자가 가장 나쁘다.
  △ 여자는 寅월, 戌월의 甲, 癸일에 태어난 남자가 가장 좋고, 子월의 巳, 申일에 태어난 남자가 가장 나쁘다.
  ▲ 午월 甲일생 여자는 어떤 남자를 만나서 살든, 남편과의 관계가 그다지 좋지 않을 수 있으므로 다른 사람에 비하여 침착, 절제, 겸손, 희생, 노력이 필요함.

* **未월생**……이 달에 태어난 갑인일생 중에서,
  ▽ 남자는 亥월, 卯월의 甲, 癸일에 태어난 여자가 가장 좋고, 丑월의 巳, 申일에 태어난 여자가 가장 나쁘다.
  △ 여자는 亥월, 卯월의 甲, 癸일에 태어난 남자가 가장 좋고, 丑월의 巳, 申일에 태어난 남자가 가장 나쁘다.

* **申월생**……이 달에 태어난 갑인일생 중에서,
  ▽ 남자는 子월, 辰월의 甲, 癸일에 태어난 여자가 가장 좋고, 寅월의 巳, 申일에 태어난 여자가 가장 나쁘다.
  △ 여자는 子월, 辰월의 甲, 癸일에 태어난 남자가 가장 좋고, 寅월의 巳, 申일에 태어난 남자가 가장 나쁘다.
  ♠ 申월 甲寅일생 남녀는 배우자와의 생이별, 과부 홀아비 운이 다른 사람

에 비하여 높음.

* **酉월생**……이 달에 태어난 갑인일생 중에서,
  ▽ 남자는 巳월, 丑월의 甲, 癸일에 태어난 여자가 가장 좋고, 卯월의 巳, 申일에 태어난 여자가 가장 나쁘다.
  △ 여자는 巳월, 丑월의 甲, 癸일에 태어난 남자가 가장 좋고, 卯월의 巳, 申일에 태어난 남자가 가장 나쁘다.

* **戌월생**……이 달에 태어난 갑인일생 중에서,
  ▽ 남자는 寅월, 午월의 甲, 癸일에 태어난 여자가 가장 좋고, 辰월의 巳, 申일에 태어난 여자가 가장 나쁘다.
  △ 여자는 巳월, 丑월의 甲, 癸일에 태어난 남자가 가장 좋고, 辰월의 巳, 申일에 태어난 남자가 가장 나쁘다.

* **亥월생**……이 달에 태어난 갑인일생 중에서,
  ▽ 남자는 卯월, 未월의 己, 甲일에 태어난 여자가 가장 좋고, 巳월의 巳, 申일에 태어난 여자가 가장 나쁘다.
  △ 여자는 卯월, 未월의 辛, 庚일에 태어난 남자가 가장 좋고, 巳월의 巳, 申일에 태어난 남자가 가장 나쁘다.
  ♥ 亥월 甲寅일생 남녀는 노처녀 노총각이 되는 경우가 적지 않음.

* **子월생**……이 달에 태어난 갑인일생 중에서,
  ▽ 남자는 申월, 辰월의 己, 甲일에 태어난 여자가 가장 좋고, 午월의 巳, 申일에 태어난 여자가 가장 나쁘다.
  △ 여자는 申월, 辰월의 辛, 庚일에 태어난 남자가 가장 좋고, 午월의 巳, 申일에 태어난 남자가 가장 나쁘다.
    * 子월 갑오일생인 남녀는 배우자와의 생이별, 과부 홀아비 운이 다른 사람에 비하여 높음.

* **丑월생**……이 달에 태어난 갑인일생 중에서,
  ▽ 남자는 巳월, 酉월의 己, 甲일에 태어난 여자가 가장 좋고, 未월의 巳, 申일에 태어난 여자가 가장 나쁘다.
  △ 여자는 巳월, 酉월의 辛, 庚일에 태어난 남자가 가장 좋고, 未월의 巳, 申일에 태어난 남자가 가장 나쁘다.

52. 乙卯일생

생월을 참작하여 판단한다면

【선천운 범례】 ◎ : 대길(大吉), ○ : 중길, △ : 소길, ? : 애매함

양력월 (생월지)	선천운(숙명) (선택 여지가 적은 기본적 운세)				후천 운(개척) (연애·결혼 상대 선택(궁합)시 참고해야 할 사항)		참고
	건강운	경제운	출세운	애정운	상대방 일간(월간)에 있으면 좋은 천간	상대방 월지(일지)에 있으면 나쁜 지지	
2(寅) 남	?	?	남 ?	?	庚/戊己丁/丙	子丑/申/巳申/子/酉	▼寅
2(寅) 여			여 ?	?	庚/庚辛丁/丙	子丑/申/巳申/子/酉	
3(卯) 남	?	?	남 ?	?	庚/戊己丁/丙	子丑/酉/子/子/酉	
3(卯) 여			여 ?	?	庚/庚辛丁/丙	子丑/酉/子/子/酉	
4(辰) 남	△	◎	남 ○	○	庚/乙壬/癸	子丑/戌/辰/子/酉	
4(辰) 여			여 ○	○	庚/乙壬/癸	子丑/戌/辰/子/酉	
5(巳) 남	◎	○	남 △	◎	庚/乙壬/癸	子丑/亥/寅申/子/酉	▲巳
5(巳) 여			여 △	?	庚/乙壬/癸	子丑/亥/寅申/子/酉	
6(午) 남	◎	○	남 △	◎	庚/乙壬/癸	子丑/子/午/子/酉	
6(午) 여			여 △	?	庚/乙壬/癸	子丑/子/午/子/酉	
7(未) 남	○	◎	남 ○	○	庚/乙壬/癸	子丑/丑/丑戌/子/酉	
7(未) 여			여 ○	○	庚/乙壬/癸	子丑/丑/丑戌/子/酉	
8(申) 남	?	?	남 ◎	?	庚/乙壬/丙	子丑/寅/寅巳/子/酉	
8(申) 여			여 ◎	◎	庚/乙壬/丙	子丑/寅/寅巳/子/酉	
9(酉) 남	?	?	남 ◎	?	庚/乙壬/癸	子丑/卯/酉/子/酉	
9(酉) 여			여 ◎	◎	庚/乙壬/癸	子丑/卯/酉/子/酉	
10(戌) 남	△	◎	남 ○	◎	庚/乙壬/癸	子丑/辰/丑未/子/酉	
10(戌) 여			여 ○	○	庚/乙壬/癸	子丑/辰/丑未/子/酉	
11(亥) 남	?	△	남 ?	△	庚/戊己丁/丙	子丑/巳/亥/子/酉	
11(亥) 여			여 △	△	庚/庚辛丁/丙	子丑/巳/亥/子/酉	
12(子) 남	?	△	남 ?	△	庚/戊己丁/丙	子丑/午/卯/子/酉	
12(子) 여			여 △	△	庚/庚辛丁/丙	子丑/午/卯/子/酉	
다음해 1월(丑) 남	△	△	남 ○	○	庚/戊己丁/丙	子丑/未/戌未/子/酉	
다음해 1월(丑) 여			여 △	○	庚/庚辛丁/丙	子丑/未/戌未/子/酉	

이 날 태어난 사람의 선천운 특기 사항

* **건강운** : 평소에 잔병이 없는 대신 병에 걸리면 크게 고생한다. 대체로 건강한 편이고 장수다.
* **부부운** : 친구같이 잘 지내다가 각자 고집으로 갑자기 헤어지는 수가 있다. 이혼률과 사별률이 비교적 높다.
* **남** : 명랑하고 온화하며 다정다감하여 놀기를 즐김. 그러나 책임감이 아주 강한 철저한 합리주의자.

  ▼ 이 남자는 자기 사주에 甲이나 寅이 없을수록 좋다.
* **여** : 신경이 예민하고 냉정하며 딱 부러진 언행을 함. 모든 일을 꼼꼼하게 처리하는 현모양처형.

  ▲ 이 여자는 자기 사주에 丙이나 巳가 없을수록 좋다.
  * 일단 상호간에 동순공망 관계이면 친구, 직장 동료, 사업상의 동업자로는 열 명 다 좋다고 보아야 하지만, 부부 궁합을 볼 때에는 卯일생에 한하여 상대방 생일지지, 즉 일지(日支)에 酉나 子가 없는 것이 좋음.
  * 그러므로 乙卯일생은 동순공망 열 명 중에서 甲寅, 乙卯, 丙辰, 丁巳, 戊午, 己未, 庚申, 壬戌, 癸亥일생 등 9명만 좋게 보아야 함.
  * 특히 庚申일생과는 유난히도 사이가 좋을 가능성이 높음.

태어난 달에 따른 차이점

* **寅월생**……이 달에 태어난 을묘일생 중에서,
  ▽ 남자에게는 午, 戌월의 戊, 己일에 태어난 여자가 가장 좋고, 申월의 子일에 태어난 여자가 가장 나쁘다.
  △ 여자에게는 午, 戌월의 庚, 辛일에 태어난 남자가 가장 좋고, 申월의 子일에 태어난 남자가 가장 나쁘다.
  ▼ 寅월 乙일생 남자는 어떤 여자를 만나서 살든, 아내와의 관계가 그다지 좋지 않을 수 있으므로 다른 사람에 비하여 침착, 절제, 겸손, 희생, 노력이 필요함.
* **卯월생**……이 달에 태어난 을묘일생 중에서,
  ▽ 남자에게는 亥, 未월의 戊, 己일에 태어난 여자가 가장 좋고, 酉월의 子일에 태어난 여자가 가장 나쁘다.

　　△ 여자에게는 亥, 未월의 庚, 辛일에 태어난 남자가 가장 좋고, 酉월의 子
　　　일에 태어난 남자가 가장 나쁘다.

＊ 辰월생……이 달에 태어난 을묘일생 중에서,
　　▽ 남자에게는 申, 子월이 乙, 壬일에 태어난 여자가 가장 좋고, 戌월의 子
　　　일에 태어난 여자가 가장 나쁘다.
　　△ 여자에게는 申, 子월의 乙, 壬일에 태어난 남자가 가장 좋고, 戌월의 子
　　　일에 태어난 남자가 가장 나쁘다.

＊ 巳월생……이 달에 태어난 을묘일생 중에서,
　　▽ 남자에게는 酉, 丑월의 乙, 壬일에 태어난 여자가 가장 좋고, 亥월의 子
　　　일에 태어난 여자가 가장 나쁘다.
　　△ 여자에게는 酉, 丑월의 乙, 壬일에 태어난 남자가 가장 좋고, 亥월의 子
　　　일에 태어난 남자가 가장 나쁘다.
　　▲ 巳월 乙일생 여자는 어떤 남자를 만나서 살든, 남편과의 관계가 그다지
　　　좋지 않을 수 있으므로 다른 사람에 비하여 침착, 절제, 겸손, 희생, 노
　　　력이 필요함.

＊ 수월생…… 이 달에 태어난 을묘일생 중에서,
　　▽ 남자에게는 寅, 戌월의 乙, 壬일에 태어난 여자가 가장 좋고, 子월의 子
　　　일에 태어난 여자가 가장 나쁘다.
　　△ 여자에게는 寅, 戌월의 乙, 壬일에 태어난 남자가 가장 좋고, 子월의가
　　　子일에 태어난 남자가 가장 나쁘다.

＊ 未월생……이 달에 태어난 을묘일생 중에서,
　　▽ 남자에게는 亥, 卯월의 乙, 壬일에 태어난 여자가 가장 좋고, 丑월의 子
　　　일에 태어난 여자가 가장 나쁘다.
　　△ 여자에게는 亥, 卯월의 乙, 壬일에 태어난 남자가 가장 좋고, 丑월의 子
　　　일에 태어난 남자가 가장 나쁘다.

＊ 申월생……이 달에 태어난 을묘일생 중에서,
　　▽ 남자에게는 子, 辰월의 乙, 壬일에 태어난 여자가 가장 좋고, 寅월의 子
　　　일에 태어난 여자가 가장 나쁘다.
　　△ 여자에게는 子, 辰월의 乙, 壬일에 태어난 남자가 가장 좋고, 寅월의 子
　　　일에 태어난 남자가 가장 나쁘다.
　　＊ 申월 을사일생 남녀는 노처녀 노총각이 되는 경우가 적지 않음.

* **酉월생**……이 달에 태어난 을묘일생 중에서,
  ▽ 남자에게는 巳, 丑월의 乙, 壬일에 태어난 여자가 가장 좋고, 卯월의 子
  일에 태어난 여자가 가장 나쁘다.
  △ 여자에게는 巳, 丑월의 乙, 壬일에 태어난 남자가 가장 좋고, 卯월의 子
  일에 태어난 남자가 가장 나쁘다.
  ♠ 酉월 乙卯일생 남녀는 배우자와의 생이별, 과부 홀아비 운이 다른 사람
  에 비하여 높음.
* **戌월생**……이 달에 태어난 을묘일생 중에서,
  ▽ 남자에게는 寅, 午월의 乙, 壬일에 태어난 여자가 가장 좋고, 辰월의 子
  일에 태어난 여자가 가장 나쁘다.
  △ 여자에게는 巳, 丑월의 乙, 壬일에 태어난 남자가 가장 좋고, 辰월의 子
  일에 태어난 남자가 가장 나쁘다.
  ♥ 戌월 乙卯일생 남녀는 노처녀 노총각이 되는 경우가 적지 않음.
* **亥월생**……이 달에 태어난 을묘일생 중에서,
  ▽ 남자에게는 卯, 未월의 戊, 己일에 태어난 여자가 가장 좋고, 巳월의 子
  일에 태어난 여자가 가장 나쁘다.
  △ 여자에게는 卯, 未월의 庚, 辛일에 태어난 남자가 가장 좋고, 巳월의 子
  일에 태어난 남자가 가장 나쁘다.
  * 亥월 을사일생 남녀는 배우자와의 생이별, 과부 홀아비 운이 다른 사람
  에 비하여 높음.
* **子월생**……이 달에 태어난 을묘일생 중에서,
  ▽ 남자에게는 申, 辰월의 戊, 己일에 태어난 여자가 가장 좋고, 午월의 子
  일에 태어난 여자가 가장 나쁘다.
  △ 여자에게는 申, 辰월의 庚, 辛일에 태어난 남자가 가장 좋고, 午월의 子
  일에 태어난 남자가 가장 나쁘다.
* **丑월생**……이 달에 태어난 을묘일생 중에서,
  ▽ 남자에게는 巳, 酉월의 戊, 己일에 태어난 여자가 가장 좋고, 未월의 子
  일에 태어난 여자가 가장 나쁘다.
  △ 여자에게는 巳, 酉월의 庚, 辛일에 태어난 남자가 가장 좋고, 未월의 子
  일에 태어난 남자가 가장 나쁘다.

53. 丙辰일생

생월을 참작하여 판단한다면

【선천운 범례】 ◎ : 대길(大吉), ○ : 중길, △ : 소길, ? : 애매함

양력월 (생월지)	선천운(숙명) (선택 여지가 적은 기본적 운세)				후 천 운(개척) (연애·결혼 상대 선택(궁합)시 참고해야 할 사항)		참고
	건강운	경제운	출세운		애정운	상대방 일간(월간)에 있으면 좋은 천간	상대방 월지(일지)에 있으면 나쁜 지지	

양력월 (생월지)	건강운	경제운	출세운(남/여)		애정운	좋은 천간	나쁜 지지	참고
2(寅)	◎	?	남	△	?	辛/辛庚戌/壬	子丑/申/巳申/辰/戌	
			여	△	◎	辛/癸壬戌/壬	子丑/申/巳申/辰/戌	
3(卯)	◎	?	남	△	?	辛/辛庚戌/壬	子丑/酉/子/辰/戌	
			여	△	◎	辛/癸壬戌/壬	子丑/酉/子/辰/戌	
4(辰)	△	○	남	?	◎	辛/辛庚戌/壬	子丑/戌/辰/辰/戌	
			여	△	△	辛/癸壬戌/壬	子丑/戌/辰/辰/戌	
5(巳)	○	?	남	△	?	辛/辛庚戌/壬	子丑/亥/寅申/辰/戌	
			여	?	?	辛/癸壬戌/壬	子丑/亥/寅申/辰/戌	
6(午)	○	?	남	△	?	辛/辛庚戌/壬	子丑/子/午/辰/戌	▼午
			여	?	?	辛/癸壬戌/壬	子丑/子/午/辰/戌	
7(未)	○	○	남	?	○	辛/丙乙/壬	子丑/丑/丑戌/辰/戌	▲未
			여	?	△	辛/丙乙/壬	子丑/丑/丑戌/辰/戌	
8(申)	?	◎	남	○	◎	辛/丙乙/壬	子丑/寅/寅巳/辰/戌	
			여	○	?	辛/丙乙/壬	子丑/寅/寅巳/辰/戌	
9(酉)	?	◎	남	○	◎	辛/丙乙/壬	子丑/卯/酉/辰/戌	
			여	○	?	辛/丙乙/壬	子丑/卯/酉/辰/戌	
10(戌)	△	○	남	△	◎	辛/丙乙/甲	子丑/辰/丑未/辰/戌	
			여	?	△	辛/丙乙/甲	子丑/辰/丑未/辰/戌	
11(亥)	?	△	남	◎	△	辛/丙乙/甲	子丑/巳/亥/辰/戌	
			여	◎	○	辛/丙乙/甲	子丑/巳/亥/辰/戌	
12(子)	?	△	남	◎	△	辛/丙乙/壬	子丑/午/卯/辰/戌	
			여	◎	○	辛/丙乙/壬	子丑/午/卯/辰/戌	
다음해 1월(丑)	△	○	남	?	○	辛/丙乙/壬	子丑/未/戌未/辰/戌	▲丑
			여	?	△	辛/丙乙/壬	子丑/未/戌未/辰/戌	

이 날 태어난 사람의 선천운 특기 사항

* **건강운** : 무병 장수하는 체질. 늙어가면서 더욱 건강해지는 경향 있음. 그러나 혈압이나 당뇨 등은 요주의.
* **부부운** : 서로 사랑하면서 해로하는 잉꼬부부가 많다. 물론 생월이 어느 달이냐에 따라 차이가 있다.
* **남** : 대쪽같은 성격. 직감력과 착의력, 김수성 등이 뛰어나므로봉급생활자보다 자영업이 좋음.

    ▼ 이 남자는 자기 사주에 丁이나 午가 없을수록 좋다.
* **여** : 이상은 높고 콧대가 셈. 사고방식이 편협하나 공부를 제대로 하면 직업여성으로 성공하게 됨.

    ▲ 이 여자는 자기 사주에 己이나 丑未가 없을수록 좋다.
    * 일단 상호간에 동순공망 관계이면 친구, 직장 동료, 사업상의 동업자로는 열 명 다 좋다고 보아야 하지만, 부부 궁합을 볼 때에는 辰일생에 한하여 상대방 생일지지, 즉 일지(日支)에 戌이나 辰이 없는 것이 좋음.
    * 그러므로 丙辰일생은 동순공망 열 명 중에서 甲寅, 乙卯, 丁巳, 戊午, 己未, 庚申, 辛酉, 癸亥일생 등 8명만 좋게 보아야 함.
    * 특히 辛酉일생과는 유난히도 사이가 좋을 가능성이 높음.

태어난 달에 따른 차이점

* **寅월생**……이 달에 태어난 병진일생 중에서,
    ▽ 남자는 午월, 戌월의 辛, 庚일에 태어난 여자가 가장 좋고, 申월의 辰일에 태어난 여자가 가장 나쁘다.
    △ 여자는 午월, 戌월의 癸, 壬일에 태어난 남자가 가장 좋고, 申월의 辰일에 태어난 남자가 가장 나쁘다.
* **卯월생**……이 달에 태어난 병진일생 중에서,
    ▽ 남자는 亥월, 未월의 辛, 庚일에 태어난 여자가 가장 좋고, 酉월의 辰일에 태어난 여자가 가장 나쁘다.
    △ 여자는 亥월, 未월의 癸, 壬일에 태어난 남자가 가장 좋고, 酉월의 辰일에 태어난 남자가 가장 나쁘다.
* **辰월생**……이 달에 태어난 병진일생 중에서,

▽ 남자는 申월, 子월의 辛, 庚일에 태어난 여자가 가장 좋고, 戌월의 辰일
　에 태어난 여자가 가장 나쁘다.

△ 여자는 申월, 子월의 癸, 壬일에 태어난 남자가 가장 좋고, 戌월의 辰일
　에 태어난 남자가 가장 나쁘다.

* **巳월생**……이 달에 태어난 병진일생 중에서,

▽ 남자는 酉월, 丑월의 辛, 庚일에 태어난 여자가 가장 좋고, 亥월의 辰일
　에 태어난 여자가 가장 나쁘다.

△ 여자는 酉월, 丑월의 癸, 壬일에 태어난 남자가 가장 좋고, 亥월의 辰일
　에 태어난 남자가 가장 나쁘다.

* **午월생**…… 이 달에 태어난 병진일생 중에서,

▽ 남자는 寅월, 戌월의 辛, 庚일에 태어난 여자가 가장 좋고, 子월의 辰일
　에 태어난 여자가 가장 나쁘다.

△ 여자는 寅월, 戌월의 癸, 壬일에 태어난 남자가 가장 좋고, 子월의 辰일
　에 태어난 남자가 가장 나쁘다.

▼ 午월 丙일생 남자는 어떤 여자를 만나서 살든, 아내와의 관계가 그다지
　좋지 않을 수 있으므로 다른 사람에 비하여 침착, 절제, 겸손, 희생, 노
　력이 필요함.

* **未월생**……이 달에 태어난 병진일생 중에서,

▽ 남자는 亥월, 卯월의 丙, 乙일에 태어난 여자가 가장 좋고, 丑월의 辰일
　에 태어난 여자가 가장 나쁘다.

△ 여자는 亥월, 卯월의 丙, 乙일에 태어난 남자가 가장 좋고, 丑월의 辰일
　에 태어난 남자가 가장 나쁘다.

▲ 未월 丙일생 여자는 어떤 남자를 만나서 살든, 남편과의 관계가 그다지
　좋지 않을 수 있으므로 다른 사람에 비하여 침착, 절제, 겸손, 희생, 노
　력이 필요함.

* **申월생**……이 달에 태어난 병진일생 중에서,

▽ 남자는 子월, 辰월의 丙, 乙일에 태어난 여자가 가장 좋고, 寅월의 辰일
　에 태어난 여자가 가장 나쁘다.

△ 여자는 子월, 辰월의 丙, 乙일에 태어난 남자가 가장 좋고, 寅월의 辰일
　에 태어난 남자가 가장 나쁘다.

* **酉월생**……이 달에 태어난 병진일생 중에서,

▽ 남자는 巳월, 丑월의 丙, 乙일에 태어난 여자가 가장 좋고, 卯월의 辰일
에 태어난 여자가 가장 나쁘다.

△ 여자는 巳월, 丑월의 丙, 乙일에 태어난 남자가 가장 좋고, 卯월의 辰일
에 태어난 남자가 가장 나쁘다.

♥ 酉월 丙辰일생 남녀는 노처녀 노총각이 되는 경우가 적지 않음.

* **戌월생**……이 달에 태어난 병진일생 중에서,

▽ 남자는 寅월, 午월의 丙, 乙일에 태어난 여자가 가장 좋고, 辰월의 辰일
에 태어난 여자가 가장 나쁘다.

△ 여자는 巳월, 丑월의 丙, 乙일에 태어난 남자가 가장 좋고, 辰월의 辰일
에 태어난 남자가 가장 나쁘다.

♠ 戌월 丙辰일생 남녀는 배우자와의 생이별, 과부 홀아비 운이 다른 사람
에 비하여 높음.

* **亥월생**……이 달에 태어난 병진일생 중에서,

▽ 남자는 卯월, 未월의 丙, 乙일에 태어난 여자가 가장 좋고, 巳월의 辰일
에 태어난 여자가 가장 나쁘다.

△ 여자는 卯월, 未월의 丙, 乙일에 태어난 남자가 가장 좋고, 巳월의 辰일
에 태어난 남자가 가장 나쁘다.

* **子월생**……이 달에 태어난 병진일생 중에서,

▽ 남자는 申월, 辰월의 丙, 乙일에 태어난 여자가 가장 좋고, 午월의 辰일
에 태어난 여자가 가장 나쁘다.

△ 여자는 申월, 辰월의 丙, 乙일에 태어난 남자가 가장 좋고, 午월의 辰일
에 태어난 남자가 가장 나쁘다.

* **丑월생**……이 달에 태어난 병진일생 중에서,

▽ 남자는 巳월, 酉월의 丙, 乙일에 태어난 여자가 가장 좋고, 未월의 辰일
에 태어난 여자가 가장 나쁘다.

△ 여자는 巳월, 酉월의 丙, 乙일에 태어난 남자가 가장 좋고, 未월의 辰일
에 태어난 남자가 가장 나쁘다.

▲ 丑월 丙일생 여자는 어떤 남자를 만나서 살든, 남편과의 관계가 그다지
좋지 않을 수 있으므로 다른 사람에 비하여 침착, 절제, 겸손, 희생, 노
력이 필요함.

54. 丁巳일생

생월을 참작하여 판단한다면

【선천운 범례】 ◎ : 대길(大吉),　○ : 중길,　△ : 소길,　? : 애매함

양력월 (생월지)	선천운(숙명) (선택 여지가 적은 기본적 운세)				후 천 운(개척) (연애·결혼 상대 선택(궁합)시 참고해야 할 사항)		참고
	건강운	경제운	출세운	애정운	상대방 일간(월간)에 있으면 좋은 천간	상대방 월지(일지)에 있으면 나쁜 지지	
2(寅)	◎	?	남 △	?	壬/庚辛己/甲	子丑/申/巳申/寅申/亥	
			여 ?	△	壬/壬癸己/甲	子丑/申/巳申/寅申/亥	
3(卯)	◎	?	남 △	?	壬/庚辛己/庚	子丑/酉/子/寅申/亥	
			여 ?	△	壬/壬癸己/庚	子丑/酉/子/寅申/亥	
4(辰)	?	○	남 △	○	壬/庚辛己/甲	子丑/戌/辰/寅申/亥	▲辰
			여 △	△	壬/壬癸己/甲	子丑/戌/辰/寅申/亥	
5(巳)	○	○	남 ?	?	壬/庚辛己/甲	子丑/亥/寅申/寅申/亥	▼巳
			여 ?	?	壬/壬癸己/甲	子丑/亥/寅申/寅申/亥	
6(午)	○	○	남 ?	?	壬/庚辛己/壬	子丑/子/午/寅申/亥	
			여 ?	?	壬/壬癸己/壬	子丑/子/午/寅申/亥	
7(未)	△	○	남 △	○	壬/丁甲/甲	子丑/丑/丑戌/寅申/亥	
			여 ?	?	壬/丁甲/甲	子丑/丑/丑戌/寅申/亥	
8(申)	?	◎	남 ◎	◎	壬/丁甲/甲	子丑/寅/寅巳/寅申/亥	
			여 ◎	◎	壬/丁甲/甲	子丑/寅/寅巳/寅申/亥	
9(酉)	?	◎	남 ○	◎	壬/丁甲/甲	子丑/卯/酉/寅申/亥	
			여 ○	◎	壬/丁甲/甲	子丑/卯/酉/寅申/亥	
10(戌)	△	○	남 ?	○	壬/丁甲/甲	子丑/辰/丑未/寅申/亥	▲戌
			여 △	?	壬/丁甲/甲	子丑/辰/丑未/寅申/亥	
11(亥)	?	?	남 ◎	?	壬/丁甲/甲	子丑/巳/亥/寅申/亥	
			여 ◎	◎	壬/丁甲/甲	子丑/巳/亥/寅申/亥	
12(子)	?	?	남 ◎	?	壬/丁甲/甲	子丑/午/卯/寅申/亥	
			여 ◎	◎	壬/丁甲/甲	子丑/午/卯/寅申/亥	
다음해 1월(丑)	?	○	남 ?	○	壬/丁甲/甲	子丑/未/戌未/寅申/亥	
			여 △	?	壬/丁甲/甲	子丑/未/戌未/寅申/亥	

이 날 태어난 사람의 선천운 특기 사항

* **건강운** : 심장,소장,대장 관련 질병 이환률이 비교적 높고, 시청각 장애도 조심할 필요가 있다.

* **부부운** : 홀아비나 과부 비율이 높은 생일이다. 생년과 생월에 따른 차이는 물론 있다.

* **남** : 수수하고 검소하여 친밀감이 가는 사람. 다정하며 개방적인 사교가. 특수 분야 직업에서 성공함.

  ▼ 이 남자는 자기 사주에 丙이나 巳가 없을수록 좋다.

* **여** : 잘난 체하는 버릇이 있으나 친절한 편. 무슨 일이나 한계를 긋고 딱 잘라서 하거나 안 함.

  ▲ 이 여자는 자기 사주에 戊나 辰戌이 없을수록 좋다.

  * 일단 상호간에 동순공망 관계이면 친구, 직장 동료, 사업상의 동업자로는 열 명 다 좋다고 보아야 하지만, 부부 궁합을 볼 때에는 巳일생에 한하여 상대방 생일지지, 즉 일지(日支)에 亥나 寅, 申이 없는 것이 좋음.

  * 그러므로 丁巳일생은 동순공망 열 명 중에서 乙卯, 丙辰, 丁巳, 戊午, 己未, 辛酉, 壬戌일생 등 7명만 좋게 보아야 함.

  * 특히 壬戌일생과는 유난히도 사이가 좋을 가능성이 높음.

태어난 달에 따른 차이점

* **寅월생**……이 달에 태어난 정사일생 중에서,

  ▽ 남자는 午월, 戌월의 庚, 辛일에 태어난 여자가 가장 좋고, 申월의 寅, 申일에 태어난 여자가 가장 나쁘다.

  △ 여자는 午월, 戌월의 壬, 癸일에 태어난 남자가 가장 좋고, 申월의 寅, 申일에 태어난 남자가 가장 나쁘다.

* **卯월생**……이 달에 태어난 정사일생 중에서,

  ▽ 남자는 亥월, 未월의 庚, 辛일에 태어난 여자가 가장 좋고, 酉월의 寅, 申일에 태어난 여자가 가장 나쁘다.

  △ 여자는 亥월, 未월의 壬, 癸일에 태어난 남자가 가장 좋고, 酉월의 寅, 申일에 태어난 남자가 가장 나쁘다.

* **辰월생**……이 달에 태어난 정사일생 중에서,

▽ 남자는 申월, 子월의 庚, 辛일에 태어난 여자가 가장 좋고, 戌월의 寅, 申일에 태어난 여자가 가장 나쁘다.

△ 여자는 申월, 子월의 壬, 癸일에 태어난 남자가 가장 좋고, 戌월의 寅, 申일에 태어난 남자가 가장 나쁘다.

▲ 辰월 丁일생 여자는 어떤 남자를 만나서 살든, 남편과의 관계가 그다지 좋지 않을 수 있으므로 다른 사람에 비하여 침착, 절제, 겸손, 희생, 노력이 필요함.

* **巳월생**······이 달에 태어난 정사일생 중에서,

▽ 남자는 酉월, 丑월의 庚, 辛일에 태어난 여자가 가장 좋고, 亥월의 寅, 申일에 태어난 여자가 가장 나쁘다.

△ 여자는 酉월, 丑월의 壬, 癸일에 태어난 남자가 가장 좋고, 亥월의 寅, 申일에 태어난 남자가 가장 나쁘다.

▼ 巳월 丁일생 남자는 어떤 여자를 만나서 살든, 아내와의 관계가 그다지 좋지 않을 수 있으므로 다른 사람에 비하여 침착, 절제, 겸손, 희생, 노력이 필요함.

* **午월생**······ 이 달에 태어난 정사일생 중에서,

▽ 남자는 寅월, 戌월의 庚, 辛일에 태어난 여자가 가장 좋고, 子월의 寅, 申일에 태어난 여자가 가장 나쁘다.

△ 여자는 寅월, 戌월의 壬, 癸일에 태어난 남자가 가장 좋고, 子월의 寅, 申일에 태어난 남자가 가장 나쁘다.

* **未월생**······이 달에 태어난 정사일생 중에서,

▽ 남자는 亥월, 卯월의 丁, 甲일에 태어난 여자가 가장 좋고, 丑월의 寅, 申일에 태어난 여자가 가장 나쁘다.

△ 여자는 亥월, 卯월의 丁, 甲일에 태어난 남자가 가장 좋고, 丑월의 寅, 申일에 태어난 남자가 가장 나쁘다.

* **申월생**······이 달에 태어난 정사일생 중에서,

▽ 남자는 子월, 辰월의 丁, 甲일에 태어난 여자가 가장 좋고, 寅월의 寅, 申일에 태어난 여자가 가장 나쁘다.

△ 여자는 子월, 辰월의 丁, 甲일에 태어난 남자가 가장 좋고, 寅월의 寅, 申일에 태어난 남자가 가장 나쁘다.

♥ 申월 丁巳일생 남녀는 노처녀 노총각이 되는 경우가 적지 않음.

* **酉월생**……이 달에 태어난 정사일생 중에서,

　▽ 남자는 巳월, 丑월의 丁, 甲일에 태어난 여자가 가장 좋고, 卯월의 寅, 申일에 태어난 여자가 가장 나쁘다.

　△ 여자는 巳월, 丑월의 丁, 甲일에 태어난 남자가 가장 좋고, 卯월의 寅, 申일에 태어난 남자가 가장 나쁘다.

* **戌월생**……이 달에 태어난 정사일생 중에서,

　▽ 남자는 寅월, 午월의 丁, 甲일에 태어난 여자가 가장 좋고, 辰월의 寅, 申일에 태어난 여자가 가장 나쁘다.

　△ 여자는 巳월, 丑월의 丁, 甲일에 태어난 남자가 가장 좋고, 辰월의 寅, 申일에 태어난 남자가 가장 나쁘다.

　▲ 戌월 丁일생 여자는 어떤 남자를 만나서 살든, 남편과의 관계가 그다지 좋지 않을 수 있으므로 다른 사람에 비하여 침착, 절제, 겸손, 희생, 노력이 필요함.

* **亥월생**……이 달에 태어난 정사일생 중에서,

　▽ 남자는 卯월, 未월의 丁, 甲일에 태어난 여자가 가장 좋고, 巳월의 寅, 申일에 태어난 여자가 가장 나쁘다.

　△ 여자는 卯월, 未월의 丁, 甲일에 태어난 남자가 가장 좋고, 巳월의 寅, 申일에 태어난 남자가 가장 나쁘다.

　♠ 亥월 丁巳일생 남녀는 배우자와의 생이별, 과부 홀아비 운이 다른 사람에 비하여 높음.

* **子월생**……이 달에 태어난 정사일생 중에서,

　▽ 남자는 申월, 辰월의 丁, 甲일에 태어난 여자가 가장 좋고, 午월의 寅, 申일에 태어난 여자가 가장 나쁘다.

　△ 여자는 申월, 辰월의 丁, 甲일에 태어난 남자가 가장 좋고, 午월의 寅, 申일에 태어난 남자가 가장 나쁘다.

* **丑월생**……이 달에 태어난 정사일생 중에서,

　▽ 남자는 巳월, 酉월의 丁, 甲일에 태어난 여자가 가장 좋고, 未월의 寅, 申일에 태어난 여자가 가장 나쁘다.

　△ 여자는 巳월, 酉월의 丁, 甲일에 태어난 남자가 가장 좋고, 未월의 寅, 申일에 태어난 남자가 가장 나쁘다.

55. 戊午일생

생월을 참작하여 판단한다면

【선천운 범례】 ◎ : 대길(大吉),　○ : 중길,　△ : 소길,　? : 애매함

양력월 (생월지)	선천운(숙명) (선택 여지가 적은 기본적 운세)				후 천 운(개척) (연애·결혼 상대 선택(궁합)시 참고해야 할 사항)		참고
	건강운	경제운	출세운	애정운	상대방 일간(월간)에 있으면 좋은 천간	상대방 월지(일지)에 있으면 나쁜 지지	
2(寅)	?	?	남 ◎	?	癸/戊丁/丙	子丑/申/巳申/午/子	
			여 ◎	◎	癸/戊丁/丙	子丑/申/巳申/午/子	
3(卯)	?	?	남 ◎	?	癸/戊丁/丙	子丑/酉/子/午/子	
			여 ○	◎	癸/戊丁/丙	子丑/酉/子/午/子	
4(辰)	△	?	남 △	△	癸/癸壬庚/甲	子丑/戌/辰/午/子	
			여 △	△	癸/乙甲庚/甲	子丑/戌/辰/午/子	
5(巳)	◎	△	남 ?	?	癸/癸壬庚/甲	子丑/亥/寅申/午/子	
			여 ?	?	癸/乙甲庚/甲	子丑/亥/寅申/午/子	
6(午)	◎	△	남 ?	?	癸/癸壬庚/壬	子丑/子/午/午/子	
			여 ?	?	癸/乙甲庚/壬	子丑/子/午/午/子	
7(未)	○	?	남 △	△	癸/癸壬庚/癸	子丑/丑/丑戌/午/子	▼未
			여 △	△	癸/乙甲庚/癸	子丑/丑/丑戌/午/子	
8(申)	?	○	남 ?	◎	癸/戊丁/丙	子丑/寅/寅巳/午/子	
			여 △	?	癸/戊丁/丙	子丑/寅/寅巳/午/子	
9(酉)	?	○	남 ?	○	癸/戊丁/丙	子丑/卯/酉/午/子	▲酉
			여 ?	?	癸/戊丁/丙	子丑/卯/酉/午/子	
10(戌)	○	?	남 △	△	癸/癸壬庚/甲	子丑/辰/丑未/午/子	
			여 △	△	癸/乙甲庚/甲	子丑/辰/丑未/午/子	
11(亥)	△	◎	남 ○	◎	癸/戊丁/甲	子丑/巳/亥/午/子	
			여 ?	○	癸/戊丁/甲	子丑/巳/亥/午/子	
12(子)	△	◎	남 ○	◎	癸/戊丁/丙	子丑/午/卯/午/子	
			여 ?	○	癸/戊丁/丙	子丑/午/卯/午/子	
다음해 1월(丑)	△	?	남 △	△	癸/癸壬庚/丙	子丑/未/戌未/午/子	▼丑
			여 △	△	癸/乙甲庚/丙	子丑/未/戌未/午/子	

이 날 태어난 사람의 선천운 특기 사항

* **건강운** : 건강한 체질을 타고 난 편이다. 그러나 부상을 당하거나 수술을 할 사고를 일으키는 수가 있다.
* **부부운** : 결혼 시기(년월일)가 적절하지 않으면 子, 丑년월에 풍파를 겪는 예가 적지 않다.
* **남** : 남을 깔보는 성질이라 거드름끼가 짙음. 다정하고 능변이라 정치인이나 지도자 기질이 짙음.
  ▼ 이 남자는 자기 사주에 己나 丑未가 없을수록 좋다.
* **여** : 의젓하고 대범한 여장부형. 억지가 심하여 고립 당할 우려 있음. 직업 여성으로 크게 성공할 수 있음.
  ▲ 이 여자는 자기 사주에 辛이나 酉가 없을수록 좋다.
  * 상대방 생일지지, 즉 일지(日支)에 子나 午가 없는 것이 좋음.
  * 그러므로 戊午일생은 동순공망 열 명 중에서 甲寅, 乙卯, 丙辰, 丁巳, 己未, 庚申, 辛酉, 壬戌, 癸亥일생 등 9명만 좋게 보아야 함.
  * 특히 癸亥일생과는 유난히도 사이가 좋을 가능성이 높음.

태어난 달에 따른 차이점

* **寅월생**……이 달에 태어난 무오일생 중에서,
  ▽ 남자는 午월, 戌월의 戊, 丁일에 태어난 여자가 가장 좋고, 申월의 午일에 태어난 여자가 가장 나쁘다.
  △ 여자는 午월, 戌월의 戊, 丁일에 태어난 남자가 가장 좋고, 申월의 午일에 태어난 남자가 가장 나쁘다.
  * 寅월 무신일생 남녀는 배우자와의 생이별, 과부 홀아비 운이 다른 사람에 비하여 높음.
* **卯월생**……이 달에 태어난 무오일생 중에서,
  ▽ 남자는 亥월, 未월의 戊, 丁일에 태어난 여자가 가장 좋고, 酉월의 午일에 태어난 여자가 가장 나쁘다.
  △ 여자는 亥월, 未월의 戊, 丁일에 태어난 남자가 가장 좋고, 酉월의 午일에 태어난 남자가 가장 나쁘다.
* **辰월생**……이 달에 태어난 무오일생 중에서,

▽ 남자는 申월, 子월의 癸, 壬일에 태어난 여자가 가장 좋고, 戌월의 午일에 태어난 여자가 가장 나쁘다.

△ 여자는 申월, 子월의 乙, 甲일에 태어난 남자가 가장 좋고, 戌월의 午일에 태어난 남자가 가장 나쁘다.

* **巳월생**……이 달에 태어난 무오일생 중에서,

▽ 남자는 酉월, 丑월의 癸, 壬일에 태어난 여자가 가장 좋고, 亥월의 午일에 태어난 여자가 가장 나쁘다.

△ 여자는 酉월, 丑월의 乙, 甲일에 태어난 남자가 가장 좋고, 亥월의 午일에 태어난 남자가 가장 나쁘다.

* 巳월 무신일생 남녀는 노처녀 노총각이 되는 경우가 적지 않음.

* **午월생**…… 이 달에 태어난 무오일생 중에서,

▽ 남자는 寅월, 戌월의 癸, 壬일에 태어난 여자가 가장 좋고, 子월의 午일에 태어난 여자가 가장 나쁘다.

△ 여자는 寅월, 戌월의 乙, 甲일에 태어난 남자가 가장 좋고, 子월의 午일에 태어난 남자가 가장 나쁘다.

* **未월생**……이 달에 태어난 무오일생 중에서,

▽ 남자는 亥월, 卯월의 癸, 壬일에 태어난 여자가 가장 좋고, 丑월의 午일에 태어난 여자가 가장 나쁘다.

△ 여자는 亥월, 卯월의 乙, 甲일에 태어난 남자가 가장 좋고, 丑월의 午일에 태어난 남자가 가장 나쁘다.

♥ 未월 戊午일생 남녀는 노처녀 노총각이 되는 경우가 적지 않음.

▼ 未월 戊일생 남자는 어떤 여자를 만나서 살든, 아내와의 관계가 그다지 좋지 않을 수 있다. 침착, 절제, 겸손, 희생, 노력이 필요함.

* **申월생**……이 달에 태어난 무오일생 중에서,

▽ 남자는 子월, 辰월의 戊, 丁일에 태어난 여자가 가장 좋고, 寅월의 午일에 태어난 여자가 가장 나쁘다.

△ 여자는 子월, 辰월의 戊, 丁일에 태어난 남자가 가장 좋고, 寅월의 午일에 태어난 남자가 가장 나쁘다.

* **酉월생**……이 달에 태어난 무오일생 중에서,

▽ 남자는 巳월, 丑월의 戊, 丁일에 태어난 여자가 가장 좋고, 卯월의 午일에 태어난 여자가 가장 나쁘다.

△ 여자는 巳월, 丑월의 戊, 丁일에 태어난 남자가 가장 좋고, 卯월의 누일에 태어난 남자가 가장 나쁘다.

▲ 酉월 戊일생 여자는 어떤 남자를 만나서 살든, 남편과의 관계가 그다지 좋지 않을 수 있으므로 다른 사람에 비하여 침착, 절제, 겸손, 희생, 노력이 필요함.

* 戌월생……이 달에 태어난 무오일생 중에서,

▽ 남자는 寅월, 午월의 癸, 壬일에 태어난 여자가 가장 좋고, 辰월의 누일에 태어난 여자가 가장 나쁘다.

△ 여자는 巳월, 丑월의 乙, 甲일에 태어난 남자가 가장 좋고, 辰월의 누일에 태어난 남자가 가장 나쁘다.

* 亥월생……이 달에 태어난 무오일생 중에서,

▽ 남자는 卯월, 未월의 戊, 丁일에 태어난 여자가 가장 좋고, 巳월의 누일에 태어난 여자가 가장 나쁘다.

△ 여자는 卯월, 未월의 戊, 丁일에 태어난 남자가 가장 좋고, 巳월의 누일에 태어난 남자가 가장 나쁘다.

* 子월생……이 달에 태어난 무오일생 중에서,

▽ 남자는 申월, 辰월의 戊, 丁일에 태어난 여자가 가장 좋고, 午월의 누일에 태어난 여자가 가장 나쁘다.

△ 여자는 申월, 辰월의 戊, 丁일에 태어난 남자가 가장 좋고, 午월의 누일에 태어난 남자가 가장 나쁘다.

♠ 子월 戊午일생 남녀는 배우자와의 생이별, 과부 홀아비 운이 다른 사람에 비하여 높음.

* 丑월생……이 달에 태어난 무오일생 중에서,

▽ 남자는 巳월, 酉월의 癸, 壬일에 태어난 여자가 가장 좋고, 未월의 누일에 태어난 여자가 가장 나쁘다.

△ 여자는 巳월, 酉월의 乙, 甲일에 태어난 남자가 가장 좋고, 未월의 누일에 태어난 남자가 가장 나쁘다.

▼ 丑월 戊일생 남자는 어떤 여자를 만나서 살든, 아내와의 관계가 그다지 좋지 않을 수 있다. 침착, 절제, 겸손, 희생, 노력이 필요함.

56. 己未일생

생월을 참작하여 판단한다면

【선천운 범례】 ◎ : 대길(大吉), ○ : 중길, △ : 소길, ? : 애매함

양력월 (생월지)	선천운(숙명) (선택 여지가 적은 기본적 운세)				후천운(개척) (연애·결혼 상대 선택(궁합)시 참고해야 할 사항)		참고
	건강운	경제운	출세운	애정운	상대방 일간(월간)에 있으면 좋은 천간	상대방 월지(일지)에 있으면 나쁜 지지	
2(寅)	?	?	남 ◎	△	甲/己丙/丙	子丑/申/巳申/丑戌/丑	
			여 ◎	◎	甲/己丙/丙	子丑/申/巳申/丑戌/丑	
3(卯)	?	?	남 ◎	△	甲/己丙/甲	子丑/酉/子/丑戌/丑	
			여 ◎	◎	甲/己丙/甲	子丑/酉/子/丑戌/丑	
4(辰)	△	△	남 ?	?	甲/壬癸辛/丙	子丑/戌/辰/丑戌/丑	▼辰
			여 △	△	甲/甲乙辛/丙	子丑/戌/辰/丑戌/丑	
5(巳)	◎	?	남 ?	△	甲/壬癸辛/癸	子丑/亥/寅申/丑戌/丑	
			여 △	?	甲/甲乙辛/癸	子丑/亥/寅申/丑戌/丑	
6(午)	◎	?	남 ?	△	甲/壬癸辛/癸	子丑/子/午/丑戌/丑	
			여 △	?	甲/甲乙辛/癸	子丑/子/午/丑戌/丑	
7(未)	○	△	남 △	?	甲/壬癸辛/癸	子丑/丑/丑戌/丑戌/丑	
			여 ?	△	甲/甲乙辛/癸	子丑/丑/丑戌/丑戌/丑	
8(申)	?	○	남 △	◎	甲/己丙/丙	子丑/寅/寅巳/丑戌/丑	▲申
			여 ?	?	甲/己丙/丙	子丑/寅/寅巳/丑戌/丑	
9(酉)	?	○	남 △	◎	甲/己丙/丙	子丑/卯/酉/丑戌/丑	
			여 ?	?	甲/己丙/丙	子丑/卯/酉/丑戌/丑	
10(戌)	○	△	남 ?	?	甲/壬癸辛/甲	子丑/辰/丑未/丑戌/丑	▼戌
			여 ?	△	甲/甲乙辛/甲	子丑/辰/丑未/丑戌/丑	
11(亥)	△	◎	남 ○	◎	甲/己丙/丙	子丑/巳/亥/丑戌/丑	
			여 ○	○	甲/己丙/丙	子丑/巳/亥/丑戌/丑	
12(子)	△	◎	남 ○	◎	甲/己丙/丙	子丑/午/卯/丑戌/丑	
			여 ○	○	甲/己丙/丙	子丑/午/卯/丑戌/丑	
다음해 1월(丑)	△	△	남 △	?	甲/壬癸辛/丙	子丑/未/戌未/丑戌/丑	
			여 ?	△	甲/甲乙辛/丙	子丑/未/戌未/丑戌/丑	

이 날 태어난 사람의 선천운 특기 사항

* **건강운** : 아주 건강환 체질은 아니지만 평소에 건강에 유의하는 덕택에 큰 병 치례는 하지 않음. 소화, 피부병 요주의.
* **부부운** : 아주 훌륭한 배우자를 만나는 일은 없지만 무난한 결혼운. 두세 번 결혼하는 사람이 가끔 있음.
* **남** : 소박하고 순진하며, 성실하고 인간미가 넘치는 사람. 이해득실에 영향 받지않고 신념을 관철함.

  ▼ 이 남자는 자기 사주에 戊나 辰戌이 없을수록 좋다.
* **여** : 자신만만하고 결단력 있으며, 승부욕이 강함. 누가 뭐라든 자기가 정한 목표를 꾸준히 추구함.

  ▲ 이 여자는 자기 사주에 庚이나 申이 없을수록 좋다.

  * 일단 상호간에 동순공망 관계이면 친구, 직장 동료, 사업상의 동업자로는 열 명 다 좋다고 보아야 하지만, 부부 궁합을 볼 때에는 未일생에 한하여 상대방 생일지지, 즉 일지(日支)에 丑이나 戌이 없는 것이 좋음.
  * 그러므로 己未일생은 동순공망 열 명 중에서 甲寅, 乙卯, 丙辰, 丁巳, 戊午, 己未, 庚申, 辛酉, 癸亥일생 등 9명만 좋게 보아야 함.
  * 특히 甲寅일생과는 유난히도 사이가 좋을 가능성이 높음.

태어난 달에 따른 차이점

* **寅월생**……이 달에 태어난 기미일생 중에서,
  ▽ 남자는 午월, 戌월의 己, 丙일에 태어난 여자가 가장 좋고, 申월의 丑, 戌일에 태어난 여자가 가장 나쁘다.
  △ 여자는 午월, 戌월의 己, 丙일에 태어난 남자가 가장 좋고, 申월의 丑, 戌일에 태어난 남자가 가장 나쁘다.
* **卯월생**……이 달에 태어난 기미일생 중에서,
  ▽ 남자는 亥월, 未월의 己, 丙일에 태어난 여자가 가장 좋고, 酉월의 丑, 戌일에 태어난 여자가 가장 나쁘다.
  △ 여자는 亥월, 未월의 己, 丙일에 태어난 남자가 가장 좋고, 酉월의 丑, 戌일에 태어난 남자가 가장 나쁘다.
* **辰월생**……이 달에 태어난 기미일생 중에서,

▽ 남자는 申월, 子월의 壬, 癸일에 태어난 여자가 가장 좋고, 戌월의 丑, 戌일에 태어난 여자가 가장 나쁘다.

△ 여자는 申월, 子월의 甲, 乙일에 태어난 남자가 가장 좋고, 戌월의 丑, 戌일에 태어난 남자가 가장 나쁘다.

▼ 辰월 己일생 남자는 어떤 여자를 만나서 살든, 아내와의 관계가 그다지 좋지 않을 수 있으므로 다른 사람에 비하여 침착, 절제, 겸손, 희생, 노력이 필요함.

* **巳월생**……이 달에 태어난 기미일생 중에서,

▽ 남자는 酉월, 丑월의 壬, 癸일에 태어난 여자가 가장 좋고, 亥월의 丑, 戌일에 태어난 여자가 가장 나쁘다.

△ 여자는 酉월, 丑월의 甲, 乙일에 태어난 남자가 가장 좋고, 亥월의 丑, 戌일에 태어난 남자가 가장 나쁘다.

* **午월생**…… 이 달에 태어난 기미일생 중에서,

▽ 남자는 寅월, 戌월의 壬, 癸일에 태어난 여자가 가장 좋고, 子월의 丑, 戌일에 태어난 여자가 가장 나쁘다.

△ 여자는 寅월, 戌월의 甲, 乙일에 태어난 남자가 가장 좋고, 子월의 丑, 戌일에 태어난 남자가 가장 나쁘다.

♥ 午월 己未일생 남녀는 노처녀 노총각이 되는 경우가 적지 않음.

* **未월생**……이 달에 태어난 기미일생 중에서,

▽ 남자는 亥월, 卯월의 壬, 癸일에 태어난 여자가 가장 좋고, 丑월의 丑, 戌일에 태어난 여자가 가장 나쁘다.

△ 여자는 亥월, 卯월의 甲, 乙일에 태어난 남자가 가장 좋고, 丑월의 丑, 戌일에 태어난 남자가 가장 나쁘다.

* **申월생**……이 달에 태어난 기미일생 중에서,

▽ 남자는 子월, 辰월의 己, 丙일에 태어난 여자가 가장 좋고, 寅월의 丑, 戌일에 태어난 여자가 가장 나쁘다.

△ 여자는 子월, 辰월의 己, 丙일에 태어난 남자가 가장 좋고, 寅월의 丑, 戌일에 태어난 남자가 가장 나쁘다.

▲ 申월 己일생 여자는 어떤 남자를 만나서 살든, 남편과의 관계가 그다지 좋지 않을 수 있으므로 다른 사람에 비하여 침착, 절제, 겸손, 희생, 노력이 필요함.

* **酉월생**……이 달에 태어난 기미일생 중에서,
 ▽ 남자는 巳월, 丑월의 己, 丙일에 태어난 여자가 가장 좋고, 卯월의 丑, 戌일에 태어난 여자가 가장 나쁘다.
 △ 여자는 巳월, 丑월의 己, 丙일에 태어난 남자가 가장 좋고, 卯월의 丑, 戌일에 태어난 남자가 가장 나쁘다.

* **戌월생**……이 달에 태어난 기미일생 중에서,
 ▽ 남자는 寅월, 午월의 壬, 癸일에 태어난 여자가 가장 좋고, 辰월의 丑, 戌일에 태어난 여자가 가장 나쁘다.
 △ 여자는 巳월, 丑월의 甲, 乙일에 태어난 남자가 가장 좋고, 辰월의 丑, 戌일에 태어난 남자가 가장 나쁘다.
 ▼ 戌월 己일생 남자는 어떤 여자를 만나서 살든, 아내와의 관계가 그다지 좋지 않을 수 있으므로 다른 사람에 비하여 침착, 절제, 겸손, 희생, 노력이 필요함.

* **亥월생**……이 달에 태어난 기미일생 중에서,
 ▽ 남자는 卯월, 未월의 己, 丙일에 태어난 여자가 가장 좋고, 巳월의 丑, 戌일에 태어난 여자가 가장 나쁘다.
 △ 여자는 卯월, 未월의 己, 丙일에 태어난 남자가 가장 좋고, 巳월의 丑, 戌일에 태어난 남자가 가장 나쁘다.

* **子월생**……이 달에 태어난 기미일생 중에서,
 ▽ 남자는 申월, 辰월의 己, 丙일에 태어난 여자가 가장 좋고, 午월의 丑, 戌일에 태어난 여자가 가장 나쁘다.
 △ 여자는 申월, 辰월의 己, 丙일에 태어난 남자가 가장 좋고, 午월의 丑, 戌일에 태어난 남자가 가장 나쁘다.

* **丑월생**……이 달에 태어난 기미일생 중에서,
 ▽ 남자는 巳월, 酉월의 壬, 癸일에 태어난 여자가 가장 좋고, 未월의 丑, 戌일에 태어난 여자가 가장 나쁘다.
 △ 여자는 巳월, 酉월의 甲, 乙일에 태어난 남자가 가장 좋고, 未월의 丑, 戌일에 태어난 남자가 가장 나쁘다.
 ♠ 丑월 己未일생 남녀는 배우자와의 생이별, 과부 홀아비 운이 다른 사람에 비하여 높음.

57. 庚申 일생

생월을 참작하여 판단한다면

【선천운 범례】 ◎ : 대길(大吉), ○ : 중길, △ : 소길, ? : 애매함

양력월 (생월지)	선천운(숙명) (선택 여지가 적은 기본적 운세)				후천운(개척) (연애·결혼 상대 선택(궁합)시 참고해야 할 사항)		참고
	건강운	경제운		출세운	애정운	상대방 일간(월간)에 있으면 좋은 천간	상대방 월지(일지)에 있으면 나쁜 지지	
2(寅)	?	◎	남	○	◎	乙/庚己/戊	子丑/申/巳申/寅巳/寅	
			여	○	○	乙/庚己/戊	子丑/申/巳申/寅巳/寅	
3(卯)	?	◎	남	○	◎	乙/庚己/丁	子丑/酉/子/寅巳/寅	
			여	○	○	乙/庚己/丁	子丑/酉/子/寅巳/寅	
4(辰)	◎	△	남	△	△	乙/乙甲壬/甲	子丑/戌/辰/寅巳/寅	
			여	△	△	乙/丁丙壬/甲	子丑/戌/辰/寅巳/寅	
5(巳)	△	?	남	◎	?	乙/庚己/壬	子丑/亥/寅申/寅巳/寅	
			여	◎	◎	乙/庚己/壬	子丑/亥/寅申/寅巳/寅	
6(午)	△	?	남	◎	?	乙/庚己/壬	子丑/子/午/寅巳/寅	
			여	◎	◎	乙/庚己/壬	子丑/子/午/寅巳/寅	
7(未)	◎	△	남	△	△	乙/乙甲壬/丁	子丑/丑/丑戌/寅巳/寅	
			여	△	△	乙/丁丙壬/丁	子丑/丑/丑戌/寅巳/寅	
8(申)	○	?	남	?	?	乙/乙甲壬/丁	子丑/寅/寅巳/寅巳/寅	
			여	?	?	乙/丁丙壬/丁	子丑/寅/寅巳/寅巳/寅	
9(酉)	○	?	남	?	?	乙/乙甲壬/丁	子丑/卯/酉/寅巳/寅	▼酉
			여	?	?	乙/丁丙壬/丁	子丑/卯/酉/寅巳/寅	
10(戌)	◎	△	남	△	△	乙/乙甲壬/甲	子丑/辰/丑未/寅巳/寅	
			여	△	△	乙/丁丙壬/甲	子丑/辰/丑未/寅巳/寅	
11(亥)	?	○	남	?	○	乙/庚己/丁	子丑/巳/亥/寅巳/寅	
			여	?	?	乙/庚己/丁	子丑/巳/亥/寅巳/寅	
12(子)	?	○	남	?	○	乙/庚己/丁	子丑/午/卯/寅巳/寅	▲子
			여	?	?	乙/庚己/丁	子丑/午/卯/寅巳/寅	
다음해 1월(丑)	◎	△	남	△	○	乙/乙甲壬/丙	子丑/未/戌未/寅巳/寅	
			여	△	△	乙/丁丙壬/丙	子丑/未/戌未/寅巳/寅	

이 날 태어난 사람의 선천운 특기 사항

* **건강운** : 치질, 맹장, 탈장, 변비로 고생하는 사람이 비교적 많다.
* **부부운** : 부부 어느 한쪽이거나 양쪽의 성질이 칼날 같은 경우가 많다. 그래서 부부싸움을 자주 하든가 생이별이나 사별을 하는 경우가 적지 않다.
* **남** : 변화무쌍한 성격. 크게 성공하거나 낭패할 성격. 극단으로 흐르는 감정을 수양으로 고쳐야 함.
  ▼ 이 남자는 자기 사주에 辛이나 酉가 없을수록 좋다.
* **여** : 누구한테 지고는 못 견디는 성격. 다정하지 않은 대신 책임감은 강함. 학구열이 강하여 꾸준히 노력한 끝에 성공할 수 있음.
  ▲ 이 여자는 자기 사주에 癸나 子가 없을수록 좋다.
  * 일단 상호간에 동순공망 관계이면 친구, 직장 동료, 사업상의 동업자로는 열 명 다 좋다고 보아야 하지만, 부부 궁합을 볼 때에는 申일생에 한하여 상대방 생일지지, 즉 일지(日支)에 寅이나 巳가 없는 것이 좋음.
  * 그러므로 庚申일생은 동순공망 열 명 중에서 乙卯, 丙辰, 戊午, 己未, 庚申, 辛酉, 壬戌, 癸亥일생 등 8명만 좋게 보아야 함.
  * 특히 乙卯일생과는 유난히도 사이가 좋을 가능성이 높음.

태어난 달에 따른 차이점

* **寅월생**……이 달에 태어난 경신일생 중에서,
  ▽ 남자는 午월, 戌월의 庚, 己일에 태어난 여자가 가장 좋고, 申월의 寅, 巳일에 태어난 여자가 가장 나쁘다.
  △ 여자는 午월, 戌월의 庚, 己일에 태어난 남자가 가장 좋고, 申월의 寅, 巳일에 태어난 남자가 가장 나쁘다.
  ♠ 寅월 庚申일생 남녀는 배우자와의 생이별, 과부 홀아비 운이 다른 사람에 비하여 높음.
* **卯월생**……이 달에 태어난 경신일생 중에서,
  ▽ 남자는 亥월, 未월의 庚, 己일에 태어난 여자가 가장 좋고, 酉월의 寅, 巳일에 태어난 여자가 가장 나쁘다.
  △ 여자는 亥월, 未월의 庚, 己일에 태어난 남자가 가장 좋고, 酉월의 寅, 巳일에 태어난 남자가 가장 나쁘다.

* **辰월생**……이 달에 태어난 경신일생 중에서,
　▽ 남자는 申월, 子월의 乙, 甲일에 태어난 여자가 가장 좋고, 戌월의 寅,
　　巳일에 태어난 여자가 가장 나쁘다.
　△ 여자는 申월, 子월의 丁, 丙일에 태어난 남자가 가장 좋고, 戌월의 寅,
　　巳일에 태어난 남자가 가장 나쁘다.
* **巳월생**……이 달에 태어난 경신일생 중에서,
　▽ 남자는 酉월, 丑월의 庚, 己일에 태어난 여자가 가장 좋고, 亥월의 寅,
　　巳일에 태어난 여자가 가장 나쁘다.
　△ 여자는 酉월, 丑월의 庚, 己일에 태어난 남자가 가장 좋고, 亥월의 寅,
　　巳일에 태어난 남자가 가장 나쁘다.
　♥ 巳월 庚申일생 남녀는 노처녀 노총각이 되는 경우가 적지 않음.
* **午월생**…… 이 달에 태어난 경신일생 중에서,
　▽ 남자는 寅월, 戌월의 庚, 己일에 태어난 여자가 가장 좋고, 子월의 寅,
　　巳일에 태어난 여자가 가장 나쁘다.
　△ 여자는 寅월, 戌월의 庚, 己일에 태어난 남자가 가장 좋고, 子월의 寅,
　　巳일에 태어난 남자가 가장 나쁘다.
* **未월생**……이 달에 태어난 경신일생 중에서,
　▽ 남자는 亥월, 卯월의 乙, 甲일에 태어난 여자가 가장 좋고, 丑월의 寅,
　　巳일에 태어난 여자가 가장 나쁘다.
　△ 여자는 亥월, 卯월의 丁, 丙일에 태어난 남자가 가장 좋고, 丑월의 寅,
　　巳일에 태어난 남자가 가장 나쁘다.
* **申월생**……이 달에 태어난 경신일생 중에서,
　▽ 남자는 子월, 辰월의 乙, 甲일에 태어난 여자가 가장 좋고, 寅월의 寅,
　　巳일에 태어난 여자가 가장 나쁘다.
　△ 여자는 子월, 辰월의 丁, 丙일에 태어난 남자가 가장 좋고, 寅월의 寅,
　　巳일에 태어난 남자가 가장 나쁘다.
* **酉월생**……이 달에 태어난 경신일생 중에서,
　▽ 남자는 巳월, 丑월의 乙, 甲일에 태어난 여자가 가장 좋고, 卯월의 寅,
　　巳일에 태어난 여자가 가장 나쁘다.
　△ 여자는 巳월, 丑월의 丁, 丙일에 태어난 남자가 가장 좋고, 卯월의 寅,
　　巳일에 태어난 남자가 가장 나쁘다.

▼ 酉월 庚일생 남자는 어떤 여자를 만나서 살든, 아내와의 관계가 그다지 좋지 않을 수 있으므로 다른 사람에 비하여 침착, 절제, 겸손, 희생, 노력이 필요함.

* **戌월생**……이 달에 태어난 경신일생 중에서,

▽ 남자는 寅월, 午월의 乙, 甲일에 태어난 여자가 가장 좋고, 辰월의 寅, 巳일에 태어난 여자가 가장 나쁘다.

△ 여자는 巳월, 丑월의 丁, 丙일에 태어난 남자가 가장 좋고, 辰월의 寅, 巳일에 태어난 남자가 가장 나쁘다.

* **亥월생**……이 달에 태어난 경신일생 중에서,

▽ 남자는 卯월, 未월의 庚, 己일에 태어난 여자가 가장 좋고, 巳월의 寅, 巳일에 태어난 여자가 가장 나쁘다.

△ 여자는 卯월, 未월의 庚, 己일에 태어난 남자가 가장 좋고, 巳월의 寅, 巳일에 태어난 남자가 가장 나쁘다.

* **子월생**……이 달에 태어난 경신일생 중에서,

▽ 남자는 申월, 辰월의 庚, 己일에 태어난 여자가 가장 좋고, 午월의 寅, 巳일에 태어난 여자가 가장 나쁘다.

△ 여자는 申월, 辰월의 庚, 己일에 태어난 남자가 가장 좋고, 午월의 寅, 巳일에 태어난 남자가 가장 나쁘다.

▲ 子월 庚일생 여자는 어떤 남자를 만나서 살든, 남편과의 관계가 그다지 좋지 않을 수 있으므로 다른 사람에 비하여 침착, 절제, 겸손, 희생, 노력이 필요함.

* **丑월생**……이 달에 태어난 경신일생 중에서,

▽ 남자는 巳월, 酉월의 乙, 甲일에 태어난 여자가 가장 좋고, 未월의 寅, 巳일에 태어난 여자가 가장 나쁘다.

△ 여자는 巳월, 酉월의 丁, 丙일에 태어난 남자가 가장 좋고, 未월의 寅, 巳일에 태어난 남자가 가장 나쁘다.

58. 辛酉일생

생월을 참작하여 판단한다면

【선천운 범례】 ◎ : 대길(大吉), ○ : 중길, △ : 소길, ? : 애매함

양력월 (생월지)	선천운(숙명) (선택 여지가 적은 기본적 운세)				후 천 운(개척) (연애·결혼 상대 선택(궁합)시 참고해야 할 사항)		참고
	건강운	경제운	출세운	애정운	상대방 일간(월간)에 있으면 좋은 천간	상대방 월지(일지)에 있으면 나쁜 지지	
2(寅)	△	◎	남 ○	◎	丙/辛戊/己	子丑/申/巳申/酉/卯	
			여 ?	○	丙/辛戊/己	子丑/申/巳申/酉/卯	
3(卯)	△	◎	남 ○	◎	丙/辛戊/壬	子丑/申/酉/子/酉/卯	
			여 ?	○	丙/辛戊/壬	子丑/酉/子/酉/卯	
4(辰)	◎	△	남 ?	△	丙/甲乙癸/壬	子丑/戌/辰/酉/卯	
			여 ◎	?	丙/丙丁癸/壬	子丑/戌/辰/酉/卯	
5(巳)	?	?	남 ◎	?	丙/辛戊/壬	子丑/亥/寅申/酉/卯	
			여 ○	◎	丙/辛戊/壬	子丑/亥/寅申/酉/卯	
6(午)	?	?	남 ◎	?	丙/辛戊/壬	子丑/子/午/酉/卯	
			여 ○	◎	丙/辛戊/壬	子丑/子/午/酉/卯	
7(未)	◎	△	남 ○	△	丙/甲乙癸/壬	子丑/丑/丑戌/酉/卯	
			여 ◎	?	丙/丙丁癸/壬	子丑/丑/丑戌/酉/卯	
8(申)	○	?	남 ?	?	丙/甲乙癸/壬	子丑/寅/寅巳/酉/卯	▼申
			여 ?	△	丙/丙丁癸/壬	子丑/寅/寅巳/酉/卯	
9(酉)	○	?	남 ?	?	丙/甲乙癸/壬	子丑/卯/酉/酉/卯	
			여 ?	△	丙/丙丁癸/壬	子丑/卯/酉/酉/卯	
10(戌)	◎	△	남 △	△	丙/甲乙癸/壬	子丑/辰/丑未/酉/卯	
			여 ◎	?	丙/丙丁癸/壬	子丑/辰/丑未/酉/卯	
11(亥)	?	○	남 ?	○	丙/辛戊/壬	子丑/巳/亥/酉/卯	▲亥
			여 △	△	丙/辛戊/壬	子丑/巳/亥/酉/卯	
12(子)	?	○	남 ?	○	丙/辛戊/丙	子丑/午/卯/酉/卯	
			여 △	△	丙/辛戊/丙	子丑/午/卯/酉/卯	
다음해 1월(丑)	◎	△	남 △	?	丙/甲乙癸/丙	子丑/未/戌未/酉/卯	
			여 ○	?	丙/丙丁癸/丙	子丑/未/戌未/酉/卯	

이 날 태어난 사람의 선천운 특기 사항

* **건강운** : 무병장수자가 많은 날임. 만일 병에 걸린다면 대체로 치질, 맹장, 대장염 같은 소화기 계통.
* **부부운** : 생이별이든 사이별이든 이별수가 많다는 것이 이 생일의 특징. 독신녀가 되는 비율이 다른 날에 비하여 높음.
* **남** : 일에 열중하면 만사를 잊고 즐거운 인생. 약간의 허풍끼가 있으나 성실하여 안정된 생활 보장.

   ▼ 이 남자는 자기 사주에 庚이나 申이 없을수록 좋다.
* **여** : 자존심 강하여 속에 없는 말은 안 하지만, 요령이 좋아 사업에(상업) 성공. 손재주가 비범함.

   ▲ 이 여자는 자기 사주에 壬이나 亥가 없을수록 좋다.

   * 일단 상호간에 동순공망 관계이면 친구, 직장 동료, 사업상의 동업자로는 열 명 다 좋다고 보아야 하지만, 부부 궁합을 볼 때에는 酉일생에 한하여 상대방 생일지지, 즉 일지(日支)에 卯나 酉가 없는 것이 좋음.
   * 그러므로 辛酉일생은 동순공망 열 명 중에서 甲寅, 丙辰, 丁巳, 戊午, 己未, 庚申, 壬戌, 癸亥일생 등 8명만 좋게 보아야 함.
   * 특히 丙辰일생과는 유난히도 사이가 좋을 가능성이 높음.

태어난 달에 따른 차이점

* **寅월생**……이 달에 태어난 신유일생 중에서
   ▽ 남자는 午월, 戌월의 辛, 戊일에 태어난 여자가 가장 좋고, 申월의 酉일에 태어난 여자가 가장 나쁘다.
   △ 여자는 午월, 戌월의 辛, 戊일에 태어난 남자가 가장 좋고, 申월의 酉일에 태어난 남자가 가장 나쁘다.
* **卯월생**……이 달에 태어난 신유일생 중에서,
   ▽ 남자는 亥월, 未월의 辛, 戊일에 태어난 여자가 가장 좋고, 酉월의 酉일에 태어난 여자가 가장 나쁘다.
   △ 여자는 亥월, 未월의 辛, 戊일에 태어난 남자가 가장 좋고, 酉월의 酉일에 태어난 남자가 가장 나쁘다.
   ♠ 卯월 辛酉일생 남녀는 배우자와의 생이별, 과부 홀아비 운이 다른 사람

에 비하여 높음.

* **辰월생**……이 달에 태어난 신유일생 중에서,

▽ 남자는 申월, 子월의 甲, 乙일에 태어난 여자가 가장 좋고, 戌월의 酉일
에 태어난 여자가 가장 나쁘다.

△ 여자는 申월, 子월의 丙, 丁일에 태어난 남자가 가장 좋고, 戌월의 酉일
에 태어난 남자가 가장 나쁘다.

♥ 辰월 辛酉일생 남녀는 노처녀 노총각이 되는 경우가 적지 않음.

* **巳월생**……이 달에 태어난 신유일생 중에서,

▽ 남자는 酉월, 丑월의 辛, 戊일에 태어난 여자가 가장 좋고, 亥월의 酉일
에 태어난 여자가 가장 나쁘다.

△ 여자는 酉월, 丑월의 辛, 戊일에 태어난 남자가 가장 좋고, 亥월의 酉일
에 태어난 남자가 가장 나쁘다.

* **午월생**…… 이 달에 태어난 신유일생 중에서,

▽ 남자는 寅월, 戌월의 辛, 戊일에 태어난 여자가 가장 좋고, 子월의 酉일
에 태어난 여자가 가장 나쁘다.

△ 여자는 寅월, 戌월의 辛, 戊일에 태어난 남자가 가장 좋고, 子월의 酉일
에 태어난 남자가 가장 나쁘다.

* **未월생**……이 달에 태어난 신유일생 중에서,

▽ 남자는 亥월, 卯월의 甲, 乙일에 태어난 여자가 가장 좋고, 丑월의 酉일
에 태어난 여자가 가장 나쁘다.

△ 여자는 亥월, 卯월의 丙, 丁일에 태어난 남자가 가장 좋고, 丑월의 酉일
에 태어난 남자가 가장 나쁘다.

* **申월생**……이 달에 태어난 신유일생 중에서,

▽ 남자는 子월, 辰월의 甲, 乙일에 태어난 여자가 가장 좋고, 寅월의 酉일
에 태어난 여자가 가장 나쁘다.

△ 여자는 子월, 辰월의 丙, 丁일에 태어난 남자가 가장 좋고, 寅월의 酉일
에 태어난 남자가 가장 나쁘다.

▼ 申월 辛일생 남자는 어떤 여자를 만나서 살든, 아내와의 관계가 그다지
좋지 않을 수 있으므로 다른 사람에 비하여 침착, 절제, 겸손, 희생, 노
력이 필요함.

* **酉월생**……이 달에 태어난 신유일생 중에서,

▽ 남자는 巳월, 丑월의 甲, 乙일에 태어난 여자가 가장 좋고, 卯월의 酉일
에 태어난 여자가 가장 나쁘다.

△ 여자는 巳월, 丑월의 丙, 丁일에 태어난 남자가 가장 좋고, 卯월의 酉일
에 태어난 남자가 가장 나쁘다.

* **戌월생**······이 달에 태어난 신유일생 중에서,

▽ 남자는 寅월, 午월의 甲, 乙일에 태어난 여자가 가장 좋고, 辰월의 酉일
에 태어난 여자가 가장 나쁘다.

△ 여자는 巳월, 丑월의 丙, 丁일에 태어난 남자가 가장 좋고, 辰월의 酉일
에 태어난 남자가 가장 나쁘다.

* **亥월생**······이 달에 태어난 신유일생 중에서,

▽ 남자는 卯월, 未월의 辛, 戊일에 태어난 여자가 가장 좋고, 巳월의 酉일
에 태어난 여자가 가장 나쁘다.

△ 여자는 卯월, 未월의 辛, 戊일에 태어난 남자가 가장 좋고, 巳월의 酉일
에 태어난 남자가 가장 나쁘다.

▲ 亥월 辛일생 여자는 어떤 남자를 만나서 살든, 남편과의 관계가 그다지
좋지 않을 수 있으므로 다른 사람에 비하여 침착, 절제, 겸손, 희생, 노
력이 필요함.

* **子월생**······이 달에 태어난 신유일생 중에서,

▽ 남자는 申월, 辰월의 辛, 戊일에 태어난 여자가 가장 좋고, 午월의 酉일
에 태어난 여자가 가장 나쁘다.

△ 여자는 申월, 辰월의 辛, 戊일에 태어난 남자가 가장 좋고, 午월의 酉일
에 태어난 남자가 가장 나쁘다.

* **丑월생**······이 달에 태어난 신유일생 중에서,

▽ 남자는 巳월, 酉월의 甲, 乙일에 태어난 여자가 가장 좋고, 未월의 酉일
에 태어난 여자가 가장 나쁘다.

△ 여자는 巳월, 酉월의 丙, 丁일에 태어난 남자가 가장 좋고, 未월의 酉일
에 태어난 남자가 가장 나쁘다.

59. 壬戌일생

생월을 참작하여 판단한다면

【선천운 범례】 ◎ : 대길(大吉), ○ : 중길, △ : 소길, ? : 애매함

양력월 (생월지)	선천운(숙명) (선택 여지가 적은 기본적 운세)				후 천 운(개척) (연애·결혼 상대 선택(궁합)시 참고해야 할 사항)		참고
	건강운	경제운	출세운	애정운	상대방 일간(월간)에 있으면 좋은 천간	상대방 월지(일지)에 있으면 나쁜 지지	
2(寅)	?	○	남 ○	○	丁/壬辛/庚	子丑/申/巳申/丑未/辰	
			여 ?	?	丁/壬辛/庚	子丑/申/巳申/丑未/辰	
3(卯)	?	○	남 ○	○	丁/壬辛/戊	子丑/酉/子/丑未/辰	
			여 ?	?	丁/壬辛/戊	子丑/酉/子/丑未/辰	
4(辰)	?	△	남 ?	△	丁/壬辛/甲	子丑/戌/辰/丑未/辰	●
			여 ○	◎	丁/壬辛/甲	子丑/戌/辰/丑未/辰	
5(巳)	△	◎	남 ◎	◎	丁/壬辛/壬	子丑/亥/寅申/丑未/辰	
			여 △	○	丁/壬辛/壬	子丑/亥/寅申/丑未/辰	
6(午)	△	◎	남 ◎	◎	丁/壬辛/癸	子丑/子/午/丑未/辰	
			여 △	○	丁/壬辛/癸	子丑/子/午/丑未/辰	
7(未)	○	◎	남 ?	○	丁/壬辛/辛	子丑/丑/丑戌/丑未/辰	●
			여 ○	◎	丁/壬辛/辛	子丑/丑/丑戌/丑未/辰	
8(申)	◎	?	남 △	?	丁/丁丙甲/戊	子丑/寅/寅巳/丑未/辰	
			여 ◎	△	丁/己戊甲/戊	子丑/寅/寅巳/丑未/辰	
9(酉)	◎	?	남 △	?	丁/丁丙甲/甲	子丑/卯/酉/丑未/辰	
			여 ◎	△	丁/己戊甲/甲	子丑/卯/酉/丑未/辰	
10(戌)	?	△	남 ?	△	丁/丁丙甲/甲	子丑/辰/丑未/丑未/辰	●
			여 ○	◎	丁/己戊甲/甲	子丑/辰/丑未/丑未/辰	
11(亥)	○	?	남 ○	?	丁/丁丙甲/戊	子丑/巳/亥/丑未/辰	
			여 △	?	丁/己戊甲/戊	子丑/巳/亥/丑未/辰	
12(子)	○	?	남 ○	?	丁/丁丙甲/戊	子丑/午/卯/丑未/辰	
			여 △	?	丁/己戊甲/戊	子丑/午/卯/丑未/辰	
다음해 1월(丑)	△	△	남 ?	△	丁/壬辛/丙	子丑/未/戌未/丑未/辰	●
			여 ○	○	丁/壬辛/丙	子丑/未/戌未/丑未/辰	

이 날 태어난 사람의 선천운 특기 사항

* **건강운** : 대체로 건강한 편이지만 병났다 하면 큰 병. 비뇨기 계통 질환 요주의. 타박상이나 추락사고도 요주의.
* **부부운** : 남자는 여자에게서 피해의식을, 여자는 남자에게서 피해의식을 느끼면서 사는 부부가 적지 않다. 생년월이나 대운 세운에 따라 차이는 있음.
* **남** : 사람을 능숙하게 다루는 원만한 사교형. 모든 일에 열심이고 완벽함과 청결을 중시하는 성격. 자존심 강함.

  ▼ 이 남자는 자기 사주에 癸나 子가 없을수록 좋다.

* **여** : 자기 주장이 세어서 양처는 못되지만 현모는 됨. 결단을 잘못 내려서 일을 그르칠 때가 있음.

  ▲ 이 여자는 자기 사주에 乙이나 卯가 없을수록 좋다.

  * 일단 상호간에 동순공망 관계이면 친구, 직장 동료, 사업상의 동업자로는 열 명 다 좋다고 보아야 하지만, 부부 궁합을 볼 때에는 戌일생에 한하여 상대방 생일지지, 즉 일지(日支)에 辰이나 丑, 未가 없는 것이 좋음.
  * 그러므로 壬戌일생은 동순공망 열 명 중에서 甲寅, 乙卯, 丁巳, 戊午, 庚申, 辛酉, 壬戌, 癸亥일생 등 8명만 좋게 보아야 함.
  * 특히 丁巳일생과는 유난히도 사이가 좋을 가능성이 높음.

태어난 달에 따른 차이점

* **寅월생**……이 달에 태어난 임술일생 중에서,
  ▽ 남자는 午월, 戌월의 壬, 辛일에 태어난 여자가 가장 좋고, 申월의 丑, 未일에 태어난 여자가 가장 나쁘다.
  △ 여자는 午월, 戌월의 壬, 辛일에 태어난 남자가 가장 좋고, 申월의 丑, 未일에 태어난 남자가 가장 나쁘다.
* **卯월생**……이 달에 태어난 임술일생 중에서,
  ▽ 남자는 亥월, 未월의 壬, 辛일에 태어난 여자가 가장 좋고, 酉월의 丑, 未일에 태어난 여자가 가장 나쁘다.
  △ 여자는 亥월, 未월의 壬, 辛일에 태어난 남자가 가장 좋고, 酉월의 丑, 未일에 태어난 남자가 가장 나쁘다.

  ♥ 卯월 壬戌일생 남녀는 노처녀 노총각이 되는 경우가 적지 않음.

▲ 卯월 壬일생 여자는 어떤 남자를 만나서 살든, 남편과의 관계가 그다지 좋지 않을 수 있으므로 다른 사람에 비하여 침착, 절제, 겸손, 희생, 노력이 필요함.

* **辰월생**……이 달에 태어난 임술일생 중에서,

▽ 남자는 申월, 子월의 壬, 辛일에 태어난 여자가 가장 좋고, 戌월의 丑, 未일에 태어난 여자가 가장 일에 태어난 여자가 가장 일에 태어난 여자가 가장 나쁘다.

△ 여자는 申월, 子월의 壬, 辛일에 태어난 남자가 가장 좋고, 戌월의 丑, 未일에 태어난 남자가 가장 나쁘다.

♠ 辰월 壬戌일생 남녀는 배우자와의 생이별, 과부 홀아비 운이 다른 사람에 비하여 높음.

* **巳월생**……이 달에 태어난 임술일생 중에서,

▽ 남자는 酉월, 丑월의 壬, 辛일에 태어난 여자가 가장 좋고, 亥월의 丑, 未일에 태어난 여자가 가장 나쁘다.

△ 여자는 酉월, 丑월의 壬, 辛일에 태어난 남자가 가장 좋고, 亥월의 丑, 未일에 태어난 남자가 가장 나쁘다.

* **수월생**……이 달에 태어난 임술일생 중에서,

▽ 남자는 寅월, 戌월의 壬, 辛일에 태어난 여자가 가장 좋고, 子월의 丑, 未일에 태어난 여자가 가장 나쁘다.

△ 여자는 寅월, 戌월의 壬, 辛일에 태어난 남자가 가장 좋고, 子월의 丑, 未일에 태어난 남자가 가장 나쁘다.

* **未월생**……이 달에 태어난 임술일생 중에서,

▽ 남자는 亥월, 卯월의 壬, 辛일에 태어난 여자가 가장 좋고, 丑월의 丑, 未일에 태어난 여자가 가장 나쁘다.

△ 여자는 亥월, 卯월의 壬, 辛일에 태어난 남자가 가장 좋고, 丑월의 丑, 未일에 태어난 남자가 가장 나쁘다.

* **申월생**……이 달에 태어난 임술일생 중에서,

▽ 남자는 子월, 辰월의 丁, 丙일에 태어난 여자가 가장 좋고, 寅월의 丑, 未일에 태어난 여자가 가장 나쁘다.

△ 여자는 子월, 辰월의 己, 戊일에 태어난 남자가 가장 좋고, 寅월의 丑, 未일에 태어난 남자가 가장 나쁘다.

* **酉월생**……이 달에 태어난 임술일생 중에서,
  ▽ 남자는 巳월, 丑월의 丁, 丙일에 태어난 여자가 가장 좋고, 卯월의 丑, 未일에 태어난 여자가 가장 나쁘다.
  △ 여자는 巳월, 丑월의 己, 戊일에 태어난 남자가 가장 좋고, 卯월의 丑, 未일에 태어난 남자가 가장 일에 태어난 남자가 가장 나쁘다.
* **戌월생**……이 달에 태어난 임술일생 중에서,
  ▽ 남자는 寅월, 午월의 丁, 丙일에 태어난 여자가 가장 좋고, 辰월의 丑, 未일에 태어난 여자가 가장 나쁘다.
  △ 여자는 巳월, 丑월의 己, 戊일에 태어난 남자가 가장 좋고, 辰월의 丑, 未일에 태어난 남자가 가장 나쁘다.
* **亥월생**……이 달에 태어난 임술일생 중에서,
  ▽ 남자는 卯월, 未월의 丁, 丙일에 태어난 여자가 가장 좋고, 巳월의 丑, 未일에 태어난 여자가 가장 나쁘다.
  △ 여자는 卯월, 未월의 己, 戊일에 태어난 남자가 가장 좋고, 巳월의 丑, 未일에 태어난 남자가 가장 나쁘다.
* **子월생**……이 달에 태어난 임술일생 중에서,
  ▽ 남자는 申월, 辰월의 丁, 丙일에 태어난 여자가 가장 좋고, 午월의 丑, 未일에 태어난 여자가 가장 나쁘다.
  △ 여자는 申월, 辰월의 己, 戊일에 태어난 남자가 가장 좋고, 午월의 丑, 未일에 태어난 남자가 가장 나쁘다.
  ▼ 子월 壬일생 남자는 어떤 여자를 만나서 살든, 아내와의 관계가 그다지 좋지 않을 수 있으므로 다른 사람에 비하여 침착, 절제, 겸손, 희생, 노력이 필요함.
* **丑월생**……이 달에 태어난 임술일생 중에서,
  ▽ 남자는 巳월, 酉월의 壬, 辛일에 태어난 여자가 가장 좋고, 未월의 丑, 未일에 태어난 여자가 가장 나쁘다.
  △ 여자는 巳월, 酉월의 壬, 辛일에 태어난 남자가 가장 좋고, 未월의 丑, 未일에 태어난 남자가 가장 나쁘다.

60. 癸亥일생

생월을 참작하여 판단한다면

【선천운 범례】 ◎ : 대길(大吉), ○ : 중길, △ : 소길, ? : 애매함

양력월 (생월지)	선천운(숙명) (선택 여지가 적은 기본적 운세)				후 천 운(개척) (연애·결혼 상대 선택(궁합)시 참고해야 할 사항)		참고
	건강운	경제운	출세운	애정운	상대방 일간(월간)에 있으면 좋은 천간	상대방 월지(일지)에 있으면 나쁜 지지	
2(寅)	?	○	남 ?	○	戊/癸庚/辛	子丑/申/巳申/亥/巳	
			여 ?	?	戊/癸庚/辛	子丑/申/巳申/亥/巳	
3(卯)	△	○	남 ?	○	戊/癸庚/庚	子丑/酉/子/亥/巳	
			여 ?	?	戊/癸庚/庚	子丑/酉/子/亥/巳	
4(辰)	?	△	남 ○	?	戊/癸庚/丙	子丑/戌/辰/亥/巳	
			여 ○	◎	戊/癸庚/丙	子丑/戌/辰/亥/巳	
5(巳)	△	◎	남 ?	◎	戊/癸庚/庚	子丑/亥/寅申/亥/巳	
			여 △	○	戊/癸庚/庚	子丑/亥/寅申/亥/巳	
6(午)	△	◎	남 ?	◎	戊/癸庚/庚	子丑/子/午/亥/巳	
			여 △	○	戊/癸庚/庚	子丑/子/午/亥/巳	
7(未)	?	◎	남 ◎	?	戊/癸庚/庚	子丑/丑/丑戌/亥/巳	
			여 ◎	◎	戊/癸庚/庚	子丑/丑/丑戌/亥/巳	
8(申)	◎	?	남 ○	△	戊/丙丁乙/丁	子丑/寅/寅巳/亥/巳	
			여 ◎	△	戊/戊己乙/丁	子丑/寅/寅巳/亥/巳	
9(酉)	◎	?	남 ○	△	戊/丙丁乙/辛	子丑/卯/酉/亥/巳	
			여 ◎	△	戊/戊己乙/辛	子丑/卯/酉/亥/巳	
10(戌)	?	△	남 ◎	?	戊/丙丁乙/辛	子丑/辰/丑未/亥/巳	
			여 ○	◎	戊/戊己乙/辛	子丑/辰/丑未/亥/巳	
11(亥)	○	?	남 ○	○	戊/丙丁乙/庚	子丑/巳/亥/亥/巳	
			여 △	△	戊/戊己乙/庚	子丑/巳/亥/亥/巳	
12(子)	○	?	남 ○	○	戊/丙丁乙/丙	子丑/午/卯/亥/巳	
			여 △	△	戊/戊己乙/丙	子丑/午/卯/亥/巳	
다음해 1월(丑)	○	△	남 ?	?	戊/癸庚/丙	子丑/未/戌未/亥/巳	
			여 ○	◎	戊/癸庚/丙	子丑/未/戌未/亥/巳	

이날 태어난 사람의 선천운 특기 사항

* **건강운** : 비뇨기 계통의 질환이나 관절 관련 질병에 걸리는 수가 있다. 그밖의 질환에는 강하여 장수하는 편.
* **부부운** : 남녀 어느쪽이나 보통 수준의 부부운. 남자쪽은 결혼시기를 잘못 잡으면 불행해짐. 특히 巳월 巳시생이면 이 확률이 높아지고 그렇지 않으면 덜함.
* **남** : 학구열과 연구심이 왕성하며, 성질이 급하고 억센 구석이 있으나 명예욕이 강하고 평생 순탄.

    ▼ 이 남자는 자기 사주에 壬이나 亥가 없을수록 좋다.
* **여** : 겉보기와는 달리 마음이 약하고 신경 예민. 완고한 구석 있지만 친절. 남의 일을 잘 돌봐 줌.

    ▲ 이 여자는 자기 사주에 甲이나 寅이 없을수록 좋다.
    * 일단 상호간에 동순공망 관계이면 친구, 직장 동료, 사업상의 동업자로는 열 명 다 좋다고 보아야 하지만, 부부 궁합을 볼 때에는 亥일생에 한하여 상대방 생일지지, 즉 일지(日支)에 巳나 亥가 없는 것이 좋음.
    * 그러므로 癸亥일생은 동순공망 열 명 중에서 甲寅, 乙卯, 丙辰, 戊午, 己未, 庚申, 辛酉, 壬戌일생 등 8명만 좋게 보아야 함.
    * 특히 戊午일생과는 유난히도 사이가 좋을 가능성이 높음.

태어난 달에 따른 차이점

* **寅월생**······이 달에 태어난 계해일생 중에서
    ▽ 남자는 午월, 戌월의 癸, 庚일에 태어난 여자가 가장 좋고, 申월의 亥일에 태어난 여자가 가장 나쁘다.
    △ 여자는 午월, 戌월의 癸, 庚일에 태어난 남자가 가장 좋고, 申월의 亥일에 태어난 남자가 가장 나쁘다.
    ♥ 寅월 癸亥일생 남녀는 노처녀 노총각이 되는 경우가 적지 않음.
    ▲ 寅월 癸일생 여자는 어떤 남자를 만나서 살든, 남편과의 관계가 그다지 좋지 않을 수 있으므로 다른 사람에 비하여 침착, 절제, 겸손, 희생, 노력이 필요함.
* **卯월생**······이 달에 태어난 계해일생 중에서,

▽ 남자는 亥월, 未월의 癸, 庚일에 태어난 여자가 가장 좋고, 酉월의 亥일
   에 태어난 여자가 가장 나쁘다.

△ 여자는 亥월, 未월의 癸, 庚일에 태어난 남자가 가장 좋고, 酉월의 亥일
   에 태어난 남자가 가장 나쁘다.

* **辰월생**……이 달에 태어난 계해일생 중에서,

   ▽ 남자는 申월, 子월의 癸, 庚일에 태어난 여자가 가장 좋고, 戌월의 亥일
      에 태어난 여자가 가장 나쁘다.

   △ 여자는 申월, 子월의 癸, 庚일에 태어난 남자가 가장 좋고, 戌월의 亥일
      에 태어난 남자가 가장 나쁘다.

* **巳월생**……이 달에 태어난 계해일생 중에서,

   ▽ 남자는 酉월, 丑월의 癸, 庚일에 태어난 여자가 가장 좋고, 亥월의 亥일
      에 태어난 여자가 가장 나쁘다.

   △ 여자는 酉월, 丑월의 癸, 庚일에 태어난 남자가 가장 좋고, 亥월의 亥일
      에 태어난 남자가 가장 나쁘다.

   ♠ 巳월 癸亥일생 남녀는 배우자와의 생이별, 과부 홀아비 운이 다른 사람
      에 비하여 높음.

* **수월생**…… 이 달에 태어난 계해일생 중에서,

   ▽ 남자는 寅월, 戌월의 癸, 庚일에 태어난 여자가 가장 좋고, 子월의 亥일
      에 태어난 여자가 가장 나쁘다.

   △ 여자는 寅월, 戌월의 癸, 庚일에 태어난 남자가 가장 좋고, 子월의 亥일
      에 태어난 남자가 가장 나쁘다.

* **未월생**……이 달에 태어난 계해일생 중에서,

   ▽ 남자는 亥월, 卯월의 癸, 庚일에 태어난 여자가 가장 좋고, 丑월의 亥일
      에 태어난 여자가 가장 나쁘다.

   △ 여자는 亥월, 卯월의 癸, 庚일에 태어난 남자가 가장 좋고, 丑월의 亥일
      에 태어난 남자가 가장 나쁘다.

* **申월생**……이 달에 태어난 계해일생 중에서,

   ▽ 남자는 子월, 辰월의 丙, 丁일에 태어난 여자가 가장 좋고, 寅월의 亥일
      에 태어난 여자가 가장 나쁘다.

   △ 여자는 子월, 辰월의 戊, 己일에 태어난 남자가 가장 좋고, 寅월의 亥일
      에 태어난 남자가 가장 나쁘다.

* **酉월생**……이 달에 태어난 계해일생 중에서,
  ▽ 남자는 巳월, 丑월의 丙, 丁일에 태어난 여자가 가장 좋고, 卯월의 亥일
  에 태어난 여자가 가장 나쁘다.
  △ 여자는 巳월, 丑월의 戊, 己일에 태어난 남자가 가장 좋고, 卯월의 亥일
  에 태어난 남자가 가장 나쁘다.
* **戌월생**……이 달에 태어난 계해일생 중에서,
  ▽ 남자는 寅월, 午월의 丙, 丁일에 태어난 여자가 가장 좋고, 辰월의 亥일
  에 태어난 여자가 가장 나쁘다.
  △ 여자는 巳월, 丑월의 戊, 己일에 태어난 남자가 가장 좋고, 辰월의 亥일
  에 태어난 남자가 가장 나쁘다.
* **亥월생**……이 달에 태어난 계해일생 중에서,
  ▽ 남자는 卯월, 未월의 丙, 丁일에 태어난 여자가 가장 좋고, 巳월의 亥일
  에 태어난 여자가 가장 나쁘다.
  △ 여자는 卯월, 未월의 戊, 己일에 태어난 남자가 가장 좋고, 巳월의 亥일
  에 태어난 남자가 가장 나쁘다.
  ▼ 亥월 癸일생 남자는 어떤 여자를 만나서 살든, 아내와의 관계가 그다지
  좋지 않을 수 있으므로 다른 사람에 비하여 침착, 절제, 겸손, 희생, 노
  력이 필요함.
* **子월생**……이 달에 태어난 계해일생 중에서,
  ▽ 남자는 申월, 辰월의 丙, 丁일에 태어난 여자가 가장 좋고, 午월의 亥일
  에 태어난 여자가 가장 나쁘다.
  △ 여자는 申월, 辰월의 戊, 己일에 태어난 남자가 가장 좋고, 午월의 亥일
  에 태어난 남자가 가장 나쁘다.
* **丑월생**……이 달에 태어난 계해일생 중에서,
  ▽ 남자는 巳월, 酉월의 癸, 庚일에 태어난 여자가 가장 좋고, 未월의 亥일
  에 태어난 여자가 가장 나쁘다.
  △ 여자는 巳월, 酉월의 癸, 庚일에 태어난 남자가 가장 좋고, 未월의 亥일
  에 태어난 남자가 가장 나쁘다.

부　록
…최소한도로 알고 있어야 할 일람표들…

〈표 1〉 60갑자(10천간, 12지지 조합)

旬	甲일	乙일	丙일	丁일	戊일	己일	庚일	辛일	壬일	癸일
甲子순	1 甲子	2 乙丑 ◆	3 丙寅	4 丁卯	5 戊辰	6 己巳	7 庚午 ●	8 辛未	9 壬申	10 癸酉
甲戌순	11 甲戌 ◆	12 乙亥	13 丙子 ●	14 丁丑	15 戊寅 ●	16 己卯 ●	17 庚辰	18 辛巳 ●	19 壬午 ◆	20 癸未 ●
甲申순	21 甲申 ●	22 乙酉	23 丙戌	24 丁亥 ●	25 戊子 ◆	26 己丑	27 庚寅 ◆	28 辛卯 ◆	29 壬辰 ●	30 癸巳 ◆
甲午순	31 甲午	32 乙未 ◆	33 丙申 ◆	34 丁酉	35 戊戌	36 己亥 ◆	37 庚子	38 辛丑	39 壬寅	40 癸卯
甲辰순	41 甲辰 ◆	42 乙巳	43 丙午	44 丁未	45 戊申	46 己酉	47 庚戌	48 辛亥	49 壬子	50 癸丑 ●
甲寅순	51 甲寅	52 乙卯	53 丙辰	54 丁巳	55 戊午	56 己未	57 庚申	58 辛酉	59 壬戌 ●	60 癸亥

* 위의 표 중에서 ◆표가 붙은 날에 태어난 남자는 다른 기둥에도 일지(日支)와 같은 오행인 천간이나 지지가 셋 이상 있으면, 머리는 좋고 재주도 좋은 편이지만, 여자와 돈 때문에 평생 고생할 확률이 높은 것으로 봄.

  예를 들어 41번인 갑진(甲辰)일에 태어난 사람의 사주 다른 기둥에 만일 진토(辰土)와 오행이 같은 무(戊), 기(己), 진(辰), 술(戌), 축(丑), 미(未)가 셋 이상 있는 경우를 말함.

* 위의 표 중에서 ●표가 붙은 날에 태어난 여자가 다른 기둥에도 일지(日支)와 같은 오행인 천간이나 지지가 셋 이상 있으면, 질서 관념과 복종심은 좋지만 너무 착해서 남자에게 늘 억눌려 살 위험률이 높은 것으로 봄.

  예를 들어 59번인 壬戌일생인 경우, 태어난 해, 달, 시간 글자에 일지인 戌과 같은 오행인 戊, 己, 辰, 戌, 丑, 未가 셋 이상 있으면 썩 좋지 않음.

〈표 2〉 천간에 의한 통변성(通變星)

통변성 \ 생일간	甲	乙	丙	丁	戊	己	庚	辛	壬	癸
비견(比肩)	甲	乙	丙	丁	戊	己	庚	辛	壬	癸
겁재(劫財)	乙	甲	丁	丙	己	戊	辛	庚	癸	壬
식신(食神)	丙	丁	戊	己	庚	辛	壬	癸	甲	乙
상관(傷官)	丁	丙	己	戊	辛	庚	癸	壬	乙	甲
편재(偏財)	戊	己	庚	辛	壬	癸	甲	乙	丙	丁
정재(正財)	己	戊	辛	庚	癸	壬	乙	甲	丁	丙
편관(偏官)	庚	辛	壬	癸	甲	乙	丙	丁	戊	己
정관(正官)	辛	庚	癸	壬	乙	甲	丁	丙	己	戊
편인(偏印)	壬	癸	甲	乙	丙	丁	戊	己	庚	辛
인수(印綬)	癸	壬	乙	甲	丁	丙	己	戊	辛	庚

〈표 3〉 십이운성(十二運星)

生日干 十二 運星	甲	乙	丙	丁	戊	己	庚	辛	壬	癸
장생(長生)	亥	午	寅	酉	寅	酉	巳	子	申	卯
목욕(沐浴)	子	巳	卯	申	卯	申	午	亥	酉	寅
관대(冠帶)	丑	辰	辰	未	辰	未	未	戌	戌	丑
건록(建祿)	寅	卯	巳	午	巳	午	申	酉	亥	子
제왕(帝旺)	卯	寅	午	巳	午	巳	酉	申	子	亥
쇠(衰)	辰	丑	未	辰	未	辰	戌	未	丑	戌
병(病)	巳	子	申	卯	申	卯	亥	午	寅	酉
사(死)	午	亥	酉	寅	酉	寅	子	巳	卯	申
묘(墓)	未	戌	戌	丑	戌	丑	丑	辰	辰	未
절(絶)	申	酉	亥	子	亥	子	寅	卯	巳	午
태(胎)	酉	申	子	亥	子	亥	卯	寅	午	巳
양(養)	戌	未	丑	戌	丑	戌	辰	丑	未	辰

〈표 4〉　조후용신(調候用神)

생일 \ 생월		寅월	卯월	辰월	巳월	午월	未월	申월	酉월	戌월	亥월	子월	丑월
甲일생	조후	丙	庚	庚	癸	癸	癸	庚	庚	庚	庚	丁	丁
	보좌	계	병,정무,기	정,임	정,경	정,경	정,경	정,임	정,병	갑,정임,계	정,병무	경	경,병
乙일생	조후	丙	丙	癸	癸	癸	癸	丙	癸	癸	丙	丙	丙
	보좌	계	계	병,무	×	경?	경,신	계,기	병,정	신	무	×	×
丙일생	조후	壬	壬	壬	壬	壬	壬	壬	壬	甲	甲	壬	壬
	보좌	경	기	갑	경,계	경	경	무	계	임	무,경임	무,기	갑
丁일생	조후	甲	庚	甲	甲	壬	甲	甲	甲	甲	甲	甲	甲
	보좌	경	갑	경	경	경,계	경,임	경,병무	경,병무	경,무	경	경	경
戊일생	조후	丙	丙	甲	甲	壬	癸	丙	丙	甲	甲	丙	丙
	보좌	갑,계	갑,계	병,계	병,계	갑,병	갑,병	갑,계	계	병,계	병	갑	갑
己일생	조후	丙	甲	丙	癸	癸	癸	丙	丙	甲	丙	丙	丙
	보좌	갑,경	병,계	갑,계	병	병	병	계	계	병,계	갑,무	갑,무	갑,무
庚일생	조후	戊	丁	甲	壬	壬	丁	丁	丁	甲	丁	丁	丙
	보좌	갑,병정,임	갑,병경	정,임계	병,정무	계	갑	갑	갑,병	임	병	갑,병	갑,정
辛일생	조후	己	壬	壬	壬	壬	壬	壬	壬	壬	壬	丙	丙
	보좌	경,임	갑	갑	갑,계	기,계	갑,경	갑,무	갑	갑	병	갑,무임	무,기임
壬일생	조후	庚	戊	甲	壬	癸	辛	戊	甲	甲	戊	戊	丙
	보좌	병,무	경,신	경	경,신계	경,신	갑	정	경	병	병,경	병	甲,丁
癸일생	조후	辛	庚	丙	庚?	庚	庚	丁	辛	辛	庚	丙	丙
	보좌	병	신	갑,신	신	신,임계	신,임계	×	병	갑,임계	무,정신	신	丁

〈표 5〉 공망(空亡)

旬	甲일	乙일	丙일	丁일	戊일	己일	庚일	辛일	壬일	癸일	다음 중 어느 생일이면 → / ↓ 해당 空亡은 ↓
甲子旬	1 甲子	2 乙丑	3 丙寅	4 丁卯	5 戊辰	6 己巳	7 庚午	8 辛未	9 壬申	10 癸酉	戌,亥
甲戌旬	11 甲戌	12 乙亥	13 丙子	14 丁丑	15 戊寅	16 己卯	17 庚辰	18 辛巳	19 壬午	20 癸未	申,酉
甲申旬	21 甲申	22 乙酉	23 丙戌	24 丁亥	25 戊子	26 己丑	27 庚寅	28 辛卯	29 壬辰	30 癸巳	午,未
甲午旬	31 甲午	32 乙未	33 丙申	34 丁酉	35 戊戌	36 己亥	37 庚子	38 辛丑	39 壬寅	40 癸卯	辰,巳
甲辰旬	41 甲辰	42 乙巳	43 丙午	44 丁未	45 戊申	46 己酉	47 庚戌	48 辛亥	49 壬子	50 癸丑	寅,卯
甲寅旬	51 甲寅	52 乙卯	53 丙辰	54 丁巳	55 戊午	56 己未	57 庚申	58 辛酉	59 壬戌	60 癸亥	子,丑

〈간단한 설명〉

1. 갑자순(甲子旬 : 1부터 10번)에 태어난 사람들은 다 함께 戌과 亥가 공망이라는 뜻.

    마찬가지 이치로, 51번부터 60번까지의 사이의 날에 태어난 사람끼리도 같은 공망이 됨.

2. 이것을 '동순공망(同旬空亡)'이라고 함.

3. 동순공망인 사람끼리는 평생 동료의식이 강함.(자세한 이야기는 p. 70에 설명되어 있음)

* 순(旬) : 10, 또는 10일이라는 뜻.

* 한자를 잘 모르는 젊은 사람들을 위해 다음 쪽에 한글로 표기하여 놓았음.

〈표 6〉 신왕(身旺), 신약(身弱)

자기 생월 월지(月支) / 자기 생일 일간(日干)			목 甲, 乙	화 丙, 丁	토 戊, 己	금 庚, 辛	수 壬, 癸
봄 (2월 4,5일~ 5월 4,5일)	입춘~ 경칩~ 청명~	寅월 卯월	最强 ☆	小强○	弱■	最弱 ▲	弱■
	곡우~	辰월	衰●	小强○	◎强	小强○	弱■
여 름 (5월 5,6일~ 8월 6,7일)	입하~ 망종~ 소서~	巳월 午월	弱■	最强 ☆	最强 ☆	弱■	最弱 ▲
	대서~	未월	弱■	衰●	最强☆	小强○	最弱▲
가 을 (8월 7,8일~ 11월 6,7일)	입추~ 백로~ 한로~	申월 酉월	最弱 ▲	弱■	弱■	最强 ☆	小强○
	상강~	戌월	最弱▲	弱■	◎强	小强○	小强○
겨 울 (11월 7,8일~ 다음해 2월 3,4일)	입동~ 대설~ 소한~	亥월 子월	小强○	最弱▲	最弱▲	弱■	最强 ☆
	대한~	丑월	小强○	最弱▲	◎强	小强○	衰●

* 위의 날짜는 모두 양력 날짜임.
* 곡우, 대서, 상강, 대한 절후는 약 18일간으로 간주, 토기(土氣)가 왕성한 토왕(土旺) 절후로 봄.

신왕(身旺), 신약(身弱)표 설명

［설명 1］

☆ --- 최강(最强) : 태어난 달 기운을 아주 듬뿍 받은 사람.

◎ --- 강(强) : 태어난 달의 기운을 두 번째로 많이 받은 사람.

○ --- 소강(小强) : 강(强)과 거의 비슷하게 태어난 달의 기운을 적지 않게 받은 사람.

　　* 위의 세 부류의 사람은 신왕(身旺)으로 간주함.

● --- 쇠(衰) : 태어난 달의 기운을 비교적 약하게 받은 사람.

■ --- 약(弱) : 태어난 달의 기운을 약하게 받은 사람.

▲ --- 최약(最弱) : 태어난 달의 기운을 아주 약하게 받은 사람.

　　* 위의 세 부류의 사람은 신약(身弱)으로 간주함.

［설명 2］

1. 사주를 종합적으로 판단할 때 가장 기본이 되는 것임.

2. 남자는 무조건 신왕인 것이 일단 좋지만, 여자는 신왕이라고 반드시 좋은 것은 아님. 소강이나 쇠가 좋을 수도 있음.

3. 위의 신왕 신약 판단은 사주 전체를 볼 때 약 60% 이상의 비중을 차지함.

4. 글자 그대로 건강을 판단하는 것은 아니지만, 대체로 신왕인 사람이 건강하고 활동력이 강한 경우가 많음.

5. 토왕(土旺) 기간이란 것은, 명칭 구분상으로는 축(丑), 진(辰), 미(未), 술(戌)월이 토기(土氣)의 달이지만, 이 네 달은 실제로는 토기 기간과 토기 기간이 아닌 때로 구분됨.

　예를 들면, 진(辰)월의 앞쪽 기간인 양력 4월 중, 청명 절입일부터 약 12일간은 아직도 전달의 기운인 목기(木氣)가 남아 있으므로 토기(土氣)월로 치지 않고 그 다음 기간인 18일 동안만 토기(土氣)월, 즉 진(辰)월로 간주한다는 뜻임.

　사계절 사이마다 끼게 되는 이 기간(18일×4＝약 70여일)을 순수한 토기가 왕성한 때라고 보아 토왕(土旺) 기간이라고 일컬음.

　따라서 축, 진, 미, 술월에 태어난 사람은 자기가 태어난 날이 절입일로부터 12일 전이냐 13일 후냐를 잘 따져야만 정확한 신왕, 신약을 알 수 있음.

〈표 7〉 24절후

사 계	절　기	중 기
봄	1. 입춘 : 2월 4, 5일 ~ * 새해 시작*	2. 우수
	3. 경칩 : 3월 5, 6일 ~	4. 춘분
	5. 청명 : 4월 4, 5일 ~	6. 곡우
여 름	7. 입하 : 5월 5, 6일 ~	8. 소만
	9. 망종 : 6월 5, 6일 ~	10. 하지
	11. 소서 : 7월 7, 8일 ~	12. 대서
가 을	13. 입추 : 8월 7, 8일 ~	14. 처서
	15. 백로 : 9월 7, 8, 9일 ~	16. 추분
	17. 한로 : 10월 8, 9일 ~	18. 상강
겨 울	19. 입동 : 11월 7, 8일 ~	20. 소설
	21. 대설 : 12월 7, 8일 ~	22. 동지
	23. 소한 : 다음 해 1월 5, 6일	24. 대한

* 모두 양력 날짜임.

⟨표 8⟩ 해에 따른 12개월 배속

연간(年干) \ 달	甲, 己의 해	乙, 庚의 해	丙, 辛의 해	丁, 壬의 해	戊, 癸의 해
양력2월	3. 병인	15. 무인	27. 경인	39. 임인	51. 갑인
3	4. 정묘	16. 기묘	28. 신묘	40. 계묘	52. 을묘
4	5. 무진	17. 경진	29. 임진	41. 갑진	53. 병진
5	6. 기사	18. 신사	30. 계사	42. 을사	54. 정사
6	7. 경오	19. 임오	31. 갑오	43. 병오	55. 무오
7	8. 신미	20. 계미	32. 을미	44. 정미	56. 기미
8	9. 임신	21. 갑신	33. 병신	45. 무신	57. 경신
9	10. 계유	22. 을유	34. 정유	46. 기유	58. 신유
10	11. 갑술	23. 병술	35. 무술	47. 경술	59. 임술
11	12. 을해	24. 정해	36. 기해	48. 신해	60. 계해
12	13. 병자	25. 무자	37. 경자	49. 임자	1. 갑자
다음해 1월	14. 정축	26. 기축	38. 신축	50. 계축	2. 을축

〈표 9〉 날짜에 따른 12시간 배속

시간 \ 日干	甲, 己일	乙, 庚일	丙, 辛일	丁, 壬일	戊, 癸일
전날밤 23 : 30분경~	1. 갑자(甲子)	13. 병자(丙子)	25. 무자(戊子)	37. 경자(庚子)	49. 임자(壬子)
01 : 30~	2. 을축(乙丑)	14. 정축(丁丑)	26. 기축(己丑)	38. 신축(辛丑)	50. 계축(癸丑)
03 : 30~	3. 병인(丙寅)	15. 무인(戊寅)	27. 경인(庚寅)	39. 임인(壬寅)	51. 갑인(甲寅)
05 : 30~	4. 정묘(丁卯)	16. 기묘(己卯)	28. 신묘(辛卯)	40. 계묘(癸卯)	52. 을묘(乙卯)
07 : 30~	5. 무진(戊辰)	17. 경진(庚辰)	29. 임진(壬辰)	41. 갑진(甲辰)	53. 병진(丙辰)
09 : 30~	6. 기사(己巳)	18. 신사(辛巳)	30. 계사(癸巳)	42. 을사(乙巳)	54. 정사(丁巳)
11 : 30~	7. 경오(庚午)	19. 임오(壬午)	31. 갑오(甲午)	43. 병오(丙午)	55. 무오(戊午)
13 : 30~	8. 신미(辛未)	20. 계미(癸未)	32. 을미(乙未)	44. 정미(丁未)	56. 기미(己未)
15 : 30~	9. 임신(壬申)	21. 갑신(甲申)	33. 병신(丙申)	45. 무신(戊申)	57. 경신(庚申)
17 : 30~	10. 계유(癸酉)	22. 을유(乙酉)	34. 정유(丁酉)	46. 기유(己酉)	58. 신유(辛酉)
19 : 30~	11. 갑술(甲戌)	23. 병술(丙戌)	35. 무술(戊戌)	47. 경술(庚戌)	59. 임술(壬戌)
21 : 30~	12. 을해(乙亥)	24. 정해(丁亥)	36. 기해(己亥)	48. 신해(辛亥)	60. 계해(癸亥)

짝 찾기가 문제로다

初版 印刷 ●2001年　　10月　　20日
初版 發行 ●2001年　　10月　　25日

監　修 ●金　元　熙
共著者 ●全　厚　樹
　　　　韓　瑢　澤
發行者 ●金　東　求

發行處 ●明　文　堂

서울특별시 종로구 안국동 17~8
대체　010041-31-001194
전화　（영）733-3039, 734-4798
　　　（편）733-4748
FAX 734-9209
Homepage　www.myungmundang.net
E-mail　　om@myungmundang.net
등록　1977. 11. 19. 제1~148호

●낙장 및 파본은 교환해 드립니다.
●불허복제 • 판권 본사 소유.

값　9,000원
ISBN 89-7270-661-2　13140